Zur Praxis des Deutschunterrichts 5

Zur Praxis des Deutschunterrichts 5

Heinz Blumensath
Christel Uebach

Einführung in die Literaturgeschichte der DDR

Ein Unterrichtsmodell

J. B. Metzler

ISBN 3 476 30039 0

Satz: IBV Lichtsatz KG, Berlin
Druck und buchbinderische Verarbeitung: J. Ebner, Ulm
Printed in Germany

Inhalt

Vorbemerkung

Mit der Vereinbarung der Kultusministerkonferenz vom 7. Juli 1972 über die Reform der Sekundarstufe II ergeben sich für den Oberstufen-Unterricht am Gymnasium durchgreifende Konsequenzen. Jeder Fachlehrer wird künftig im Kurssystem vor der Aufgabe stehen, anstelle von einzelnen Unterrichtsreihen umfangreiche Halbjahreskurse planen und durchführen zu müssen. Zu deren Erstellung reichen die vorhandenen Unterrichtshilfen (Curricula, Schulbücher etc.) nicht aus. Zudem wird der einzelne, isoliert arbeitende Kollege, oft abgeschnitten von den technischen Hilfsmitteln einer Universitätsbibliothek oder reprotechnischen Zentren, zeitlich kaum dazu in der Lage sein.
Die Reform der gymnasialen Oberstufe bringt also für die in diesem Schulzweig tätigen Kollegen im organisatorischen wie im inhaltlichen Bereich erhebliche Mehrbelastungen mit sich.
Um so notwendiger sind praktisch erprobte Unterrichtshilfen, die dem Fachlehrer ermöglichen, trotz seiner knappen Zeit einen inhaltlich zeitnahen, sachlich und methodisch fundierten Unterricht zu konzipieren und durchzuführen. Das vorliegende Unterrichtsmodell ist für einen Leistungskurs (ca. 48 Doppelstunden) konzipiert. Einzelne Themenkomplexe können aber auch in Grundkursen verwendet werden.
Wir bitten alle Kollegen, die das vorgestellte Unterrichtsmodell erprobt haben, um Verbesserungsvorschläge und Kritik. Wir sind erreichbar über: Fichtenberg-Oberschule, 1 Berlin 41, Rothenburgstraße 18.

Heinz Blumensath — Christel Uebach

I. Zur Konzeption des Kurses

Die Oberstufenreform verändert durch die Zurückdrängung des Literaturunterrichts die traditionelle Funktion des Faches Deutsch. Es soll jetzt neben sprachtheoretischen Kenntnissen vor allem die Fertigkeiten in der *Anwendung der Gebrauchsformen* (Exzerpieren, Mitschreiben, Gliedern, Zusammenfassen, Referieren etc.) vermitteln, also auch Hilfsfunktionen für alle anderen Fächer übernehmen. Gleichzeitig kann es aber aufgrund der Wahlmodalitäten bzw. von Stundenplanschwierigkeiten die einzige Begegnung mit einer Kunstform darstellen. Jeder Literaturkurs – sei es als Grund- oder Leistungskurs – muß als exemplarischer Vertreter des »sprachlich-literarisch-künstlerischen Aufgabenfeldes« daher auch besonders den Kunstcharakter von literarischen Werken als Bestandteil eines umfassenden sozio-kulturellen Systems verdeutlichen. Zur Erfassung dieses Systems müssen u. E. also neben den immanenten Strukturen des Werkes die sozialen Aspekte der literarischen Produktion, Distribution und Rezeption als konstitutive Bestandteile des Werkes erkannt werden. Die Gebrauchsformen (z. B. das Analysieren und Verfassen von Artikeln und Rezensionen) sollten sinnvollerweise in Verbindung mit einer solchen umfassend verstandenen Textanalyse eingeübt werden.

Die pädagogisch angeleitete Beschäftigung mit und Erziehung durch Literatur ist nicht Selbstzweck. Die politische Funktion und Aufgabe auch des Literaturunterrichts ergibt sich aus den Schulgesetzen der Länder. Stellvertretend sei hier aus dem § 1 des Berliner Schulgesetzes zitiert:

»Aufgabe der Schule ist es, alle wertvollen Anlagen der Kinder und Jugendlichen zur vollen Entfaltung zu bringen und ihnen ein Höchstmaß an Urteilskraft, gründliches Wissen und Können zu vermitteln. Ziel muß die Heranbildung von Persönlichkeiten sein, welche fähig sind, die vollständige Umgestaltung der deutschen Lebensweise auf demokratischer und friedlicher Grundlage zustande zu bringen, und welche der nazistischen Ideologie unerbittlich entgegenstehen sowie auch von dem Gefühl ihrer Verpflichtung der Menschheit gegenüber durchdrungen sind. [...]«

Eine Beschäftigung der Schüler mit DDR-Literatur, mit deren theoretisch-ideologischer Grundlage und auch speziell mit den in der Literatur gestalteten Vorstellungen der DDR-Autoren von vorbildhaften sozialistischen Persönlichkeiten vermittelt gerade angesichts der durch die Berlin-Vereinbarungen und den Grundvertrag zustande gekommenen Möglichkeiten, in die DDR zu fahren, bessere Voraussetzungen, dort mit Menschen kommunizieren zu können.

Die Schüler lernen Texte kennen, die in der DDR weite Verbreitung finden; sie lernen, Bücher und Filme immanent zu verstehen und damit auch DDR-Sendungen in Radio oder Fernsehen, die sie in Berlin und den an die DDR angrenzenden Bereichen der Bundesrepublik empfangen können, mit ihrem ideologischen Hintergrund angemessen zu rezipieren; sie lernen über die Literatur Ausschnitte aus der DDR-Wirklichkeit und -Geschichte kennen; sie lernen vor allem über die literarischen Vorbild-Helden das angestrebte Ziel der menschlichen Entwicklung und Erziehung im Sozialismus kennen, mit dem sie sich kritisch auseinandersetzen können.

Da die derzeitige politische Entwicklung in der BRD und im gesamten »Westen« auf dem Gebiet der Ostpolitik eine weitere »Öffnung« zur DDR hin erwarten läßt, muß auch der Unterricht die Schüler in dieser Hinsicht durch sachgerechte Informationen angemessen auf das künftige »Leben als Erwachsener in dieser Welt vorbereiten«. [1]

Insofern leistet das Thema einen wichtigen Beitrag zur politischen Erziehung: Nur durch eine Enttabuisierung des Themas DDR, durch die Aufhebung des kalten Krieges auch auf kulturellem Gebiet, kann eine durch Sachkenntnisse fundierte und um Verständnis bemühte, rationale Auseinandersetzung mit dem anderen Teil Deutschlands zustande kommen – als Voraussetzung für ein friedliches Zusammenleben. Im § 1 des Berliner Schulgesetzes z. B. wird politische Erziehung zum Verständnis und zur Toleranz gegenüber anderen Ländern gefordert – und die DDR ist für uns mehr als andere deutschsprachige Länder auch auf kulturellem Gebiet ein »anderes«, fremdes Land geworden. Nicht zuletzt können so positive wie negative Vorurteile durch Sachinformation korrigiert werden.

Neben den speziellen inhaltlichen Lernzielen, die mit den vorgeschlagenen Texten bzw. Filmen verbunden sind, muß notwendigerweise aber noch der Versuch stehen, auch *formale Lernziele* zu realisieren. Dabei kann die Beherrschung von Grundfertigkeiten wie die Techniken des Mitschreibens, Zusammenfassens, Zusammenstellens (Konspektierens), Protokollierens, des Anfertigens und Haltens von Referaten sowie der Diskussion weitgehend vorausgesetzt werden. Somit beschränkte sich das Ziel für diesen Bereich auf Absichern und Üben. Dabei stehen folgende Fertigkeiten im Vordergrund:

- über Lehrer- bzw. Schülervortrag: die Technik des Mitschreibens
- über die Vergabe von Lektüreberichten: die Technik der Zusammenfassung
- über die Mitschrift: das Anfertigen von Ergebnis-Protokollen
- über die Vergabe von Referaten: die Technik der selbst erarbeiteten Wiedergabe (eigene Quellenauswahl und Zusammenfassung) und des freien Vortrags
- die Technik der Diskussion (1. Schritt: Vermittlung von Sachkunde; 2. Schritt: Formulieren von Thesen; 3. Schritt: Diskussion der Thesen)
- die Technik der Gruppenarbeit (1. Schritt: Bildung der Gruppe; 2. Schritt: Auftei-

lung der individuellen Arbeitsgebiete; 3. Schritt: Integration und Korrektur der Einzelergebnisse zur Gruppenleistung; 4. Schritt: Vortrag)

Jeder Schüler sollte Gelegenheit haben, diese Fertigkeiten zu üben. [2]
Das hier vorgestellte Unterrichtsmodell versucht, die angegebenen Ziele mit unterrichtspraktischen Hinweisen (Formulierung von Arbeitsaufträgen, Fragestellungen für die Schüler) verbindend,

- die Entwicklung eines kulturellen Teilbereiches, die Literatur der DDR, für Schüler überschaubar zu machen,
- u. a. konkrete Stoffvorschläge mit Sachinformationen und Interpretationen zu geben,
- Aufgabenvorschläge und Themenangebote für Lernzielüberprüfungen (Klausuren) zu machen und
- Hilfestellung zu geben bei der Beschaffung der z. T. nur schwer zugänglichen Unterrichtsmedien und Arbeitsmittel.

Den Autoren ist klar, daß die von ihnen vorgestellte Textauswahl subjektiven Charakter hat. Auch wird der Versuch, die kulturelle Produktion der DDR nüchtern beschreibend darzustellen, nicht ohne Kritik bleiben.

Es hat sich bisher gezeigt, daß von westlichen Literaturkritikern DDR-Literatur häufig auf die von ihnen abgelehnte »Propaganda«-Funktion reduziert und damit pauschal als »Unkunst« abqualifiziert worden ist.

Demgegenüber gehen die Verfasser davon aus, daß

1. zur Darstellung der Literaturgeschichte der SBZ/DDR eine realgeschichtliche Darstellung der Geschichte der DDR gehört, da die Literatur von ihrer Zielsetzung her (Verpflichtung auf die Prinzipien des »Sozialistischen Realismus«) auf die vorgegebene bzw. zu erstrebende gesellschaftliche Realität abgestellt ist. Da im Rahmen des Deutschunterrichts die für das Verständnis vieler Texte notwendigen realgeschichtlichen, kulturpolitischen und kulturhistorischen Voraussetzungen nur andeutungsweise vermittelt werden können, sollten die Grundzüge der Geschichte, Wirtschaft und Soziologie der DDR in Kooperation mit dem Leiter eines entsprechenden Kurses für Sozialkunde oder Politische Weltkunde vermittelt werden [3],
2. eine Periodisierung der Literaturgeschichte der SBZ/DDR sich nicht konsequent aus literatur-immanenten Kriterien entwickeln läßt, sie sich vielmehr an der Realgeschichte bzw. an den kulturpolitischen Intentionen der SBZ/DDR orientieren muß,
3. die Einbeziehung von Filmen und Tondokumenten, da die Kulturproduktion primär unter dem Aspekt der gesellschaftlichen Wirkung zu begreifen ist, als gleichrangige Medien legitim ist und daß
4. unter dem Begriff DDR-Literatur weniger oppositionelle, sondern für die Zielsetzung dieses Staates repräsentative Texte ausgewählt werden soll-

ten, an denen ein Zusammenhang – aber nicht notwendigerweise immer auch ein zeitliches Zusammengehen – von kulturpolitischer Forderung und künstlerischer Realisierung ersichtlich wird.

Für die vorgeschlagenen Stoffgebiete sind – entsprechend der eingangs ausgeführten Funktion des Kurses – neben der Analyse der inhaltlichen »Aussage« und Wirkungsfunktion des Werkes folgende Aufgabenbereiche jeweils von zentraler Bedeutung:

1. Die kulturpolitische Funktion des Werkes im Zusammenhang mit dem realgeschichtlichen Hintergrund (z. B. Bodenreform) und parteiprogrammatischen Äußerungen sowie der jeweiligen (gesellschaftsstabilisierenden und auch dynamisierenden) Funktion.
2. Die Erarbeitung eines für den Text jeweils spezifischen Stilmittels (z. B. Personenkonstellation, Allegorisierung, Humor, Synonymik, Parallelismus etc.).
3. Anwendung und Übung der Gebrauchsformen: Konspektieren und Analysieren von Rezensionen und selbständiges Verfassen von Kritiken, Rezensionen, Leserbriefen zu den jeweiligen Texten für ein zuvor definiertes Publikum.

Neben diesen Fragestellungen muß auch ggf. der Traditionsbezug der Werke behandelt werden: über literarische Zitate bzw. über die Wiederaufnahme literarischer Formen (z. B. Volker Braun – Klopstock-Ode; Bienkopp – Bekehrungsrhetorik) können Literaturgeschichte und Literaturwissenschaft miteinander verbunden werden.

Es wird deutlich, daß dem umfangreichen Lesepensum der Schüler in dem hier konzipierten Kurs eine sorgfältige organisatorisch-technische Vorbereitung des Kursleiters entsprechen muß. Wir haben daher *Bezugsquellen* für die hier vorgeschlagenen Texte, Filme und Tonbänder nachgewiesen und darüber hinaus einen Textanhang zusammengestellt.

Neben dieser Schwierigkeit ist noch mit einer anderen, aus dem Vorwissen der Teilnehmer sich wahrscheinlich ergebenden Problematik zu rechnen: Die spezifische Art und Funktion der DDR-Literatur verlangt sowohl eine Einbeziehung des realgeschichtlichen und kulturpolitischen Hintergrunds der einzelnen Werke als auch ein Wissen über die elementaren Prinzipien des Marxismus-Leninismus. Die leicht anhand von Nachschlagewerken (vgl. weiterführende Literaturhinweise) zu erarbeitenden realgeschichtlichen Informationen sollen bei der Besprechung der einzelnen Texte von den Schülern in Referaten und Kurzreferaten selbst erbracht werden, während die schwerer zugänglichen und nur disparat vorhandenen Informationen zur Kulturpolitik vom Lehrer jeweils in einem kurzen Lehrervortrag den Schülern übermittelt werden sollten. Im Rahmen dieses Modells konnte allerdings die Vermittlung von Kenntnissen über die konkreten Produktions-, Distributions- und Rezeptionsbedingungen, also z. B. über die materielle und rechtliche Stellung des Schriftstellers in der DDR, über Verlagsstrukturen und deren Einflußmöglichkeiten auf das Entstehen und die Verbreitung von literarischen und filmischen Werken nur ansatzweise geleistet werden. Wir verweisen hier auf die weiterführenden Literaturhinweise.

Fundierte Kenntnisse auf dem Gebiet des Marxismus-Leninismus können nur von sehr wenigen Schülern erwartet werden. Vielmehr ist mit einem hohen Maß an pseudomarxistischem Oberflächenwissen zu rechnen. Z. B. sehen linksorientierte Schüler nicht immer die Notwendigkeit ein, ihre z. T. nur halbverstandenen Theoriekenntnisse zu vertiefen und provozieren häufig mit verkürzt und plakativ gebrauchtem marxistischem Vokabular jene Schüler, die – ohne systematischen Anspruch – ihre Aversionen gegen den Marxismus auch auf die DDR-Literatur und -theorie ausdehnen und sich heute wieder verstärkt mit intellektfeindlicher Vehemenz selbst gegen den Erwerb von Sachkenntnis auf diesem Gebiet sperren. Die Einführung in Grundbegriffe und Grundzusammenhänge sowie die Korrektur bzw. Vertiefung vorhandener Vorkenntnisse sollte daher zu einem von den Schülern mitbestimmten Zeitpunkt, aber jedenfalls in den ersten Stunden der Heldenreihe vorgesehen werden. Wichtigstes Prinzip ist dabei die exakte und präzise Definition eines jeden Begriffes. Nur so kann langfristig eine angemessene Auseinandersetzung mit marxistisch-leninistischer Ideologie geleistet werden.

Die im jeweiligen unterrichtspraktischen Teil angegebenen Hinweise für Arbeitsaufgaben und Unterrichtsgestaltung sind nicht als einengende Festlegungen, sondern als Anregungen und Arbeitshilfen angelegt. Sie sollen ebenso wie die jeweils vorangehenden und das Schwergewicht dieses Unterrichtsmodells bildenden Sachinformationen dem Unterrichtenden Hilfen zur eigenen Gestaltung anbieten. So sind auch die Zeitangaben lediglich Richtwerte.

II. Stoffgebiete des Kurses

Periodische Übersicht

1. Die antifaschistisch-demokratische Literatur – »Antifaschistisch-demokratische Ordnung« (1945–1949) [4]
- *Kulturbundmanifest* (1945)
- *A. Seghers:* Das siebte Kreuz, Roman (1946)
- *B. Apitz:* Nackt unter Wölfen, Roman und Film (1958)
- *F. Fühmann:* Das Judenauto, Erzählung (1962)

2. Literatur zum Aufbau der sozialistischen Planwirtschaft und zur Erziehung des »sozialistischen Menschen« – »Schaffung der Grundlagen des Sozialismus« (1950–1957)

• Bodenreform und Kollektivierung der Landwirtschaft (Probleme der Landbevölkerung)
- *E. Strittmatter:* Katzgraben, Schauspiel (1954, 2. T. 1958)
- *E. Strittmatter:* Ole Bienkopp, Roman (1963)

• Aufbau der volkseigenen Industrie (Probleme der Industriearbeiter)
- *E. Claudius:* Menschen an unserer Seite, Roman (1951)

3. Literatur zum »entfalteten Aufbau des Sozialismus« (ab 1958) und zur »entwickelten sozialistischen Gesellschaft« (ab 1971)

• Gefährdung und Konsolidierung des sozialistischen Bewußtseins der akademischen Führungsschicht
- *H. Kant:* Die Aula, Roman (1965)
- *Defa-Film:* Im Spannungsfeld, Regie Siegfried Kühn (1970)
- *W. Heiduczek:* Mark Aurel oder Ein Semester Zärtlichkeit, Erzählung (1971)

• Gegenwartsprobleme der DDR aus der Sicht junger Autoren
- *V. Braun:* Lyrik
- *W. Biermann:* Lieder
- Lieder des Oktober-Klubs (Film »Singe-Bewegung«) und andere Agitationslieder
- *Defa-Film:* Der Dritte (Zur Emanzipation der Frau), Regie Egon Günther (1972)

4. Die Theorie des »sozialistischen Realismus«, Prinzipien der DDR-Kulturpolitik und Grundzüge der marxistischen Widerspiegelungstheorie

Im Kurs werden die so periodisierbaren Stoffgebiete unter speziellen Themenkomplexen aufgegriffen, die im folgenden Überblick tabellarisch dargestellt und an späterer Stelle ausführlich erläutert werden.

III. Zeit- und Themenplanung

Tabellarische Übersicht

Themenkomplex		Spezielles Stoffgebiet	Anzahl der Doppelstunden	Anzahl der Doppelstunden pro Themenkomplex
1. Die antifaschistisch-demokratische Literatur	1.1.	*Kulturbundmanifest*	2	
	1.2.	*A. Seghers:* Das siebte Kreuz	4	
	1.3.	*B. Apitz:* Nackt unter Wölfen (Film)	4	
	1.4	*F. Fühmann:* Das Judenauto	1	11
		– 1. Klausur –	2	(+2)
2. Der Held in der DDR-Literatur – Sozialistischer Realismus in der literarischen Praxis	2.1.	*E. Strittmatter:* Katzgraben	2	
	2.2.	*E. Strittmatter:* Ole Bienkopp	3	
	2.3.	*E. Claudius:* Menschen an unserer Seite	2	
	2.4.	*Im Spannungsfeld* (Film)	2	9
3. Die Theorie des Sozialistischen Realismus – Grundzüge der marxistischen Widerspiegelungstheorie	3.1.	*Brechts* Katzgraben-Notate	2	
	3.2.	*Günther Mehnert:* Aktuelle Probleme des sozialistischen Realismus	1	
	3.3.	*Marx, Engels, Lenin* – zur Widerspiegelungstheorie	2	5
4. Zur Kulturpolitik der DDR	4.1.	*Der Bitterfelder Weg*	1	
	4.2.	Die *Funktion der Kulturpolitik* und die spezifische Rolle der Partei (und ihrer Institutionen) in der Kulturpolitik nach der Konzeption Kurt Hagers.	1	
	4.3.	*Schriftsteller und Kulturpolitik*	1	

Themen-komplex		Spezielles Stoffgebiet	Anzahl der Doppelstunden	Anzahl der Doppelstunden pro Themenkomplex
	4.3.1.	*Grußadresse* des Deutschen Schriftstellerverbandes (1971) an den VIII. Parteitag der SED		
	4.3.2.	Beiträge von *Stefan Heym* auf dem IV. Schriftstellerkongreß (1956) und *Paul Wiens* auf dem V. Schriftstellerkongreß (1961). *Robert Havemann:* Zur Frage der Diskussionsfreiheit (1970)		
	4.4.	Exkurs: *Solschenizyns* geplante Nobelpreisrede – Zum Problem der Freiheit der Kunst in sozialistischen Staaten	2	5
		– 2. Klausur –	2	(+2)
5. Das Komische als Stilmittel der Parteilichkeit		*H. Kant:* Die Aula	6	6
6. Literatur-Kritik in der DDR		*Heiduczek:* Mark Aurel oder Ein Semester Zärtlichkeit	2	2
7. Werke der jungen Generation	7.1.	Lyrik von *Volker Braun*	2	
	7.2.	*Wolf Biermann*	1	
	7.3.	*Der Dritte* (Film)	2	
	7.4.	*Die Singe-Bewegung* (Film und Lieder)	3	8

IV. Die einzelnen Themenkomplexe – Sachanalyse und unterrichtspraktische Hinweise

1. Die antifaschistisch-demokratische Literatur

Der Befehl Nr. 2 des Chefs der Sowjetischen Militäradministration in Deutschland vom 10. Juni 1945 [5] sah neben der »Bildung und Tätigkeit aller antifaschistischen Parteien« auch vor, »andere Institutionen für gegenseitige Unterstützung, Kultur-, Bildungs- und andere Aufklärungsanstalten und -organisationen zu bilden«. Da sie neben der antifaschistischen Zielsetzung auch ausdrücklich »die Festigung der Grundlage der Demokratie und der bürgerlichen Freiheiten« verfolgen sollten, war der Name für die Jahre bis zur Staatsgründung der DDR am 7. Oktober 1949 vorgegeben: allgemein politisch wie speziell kulturpolitisch wird die Zeit von 1945–1949 als antifaschistisch-demokratische Phase bezeichnet.

Kulturpolitisch ist sie anfänglich dadurch gekennzeichnet, daß lediglich die Kanalisierung des breiten Erneuerungswillens angestrebt wurde und keine Politik der konkreten Einzelvorschriften. Kennzeichnend dafür ist die ermunternde Haltung des späteren Staatspräsidenten der DDR, Wilhelm Pieck, dem Kulturbund gegenüber, sein Eintreten für die Renaissance des Humanismus durch die Rezeption der Exilliteratur und der deutschen Klassik vor Teilnehmern der zu Fragen der kulturellen Entwicklung abgehaltenen KPD-Konferenz im Februar 1946. [6] So wurde auch bis 1949 vor allem Literatur des Widerstandes im Dritten Reich und des Humanismus verlegt. Die sowjetische Literatur und ihre Klassiker waren zahlenmäßig deutlich in der Minderheit. Diese inhaltlich auch vom Kulturbund vertretene Konzeption geriet bald in Mißkredit. Insbesondere die starke Betonung der Deutschen Klassik, zu der nach DDR-Auffassung die Aufklärung zu zählen ist, galt dem linken Flügel als bloße Reproduktion des bürgerlichen Erbes. Noch verhalten artikuliert Stephan Hermlin diese Kritik auf dem 1. Schriftstellerkongreß 1947:

> »Das Unvermögen, die jüngste Vergangenheit und die Gegenwart dichterisch zu gestalten, hat wahrscheinlich viel mit der Tatsache zu tun, daß der Faschismus und sein Krieg bei uns fast durchweg erduldet, ja geduldet, aber nicht bekämpft wurde [...] Daraus ergibt sich formal der Zug zum Konservativen, zum Statischen, zum Rückwärtsgewandten. Was den geistigen Gehalt angeht, scheut man das Direkte, das Konkrete [...]« [7]

In den folgenden Jahren nahm die SED das Thema selbst auf. Walter Ulbricht im Herbst 1948 auf einer »Arbeitstagung der Genossen Schriftsteller und Künstler«:

»Warum kann ein Schriftsteller nicht das Thema wählen, wie der Kampf um den Aufbau eines Betriebes geführt wurde! Es ist doch ein sehr interessantes Thema, zu zeigen, wie man den Unternehmer und einige Leute hinausexpediert und unter riesigen Anstrengungen den Kampf um den Neuaufbau geführt hat, welche menschlichen Schicksale sich dabei offenbarten, wie Ingenieure, die zunächst mit der neuen Ordnung nicht einverstanden waren, langsam begannen mitzuarbeiten... Diesen Kampf in einem Betrieb zu schildern und die Menschen dort zu gestalten, ist doch ein Thema, das behandelt werden müßte«. [8]

Diese Appelle wurden nur zögernd beherzigt. So sahen Parteisekretär und Fabrikdirektor den Versuch Eduard Claudius', sich als Maurer bei Siemens-Plania zu verdingen, eher widerwillig. Auch konnte die literarische Frucht dieses beinahe Alleingangs erst 1951 erscheinen.

Bertolt Brecht bekam 1950 wesentlich massivere Einwände zu hören. Seine an einer kritischen Aneignung des bürgerlichen Erbes orientierte Produktion kritisierte die Zeitung »Das Volk« am Beispiel der gerade aufgeführten Bearbeitung des »Hofmeisters«:

»Die Kritik der Werktätigen galt nicht der Aufführung: Die schauspielerische Leistung wurde von ihnen [...] anerkannt. Die Kritik der Werktätigen galt ebenso entschieden dem Spielplan. Wenn man die Werktätigen gewinnen will, muß man die Stücke spielen, die den Werktätigen verständlich sind. Und der »Hofmeister« von Lenz ist den Werktätigen unverstandlich geblieben. Die Werktätigen aus dem Waggonbau Weimar, von denen sich an der Woche der Betriebe über tausend Arbeiterinnen und Arbeiter beteiligten, erklärten: ›Nach der Aufführung des Hofmeister gingen wir nach Hause und stellten fest: das Stück hat uns eigentlich nichts gegeben!‹ Sie hatten [...] untereinander an der Werkbank darüber diskutiert: ›Warum hat eigentlich Bertolt Brecht diesen Hofmeister wieder ausgegraben? Bei seinem anerkannten Rang als erster Dramatiker, seiner Bühnenerfahrung und seiner weltanschaulichen Bindung an die fortschrittlichen Kräfte unserer Zeit hätte Brecht einen besseren Stoff finden können, der die Werktätigen mehr angesprochen hätte, der ihnen nicht – wie in der Diskussion gesagt wurde – ›Kreuzworträtsel aufgibt, die dazu noch häufig ganz falsch gelöst werden‹«. [9]

Diese Kritik erhält ihr Gewicht erst vor dem Hintergrund zweier Gesetze: der »Verordnung über die Erhaltung und Entwicklung der deutschen Wissenschaft und Kultur« und dem Artikel 34 der ersten Verfassung der DDR.

Die Verordnung sah – auch im Interesse der Bindung der Intelligenz an den kurz vor seiner Gründung stehenden Staat – Privilegien für diese vor (Kredite für den Bau von Eigenheimen, Auszeichnungen, Ehrenpreise und hochdotierte »Nationalpreise«). Hierdurch war langfristig, da die kulturelle Leistung an die individuellen materiellen Bedürfnisse gebunden wurde, mehr Erfolg zu erzielen als mit bloßen Appellen. Im Herbst 1949 kam dazu noch die Verpflichtung des Verfassungsartikels 34. Zwar sicherte dieser die Freiheit der Kunst, Wissenschaft und Lehre zu, begrenzte sie aber zugleich:

»Der Staat nimmt an ihrer Pflege teil und gewährt ihren Schutz, insbesondere gegen den Mißbrauch für Zwecke, die den Bestimmungen und dem Geist der Verfassung widersprechen«.

Mit diesen beiden gesetzlichen Grundlagen war ein Instrumentarium für die direkte Steuerung der kulturellen Produktion gegeben.

Im Juli 1952 formulierte die 2. Parteikonferenz der SED – auf der der »Aufbau des Sozialismus in der DDR« beschlossen wurde – an die Schriftsteller den gesellschaftlichen Auftrag, sich die Methode des sozialistischen Realismus anzueignen. Nach dem Antifaschismus wurde so das Thema des sozialistischen Aufbaus neuer Schwerpunkt:

»Im Mittelpunkt des künstlerischen Schaffens muß der neue Mensch stehen, der Kämpfer für ein einheitliches demokratisches Deutschland, der Aktivist, der Held des sozialistischen Aufbaus. Indem der Künstler dieses Neue, dieses Fortschrittliche in der Zeit gestaltet, hilft er mit, Millionen an fortschrittlichen Menschen zu erziehen.« [10]

Diese Ausführungen wurden umgesetzt. Am 7. August 1952 berichtet das »Neue Deutschland« über die Vorhaben von Paul Wiens (Lyriker), Fred Reichwald (Dramatiker), Heinz Kahlau (Romancier). Sie beabsichtigten, drei Themenbereiche zu bearbeiten, die programmatische Bedeutung haben:

»1. Das neue Leben auf dem Land,
2. Aufbau unserer industriellen Schwerpunkte,
3. Wiederaufbau Berlins ...« [11]

Die auch weiterhin publizierten antifaschistischen Werke in Schrift und Bild übernehmen mehr und mehr propädeutische Funktion für diejenigen, die den Faschismus nicht mehr selbst bewußt erlebt haben. Die antifaschistisch-demokratische Literatur wird nicht abgeschafft, sondern reiht sich als Bestandteil der sozialistischen Kultur in deren Ensemble ein.

1.1. Kulturbundmanifest [12]

Das Jahr 1945 wird zunächst emphatisch als Neubeginn schlechthin verstanden. Deutsch-nationale, Liberaldemokraten, Christen und Kommunisten sind sich bei unterschiedlichsten Auffassungen einig, daß es ein Wiedererstarken des Faschismus nicht geben dürfe! Im kulturpolitischen Bereich konkretisierte sich diese Auffassung in der Gründung des »Kulturbundes zur demokratischen Erneuerung Deutschlands«. Namhafte Vertreter der deutschen Intelligenz riefen am 4. Juli 1945 durch Veröffentlichung eines Gründungsmanifests die Intelligenz auf, sich aus der Erkenntnis ihrer gesellschaftlichen Verantwortung heraus im Kulturbund zonen- und parteienübergreifend zu vereinigen. Neben dem damaligen ersten Nachkriegsrektor der Humboldt-Universität, Professor Eduard Spranger, war der kommunistische Schriftsteller und spätere Kulturminister der DDR, Johannes R. Becher, ebenso vertreten wie Ricarda Huch neben vielen anderen bekannten Persönlichkeiten des deutschen Kulturlebens.

Der Text des Gründungsaufrufes spiegelt auf der Ebene der Sprache den aus der Volksfrontpolitik bekannten Einheitsgedanken wider. Untersucht man ihn im Hinblick auf seine Wortwahl zur Beschreibung der

- Zeit des Nationalsozialismus,
- Zeit nach 1945, also der damaligen Zukunft, und der
- Funktion der Intelligenz bzw. der Kulturschaffenden, so lassen sich deutlich Bewertungen unterscheiden:

Zur NS-Zeit:

z. B. »Verschüttung der wahren deutschen Kulturwerke (Goethe, Schiller, Lessing – also Aufklärung, Klassik und Humanismus), menschenfeindliche Zweck- und Nutzlehre, Charakterlosigkeit, geistige Verarmung, moralische Abgestumpftheit, Rassenwahn, Vergiftung deutschen Fühlens und Denkens, militärische Ziele, Totalkatastrophe, nationale Heiligtümer [...] aufs Frevelhafteste entehrt, deutsche Intelligenz hat die geschichtliche Prüfung nicht bestanden, imperialistische und nationalistische Ideologie, Kriegsverbrechertum, Deutschlandfeinde, Vaterlandsverräter, Finsternis, Verzweiflung, Ruinen und Schutthaufen.«

Zur Zeit nach 1945:

z. B. »große deutsche Kultur, Stolz unseres Vaterlandes wieder erwecken, neues deutsches Geistesleben begründen, grundsätzlicher Umbruch tut not, deutsche Auferstehung, im Zeichen freiheitlich-demokratischen Geistes, Wiedergewinnung nationaler Ehre, Anerkennung der Kriegsschuld, Wiedergutmachung, kulturelle Erneuerung Deutschlands, deutsche Erneuerungsbewegung, neues, sauberes, anständiges Leben, Fortsetzung des Kampfes gegen Nazismus und Reaktion, Nationalhaß gegen Unbelehrbare, der neue deutsche Mensch, ein freiheitlicher Mensch nimmt aktiv selbstkritisch teil an der Vernichtung der Naziideologie, der imperialistischen und materialistischen Ideologie [...], restlose Klarstellung der Ursachen der größten Niederlage der deutschen Geschichte, grundsätzliche Wende und Wandlung auf allen Lebens- und Wissensgebieten, Geist eines streitbaren Demokratismus [=] nationales Befreiungs- und Aufbauwerk, Neugeburt unseres Volkes.«

Zur Funktion der Intelligenz:

z. B. »die Wehrlosigkeit des deutschen Geistes gegenüber den reaktionären Mächten war durch die Zerstörung von Wirklichkeitssinn und Vernunft durch die Abspaltung des geistigen deutschen Menschen von allen öffentlichen, gesellschaftlichen Angelegenheiten angebahnt worden. Auch war das große deutsche klassische humanistische Erbe in der Intelligenz nicht so lebendig, um eine unerschütterliche Widerstandskraft gegen das Naziregime zu verleihen; höchste nationale Aufgabe der Intelligenz ist: alle [...] zu vereinen, die zur geistigen, kulturellen Erneuerung Deutschlands mit ihrer ganzen Kraft beitragen: Schaffung einer Erneuerungsbewegung; der Kulturbund als Instrument der Erweckung wahrhaft freiheitlichen Fühlens und Denkens; (die Gründer) wollen beispielgebend vorangehen [...] und eine erste feste geistige Grundlage schaffen für die Neugeburt unseres Volkes.«

Die Beispielsammlung zeigt, daß sich unter der gemeinsamen Parole des *Antifaschismus* sehr divergierende Kräfte gefunden hatten. Im wesentlichen lassen sich folgende Komponenten unterscheiden:

1. deutsch-national: z. B. Wiedergewinnung nationaler Ehre,
2. freiheitlich-demokratisch: z. B. streitbarer Demokratismus,
3. christlich-religiös: z. B. Ringen um deutsche Seele,

Eine marxistisch-leninistische Komponente läßt sich nicht eindeutig belegen – Antifaschismus, Antimilitarismus und Antiimperialismus kennzeichnen auch sozialistische und kommunistische Positionen.

Inhaltlich haben diese Komponenten sich zunächst nur negativ festgelegt: *Gegen* Nazismus, Militarismus und Imperialismus.

Alle positiven Formulierungen wie »wahrhaft deutscher Geist«, »demokratisch«, »Erneuerung«, »grundsätzlich Wende und Umgestaltung«, erhalten jeweils im Kontext von 1–3 unterschiedliche Bedeutungen und Inhalte. Diese Widersprüche wurden aber damals von dem fundamentalen Willen zu einem gemeinsamen antifaschistischen Aufbau zunächst übertönt.

Der Einheitsfrontgedanke im kulturpolitischen Bereich läßt sich konkreter noch an den Gründern selbst nachweisen:

Eduard Spranger, der damalige erste Rektor der Berliner Humboldt-Universität, zieht sehr schnell nach Westen, nach Tübingen.
Ernst Lemmer, später CDU-Politiker im Westen.
Ricarda Huch, zunächst die thüringische Ehrenvorsitzende des Kulturbundes, geht 1947 in den Westen.
Gerhart Hauptmann wird in Abwesenheit zum Kulturbund-Ehrenpräsident gemacht.
Johannes R. Becher, KPD- und seit 1946 SED-Mitglied, wird später Minister für Kultur in der DDR.

Selbstverständlich ist nicht auszuschließen, daß der so vielseitig interpretierbaren Sprach- und Begriffswahl auch ein taktisches Kalkül zugrunde lag. Niemand konnte mit Grund erwarten, daß mit dem politisch-militärischen Zusammenbruch der NS-Zeit ein kritischer Bewußtseinsstand sofort ohne jedes nationale und konservative Relikt entstehen konnte. Vielmehr galt es, bewußt an den Denk- und Wertschemata anzuknüpfen, die dem Gebildeten vertraut waren. So erklärt es sich, daß marxistisch-leninistische Positionen mit den übrigen unter dem Aspekt des Antifaschismus vereinbar waren.

Insbesondere die Forderungen nach:
- grundsätzlichem Umbruch,
- restloser Klarstellung der Ursachen der größten Niederlage unserer Geschichte,
- einer Erneuerungsbewegung zur Vernichtung aller Überreste des Faschismus und der Reaktion

machen indessen deutlich, daß sich die Kommunisten und Sozialisten in dieser Front nicht unbedingt versteckt hatten, vielmehr belegen diese Zitate, wie groß das Maß an kritischer Gemeinsamkeit zwischen allen war. Dies zeigt auch die stetig angestiegene Zahl der Kulturbund-Mitglieder: von 22 000 Ende 1945, über 60 000 ein Jahr später bis 93 000 Mitte 1947.

Belege für diesen »Zeitgeist« sind neben dem »Kommuniqué über die Bildung einer Einheitsfront der antifaschistisch-demokratischen Parteien« und dem »Aufruf der KPD« vom Sommer 1945 (beides in: Deuerlein, S. 48 ff.) z. B. auch Texte wie das »Ahlener Programm« der CDU von 1946 und der § 1 des Berliner Schulgesetzes (s. o.), der noch unverändert aus der ersten Fassung von 1948 stammt. Die CDU sprach damals von dem »furchtbaren politischen, wirtschaftlichen und sozialen Zusammenbruch als Folge einer verbrecherischen Machtpolitik« und forderte eine »Neuordnung von Grund auf«, deren Inhalt und Ziel »nicht mehr das kapitalistische Gewinn- und Machtstreben, sondern nur das Wohlergehen unseres Volkes sein kann«.

In West-Berlin wurde die Tätigkeit des »Kulturbundes« allerdings bereits 1947 von den West-Alliierten untersagt. Vorausgegangen war dem hier der allmähliche Auszug der Nicht-Kommunisten. Das Auseinanderbrechen der gesamtdeutschen Tätigkeit des Kulturbundes in seinen westdeutschen Untergliederungen vollzog sich parallel zur Teilung Deutschlands. Während der Kulturbund in der SBZ/DDR bald zur wichtigsten Organisation der Massenkultur wurde – er stellt seit 1949 sogar eine eigene Fraktion in der Volkskammer der DDR (heute 22 Abgeordnete) –, ist die Entwicklung in der Bundesrepublik unbedeutend. Hier wurden PEN-Club u. a. Organisationen wesentlich einflußreicher, aber auch um die marxistische Position »gekappt«. Das Bundesverfassungsgericht hat schließlich erst 1974, nach 17jähriger Verhandlungsdauer, den »Kulturbund« bzw. dessen Gliederungen in der Bundesrepublik als verfassungsfeindlich eingestuft und damit endgültig verboten.

Es müßte untersucht werden, ob die Entwicklung der BRD, die von der gleichen antifaschistischen Grundhaltung wie der Kulturbund in Berlin ausging, eine Veränderung dahingehend durchgemacht hat, daß Antifaschismus durch Antikommunismus ersetzt worden ist.

Daß andererseits die Einheitsfrontpolitik des Kulturbundes 1945 seitens der marxistisch-leninistischen Gruppierung nur als Durchgangsstadium verstanden wurde, macht die allgemeine politische Situation in der damaligen Sowjetischen Besatzungszone (SBZ) deutlich. Die *Gruppe Ulbricht* (vgl. Deuerlein S. 46) begann sofort eine straff organisierte Kaderarbeit, in die selbstverständlich auch das Instrument des Kulturbundes einbezogen wurde. Ein Tondokument, insbesondere die Ausführungen von *Paul Wandel* [13] belegen das ebenso wie die entsprechenden Befehle der SMAD (vgl. Deuerlein S. 46 ff).

Die Betonung der deutschen Klassik und des deutschen Humanismus, zu dem auch die Aufklärung gerechnet wird, ist auf kulturpolitischem Gebiet für die DDR außerordentlich bedeutsam geworden. Nicht nur wurden aufgrund der im Manifest geäußerten Annahme, daß Humanismus und Klassik Bollwerke gegen den Faschismus auf ideologischer Ebene dargestellt hätten, Autoren wie Thomas Mann, Goethe und Schiller verlegt – und zwar noch 1945 –, sondern auch sozialistische bzw. kommunistische Autoren wie Anna Seghers (Siebtes Kreuz) und Brecht (Furcht und Elend des 3. Reiches). Die besondere Hochschätzung der Klassik reicht bis in die Abiturthemen der Gegenwart. In der DDR sind Themen wie: »Was hat uns Goethes Faust, Prometheus etc. heute zu geben?« nicht selten.

Die Entwicklung des Kulturbundes in der DDR, der aufgrund eines umfassenden Verständnisses von Kultur und kultureller Tätigkeit z. B. auch die Philatelisten und Amateurfotografen organisiert, war durch eine relative organisatorische Selbständigkeit gekennzeichnet. So ist der Kulturbund Eigentümer des renommierten Aufbau-Verlages (Berlin und Weimar) und Herausgeber der beiden Zeitschriften »Aufbau« (1959 eingestellt) und »Sonntag«, die gelegentlich einen liberalen Pluralismus vertraten.

Der Versuch, die Schriftsteller, Künstler und Musiker in einer solchen Riesenorganisation zu integrieren, ist schon 1952 gescheitert. 1952 erhielten diese Gruppen eigene Organisationen: Deutscher Schriftstellerverband (jetzt Schriftstellerverband der DDR), der Verband bildender Künstler und der Verband deutscher Komponisten und Musikwissenschaftler.

1945 unter dem Namen »Kulturbund zur demokratischen Erneuerung Deutschlands« gegründet, wurde er 1958 in »Deutscher Kulturbund« umbenannt, da die demokratische Erneuerung abgeschlossen sei. Eine erneute Namensänderung gab es 1972 auf dem VIII. Bundeskongreß in Ost-Berlin: »Kulturbund der Deutschen Demokratischen Republik«; damit soll, wie es heißt, der »Standort des Kulturbundes genau bezeichnet« werden.

Unterrichtspraktische Hinweise:

Eine Sprachanalyse des Gründungsaufrufes könnte sich an folgenden Arbeitsaufträgen und Leitfragen orientieren (jede Phase wird durch eine gemeinsame Auswertung abgeschlossen):

I. Phase:

1. Unterstreichen Sie mit brauner Farbe alle Wörter und Wendungen, die die NS-Zeit beschreiben.
2. Unterstreichen Sie mit grüner Farbe alle Wörter und Wendungen, die – von 1945 aus gesehen – die Zukunft Deutschlands betreffen.
3. Unterstreichen Sie mit roter Farbe alle Wörter und Wendungen, die die Funktion der Intelligenz, d. h. der Kulturproduzenten in der Nachkriegszeit beschreiben.
4. Unterstreichen Sie mit schwarzer Farbe alle Wörter und Wendungen, die Ursachen für das Erstarken des Nationalsozialismus angeben oder bezeichnen.

II. Phase:
1. Ordnen Sie der Formel: »Wiedergewinnung nationaler Ehre« eine politische Richtung, Partei zu und nennen Sie weitere ähnliche Textstellen.
2. Wie 1 am Beispiel: »streitbarer Demokratismus«
3. Wie 1 am Beispiel: »Ringen um deutsche Seele«
4. Welche Forderungen, Formeln könnten Kommunisten auch vertreten?

III. Phase:
In welchem Sinn werden die folgenden Wörter im Text verwandt?
1. »antifaschistisch«?
2. »demokratisch«
3. »Erneuerung«

IV. Phase:
1. Ordnen Sie den Gründungsmitgliedern und späteren leitenden Funktionären des Kulturbundes eine politische Tendenz bzw. Partei zu:
1.1 J. R. Becher
1.2 Anna Seghers
1.3 Eduard Spranger
1.4 Ricarda Huch
1.5 Bio-bibliographische Kurzreferate zu 1.1–1.4
2. Welche Entsprechungen finden Sie zwischen
2.1 den Ergebnissen der Sprachanalyse und den unter 1. genannten Personen,
2.2 dem Wortlaut des § 1 des Berliner Schulgesetzes und
2.3 in der Sprache des Ahlener Programmes der CDU und dem »Kommuniqué über die Bildung einer Einheitsfront der antifaschistisch-demokratischen Parteien sowie dem Aufruf der KPD?

V. Phase:
Lehrervortrag über die historische Entwicklung des Kulturbundes.

Weiterführende Literatur:
1. *Ernst Deuerlein* (Hrsg.): DDR, Geschichte und Bestandsaufnahme, 1945–1970, dtv. dokumente 347, München 1972, 4. Aufl., insbes. S. 46–50
2. *Deutscher Kulturbund:* Stichwort in: A–Z, Ein Taschen- und Nachschlagebuch über den anderen Teil Deutschlands, hrsg. v. Bundesministerium für gesamtdeutsche Fragen, Bonn 1969, 11. Aufl.
3. *Horst Haase:* Zur Bedeutung des Traditionsproblems in der deutschen Literatur 1945–1949. In: Weimarer Beiträge 3/73, S. 172–182
4. *Gerhard Reddemann:* Kulturbund, Hauptinstrument der SED-Kulturpolitik. In: Mitteldeutsche Vorträge, Bonn, 1972/1, S. 213–227.

1.2. Anna Seghers: »Das siebte Kreuz« [14]

»Noch im Jahre 1945 erschienen – unter unsäglich schwierigen materiellen Bedingungen – die ersten Bücher von Becher, Bredel und Schorrer, wurde Theodor Pliviers

Stalingrad-Roman veröffentlicht. Neben bedeutenden Werken der Weltliteratur und des nationalen Literaturerbes früherer Zeiten wurden den Lesern bald danach Anna Seghers' *Siebtes Kreuz* und Heinrich Manns *Zeitalter,* Bredels *Väter* und Abuschs *Irrweg einer Nation,* Gedichte von Weinert, Hermlin und Kuba zugänglich gemacht, erschienen Werke von Adam Kuckhoff, Ludwig Renn und Fürnberg, kamen Friedrich Wolfs *Professor Mamlock* und Brechts *Furcht und Elend des Dritten Reiches,* Rudolf Leonhards *Geiseln* und Weisenborns *Die Illegalen* auf die Bühnen. Diese Literatur wurde zu einem wichtigen Faktor bei der geistigen Erneuerung der deutschen Kultur in der sowjetischen Besatzungszone. Außerordentlich bedeutungsvoll für die Weiterführung dieser Tradition auf neuen gesellschaftlichen Grundlagen war es, daß eine größere Zahl der emigrierten antifaschistisch-demokratischen Schriftsteller nach 1945 in die sowjetisch besetzte Zone Deutschlands zurückkehrte, darunter so bedeutende wie Brecht und Becher, Anna Seghers und Arnold Zweig. Sie verkörperten in ihrem Leben und Werk die Einheit der literarischen Erfahrungen aus dem Kampf gegen den Faschismus und Krieg mit ihrer Anwendung auf die neuen Aufgaben, die nach 1945 einer realistischen Literatur gestellt waren.« [15]

Am 31. Januar 1946 waren in der SBZ schon 500 000 neu gedruckte Bücher ausgeliefert worden. Nachdem zunächst durch einen SMAD-Befehl vom 16. September 1945 »zur schnelleren Ausmerzung der nazistischen Ideen und des Militarismus« [16] aus öffentlichen und privaten Bibliotheken faschistische, militaristische und auch oberflächlich gesehen unpolitische Massenliteratur entfernt worden waren und die Werke sowjetischer Klassiker des (sozialistischen) Realismus wie Gorki, Gladkow, Scholochow usw., erschienen bald u. z. T. in hohen Auflagen deutsche Autoren. Schon 1946, also ein Jahr bevor die spätere Präsidentin des Deutschen Schriftstellerverbandes (seit 1950) aus ihrem mexikanischen Exil zurückkehrte, war Anna Seghers' »Das siebte Kreuz«, 1942 zunächst auf englisch publiziert, 1944 in den USA verfilmt, in der damaligen SBZ erstmalig auf deutsch erhältlich.

Der Roman schildert die Flucht von sieben KZ-Häftlingen. Nur einem von ihnen, Georg Heisler, gelingt sie. Dem politischen Häftling – Heisler war aktiver Kommunist – widerfährt eine vierzehntägige Osyssee, die die Verstrikkungen, Hoffnungen und auch politisch-moralische Korruptheit der Normalbürger zeigen, die vor die Forderung gestellt, den steckbrieflich Gesuchten bei sich zu beherbergen, entweder kapitulieren oder daraus neue Lebenshoffnungen gewinnen.

Die Verfallenheit an und der Widerstand gegen das NS-Regime werden auf der subjektiv-moralischen Ebene geschildert. Sie ist in diesem Werk für Anna Seghers die unmittelbar politische Dimension. Die in der DDR erschienene »Geschichte der Deutschen Literatur« vermerkt über den zwischen 1937 und 1939 im Exil entstandenen Roman:

> [Er] »hat sich bis heute als die gültige Erzählung vom antifaschistischen Kampf und vom Leben der Deutschen unter dem Faschismus schlechthin behauptet. Die Emigrantin Anna Seghers hat es wie kein anderer Erzähler vermocht, ein Bild vom Alltag des faschistischen Deutschland zu zeichnen, das die offene und geheime Wahrheit sagt. Das Buch ist nicht denkbar ohne ein ständiges Studium der Vorgänge in Deutschland, ohne viele Gespräche mit Flüchtlingen, ohne die Berichte und Romane von Beimler oder Bredel. Ebenso wichtig für das Gelingen waren bestimmte Kunsterfahrungen.

Der epische Aufschluß einer Gesellschaft durch ein Fluchtgeschehen war bereits im ›Kopflohn‹ erprobt worden. Jetzt kommen Anregungen aus dem literarischen Erbe hinzu. Anna Seghers nennt Manzonis Roman ›Die Verlobten‹ als ein literarisches Vorbild, das sie sorgfältig studierte, als sie es unternahm, durch das Motiv der Flucht und der Reaktion vieler Menschen darauf das Leben des Volkes in großer Breite zu erschließen.

Die Oberfläche der durch Terror und Verführung gefestigten Nazidiktatur konnte auf diese Weise durchstoßen werden. Nicht nur den fortdauernden politischen Kampf und den unaufhaltbaren Interessengegensatz zwischen der Masse des Volkes und den Herrschenden im faschistisch-imperialistischen System galt es sichtbar zu machen.

Anna Seghers erforscht auch die ungestillten Sehnsüchte und unbesänftigten Ängste, die verdeckten, brachliegenden moralischen Kräfte der Menschen, sie zeigt, wie ihr guter Kern verkümmert, wenn sie sich mit dem Bestehenden abgefunden haben. Die Beziehungen zwischen dem Flüchtling Georg Heisler und den Menschen, auf die er angewiesen ist, sind dynamisch. Der Held muß das Bild, das er sich als Gefangener vom Leben und von den Leuten draußen gemacht hat, korrigieren.

Heisler lernt und wächst in dieser Flucht und den vielen Begegnungen. Der Konflikt zwischen dem Drang, sein Leben zu retten, und seiner Verantwortung als Revolutionär löst er, indem er sich über das fieberhafte Gehetztsein, den wölfischen Kampf um die nackte Existenz erhebt und das Vermögen wiedergewinnt, das Leben und die Menschen voll wahrzunehmen, zielbewußt und vernünftig zu handeln. Dadurch gelingt erst seine Flucht. In dieser Figur ist die dynamische Auffassung des Revolutionärs in der sozialistischen Epik voll gemeistert.

Keime oder Möglichkeiten der Veränderung zum Guten, der moralischen Wiedergeburt entdeckt die Dichterin auch in vielen anderen Figuren. Der Anruf des Verfolgten gibt dazu den Anlaß. Das Herz aller Menschen, die vor die Frage gestellt sind, dem Flüchtling zu helfen oder ihn dem sicheren Tod auszuliefern, wird gewogen, und sie fühlen das. Genossen von früher, die beim Erkunden des Fluchtweges Parteiverbindungen wieder anknüpfen, der Chemiker, der sich zurückgezogen und abgefunden hatte und nun, als er etwas wagt, die Achtung seiner Frau wiedergewinnt, die Kellnerin, die in bewußter Mißachtung bürgerlicher Wohlanständigkeit den Unbekannten in ihr Zimmer nimmt – sie alle sind berührt, fühlen sich menschlich größer dadurch, daß sie für eine gute Sache etwas tun können. Die Gegenbeispiele werden mit dem gleichen Maß gemessen. Der Mann, der den führenden Kommunisten Wallau auslieferte, hat mit dieser Tat seine menschlich-moralische Existenz aufgegeben und wird sich selbst zum Ekel.

Die epische Grundvorstellung, die dem Roman zugrunde liegt, ist die Verbindung von Abenteuer und Alltag. Der Alltag, das gewöhnliche Leben wird durchforscht nach seinen antifaschistischen Potenzen. Freilich ist das Alltagsleben dem Faschismus angepaßt, aber es geht nicht darin auf. Es kann sein und muß betrachtet werden als Mutterboden des Widerstandes und der Erneuerung. Darauf muß sich der Entwurf eines freien und schöpferischen Lebens stützen. Es kann geahnt werden im Sich-Erheben einfacher Menschen aus der Stumpfheit. Über die aktuelle Situation hinaus macht ›Das siebte Kreuz‹ Grundsätzliches über den Gang der Geschichte bewußt. Im dynamischen Verhältnis zwischen den Avantgarde-Gestalten und dem Volk, zwischen dem zielbewußten, unbeirrbaren Handeln der wenigen und dem unbewußten oder halbbewußten Reagieren und Agieren oder auch nur Schweigen der vielen wird begreiflich, auf welche Weise die Heisler und Wallau ihre Spuren hinterlassen und das Vorübergehende zum Bleibenden wird. In diesen Grundgedanken bezieht Anna Seghers die Landschaft des Rheinlandes und die Geschichte ein, die sich in ihr vollzog. Die Erinnerung an den Wechsel der Herrschenden – von den römischen Söldnerlegionen an – ergänzt die Voraussicht, daß auch die Nazidiktatur nicht ewig dauern kann. Ein kunstvolles, nie künstlich wirkendes Geflecht poetischer Motive wird eingesetzt, um die Bedeutungsfülle der epischen Welt des Buches herauszuarbeiten. Im Zentrum steht das symbolische Bild vom siebten Kreuz, das leer bleibt. Das Symbol erinnert – über seine unmittelbare Aussage hinaus – an die christliche Idee der Passion, würdigt sie und überwindet, widerlegt sie zugleich. Das siebte Kreuz symbolisiert nicht leidende Duldung, sondern menschliches Handeln, das Kräfte freisetzt, die die Menschen zu Herrn ihres eigenen Schicksals machen.

In den Briefen, die Anna Seghers während der Arbeit am ›Siebten Kreuz‹ an Lukács schrieb, hebt sie entschieden die ›Richtung auf die der jeweiligen Zeit erreichbarste höchstmögliche Realität‹ hervor und betrachtet die Entfaltung des Realismus als Heranarbeiten an die Wirklichkeit. Der Roman macht klar, was darunter zu verstehen ist. Sein Optimismus gründet sich nicht auf Wünsche, sondern auf die Erforschung der Realität in ihrer Bewegung.« [17]

Die *Analyse des literarischen Werkes,* also die Analyse der Sprache als poetisches Mittel soll hier auf folgende Punkte beschränkt werden:
- literarischer Traditionsbezug,
- Bauplan (Handlungs- und Zeitstruktur),
- »allwissender« Erzähler sowie
- das Symbol des Siebten Kreuzes.

Zum literarischen Traditionsbezug: Die Funktion des Fluchtmotivs erläutert Anna Seghers unter Hinweis auf ein literarisches Vorbild: Manzonis »Verlobten«. Diesen Text habe sie studiert, um literarische Techniken zur Beschreibung ihres Vorhabens zu gewinnen. In diesem Roman werde nämlich »an einem Ereignis die ganze Struktur eines Volkes aufgerollt, und da habe ich mir gedacht, diese Flucht ist das Ereignis, an dem ich die Struktur des Volkes aufrollen kann«. [18]

Unter »Struktur des Volkes« versteht A. Seghers hier nicht wie etwa in »Die Toten bleiben jung« die Analyse gesamtgesellschaftlicher Verhältnisse und die ihrer politisch-ökonomischen Bedingungen, sondern umgekehrt den Einzelaspekt: Wie wirken sich faschistische Verhältnisse auf die einzelnen Menschen aus?

An der Beantwortung der Kernfrage: »Warum sich dieser eine gerettet hat« und »warum sich die übrigen nicht gerettet haben« manifestiere sich, inwieweit der Faschismus vom Innersten des Menschen, seiner Selbstachtung, hat Besitz ergreifen können.

> »Dargestellt wird, wie unter den gegebenen Bedingungen das bloße Streben nach dem gewöhnlichen Glück, das jeder erlangen kann, der bloße Wunsch es zu erhalten, mit Notwendigkeit zur Aufgabe des Menschlichen führt. Und umgekehrt setzt jede Realisierung von Menschlichkeit, jeder Widerstand gegen das KZ-Regime unter den gegebenen Bedingungen das ›gewöhnliche Glück‹ aufs Spiel.« [19]

Daher ermöglicht das Fluchtmotiv die Verwirklichung dieses Zieles.

Die Darstellung des Fluchtablaufes führt zum *Bauplan (Handlungs- und Zeitstruktur):* Sieht man zunächst von der Rahmenhandlung ab, so kann die Handlungsstruktur als Makro- und Mikrostruktur beschrieben werden: Die

Makrostruktur ergibt sich aus dem roten Faden – der Flucht der Gefangenen. Sie enthält simultane, kunstvoll miteinander verwobene Einzelkomplexe.

Der Roman »Das siebte Kreuz« ist in sieben Kapitel untergliedert. In ihnen wird das Schicksal der sieben aus dem KZ Geflohenen geschildert. Die Flucht des Siebenten dauert sieben Tage. Die sieben Kapitel entsprechen den sieben Tagesabläufen.

Die Analyse der *Mikrostruktur* macht das Prinzip der *Simultaneität* des Textes auch auf der Ebene der einzelnen, gleichartig strukturierten Kapitel deutlich. So verwendet Anna Seghers z. B. das Mittel des Perspektivenwechsels: die Darstellung der subjektiven Empfindungen und Wahrnehmungen der jeweils handelnden Person werden abgelöst, verwoben mit der der Umgebung und der anderer Figuren sowie der Zukunft und Vergangenheit der eigenen Person. Im ersten Abschnitt des ersten Kapitels [20] wird der Aufbau der Person Franz Marnets gerade dadurch sukzessiv vermittelt. Beim Leser aber entsteht der Eindruck des Simultanen. Dabei wird die Figur selbst plastisch. Im ständigen Perspektivenwechsel werden Merkmalsreihen wie: »Tun und Verhalten, soziale Bestimmtheit, Leben und Erleben, Arbeit und Empfindungsfähigkeit, umgreifende Verhaltensweise« zur Individualität einer literarischen Figur verwoben.

Der Aufbau der Umgebung, das landschaftliche Bild erfährt seine Komplettierung ebenfalls im »Synthetisierungsprozeß« des Lesers: Der vage Umriß wird durch konkrete Angaben zunächst zeitlich (Anfang Oktober, Schafe, Apfelernte etc.) aber auch geographisch konkretisiert (vorderer Taunus, Höchst, steile Abfahrt etc.). Wenngleich das erwähnte ›Schmieding‹ nicht wirklich existiert, so wird doch durch die historische (1937) und geographische Konkretheit nicht der Fiktions-, sondern der Berichtscharakter und Realismus des Romans betont.

Struktur und Erzähler sind miteinander verbunden. Die drei im Roman vorhandenen Zeitebenen (die Zeit der Flucht; die Zeit der Rahmenhandlung, d. h. der Tag nach der erfolgreichen Flucht, und die wesentlich spätere Zeit des Erzählers) werden durch den Erzähler miteinander verbunden:

> »Erzählt wird nach der Zeit von Handlung und Rahmenhandlung, von einem Heute aus, demgegenüber alles Dargestellte ein Damals ist. Damit tritt ein Erzähler hervor, der seine eigene Zeit, seinen eigenen Ort hat, von hier aus spricht er, wenn er Gestalt annimmt und seine Urteile fällt. Er wählt seine Sprechzeit zum Bezugspunkt: In ihr gibt es auch ein ›Später‹. Später nämlich, im Verlauf seines weiteren Erzählens, wird der Leser weitere Einzelheiten der Geschichte erfahren. Damit ist die Sprechzeit aber zugleich als Lesezeit unterstellt und auf den Leser bezogen. Bevor die selbständig ablaufende Darstellung erscheint, wird darauf hingewiesen, daß eine Geschichte erzählt wird, deren Verarbeitung einige Zeit in Anspruch nehmen wird, und daß man aus ihr etwas Wichtiges erfahren kann.« [21]

Zum *»allwissenden« Erzähler:* Anna Seghers benutzte bei der Abfassung des Romans – sie befand sich im Exil – Berichte als Materialien. Diese stehen stellvertretend für eine Gruppe, die durch kollektive Erfahrungen geprägt ist.

So heißt es z. B. im Roman selbst: »Später erzählte einer von diesem Morgen: ›Auf uns Gefangene machte die Einlieferung Wallaus ungefähr einen solchen Eindruck wie der Sturz Barcelonas oder der Einzug Francos in Madrid [...]‹«. Der Erzähler des Romans stellt sich damit ebenso wie der Autor – allerdings ohne mit diesem identisch zu sein – als Mitglied einer Gruppe, eines Kollektivs vor. Im Roman »spricht jemand, der dabei war, der zum Kollektiv der Gefangenen gehörte, der überlebt und weitere Erfahrungen gemacht hat und der nun im Namen des Kollektivs erzählt«. [22] Er tritt allerdings nur am Anfang und am Ende des Romans, in der Rahmenhandlung auf. Im eigentlichen Romantext, der Darstellung der Flucht, macht er sich wie die Cutterin im Film bemerkbar, als Kompositeur des Perspektiven- und Szenenwechsels, als Stickerin des Zeitgewebes, als der Regisseur des Ganzen, der die disparaten Einzelteile aus seinem überlegenen Urteil und Wissen zu einem zusammenhängenden Ganzen verbindet, der in einer nur noch partikular überschaubaren Welt die Zusammenhänge vermittelt.

Zum Symbol des Siebten Kreuzes: Die Frage, was denn das »Siebte Kreuz« sei, beantwortet sich beinahe selbst: *Ein Symbol.* Damit wäre zu klären, was Symbol im literaturwissenschaftlichen Sinne heißen kann und speziell, was im einzelnen die Bedeutung dieses Symbols sei.

Anders als ein Verkehrszeichen oder eine chemische Formel hat das literarische Symbol zunächst keine eindeutige Bedeutung: Es ist komplex, und seine Bedeutung beruht nicht nur auf bloßer Übereinkunft, Konvention. Die Bedeutung wird vielmehr zum einen dem Symbol selbst eintnommen (z. B. das Bild des Löwen als Symbol des Mächtigen verweist auf die dem Tier eigene bzw. zugeschriebene Stärke – das Bild des Adlers als des schnell und sieghaft zupackenden auf die Schärfe seines Auges und der Krallen etc.) und zum anderen durch den Kontext gebildet.

Auf das »Siebte Kreuz« angewandt lassen sich so zumindest diese Bedeutungskomponenten unterscheiden:

1. Das Kreuz: Der christliche Traditionszusammenhang: Tiefste Erniedrigung und höchster Triumph im Leiden.
2. Zahlensymbolik: Die Ziffer 7 im Roman hat nicht nur mystisch-religiöse Bedeutung (Vollendung, 7 Todsünden etc.), sondern durch ihr Auftreten im Volksmärchen auch einen volkstümlichen Charakter.
3. Vom Kontext konstituiert:
   - 3.1.: aus der Sicht der Faschisten: Die Erniedrigung und Unterdrückung der Häftlinge sowie der Beweis der Allmacht der Nazis,
   - 3.2.: aus der Sicht der Häftlinge: Indiz für Besiegbarkeit der Nazis und ihrer Ohnmacht; damit zugleich Ausdruck realer Hoffnung.

Thesen zur kulturpolitischen Funktion des Romans:

Einleitend ist darauf hingewiesen worden: Der Roman erschien 1942 zunächst auf Englisch, wurde dann in Amerika verfilmt und 1946 in der DDR erstmalig auf Deutsch verlegt.

Welche Erwartungen konnten die Sowjetische Militäradministration (SMAD) bzw. die kulturpolitischen Verwaltungsorgane mit der Verbreitung dieses Romans verbinden? Ohne Vollständigkeit zu beanspruchen läßt sich vermuten:

1. Vgl. Ziele des Kulturbundes. Darüber hinaus
2. Erklärungsmodelle zu geben für das Wiederauftauchen von Kommunisten und
3. Legitimierung für den Führungsanspruch von Kommunisten im Nachkriegsdeutschland, da sie sich durch ihre antifaschistische Tradition auswiesen.

Unterrichtspraktische Hinweise:

Nach einem kurzen Lehrer- oder Schüler-Vortrag über Autor und Werk wird zunächst die Handlungszeit und dann der Bauplan erarbeitet:

1. Wann spielt der Roman?
2. Wie ist der Roman aufgebaut?
3. Welche Bedeutungen hat die Zahl 7?

Im fragend-entwickelnden Unterrichtsgespräch entsteht ein Tafelbild. Leitfragen wären etwa:

1. Wenn wir die siebentägige Flucht Georg Heislers als Gerade zeichnen, wie müssen dazu die Nebenhandlungen angeordnet werden?
2. Man kann den Roman so als Querschnitt durch die deutsche Gesellschaft von 1936 ansehen. Wie erreicht das die Autorin?
   (Simultaneität)

Hieran kann sich sowohl eine inhaltliche Erörterung des Romans anschließen (moralisches Handeln = politisches Handeln) als auch die genaue Einzelanalyse vorangetrieben werden; z. B. anhand des ersten Kapitels:

1. Gliedern Sie das erste Kapitel in Abschnitte!
2. Worin besteht die Entsprechung zum Bauprinzip des ganzen Romans?
3. Analysieren Sie den ersten Abschnitt des ersten Kapitels!

In der Einleitung und im Schluß tritt ein Erzähler auf. Er ist nicht mit dem Autor identisch.

Arbeitsauftrag:

Benennen Sie den Erzähler, und belegen Sie Ihre These mit Zitaten!

Das Problem des allwissenden Erzählers kann mit der Analyse des ersten Kapitels verbunden werden.

1. Welche Erzählformen verwendet Anna Seghers? (Bericht, Innenschau, Beschreibung, Dialog)
2. Worin besteht die Funktion des Perspektivenwechsels?

Die Symbolfrage:
1. Welche Bedeutungskomponenten lassen sich beim Symbol des »Siebten Kreuzes« unterscheiden?
2. Nennen Sie die Merkmale eines Verkehrszeichens als Symbol!
3. Welche Merkmale besitzt das literarische Symbol darüber hinaus?
4. Geben Sie eine knappe Definition für künstlerische Symbole!

Kulturpolitische Funktion:
1. Was hat der Leser von 1946 über den Faschismus erfahren?
2. Was hat Georg Heisler vermutlich in der Zeit bis 1945 gemacht?
3. Was würde er, 1945 in die SBZ zurückgekehrt, machen?
4. Welche Funktion hat die Publikation des Romans?

Weiterführende Literaturhinweise:
1. *Kurt Batt:* Unmittelbarkeit und Praxis. In: Positionen, Beiträge zur marxistischen Literaturtheorie in der DDR, hrsg. v. W. Mittenzwei, Reclam Leipzig Nr. 482, 1969, S. 134–178.
2. Lexikon deutscher Schriftsteller, Bd. 2, VEB Bibliographisches Institut, Leipzig 1974, 2. Aufl., S. 306–310.
3. *Manfred Naumann* u. a.: Gesellschaft – Literatur – Lesen, Literaturrezeption in theoretischer Sicht, Aufbau-Verlag, Berlin und Weimar 1973, bes. 381–418.
4. *Heinz Neugebauer:* Anna Seghers. In: Literatur der DDR in Einzeldarstellungen, hrsg. v. Hans Jürgen Geerdts, Stuttgart 1972, S. 91–112.
5. *Jürgen Rühle:* Literatur und Revolution, München 1963, bes. S. 192 ff.

1.3.: Bruno Apitz: »Nackt unter Wölfen« [23]

Bruno Apitz, das 12. Kind eines Wachstuchdruckers und einer Waschfrau, KPD-Mitglied seit 1927, verbrachte nach 1934 zunächst knapp drei Jahre im Zuchthaus Waldheim und danach acht Jahre im Konzentrationslager Buchenwald. Die letzten Tage des KZ beschreibt Apitz anhand eines authentischen Geschehens: Ein von einem Polen ins Lager geschmuggelter dreijähriger Junge aus Auschwitz wird von den Häftlingen bis zur Befreiung des Lagers unter großen Mühen und Opfern durchgebracht. An ihm entzündet sich aber gleichzeitig der Wille und die Kraft zum Widerstand.

Das Buch wurde zum Welterfolg. 1958 als Roman in der DDR veröffentlicht, noch 1960 als Hör- und Fernsehspiel realisiert, verfilmte die DDR-Filmgesellschaft DEFA den Stoff 1963 mit Laiendarstellern, zu denen auch der Autor gehörte. Der Autor und das Filmkollektiv erhielten dafür den »Nationalpreis der DDR«. Heute ist der Roman in rund zwei Millionen Exemplaren in 28 Ländern verbreitet und in 25 Sprachen übersetzt.

Das im Film dargestellte Kind, Stefan-Jerzy Zweig, lebt heute als Ingenieur in Südfrankreich. [24] Der Stoff sollte, wenn möglich, den Schülern in der *Filmfassung* zugänglich gemacht werden.

Bei der Besprechung des Stoffes bieten sich mehrere Möglichkeiten an:
- Eine Schülergruppe bereitet den Romantext im Vergleich zur Filmfassung vor (Verkürzungstechnik, Dialogregie, Bildumsetzung, sprachliche Wertungen etc.)

- Den Schülern werden zwei Auszüge aus Literaturgeschichten vorgelegt: Franke S. 294/5 und Geerdts S. 702/3 (Textwiedergabe s. S. 28f.)

Hier wären die jeweiligen Auslassungen und Wertungen zu analysieren. Geerdts z. B. spricht nur vom bewaffneten Aufstand der Häftlinge, aber nicht mehr vom historischen Kontext, in dem allein er erfolgreich sein konnte (Anrücken der Amerikaner). Umgekehrt vertritt Franke stärker eine rein ästhetische Haltung, indem er die mangelnde sprachliche Gestaltung hervorhebt und vom Setzen auf das ›große Erlebnis‹ spricht.

Zentraler Diskussionspunkt wird in der Regel die Frage sein, inwiefern die beiden Prinzipien, die in Krämer und Bochow sowie Höfel aufeinandertreffen, jeweils isoliert zu rechtfertigen seien: Soll das Kind, und koste es die ganze illegale Lagerorganisation, gerettet werden, oder muß es bewußt der SS ausgeliefert werden, damit die Organisation und damit der Aufstand als reale Möglichkeit bestehen bleiben kann? – Die Frage des spontanen Humanismus wird im Film bzw. Roman indessen nicht als abstrakte Alternative zum nur langfristig zu realisierenden Humanismus begriffen.

Die Schüler erfahren aus dem Roman bzw. Film einiges über das Leben im KZ, über die Herrschaftsstrukturen und die Möglichkeiten der mühseligsten Selbstbehauptung. Dem Aufbau der Lagerleitung steht die Selbstverwaltung der Häftlinge gegenüber. Einerseits als Instrument der Leitung funktionierend, ermöglicht sie doch dem von Kommunisten gebildeten illegalen Lager-Komitee, die Rettung des Kindes und schließlich die des Lagers zu organisieren. Indessen wäre zu klären, inwiefern das hier entworfene Bild vom KZ der offiziellen DDR-Version entspricht. Nach Raddatz hat nur die Vergabe des Nationalpreises das Werk vor dem Verbot gerettet. [25]

Die Information über das KZ Buchenwald, die Film bzw. Roman vermitteln, reichen nicht aus. Es empfiehlt sich daher, hier einen kurzen Überblick über die von den Nationalsozialisten errichteten Konzentrationslager zu geben, aus dem die unterschiedlichen Funktionen (Auffang- und Vernichtungslager z. B.) ebenso hervorgehen wie ihre Anzahl und die Zusammensetzung der Häftlinge (Anteil der rassisch Verfolgten, der politischen Häftlinge und der Kriminellen). Diese Aufgabe kann durch ein Schülerreferat auf der Basis empfohlener Literatur gelöst werden.

Die kulturpolitische Funktion von ›Nackt unter Wölfen‹ deckt sich zunächst mit dem vom ›Siebten Kreuz‹ Gesagten. Jedoch muß noch ergänzt werden, daß mit der relativ späten Publikation (1958/1963) deutlich wird, daß die vorgeschlagenen kulturpolitischen Phasen sich nicht schlagartig ablösen, sondern als Nebenthema weiter verfolgt werden. »Außenpolitisch« war »Nackt unter Wölfen« der erste literarische Welterfolg der DDR.

Unterrichtspraktische Hinweise:

Wenn, wie vorgeschlagen, die Schüler den Stoff über den Film kennenlernen, so empfiehlt sich, in dem der Vorführung folgenden Unterrichtsgespräch zunächst einmal die Handlung zu klären, Namen und historischen Kontext sowie die örtlichen Gegebenheiten zu erläutern.

Über ein Schülerreferat kann dann zunächst eine kurze Bio-Bibliographie des Autors vorgestellt werden. Dann erfolgt im frageentwickelnden Unterricht die Klärung insbesondere folgender Probleme:

1. Wie ist die Lagerleitung aufgebaut?
2. Wie ist die Selbstverwaltung der Häftlinge aufgebaut?
3. Wie ist das illegale Lagerkomitee organisiert?
4. Welche Vor- und Nachteile bringt die Selbstverwaltung der Häftlinge für die Lagerleitung bzw. für die Häftlinge?
5. Welche Argumente bringen Bochow und Kramer gegen den Verbleib des Kindes im Lager vor?
6. Welche Argumente bringen z. B. Höfel u. a. für den Verbleib vor?
7. Welche Funktion kommt dem Kind im Lager zu? (für die Lagerleitung – für die Häftlinge)

Den Schülern werden zwei Auszüge aus den Literaturgeschichten von Franke und Geerdts vorgelegt. Dazu – für die Gruppenarbeit – folgende Arbeitsaufträge:

1. Welche Informationen und Wertungen enthalten die beiden Texte?
2. Welche Auslassungen?
3. Interpretieren Sie den durch den Auszug deutlich werdenden Standpunkt des jeweiligen Verfassers.

Über ein Schülerreferat (Textreferat) werden den Schülern abschließend Informationen über das System der KZ unter dem Nationalsozialismus gegeben und schließlich in fragend-entwickelndem Unterricht die kulturpolitische Funktion des Films bzw. Romans erörtert.

Weiterführende Literatur:

1. *Günter Albrecht:* Lexikon deutschsprachiger Schriftsteller, Bd. 1, VEB Bibliographisches Institut, Leipzig 1972, 2. Aufl., S. 26.
2. *Marcel Reich-Ranicki:* B. Apitz. In: ders.: Deutsche Literatur in West und Ost, München 1963.
3. *Eva Reißland:* Bruno Apitz. In: Literatur der DDR in Einzeldarstellungen, hrsg. v. Hans Jürgen Geerdts, Stuttgart 1972, S. 55–73 (mit Bibliographie).

1.4. Franz Fühmann: »Das Judenauto« [26]

Anders als Anna Seghers oder Bruno Apitz hat Franz Fühmann (geb. 1922) den 2. Weltkrieg als Soldat des nationalsozialistischen Deutschlands mitgemacht. Aus der Gefangenschaft kehrt er 1949 als Marxist zurück. 1962 veröffentlicht er bei Reclam Leipzig den Erzählzyklus *Das Judenauto,* der in chronologischer Abfolge 14 Tage aus 20 Lebensjahren des Autors aus der Perspektive des Kindes, des Schülers, des Soldaten, des Kriegsgefangenen und des Heimkehrers schildert. Auf die Zeit der Weltwirtschaftskrise bezieht sich die Titelgeschichte »Das Judenauto«.

»[...] die Erzählungen gehören zum Besten, das die deutsche Literatur zur Sichtbarmachung dessen, was die Bundesrepublik sprachlich als ›Bewältigung der Vergangenheit‹ bezeichnet hat, beitrug.

Fühmann will vorführen, er will Beispiele geben – für das Begreifen- und Denkenlernen eines Menschen, der 1929 Schüler ist und 1943 Kriegsgefangener. Der Erzähler erlebt Antisemitismus, von fern den Wiener Arbeiteraufstand, Tschechenhaß, den Krieg, Stationen zur Katastrophe, Erklärungen dafür, wie sie entstand. Der Autor erzählt aus wechselnden Distanzen und erreicht so Kontrastwirkungen, er lenkt damit das Interesse vom rein Autobiographischen fort zum Allgemeinen hin: Zur Darstellung des bürgerlichen Verhaltens in der Zeit des deutschen Faschismus, zur Darstellung des Mißbrauchs der Jugend.

Fühmanns Held ist Teilhaber des kollektiven Schicksals, wie die Mehrzahl seiner Altersgenossen weigert er sich, die Dinge so zu sehen, wie sie sind. Der Erzähler zeigt, sprachlich knapp, gelegentlich poetisch, öfter dramatisch zuspitzend, die psychologischen Entwicklungslinien hinter der Haltung zu den Ereignissen. Wandlung und Umkehr am Ende gehören dazu, sind logisches Ergebnis, nicht aber Anlaß des Schreibens.« [27]

»Das Judenauto« läßt sich als Erklärungsmodell für die Psychogenese eines Vorurteils fassen, die objektive Geschichte des Nationalsozialismus wird in der individuellen präformiert.

Sehen wir zunächst von der Einleitung ab, so wird eine Episode aus dem Leben eines neunjährigen Jungen aus dem Jahr 1931 erzählt. Folgende Phasen lassen sich unterscheiden:

1. Eine Mitschülerin erzählt das Schauermärchen vom Mädchen mordenden Judenauto.
2. Die »Informationen« des Schauermärchens treffen beim Jungen auf die »Informationsbrocken« der Alltagswelt: Juden ziehen den Leuten das Geld aus der Tasche, haben die wirtschaftliche Krise verursacht, unter der auch der eigene Vater leidet und haben sich gegen die Deutschen verschworen.
3. Beides verbindet sich zu einem Tagtraum: das vom Jungen verehrte Mädchen wird von ihm, dem unüberwindbaren Helden, vor den blutrünstigen Juden gerettet.
4. Da er sich im Unterricht befindet, reißt ihn der Lehrer jäh aus seiner Phantasiewelt.
5. Auf seinem Heimweg erfährt der Junge die Natur als Gegensatz vom Ich.
6. Ein auftauchendes Auto wird von ihm trotz anfänglicher Zweifel als das Judenauto verkannt.
7. Der falsche Erlebnisbericht vor den Klassenkameraden bringt ihm hohe Anerkennung – »die Welt war wieder heil«.
8. Das verehrte Mädchen indessen gibt ihn mit dem nüchternen Bericht, ihr Onkel sei mit dem vermeintlichen Judenauto gekommen, der Lächerlichkeit preis.
9. Aus dem Glauben an das Judenauto wird eine Überzeugung, ein Wissen. Die Juden sind schuld – »Ich haßte sie«.

Diesen Phasen entsprechen, psychologisch gesehen, Stufen der Identitätsfindung:

1–2 Die vorbewußte Identität von Natur und Ich wird durch die abstrakte Liebe des Jungen zu dem braunäugigen Mädchen erschüttert.

3–4 Der Tagtraum in Form einer Allmachtsphantasie stellt den ersten, falschen Versuch dar, diese Identität zu retten.

5 Stellt das bewußte Erlebnis des Identitätsverlustes dar.
6 Das plötzliche Auftauchen eines Autos läßt trotz abweichender Merkmale (braun, drei Personen) im Interesse einer dem Ich angenehmen Rückgewinnung der Identität nur einen Schluß zu: Das Judenauto. Der Identitätsgewinn in der prestigeträchtigen Rolle des Augenzeugen ist nur möglich durch die Überlagerung der Realität mit einem gesellschaftlichen Vorurteil.
7–8 Die Scheinidentität wird durch die nüchterne Konfrontation mit der Wahrheit zerstört.
9 Ihre Wiederherstellung gelingt nur in der rückhaltlosen Übernahme eines von der Gesellschaft, konkret: von den Nationalsozialisten angebotenen Vorurteils: »Plötzlich wußte ich: Sie waren daran schuld!« – »Ich haßte sie«.

Die historisch-sozialen Angaben der Erzählung sind knapp gehalten, doch sehr präzise. Die Handlungszeit spielt 1931, der Junge befindet sich am Anfang seiner Pubertät. Er gehört soziologisch gesprochen zum selbständigen Mittelstand, also der Schicht, die durch Konzentration und Weltwirtschaftskrise in ihrer wirtschaftlichen Existenz bedroht wird. Das politisch schon wirksame und insbesondere von den Faschisten verbreitete Erklärungsmodell – »Verschwörung des Weltjudentums« – wird durch individuelles Erleben im Rahmen einer pubertären Identitätskrise mit persönlicher Sinngebung versehen. Das rückhaltlose Festhalten an dem nur scheinhaft auf der Basis einer Lüge gewonnenen – noch privaten – Identitätsgefühl wird die Voraussetzung für die Identifizierung mit dem Nationalsozialismus und als dieses für den Nationalsozialismus fungibel gemacht.

Die einleitende Frage: »Wie tief hinab reicht das Erinnern?« wird mit der Geschichte dieser Identitätskrise und ihrer verheerenden Lösung beantwortet. Doch der Erzähler hat eine neue, bewußt gewählte bittere Identität gewonnen. Die Einleitung endet mit einer Bewertung des Geschehens: »... man vergißt es nicht, auch wenn danach Bitteres geschehen ist ...«. Die Entstehung des Vorurteils kann rückblickend in seiner entwicklungspsychologischen, gesellschaftlichen und historischen Bedingtheit verstanden werden.

Die kulturpolitische Funktion der Erzählung ist vor allem (Neben dem schon unter 1.2 und 1.3 Angemerkten) in der Möglichkeit zu sehen, Jugendlichen nachvollziehbar zu machen, wie private intellektuelle Unredlichkeit gesellschaftlich fungibel wird. Daneben tritt die Aufklärungsfunktion für die Generation des Autors. Ihr soll vor dem Hintergrund ihrer Kriegs- und Nachkriegserlebnisse verständlich werden, wie innerste Überzeugung und Faschismus sich haben verbinden können.

Unterrichtspraktische Hinweise:

Über ein einleitendes Schülerreferat wird der bio- und bibliographische Zusammenhang der ausgewählten Erzählung verdeutlicht.

Arbeitsaufträge im Rahmen des frageentwickelnden Unterrichts:

1. Wann spielt die Erzählung und wie alt ist der Junge?
2. Gliedern Sie bitte die Erzählung in Sinnabschnitte!

3. Beschreiben Sie die psychologische Entwicklung in den einzelnen Abschnitten!
4. Was für ein psychologischer Vorgang wird in der Erzählung beschrieben und wie wird er begründet?
5. Interpretieren Sie die Einleitung der Erzählung und davon insbesondere den letzten Satz: »[...] man vergißt es nicht, auch wenn danach Bitteres geschehen ist...«!
6. Zu welcher soziologischen Schicht gehört der Junge?
7. Kann diese »persönliche« Geschichte im Sinne der antifaschistisch-demokratischen Literaturkonzeption angemessen aufklären? Begründen Sie Ihre Ansicht.

Die Unterrichtsreihe über literarische Beispiele für die antifaschistisch-demokratische Kulturpolitik der DDR bis Ende der 60er Jahre ist unvollständig, wenn nicht zumindest über einen kurzen Lehrervortrag (z. B. Einladung an einen Fachkollegen) die wichtigsten Faschismustheorien vorgestellt werden. Über die besprochenen literarischen Beispiele läßt sich nur der subjektiv-moralische Aspekt des Faschismus erhellen. Eine angemessene Darstellung der historischen Ursachen des Nationalsozialismus und des, weltpolitisch gesehen, allgemeinen Phänomens des Faschismus darf aber nicht bei seinen subjektiven Aspekten stehenbleiben.

Da eine Darstellung der wichtigsten Faschismustheorien den Rahmen hier sprengen würde, beschränken wir uns auf die Angabe von

Literatur zur Einführung in Faschismustheorien:
1. Das Argument Nr. 30, 1964; 32, 1965; 33, 1965; 41, 1966; 47, 1968.
2. *Reinhard Kühnl:* Formen bürgerlicher Herrschaft, rororo aktuell 1342, Hamburg 1973, 7. Aufl.
3. *Reinhard Kühnl* (Hrsg.): Der bürgerliche Staat der Gegenwart, Bürgerliche Herrschaft II, rororo aktuell 1536, Hamburg 1972.
4. *Ernst Nolte* (Hrsg.): Theorien über den Faschismus = Neue Wissenschaftliche Bibliothek Nr. 21, Köln–Berlin 1967.

Weiterführende Literatur (Fühmann):
1. *Günter Albrecht* u. a.: Lexikon deutschsprachiger Schriftsteller, Bd. 1, VEB Bibliographisches Institut, Leipzig 1972, 2. Aufl., S. 240 f.
2. *Hans Joachim Bernhard*: Franz Fühmann. In: Literatur der DDR in Einzeldarstellungen, hrsg. v. Hans Jürgen Geerdts, Stuttgart 1972, S. 316–337 (mit Bibliographie).

1.5. Themenvorschläge für die 1. Klausur

Nach Abschluß dieser Reihe sollen die Schüler in einer vier- bis fünfstündigen Klausur nachweisen, daß sie die wesentlichen Lernziele dieses Abschnittes beherrschen. Wir schlagen drei Themen vor, deren Schwierigkeitsgrad nach lernpsychologischen Gesichtspunkten gestaffelt ist.

1. Thema

Ihnen liegen Auszüge aus zwei Literaturgeschichten über Bruno Apitz' Roman »Nackt unter Wölfen« vor.

- Analysieren Sie die in den Auszügen vorgenommenen Bewertungskriterien und
- erörtern Sie deren Berechtigung.
- Fassen Sie dann Ihr Urteil und Ihre Kenntnisse über Autor und Werk in einen eigenen, etwa gleich langen Artikel für eine neue Literaturgeschichte zusammen!

Arbeitsmaterialien:
1. Textauszüge (s. Anlage)
2. Romantext.

2. Thema

Einleitung und Schluß des 1946 erstmals in deutscher Sprache erschienenen Romans »Das siebte Kreuz« enthalten wichtige Hinweise auf die Bedeutung des Romantitels.

- Stellen Sie ausgehend von diesen Stellen dar, inwiefern von dem »Siebten Kreuz« als einem literarischen Symbol gesprochen werden kann und
- analysieren Sie seine Bedeutungskomponenten (möglichst unter Angabe von Textbelegen)!

Arbeitsmaterialien: Romantext.

3. Thema

Obwohl die DDR-Kulturpolitik die Phase der antifaschistisch-demokratischen Literatur auf die Zeit 1945–1949 beschränkt, kann auch die 1968 erschienene Erzählung »Das Judenauto« von Franz Fühmann dazugezählt werden.

- Interpretieren Sie diese Erzählung und
- klären Sie, inwiefern die Bezeichnung »antifaschistisch-demokratisch« auf diese Erzählung zutrifft!

Arbeitsmaterialien: Text.

Anlage zu Thema 1:

Geerdts: »Künstlerische Meisterschaft in der Darstellung und Volkstümlichkeit in der Wirkung erreicht Apitz vor allem durch die novellistisch zugespitzte und in realistischer Weise symbolisierende Fabel: Im KZ Buchenwald wird ein polnisches Kind versteckt, dessen Eltern von den Faschisten ermordet worden sind; die SS-Schergen versuchen mit allen Mitteln, des Kindes habhaft zu werden, aber eine geschlossene Reihe von Häftlingen stellt sich, geführt von Kommunisten, schützend vor den Knaben; der bewaffnete Aufstand der Eingekerkerten im Frühjahr 1945 rettet das junge Leben endgültig vor der Vernichtung.

Schon diese Fabel gestattet es dem Autor, seine Helden und ihre Konflikte treffend zu charakterisieren; sie ermöglicht dem Leser, das Wesen der Helden zu erkennen und ihren humanistischen Kampf zu bejahen.

In den Arbeitergestalten Bochow, Kramer, Bogorski, Höfel, Pippig und anderen schafft Apitz vorbildliche Menschen, deren Aktivität unter den barbarischsten Bedingungen nicht zu brechen ist; sie haben sich ihr menschliches Denken und Fühlen auch in der Folterhölle bewahrt und sind vom Geiste der Solidarität beseelt. Diese Helden, zumeist Kommunisten, verkörpern das ›wahre Deutschland‹ während der Zeit der Hitlerdiktatur; ihre im Klassenkampf gewonnenen Charaktereigenschaften bilden den Kern eines neuen Menschentyps, der sich im Prozeß des Aufbaus eines demokratischen und sozialistischen Deutschlands nach 1945 herauszubilden beginnt.

Im Zusammenhang mit der Gestaltung hervorragender Arbeiterpersönlichkeiten ist die Zeichnung der Partei der Arbeiterklasse bedeutsam. Die tragenden Figuren des Romans sind Kommunisten, und die Parteiorganisation des Lagers wird als Motor des gesamten antifaschistischen Geschehens kenntlich gemacht. Unter ihrer Führung verändern sich nicht nur parteilose Häftlinge; auch das Denken, Fühlen und Handeln der Genossen erfährt eine ständige Bereicherung. Damit wird die historische Rolle der Partei der Arbeiterklasse und deren große menschenverändernde Kraft ästhetisch überzeugend gestaltet. Das alles verleiht dem Roman ›Nackt unter Wölfen‹ eine hohe nationale Bedeutung und Wirksamkeit.«

Franke: »Nicht wie Kellermann, Zweig, Anna Seghers, Weiskopf aus Bürgerhäusern, nicht wie Renn aus dem Adelsstand, sondern wie Marchwitza aus der Arbeiterklasse kamen Bruno Apitz, Benno Voelkner, Hans Lorbeer und Willi Bredel zur Literatur. Für sie bedeutete es bereits eine große Anstrengung, wenn sie sich für ihr Schreiben die traditionellen, erprobten Formen der Literatur eroberten. Für die literarische Entwicklung in der DDR aber war ihr Schreiben deshalb ein Fortschritt, weil sie neue Stoffe, bisher nicht Literatur gewordene Denk- und Sehweisen aufnahmen.

Bruno Apitz (* 1900) begann 1955 den Roman zu schreiben, der zum ersten Welterfolg der DDR-Literatur werden sollte: ›Nackt unter Wölfen‹ (1958). Apitz erzählt, was er im KZ Buchenwald erlebte: Ein Kommunist, vor die Wahl gestellt, ein Kind am Leben zu erhalten oder alle Häftlinge des Lagers zu gefährden, entscheidet sich für die Rettung des Kindes, weil parteilich richtig handeln für ihn menschlich handeln heißt. Der Kapo Höfel bewahrt mit dem Leben des Kindes die Menschlichkeit aller Häftlinge – nicht weniger will Apitz mit ungelenken Worten sagen.

Trotz langen Feilens ist ›Nackt unter Wölfen‹ ein Roman im Rohzustand geblieben, die Anleihen bei der ›Literatursprache‹ machen die Ergebnislosigkeit des Bemühens nur um so deutlicher – zum Vorteil des Romans, der seine Wirkung aus dem Erlebten, aus dem Stoff, nicht aus der Gestaltung, aus der Form bezieht. So ergeben sich dramatische Zuspitzungen, redlich erzählt, aus dem tatsächlichen Ablauf der Ereignisse, Gefühle werden nur benannt, nicht entwickelt – ›In Zweiling war grenzenlose Wut!‹ liest man.

Außer diesem Roman schrieb Apitz seither nur noch eine einzige Novelle, ›Esther‹ (1959). Die im KZ inhaftierte Esther lehrt den jüngeren Mitgefangenen Oswald die Liebe. Esther weiß, daß sie sterben muß, sie wehrt sich, bestärkt durch ihre Zuneigung. Zurück bleiben Fetzen von Esthers Kleid, eine große Blutlache.

Auch hier setzt Apitz auf das Ungeheure des Vorfalls, die Sprache kommt nur mühsam nach: Esther wehrt zwar, als Oswald ihr Morphium für die letzte Stunde anbietet, ab, sie seien kein ›romantisches Liebespaar‹, dann aber beweisen die Worte, die Apitz ihr in den Mund legt, daß sie es doch sind: ›Oswald ... du liebster, letzter Mensch‹ sagt sie.

Zwei vor dem Kriegsende geschriebene Theaterstücke blieben unaufgeführt, ein Betriebsroman ist bis jetzt nicht gedruckt – Apitz hat sich offenbar mit ›Nackt unter Wölfen‹ ausgeschrieben. Der Roman wurde in etwa 2 Millionen Exemplaren in 28 Ländern und in 25 Sprachen verbreitet.«

2. Der Held in der DDR-Literatur – Sozialistischer Realismus in der literarischen Praxis

Bei einer Reihe über DDR-Literatur ist eine explizite Beschäftigung mit der Theorie und Praxis des sozialistischen Realismus unter Einbeziehung der DDR-Geschichte und -Kulturpolitik u. a. aus folgenden Gründen unumgänglich:

1. Der sozialistische Realismus ist für die Schriftsteller der DDR die weitgehend verbindliche Theorie und »Methode«, die Wirklichkeit darzustellen. (Begriffsbestimmung s. Themenkomplex 3)
2. Literatur und Realität, Literatur und Politik sind untrennbar miteinander verbunden
   - durch die Verpflichtung der Schriftsteller auf eine wirklichkeitsgetreue und wahrheitsgemäße Darstellung der Realität
   - durch die gesellschaftspolitische, den sozialistischen Standpunkt des Autors ausdrückende und propagierende Funktion der parteilichen Kunst, deren Publizierung unter »Aufsicht« der Partei steht.

Als Einführung in die spezifischen Merkmale des sozialistischen Realismus eignet sich eine Untersuchung von *Heldenfiguren* in der DDR-Literatur aus folgenden Gründen besonders gut: Da in der Literatur vorwiegend Menschen abgebildet werden, können ihre Prinzipien und ihre gesellschaftspolitisch wichtige bewußtseinsbildende Funktion am wirkungsvollsten durch eine entsprechende »realistische« und »sozialistische« Gestaltung der Protagonisten erreicht werden. [28] Eine wichtige Rolle spielen dabei Menschen mit vorbildlicher sozialistischer Verhaltensweise, die »Schrittmacher« des Fortschritts, die »positiven Helden«, die als »Vorbild sozialistischer Persönlichkeitsentwicklung« fungieren sollen und deren »Handeln mit den objektiven geschichtlichen Notwendigkeiten und Erfordernissen übereinstimmt und von hohen subjektiven, moralischen bzw. politischen Beweggründen getragen ist«. [29]

»In bewußter Frontstellung gegen die spätbürgerliche Auffassung von der Ohnmacht- und Aktionsunfähigkeit des Individuums prägte die sozialistisch-realistische Literatur [...] Helden aus, die aufgrund wissenschaftlicher Kenntnis gesellschaftlicher Triebkräfte, Gesetzmöglichkeiten und Ziele *zunehmend bewußter die Welt veränderten* und auch um die Mittel wußten, wie das gestellte Ziel zu erreichen ist; [...] Es wurde bereits betont, daß dieses Heldenbild, wie es die sozialistisch-realistische Literatur vor 1945 geformt hat, für heutige (1969) Literaturprozesse belangvoll ist [...].

Es ist Aufgabe der Literatur, in diesem Entwicklungsprozeß die Menschen dazu zu ermutigen, *ihrer Kraft zu vertrauen, Verantwortung und Wagnis im Interesse des Ganzen auf sich zu nehmen,* die große Chance wahrzunehmen. Dabei vermögen zweifellos jene Werke, in denen Helden dargestellt werden, die das entwickelte gesellschaftliche System aufbauen, also die *Revolutionäre unserer Zeit* am besten dazu beitragen, die *Leser ihren Platz in der Gesellschaft erkennen und finden zu lassen* [...].

Die Produktivität dieser Revolutionäre entwickelt sich nicht primär im Kampf gegen überlebte Erscheinungen in der Gesellschaft, sondern im Ringen um ihre Weiterentwicklung, in der *Lösung der Aufgaben, die das Morgen stellt* [...].

Immer mehr ›gewöhnliche‹ Leute werden in den sozialistischen Aufbau, in die gesamte Leitung der Gesellschaft einbezogen, erhalten so mannigfache Gelegenheit heroischen Tuns [...]. Die Dynamik der gesellschaftlichen Prozesse durchdringt zunehmend den Alltag, verleiht ihm Züge des Außergewöhnlichen. Die Wahl heroischer Figuren ermöglicht es einem Schriftsteller, bedeutende Fragen der Gesellschaft und der Zeit aufzuwerfen [...]. [30]

(Hervorhebungen v. d. Verf.)

Der »positive Held« ist vor allem eine Erscheinungsform der Aufbauphase der DDR, in der es galt, durch die literarischen Vorbilder das sozialistische Bewußtsein kampfbewußt zu fördern, zu stärken und zu stabilisieren und Optimismus für die Zukunft zu vermitteln. Helden späterer Entwicklungsphasen des Sozialismus sind z. T. nicht mehr so »heldisch«. Nicht mehr der Kampf gegen das »Alte« steht im Vordergrund, sondern die Bewältigung von Problemen des Individuums selbst in der Gesellschaft, die sich in der »sozialistischen Menschengemeinschaft« stellen, in der der Sozialismus bereits verwirklicht erscheint. Auch solche Heldenfiguren sind Ausprägungen des DDR-spezifischen Heldentums und fördern in ihrer Umstrittenheit die ständige Diskussion um den »sozialistischen Realismus« und dessen inhaltliche Weiterentwicklung.

Eine Beschäftigung mit den Eigenschaften, dem Denken und den Verhaltensweisen von verschiedenartigen Helden in verschiedenen aufeinanderfolgenden Werken der DDR-Literatur kann den Schülern ein vielfältiges Bild von dieser Literatur und ihrer Geschichte vermitteln und ihnen exemplarisch Aufschluß geben über

- (ihrem Inhalt nach) die *allgemeinen Grundprinzipien des sozialistischen Realismus* und seine spezielle Ausprägung in verschiedenen Entwicklungsphasen der DDR und ihrer Literatur und bei verschiedenen Autoren;
- speziell das *sozialistische Menschenbild* und die (in seiner historischen Entwicklung aufweisbare) Relativität seiner Norm.

Die *Auswahl* der für die Heldenreihe geeigneten Werke erfolgte u. a. nach folgenden Aspekten:

Das Programm sollte ein preisgekröntes »Standardwerk« der DDR-Literatur enthalten, mit einem positiven Helden aus der führenden Arbeiter- und Bauernklasse (2.3.); es sollte – zu deren Kenntlichmachung – Werke aus verschiedenen Entwicklungsphasen enthalten; es sollte auch in der DDR umstrittene Werke enthalten (z. B. »Ole Bienkopp«, aufgrund seiner heftigen Parteikritik), um ein differenziertes und realistisches Heldenbild zu vermitteln; ferner, aus demselben Grund, Werke, in denen die Protagonisten verschiedenen sozialen Schichten und Lebensbereichen angehören usw.

2.1. Erwin Strittmatter: »Katzgraben« [31]

Inhalt, Problemstellung: Das 1954 als Buch erschienene Stück (1953 Uraufführung vom Berliner Ensemble) spielt in den Jahren 1947/48 und enthält in der 2. Auflage ein »Nachspiel«, das sich auf Ereignisse von 1958 bezieht. Es beschreibt die Lage der Bauern nach der Bodenreform. [32] Im *ersten Teil* wird der »Klassenkampf auf dem Lande« zwischen Klein-, Groß- und Mittelbauern beschrieben: Die Kleinbauern versuchen, sich mit Unterstützung der Partei von ihrer Abhängigkeit von den Großbauern (Verleihung von Pferden, Saatgut usw.) zu befreien und die Mittelbauern auf ihre Seite zu ziehen. Die Konflikte entzünden sich anhand des Baus einer »neuen Straße« (die alte war unpassierbar geworden), über welche die Bauern abstimmen sollen und die – als Symbol des neuen politischen Wegs zum Sozialismus – den wirtschaftlichen, sozialen und politischen Fortschritt ins Dorf bringen soll (schnelle Verbindung zur Stadt, bessere (Schul-)Bildung, Kultur, Transport für wichtige, ertragsteigernde landwirtschaftliche Maschinen, die die Entleihung von Gerätschaften usw. von den Großbauern überflüssig machen und damit alte Abhängigkeiten und bürgerliche Herrschaftsstrukturen aus der bürgerlich-kapitalistischen Zeit aufheben). Nach einem ersten, negativen Abstimmungsergebnis stimmt die Mehrheit der Bauern – hauptsächlich aus wirtschaftlichen Erwägungen heraus und weniger als Ausdruck ihres sozialistischen Bewußtseins – für die Straße.

Im »Nachspiel« (1958) wird gezeigt, wie sich das Kräfteverhältnis geändert hat, nachdem die ehemaligen Kleinbauern als überzeugte Sozialisten der Landwirtschaftlichen Produktionsgenossenschaft (LPG) beigetreten sind (ab 1952 wurde mit der Kollektivierung der Landwirtschaft in der DDR begonnen) und von der MTS (Maschinen-Traktoren-Station) begünstigt, wirtschaftlich eine stärkere Stellung haben als die ehemaligen, nicht genossenschaftlich arbeitenden Großbauern. Die Stellung der Mittelbauern ist noch gespalten, aber sie tendieren zur LPG. Für die Zukunft werden zwar wirtschaftliche Schwierigkeiten und Rückschläge der LPG vorausgesagt, aber »die Saat keimt *rot,* wenn sie der Frost bedrängt« (Schlußwort, »Katzgraben« S. 34; Hervorhebung v. d. Verf.).

Der Stellenwert von »Katzgraben« innerhalb der Heldenreihe:

Dieser kurze Text kann als *Einführung* in die Helden-Thematik verwendet werden. Die Schüler sollen zunächst Merkmale des Stücks nennen, die ihnen spezifisch für die DDR scheinen, und auf diesem Weg selbst Fragestellungen und Bestimmungskriterien für die Behandlung des DDR-Helden entwickeln. Dazu sollten sie als oberflächliches Kriterium des »Realismus« nach dem Bezug des Stück-Inhalts zur konkreten DDR-Wirklichkeit fragen und als »sozialistisches« Kriterium nach Übereinstimmung des Stücks mit sozialistischer Ideologie, u. a. nach der Haltung des Autors (bzw. des positiv dargestellten Protagonisten) zum Sozialismus und seiner Entwicklung in der DDR. Außerdem sollten sie durch die wichtige Rolle der auftretenden Parteiangehörigen und ihrer Beziehung zum Helden auf das sozialistische Kriterium der Parteilichkeit des Helden (des Autors) verwiesen werden. Der Text eignet sich auch u. a. deshalb gut als Einführung, da er eine programmatische Rede des Parteivorsitzenden Steinert über die Eigenschaften des *neuen sozialistischen Menschen,* der sich heranbilden soll, enthält, in der gleichzeitig die gesellschaftspolitischen Bedingungen für die Schaffung dieses Menschen genannt werden. Diese Rede enthält eine »Lektion« für das Menschenbild im Marxismus-Leninismus, die zum Verständnis der weiteren Werke nötig ist und Informationslücken bei den Schülern kompensieren kann. Eine Untersuchung der formalen Gestaltungsmittel und ihrer Funktion (Personenbenennung, Sprachebene) trägt zum Verständnis der Wirkungsabsicht des Dramas bei.

Thesen zum Text: [33]

1. Die bäuerlich-kleinbürgerliche Herkunft Strittmatters scheint spezifisch für einen DDR-Schriftsteller: Der Autor bringt dadurch die erfahrungsmäßigen Voraussetzungen zur realistischen Beschreibung seines eigenen Lebensbereichs mit.
2. Das Stück bezieht sich auf die *Realgeschichte* der DDR: Bodenreform und Kollektivierung der Landwirtschaft (realistisches Merkmal).
3. Der Klassenkampf auf dem Land wird geschildert. Er entzündet sich anhand des Baus einer neuen Straße, die den »Fortschritt« im sozialistischen Sinn symbolisiert (sozialistisches Merkmal).
4. *Groß*mann, *Klein*schmidt, *Mittel*länder repräsentieren die *Klassen* der Klein-, Mittel- und Großbauern (Namenssymbolik); Einteilung nach Besitz- und Machtverhältnissen (sozialistisches Merkmal).
5. Im ideologischen Kampf siegen die zum *Kolchos* übergehenden, als fortschrittliche Gruppe dargestellten Neubauern (sozialistisches Merkmal).
6. Die *Partei,* vertreten durch Steinert, hat zwei Funktionen:
   - die Arbeit zu organisieren
   - Avantgarde (Aufklärung und Agitation der Bevölkerung für ein »sozialistisches Bewußtsein«) zu sein (vgl. die Führungsrolle der Partei in der DDR, Artikel 1 der DDR-Verfassung)

6.1. Zur sozialistischen »Erziehung« der Bauern verfolgt die Partei die Strategie, zunächst die materiellen Bedürfnisse der Bauern zu befriedigen: »Traktoren pflügen Gehirne um«, S. 25 (vgl. Realpolitik der DDR).

6.2. Der Parteivertreter Steinert proklamiert die Merkmale des neuen sozialistischen Menschen als Leitbild (S. 29) und zeigt die gesellschaftspolitischen Voraussetzungen zu einer Formierung auf:
Grundlegende gesellschaftliche Veränderungen (Enteignungen der Großgrundbesitzer) schaffen neue Lebensbedingungen und den »neuen« Menschen. Nutzung des Mehrwerts der Arbeit im Interesse der Arbeitenden; Technischer Fortschritt; Überwindung von Irrationalität und Egoismus; denken, planen, lernen, sich verändern (vgl. Bodenreform und Kollektivierung in der DDR und ihre DDR-staatsideologische, marxistische Grundlage).

7. *Intention* des Stücks: Es zeigt mit einer optimistischen Zukunftsperspektive die siegreich überwundenen Schwierigkeiten der Vergangenheit, um tatbereiten Erfolgsoptimismus beim DDR-Zuschauer/Leser für den weiteren Aufbau des Sozia-

lismus zu wecken und Schwierigkeiten als überwindbar (im Vertrauen auf die führende Rolle der Partei) darzustellen. Das sozialistische Bewußtsein der Leser/Zuschauer soll erzeugt bzw. stabilisiert werden. (Bezugnahme auf DDR-Realitäten und DDR-Staatsideologie – also sozialistisches und realistisches Merkmal).

8. Haltung des Autors: Der Autor ist parteiisch (er ergreift Partei für den Sozialismus in der DDR, u. a. durch die positive Darstellung von dessen Vertretern im Stück), aber nicht unkritisch (z. B. Kritik der Bauern am Plansoll).
9. Die »gehobene« *Sprachebene,* d. h. der wie im klassischen Drama vorkommende Blankvers dient der Verfremdung (im Brecht'schen Sinn) und der *»Erhebung«* der (eines klassischen Tonfalls endlich »würdigen«) Bauern, zur Kennzeichnung ihrer neuen gesellschaftlichen Gewichtigkeit und der Fortführung des bürgerlichen Erbes im Sozialismus (Verdrängung der bisher herrschenden Klassen von der Bühne, auch durch die Übernahme »ihrer« sprachlichen Äußerungsformen). Erzielt der Blankvers bei Bauern (als Zuschauer) aber die gewünschte Wirkung?

Unterrichtspraktische Hinweise:

Nach einer Besprechung von Thema, Zielsetzung und zeitlicher Planung der Heldenreihe können die Schüler durch einen Schülervortrag zur Einführung Informationen über Strittmatter erhalten. Eine Klärung der »Fabel« des Stücks und ein Lehrer- oder Schülervortrag [34] über Bodenreform und Kollektivierung der Landwirtschaft kann daran anschließen. Im Mittelpunkt der Stunde wird die Erarbeitung der *DDR-spezifischen, sozialistisch-realistischen Merkmale* des Stücks stehen (s. Stellenwert des Dramas), die aufgrund der Neuheit des Stoffes für die meisten Schüler sicherlich nur mit Hilfe vieler, z. B. folgender Lehrerimpulse erkannt werden:

1. Woran erkennen Sie, daß es sich um ein DDR-Stück handelt? Versuchen Sie, realistische und sozialistische Komponenten zu benennen!
2. Analysieren Sie die Namenssymbolik bei den Bauern!
3. Welche »Helden« erscheinen im Stück?
4. Welche Funktion wird der Partei im Stück zugeordnet? Vergleichen Sie diese mit der DDR-Verfassung (Art. 1)!
5. Welche Merkmale sollen den *neuen sozialistischen Menschen* nach der Vorstellung des Parteivertreters auszeichnen? Welche Voraussetzungen werden dazu genannt (S. 29)?
6. Welcher Sprachform bedienen sich die Personen? Analysieren und beurteilen Sie deren Funktion!
7. Welche Wertung erfährt das Dargestellte durch den Autor?
8. Welche Wirkungsabsicht liegt dem Stück zugrunde?

Weiterführende Literatur:

1. *Bert Brecht:* Katzgraben-Notate. In: Schriften zum Theater, Bd. 7, 1964, S. 77–199 (vgl. 3.1.).
2. *Hans Jürgen Geerdts:* Literatur der DDR. Stuttgart 1972, S. 268 ff. (enthält: Kurzbiographie, Buchveröffentlichungen Strittmatters und Dokumente).
3. *Hans Jürgen Geerdts:* Probleme der sozialistischen Landliteratur im Werk E. Strittmatters. In: Weimarer Beiträge 4, 1958, S. 513–534; erweitert in: Literatur unserer Zeit, 1961, S. 39–67.

2.2. Erwin Strittmatter: »Ole Bienkopp« [35]

Inhalt, Problemstellung: Dieser umfangreiche, 1963 erschienene Bauernroman schildert die Probleme der Kollektivierung der Landwirtschaft. Sie wurde in der DDR auf Betreiben der Regierung im Zeitraum von 1952–1960 durchgeführt. [36]

Der Roman beginnt und endet beinahe wörtlich mit den gleichen Sätzen, deren Metaphorik dem ländlichen Bereich entstammt:

> »Die Erde reist durch den Weltenraum. Der Mensch sendet eiserne Tauben aus und harrt ungeduldig ihrer Heimkehr. Er wartet auf ein Ölblatt von Brüdern auf anderen Sternen.
>
> Was ist ein Dorf auf dieser Erde? Es kann eine Spore auf der Schale einer faulenden Kartoffel oder ein Pünktchen Rot an der besonnten Seite eines reifenden Apfels sein.«

Der Schluß verkürzt diese Bilderreihe lediglich um die Variation des aus dem Alten Testament stammenden Taubenmotivs (Arche Noah), und bindet somit den Roman selbst ein – gleichsam als Ausführung einer mikroskopischen Beschreibung dessen, was ein Dorf gemessen am Maßstab des Universums sein kann. Das immer wiederkehrende Leitmotiv: »Die Erde reist durch den Weltenraum« relativiert die im Roman geschilderten Probleme als im Weltmaßstab beinahe irrelevante Winzigkeiten. Doch selbst sie tragen das Zeichen des die Welt prägenden Konfliktes: Ein Dorf »kann eine Spore auf der Schale einer faulenden Kartoffel oder ein Pünktchen Rot an der besonnten Seite eines reifenden Apfels sein«. Ob das Dorf zur kapitalistischen (Fäulnisschimmer) oder zur sozialistischen Welt (Rotes Pünktchen) gehört, das ist das Ergebnis der winzig und geringfügig scheinenden Kämpfe der Menschen an ihrem jeweiligen Platz.

Der Roman »Ole Bienkopp« erzählt ein winziges und doch für das Ganze repräsentatives Detail beim »Heranreifen des Sozialismus in der DDR«.

Im *ersten Teil* werden die Schwierigkeiten des Helden Ole Bienkopp beim Aufbau der ersten, von *ihm* initiierten LPG dargestellt, die er zu einem Zeitpunkt einführen will, als dies noch nicht der offiziellen Parteipolitik entspricht. Trotz großer Widerstände rechtspolitischer Gegenspieler und von seiten ortsansässiger Parteifunktionäre, die zu seinem (gezwungenen) Austritt aus der Partei führen, gelingt ihm der Aufbau eines Kolchos mit einigen von ihm überzeugten Anhängern seines Projekts.

Seine Frau Anngret, die lieber privaten Reichtum anhäufen will, verläßt ihn und folgt später dem Sägewerksbesitzer Ramsch, der sich in Amerika zum Großkapitalisten aufbaut und, Anngret mißachtend, diese zum Selbstmord treibt.

Zweiter Teil: Nach der offiziellen Einführung der Kollektivierung der Landwirtschaft in der DDR (1952) wird Ole von der Partei rehabilitiert und als »Schrittmacher« und Neuerer gefeiert. Seine LPG wird vergrößert, und er wird von der Partei als Vorsitzender eingesetzt. Verschiedene technische

Mängel im Funktionieren der LPG (Mangel an Geräten, Futtermittel, schlechte Erträge, Rückschläge, Fehlkalkulationen usw.) werden aber zu Unrecht nur Ole angelastet. Daher wird er als Vorsitzender »beurlaubt«, was ihn »zu Tode kränkt«. Er stirbt einen symbolischen Tod: völlig verstört durch seine Beurlaubung, stürzt er sich in eine notwendige, aber körperlich zu aufreibende Arbeit (für die er rechtzeitig keine Maschine bewilligt bekam) und stirbt dabei. Diesen Tod kann man als Zeichen seines totalen persönlichen Einsatzes für die LPG und damit für die Interessen der Gemeinschaft (Selbstaufgabe) betrachten, ferner als Zeichen seiner Hochschätzung der Partei, deren Vertrauensentzug seine Existenzgrundlage zerstört hat und gleichzeitig als »Mahnmal« für die Unmöglichkeit, im Alleingang spontan und geduldlos zu handeln (der nötige Bagger ist kurz nach seinem Tod bewilligt worden). »Eigensinn ohne Eigennutz« (S. 364), diese Kennzeichnung Oles durch den Parteisekretär charakterisiert abschließend diesen Helden in der Wertvorstellung des Autors mit seinen negativen und positiven Zügen.

Stellenwert von »Ole Bienkopp« innerhalb der Heldenreihe:

Obwohl dieser Roman zeitlich erst nach dem von Eduard Claudius (2.3.) erschien, inhaltlich aber auf die an »Katzgraben« behandelten landwirtschaftlichen Probleme der Aufbau- und Konsolidierungsphase der DDR eingeht, sollte er unmittelbar im Anschluß an »Katzgraben« besprochen werden. Da es sich erfahrungsgemäß um ein Werk handelt, von dem aufgrund seiner humorvollen, originellen und lebendig-»saftigen« Stilart anzunehmen ist, daß es als Lektüre die Schüler sehr ansprechen und interessieren wird, sollte es im *Mittelpunkt der Auseinandersetzung mit dem Helden* stehen – zumal es darauf ankommt, am Beginn der Helden-Untersuchung zur Entwicklung der Untersuchungskriterien und exemplarischen Einübung des Verfahrens *einen* Helden besonders intensiv zu analysieren.

Mit einer Erklärung der Intention dieser Unterrichtseinheit am Beginn (Erarbeitung von Merkmalen des sozialistischen Realismus anhand der Heldenfiguren) sind die Untersuchungsaspekte für die Helden-Analyse im allgemeinen Rahmen vorgegeben: Auf »realistische« und »sozialistische« Komponenten in der Persönlichkeitsstruktur und Umwelt bei den Protagonisten ist zu achten. Die inhaltliche Auffüllung dieser Begriffe muß nun von den Schülern anhand der einzelnen Werke und mit Hilfe der bei der Besprechung von »Katzgraben« geleisteten Vorarbeit erbracht werden.

Für die Untersuchung des *Realismus*-Gehalts können Kenntnisse der Schüler über die wirtschaftliche Entwicklung und Wirtschaftspolitik seit 1945 in der SBZ/DDR in der Regel nicht vorausgesetzt werden. Diese müssen in Form von Kurzreferaten bzw. Zusatzinformationen vermittelt werden, falls die in den evtl. einführenden Filmen gegebenen Informationen nicht ausreichen (vgl. Zur Konzeption). [37] Die Untersuchung *sozialistischer Helden-Merkmale* sollte sich auf eine Erarbeitung sozialistischer Ideologie (aus der Perspektive der Autoren) im Denken und Handeln der Helden beschränken, was sowohl elementare Grundlagen marxistisch-leninistischer Weltanschauung als auch DDR-spezifische Ausprägungen des Sozialismus betrifft. Ein – wenn auch undifferenziertes – Vorverständnis der Schüler von »sozialistisch« kann dabei (als Voraussetzung für die Erkenntnis entsprechender Merkmale) auch durch die »Katzgraben«-Besprechung vorausgesetzt werden, zumal die Projekte und Motive der Helden gerade in den anfangs behandelten Werken in dieser Hinsicht evident und ohne größere Schwierigkeiten faßbar sind.

Thesen zum Text:

1. Zu Oles Persönlichkeit (Charakter, Entwicklung) und Kolchos-Projekt:

- Ole B. ist nicht nur Held in seiner Eigenschaft als *Protagonist,* sondern auch *Vorbild* durch seinen positiv dargestellten siegreichen Kampf um das sozialistische Kolchos-Projekt (in der DDR realisiert – sozialistisch-realistisches Merkmal).
- Ole ist *revolutionärer Neuerer* und *Schrittmacher* für die konkrete Verwirklichung des Sozialismus (Vergesellschaftung des Privateigentums) in der DDR (Projektierung einer LPG zu einer Zeit, da die Kollektivierung der Landwirtschaft in der DDR noch nicht durchgeführt war – sozialistisch/realistisches Merkmal).
- Der ihn überhöhende Vergleich mit Christus (S. 27) soll u. a. auf Qualitäten wie: selbstloser Einsatz des Lebens für neue revolutionäre Ideen und Bekehrungseifer (der im Leidensweg und Opfertod endet) hindeuten.
- *Motive* für Oles Kolchosprojekt sind: Oles *Gerechtigkeitssinn* (Aufhebung ungleicher Eigentumsverhältnisse), Oles *Solidarität und Altruismus:* Restloser Einsatz aller persönlichen Energien für einen gemeinnützigen Zweck und die realisierte Bereitschaft, persönliches Eigentum mit anderen zu teilen, seine *Ablehnung eines Privateigentums,* das ausschließlich individuellem Nutzen dient und soziale Ungerechtigkeiten schafft, zugunsten seiner Vergesellschaftung.
- Ole ist im sozialistischen Sinn ein *sich verändernder Mensch:* vom individuellen Einzelkämpfer gegen soziale Ungerechtigkeiten (vgl. Feindschaft mit Ramsch) wird er zum kollektiven Kämpfer für ein gesamtgesellschaftliches Projekt (s. marxistische Anthropologie).
- Als einfacher *Bauer* gehört Ole der in der DDR(-Ideologie) führenden Klasse der Arbeiter und Bauern an (sozialistisch-realistisches Merkmal).

2. Die Vertreter der politischen Reaktion in Opposition zu Ole. [38]

- *Ramsch:* Ramsch (Namenssymbolik!) repräsentiert sozialismus-feindliche, entwicklungshemmende Überreste des Kapitalismus in der DDR nach der Bodenreform, gegen die Ole Bienkopp als Gegner des Privateigentums ankämpfen und sich bewähren muß.
- Ramschs egoistische, ausbeuterische Besitzgier und seine moralische Korruptheit (indirekter Mord an A. Dürr; Bestechungen; obskure Geschäfte in Amerika) stehen im Kontrast zu Oles positiven *sozialistischen* Eigenschaften und heben diese besonders hervor.
- Der Konflikt zwischen Ole und Ramsch repräsentiert die Unversöhnlichkeit der beiden politischen Systeme (Kapitalismus/Sozialismus) und die *Überwindung des Kapitalismus durch den Sozialismus* (vgl. historische Perspektive in der marxistischen Geschichtstheorie).
- Oles Entwicklung zum *Sozialisten* gründet u. a. in seinen persönlichen negativen *Erfahrungen* (vor 1945) mit Ramschs gesellschaftlicher Machtposition (vgl. Marxismus: Erfahrene Klassenwidersprüche erzeugen ein sozialistisches Bewußtsein).

- *Zu Anngret:* Oles anfänglich starke Bindung an Anngret verweist auf seine frühere Verhaftung an bürgerlich-kapitalistisches Denken (A. ist ideologisch Ramsch verhaftet).
- Seine zunehmende Entfremdung (die sich an Eigentumsfragen entzündet) und schließliche Lösung von ihr verdeutlichen seine im Sinne des *Sozialismus* fortschrittliche Entwicklung und die Unvereinbarkeit zwischen Kapitalismus und Sozialismus.
- Anngrets von Ramsch verschuldeter Tod (Selbstmord nach der Amerikareise) verweist auf einen zerstörerischen Einfluß des Kapitalismus.

3. Das Verhältnis Ole – Partei:

Als informative Voraussetzung für eine Untersuchung des Themas muß der äußere Entwicklungsgang im Verhältnis Ole – Partei dargestellt werden: Kritik der Partei an Oles Projekt und Oles Austritt, Rehabilitierung, Beurlaubung.

3.1. Folgende Anhaltspunkte sprechen z. B. für eine *positive* Einstellung Oles zur Partei:

- Die Partei gehört für Ole zu den fortschrittlichen Kräften, zu den »Wegsuchern« und »Spurmachern« für die gesellschaftliche Entwicklung zum Sozialismus.
- Die Partei als Ganzes repräsentiert für ihn die Macht des Kollektivs, das den Lauf der Dinge (und die Machtträger) selbst bestimmt.
- Oles stark emotionale Reaktionen auf seine Beurteilung durch die Partei (Ausschluß, Beurlaubung – vgl. auch seine Freude beim Zurückerhalten des Parteibuchs) zeigen seine Hochschätzung der Partei. Die Beurlaubung von seinen Kolchosleiter-Funktionen durch die Partei am Schluß bedeutet für ihn die Entziehung seiner Existenzgrundlage (signalisiert durch den Tod).
- Es gibt Parteivertreter im Buch (z. B. A. Dürr), die positiv beschrieben sind (Qualitäten wie Intelligenz, Erfahrung, mutiger Einsatz für ihre Ziele usw.). Oles Freundschaft mit einem dieser Parteivertreter, der ihn zum kämpferischen Sozialisten »bekehrt« hat, deutet darauf hin, daß Ole für Strittmatter auf der richtigen Parteilinie liegt, auch wenn er gegen die Partei zu arbeiten scheint.

3.2. Folgende Anhaltspunkte sprechen z. B. für eine *negative* Einstellung Oles zur Partei:

- Oles Einstellung zur Partei *ändert sich* im Laufe der Ereignisse: Zunächst war sie für ihn summarischer Inbegriff positiver, humanistischer Wertvorstellungen. Später *stellt er* ihren dogmatischen, irrationalen Unfehlbarkeitsanspruch (bzw. den ihrer Vertreter) *in Frage.*
- Ole ist bereit, die Parteidisziplin zu verletzen, wenn es ihm für die gesellschaftlichen Interessen sinnvoll erscheint. Er sieht daher offensichtlich einen Widerspruch zwischen diesen und der Parteipolitik.
- Die karikierte Parteifunktionärin und Hauptkontrahentin Oles, Frieda Simson, repräsentiert einen von Ole (Strittmatter) abgelehnten, sterilen, inhaltsleeren, unmenschlich-dressierten und intriganten Parteidogmatismus, der in negativem Gegensatz zu Oles »blutvoller« menschlicher Wärme und Spontaneität steht. Sein Verhalten soll auch durch diesen Negativkontrast in der Absicht des Autors als richtig gewertet werden.

Zusammenfassung:

- Aufgrund dieses vielschichtigen und widersprüchlichen Verhältnisses Ole – Partei ist festzustellen, daß die Partei differenziert in positiven und negativen Aspekten gesehen wird und daß absolute Linientreue kein vorbildhaftes Merkmal für Strittmatter zu sein scheint.
- In diesem Zusammenhang muß die Frage problematisiert werden, ob der durch Ole propagierte Verstoß gegen (unsozialistische?) Parteibeschlüsse nur eine Zuwiderhandlung gegen einzelne, untaugliche und niedrige Parteifunktionäre (woher erhalten sie ihre Order?) oder gegen die allgemeine Parteilinie bedeutet; der Roman läßt dieses Problem offen.
- Läßt sich (wie Ole) unterscheiden zwischen der »Partei an sich« (institutionelle Repräsentantin einer idealen sozialistischen Theorie und Praxis) und ihren konkreten, weniger idealen Vertretern?
- Schreibt Strittmatter im Interesse der Partei, wenn er seinen Helden Ziele verfolgen läßt, die zwar, wie die auch im Roman dargestellte Entwicklung der DDR zeigt, der offiziellen Parteipolitik entsprachen (Kollektivierung), aber dies zu einem Zeitpunkt, in dem wohl strategische Überlegungen (u. a. das durch die Bodenreform verteilte Land den Bauern nicht gleich wieder »wegnehmen«) die Partei von einer Verwirklichung dieser Ziele abhielten?

Unterrichtspraktische Hinweise:

I. Phase:

Einleitung (Konnex zwischen »Katzgraben« und »Ole Bienkopp«); Erarbeitung der leitmotivischen Metaphorik; Zusammenfassung des Romaninhalts und der Hauptproblematik; Klärung der Personenkonstellationen (Namenssymbolik) und ihrer Bedeutung; Klärung des Realismusgehalts.

II. Phase:

Vorbereitung einer arbeitsteiligen Gruppenarbeit zur Analyse des Helden: Formulierung und Erläuterung der jeweiligen, folgenden *Arbeitsthemen* für die Gruppen und Verteilung dazugehöriger Textauszüge:

1. Oles Persönlichkeit (Charakter, Entwicklung) und Kolchos-Projekt.
2. Die Vertreter der politischen Reaktion in Opposition zu Ole.
3. Das Verhältnis Oles zur Partei / Die Darstellung von Parteivertretern im Roman.

Textstellen: *zu 1.:* S. 7ff., 27, 31ff., 79, 82, 98, 109, 118, 358, 364; *zu 2.:* (Anngret) 89, 154, 174, 182; (Ramsch) 72, 140f., 152, 179, 331ff.; (Serno) 101 [39]

III. Phase:

Gruppenarbeit

IV. Phase:

Auswertung der Gruppenarbeit und Zusammenfassung (zur Überprüfung und als Diskussionsgrundlage der Thesen der jeweiligen Gruppen sollten *alle* Schüler alle Textmaterialien kennen).

Zum 1. Klausurthema (s. S. 77 ff.): Der vorgeschlagene Textauszug (Oles Rede) ist von Birgit Stolt unter dem Aspekt der angewendeten Technik klassischer Rhetorik ausführlich analysiert worden. Diese Analyse ist abgedruckt in: F. J. Raddatz, Traditionen und Tendenzen, Frankfurt a. M. 1972, Anm. 18, S. 468–471. Eine Rezension zum Ole B., s. Textanhang S. 4–6.

Weiterführende Literatur:
1. *Hans-Jürgen Geisthardt:* Entdeckung neuer Konfliktgrundlagen. Zu Erwin Strittmatters Roman »Ole Bienkopp«. In: Kritik an der Zeit, hrsg. v. Klaus Jarmatz, S. 639–651.
2. *Horst Haase:* Komisches und Tragisches in Erwin Strittmatters »Ole Bienkopp«. In: Neue Deutsche Literatur (NDL) 3, 1964, S. 130–141.
3. *L. Kopelew:* Neue Wege des deutschen Romans. Über das Schaffen von Erwin Strittmatter. In: Kunst und Literatur, 5, 1960, S. 477–493.
4. *Werner Neubert:* Sicht auf die Welt. In: NDL, 5, 1967 S. 148–150.
5. *Werner Neubert:* Eine Welt für den Menschen. NDL 9, 1971, S. 147–150.
6. *Heinz Plavius:* Künstlerische Gestaltung der Widersprüche in Erwin Strittmatters »Ole Bienkopp«. In: NDL 4, 1964, S. 187–195.
7. *Heinz Plavius:* Wahr erzählen, nicht wahrsagen. In: NDL 7, 1970, S. 3–24.
8. *Horst Redeker:* Abbild und Aktion. Versuch über die Dialektik des Realismus. Halle/S. 1966, darin: Analyse der Ole Bienkopp-Diskussion.
9. *R. Rindfleisch:* Erwin Strittmatter. In: Geerdts, a.a.O., S. 244–271.
10. *Max Walter Schulz:* Das Pferdchen und sein Herr. In: NDL 8, 1959, S. 134–136.
11. *Hans-Günther Thalheim:* Zur Entwicklung des epischen Helden und zum Problem des Menschenbildes in Erwin Strittmatters »Ole Bienkopp«. In: Weimarer Beiträge 2, 1964, S. 228–234 und 4, 1964, S. 501–524.
12. *Christa Wolf:* Menschliche Konflikte in unserer Zeit. In: NDL 7, 1955, S. 139–144.
13. *Hans Georg Hölsken:* Jüngere Romane aus der DDR. Ein Beitrag zur politischen Bildung. Hannover 1969. Hrsg. Niedersächsische Landeszentrale für politische Bildung.
14. *Hans Immler:* Agrarpolitik in der DDR, Köln 1971.

2.3. Eduard Claudius: »Menschen an unserer Seite« [40]

Inhalt, Problemstellung: In diesem 1951 erschienenen Roman (im selben Jahr mit dem »Nationalpreis der DDR« ausgezeichnet), einem der ersten Industrieromane der DDR, werden authentische Ereignisse von 1949/50 verarbeitet: Die »Großtat« des Maureraktivisten Hans Garbe [41], der in einem wichtigen Berliner Betrieb (den Siemens-Plania-Werken) den Zusammenbruch der Produktion durch einen selbstentworfenen Plan verhindert. [42] Claudius, der selbst gelernter Maurer war, stellt diesen Kollegen, den er in Hans Aehre umbenennt (Anspielung auf die Ähren im Staatsemblem der DDR, um u. a. Aehre als Nationalhelden zu kennzeichnen?) als *Arbeiterhelden* dar, der in seiner Jugend in einem pommerschen Dorf von seiten der Gutsbesitzer Ausbeutung und Unterdrückung erfuhr und im Haß auf die »Hauptmannsgesichter« den Weg zur »roten Fahne der Befreiung« fand. Aehre wird zum vorbildlichen Neuerer und Schrittmacher im VEB, da er neue zeit- und materialsparende Arbeitsmethoden einführt – im Bewußtsein, damit im Interesse aller zur Planerfüllung beizutragen und »seiner« Partei zu helfen (es gibt auch negativ dargestellte Parteifunktionäre im Buch, die

z. T. Aehre nicht unterstützen). Höhepunkt seiner Aktivistentätigkeit im Betrieb wird sein *Ringofenprojekt:* Im Krieg waren sechs Ringöfen zerbombt worden. Zum Zweck dringender Reparaturarbeiten müßte der letzte, der noch in Betrieb ist, nach bisher ungeschriebenen Erfahrungs-Gesetzen stillgelegt werden, was Produktionsausfall und Arbeitslosigkeit bedeuten würde. Aehre gelingt es aber, gegen die Skepsis und den Unwillen von Partei-, Betriebsleitung und Arbeitskollegen, sein Projekt durchzusetzen, d. h. den Ofen ungelöscht, also in vollem Betrieb zu erneuern und außerdem Sabotageabsichten mehrerer, mit dem kapitalistischen Westen kooperierender Betriebsangehöriger aufzudecken.

Aehre, der Held der Arbeit, ist in seinem Bewußtsein den Arbeitskollegen zunächst weit voraus, da er, früh durch die Partei vom Wert und der Würde der Arbeit überzeugt, ein hohes Selbstbewußtsein als »einfacher« Arbeiter entwickelt hat, Vertrauen in die eigene Leistungsfähigkeit besitzt und von der Notwendigkeit des aktiven Mitdenkens und Organisierens des nicht mehr nur Anordnungen ausführenden Arbeiters überzeugt ist.

Aehre propagiert insofern eine Verhaltensweise, die für die wirtschaftliche und ideologische Aufbauphase der DDR, in der die *aktive* Mitarbeit *aller* gefordert wurde, besonders notwendig war. [43] Im Zusammenhang mit der 1951 geführten Formalismuskampagne [44] in der Kulturpolitik der DDR wurden auch speziell literarische Stoffe verlangt, welche die konkrete Aufbausituation der DDR darstellen und menschliche Leitbilder aus der Aufbauarbeit vermitteln sollten.

Aehre gelingt es auch, seine Arbeitskollegen, für die er zunächst nur unbeliebter und unverstandener »Akkorddrücker« ist, von seiner Haltung zur Arbeit und zum Betrieb zu überzeugen und auch Vertretern der alten bürgerlichen Intelligenz in der Betriebsleitung, die sich nur sehr unwillig und ängstlich der sozialistischen Ordnung angepaßt haben und eigentlich in den Westen abwandern wollten, durch einen erfolgreichen Einsatz ein neues sozialistisches Bewußtsein zu vermitteln und sie zum Bleiben und Mitaufbau zu bewegen.

Zum Stellenwert des Romans in der Heldenreihe:

Die Funktion der Besprechung dieses Romans besteht darin, die anhand von »Ole Bienkopp« ausführlich erarbeiteten Heldenmerkmale vergleichend zu überprüfen und zu ergänzen, um so *typische* Merkmale der Helden im Ansatz herauszufinden.

Auch bei der Schwierigkeit einer Beschaffung des Buches im Klassensatz sollte auf seine Lektüre nicht verzichtet werden, da es den typischen positiven Arbeitshelden der Aufbauphase darstellt. [45]

Thesen zum Text:

1. Der Maurer-Aktivist Aehre ist ein vorbildhafter *»Held der Arbeiterklasse«:*
   Der Roman dient somit der Stabilisierung des Bewußtseins beim Leser von der führenden Rolle der Arbeiterklasse und der Wichtigkeit der Arbeitswelt in der DDR.

Die soziale Herkunft des Helden in der Literatur soll die gesellschaftlichen Machtverhältnisse in der DDR widerspiegeln.

2. *Aehres Merkmale stimmen* in folgenden Punkten *mit denen Ole Bienkopps überein:*
   - Aehre ist fortschrittweisender *Schrittmacher* seiner Zeit, Neuerer für die Weiterentwicklung des Sozialismus in der DDR (Ringofenprojekt).
   - Er setzt sich bis zur *Selbstaufgabe* und »besessen« von seinem Projekt für dessen Realisierung ein (Altruismus; Denken und Handeln im Interesse der Gemeinschaft).
   - Er arbeitet mit einem *sozialistischen Bewußtsein* vom Sinn und Zweck seiner Arbeit (kein Eigenprofit; Nutzen für alle) und versucht, dieses Bewußtsein seinen rückständig denkenden Betriebskollegen zu vermitteln (Agitation).
   - Wie Ole macht er eine *positive Entwicklung* durch, zeigt Schwächen, ist kein Idealheld: beide verdeutlichen entsprechend der marxistischen Ideologie die *Veränderbarkeit* der gesellschaftlichen Verhältnisse und der Menschen.
   - Die *Partei* wird *differenziert* dargestellt. Es gibt positive (Wende) und negative, dem kleinbürgerlichen Denken verhaftete Vertreter (Bock). Die positive Darstellung überwiegt jedoch.
3. Spezifische Merkmale Aehres:
   - Aehre identifiziert sich eindeutig mit der von ihm sehr hochgeschätzten Partei. Vertreten durch Aehre und Parteifunktionäre im Betrieb erscheint die Partei als führende und wegweisende Kraft im Aufbau, hier speziell im volkseigenen Betrieb.
   - Als Arbeiter hat er ein neues Selbstbewußtsein entwickelt. Er fühlt sich nicht als Ausführender von Befehlen von »oben«, sondern bringt Eigeninitiative, neue Ideen in die Produktion ein (Aktivist), will sich ständig weiterentwickeln, vorwärtsgehen.
   - Die Kritik an Aehre (von einem positiv dargestellten Parteifunktionär) von seiten des Autors ist eindeutig:
     In seiner Verbissenheit ist Aehre nicht fähig, fortschrittliche Veränderungen im Betrieb zu erkennen und seine Taktik darauf einzustellen. Das am Anfang nötige Durchboxen von Plänen in »Partisanenmanier« muß durch eine geordnete Planung auf normalen Kompetenzwegen ersetzt werden.
   - Aehres Haltung ist zunächst widersprüchlich: auf privater Ebene denkt er unsozialistisch, indem er seine Frau zur Beibehaltung ihrer Hausfrauenrolle zwingen will. Dieser gelingt es aber, ihn ihre Emanzipationsbedürfnisse anerkennen zu lassen.

Unterrichtspraktische Hinweise:

Bei diesem Roman können biographische Angaben über den Autor und Informationen zum historischen und wirtschaftlichen Hintergrund (durch Schüler oder Lehrer) an passenden Stellen in die Besprechung eingeplant werden. Als »Einstieg« kann die Frage nach den Stileigentümlichkeiten (Sachlichkeit) des Romans zunächst im Vergleich zum mehr humorvoll-»urigen« Ole Bienkopp gestellt werden, deren Beantwortung nach einer »Eindrucks-Sammlung« von Unterschieden genau anhand einer Textstelle für den Claudius-Roman vorgenommen werden sollte. Gut eignen sich dafür Textstellen, welche z. B. die dokumentarisch exakten Beschreibungen der das Neuerertum Aehres begründenden *Arbeitsvorgänge* enthalten und welche die Wichtigkeit der planvollen und aus eigenen Überlegungen mühsam schöpfenden Aktivität des Helden am Arbeitsplatz ausdrücken. [46]

Eine solche Stilanalyse kann dann über die Frage nach der Funktion der genauen Beschreibungen überleiten zur Bedeutung der Arbeit für Aehre und damit zur Problemstellung des Romans. In diesem Zusammenhang können Thesen zu Merkmalen der Heldenfigur aufgestellt werden, wobei sich folgende inhaltliche Strukturierung anbietet:

Untersuchen Sie:

1. Aehres Verhältnis zur Arbeit;
2. Aehres Kampf um sein Projekt;
3. Aehres Verhältnis zu den Arbeitskollegen;
4. Aehres Verhältnis zur Partei – die Darstellung der Parteivertreter im Roman;
5. Aehres Einstellung zu seiner Frau!

Im Anschluß an die Erarbeitung der spezifischen Merkmale Aehres sollte dann der Vergleich mit »Ole Bienkopp« erfolgen. Da bei »Ole B.« ausführlich die Parteilichkeit besprochen wurde, empfiehlt es sich, bei Aehre einen anderen Aspekt, etwa das Verhältnis zu den Arbeitskollegen, in den Mittelpunkt zu stellen – auf der Grundlage einer kurzen Textstelle. Aus zeitlichen Gründen wird eine vorbereitende Hausaufgabe (z. B. Erarbeitung der Untersuchungs-Aspekte 1. und 2., s. o.) unumgänglich sein.

Weiterführende Literatur:

1. *Hans Jürgen Geerdts:* Literatur der DDR, a.a.O., S. 241 f. (Kurzbiographie, Veröffentlichungen und Sekundärliteratur).
2. *Wolfgang Hartwig:* Begegnungen mit der Partei. Deutsche Schriftsteller bekennen sich zum Sozialismus. In: Deutschunterricht 9, 1952, S. 460–463.
3. *Wolfgang Hartwig:* Eduard Claudius. In: Geerdts, a.a.O., S. 223–243.
4. *Horst Haase:* Variationen eines großen Themas. Zu zwei Erzählungen von E. Claudius. In: Sinn und Form 3, 1968, S. 662–676.
5. *Bruno Kaiser:* Nachwort (Über Leben und Werk von Eduard Claudius). In: E. Claudius: Erzählungen, Berlin 1951.
6. *G. Piltz:* E. Claudius. Leben und Werk, Berlin 1952.
7. *P. Toper:* Neues Leben – neue Themen. In: Sowjetliteratur 9, 1951, S. 180–185.

2.4. »Im Spannungsfeld« (Defa-Film von Siegfried Kühn, 1970) [47]

Inhalt, Problemstellung: Dieser Film spielt im Produktionssektor und behandelt Probleme der wissenschaftlich-technologischen Planungs- und Leitungsschicht im bereits »entwickelten gesellschaftlichen System des Sozialismus«.

Er zeigt die menschliche Problematik eines jungen Vertreters der technologischen Intelligenz, dessen stark ausgeprägte Rationalität und die Besessenheit von seinem beruflichen Projekt seine emotionalen Qualitäten verkümmern läßt, was sowohl seinen privaten Bereich betrifft als auch seine persönlichen Beziehungen im Betrieb gegenüber den Arbeitern, Parteifunktionären und der Betriebsleitung. Er gerät in Gefahr, nur noch formal den ökonomischen Nutzwert der Arbeit zu sehen und dabei den Menschen, dem sie dienen soll, zu vergessen:

Der Jung-Mathematiker Dr. Bernhard, in Moskau zum Computer-Fachmann ausgebildet, soll in einem volkseigenen Betrieb die Produktionsverhältnisse revolutionieren. Dr. B. weist mit Hilfe von Computerberechnungen nach, daß die Kapazität des Werkes trotz Planerfüllung nur zu 70% ausgenutzt wird und daß ein geplanter Neubau der Werkhallen, Lieblingsprojekt des mit ihm befreundeten Direktors, volkswirtschaftlich nicht zu vertreten ist. Mit seiner kompromißlosen Härte, einem arrogant demonstrierten Überlegenheitsgefühl und einer geringschätzigen Mißachtung der bisherigen, relativ dilettantischen Arbeitsorganisation, deren Aufbau für manche Betriebsangehörige aber ein »Lebenswerk« dargestellt hat, stößt Dr. B. im Betrieb auf Ablehnung und Widerstand, u. a. von seiten des Direktors, dessen Projekt mit kalter Berechnung in einer rücksichtslosen Weise für zerschlagen erklärt wird.

Auch von seiner Freundin wird Dr. B. verlassen.

Die große Wende zum Positiven vollzieht sich – bezeichnenderweise – in Moskau. Dort erkennt Dr. B. auf einer Computer-Fachtagung in Gesprächen mit seinem alten Lehrer und in der Konfrontation mit westlichen Computerfachleuten, die noch schärfer den Menschen auszuschalten versuchen, seine Mängel in menschlichen Bereich und wird sich bewußt, wie gefährlich nahe er dem kapitalistischen, nur auf den ökonomischen Nutzwert ausgerichteten Denken war. Mit der Erkenntnis, daß Probleme, die der Computer aufzeigt, nur in helfender und verständnisvoller Zusammenarbeit aller gelöst werden können und daß im Mittelpunkt aller Fragen der Mensch und die Verfestigung seiner sozialistischen Persönlichkeit stehen, kehrt er nach Berlin zurück und findet den menschlichen Zugang zu Freund und Freundin wieder.

Diese Thematik steht in engem Zusammenhang mit neuen Prinzipien der 1963 einsetzenden Wirtschaftsreform in der DDR, dem »Neuen ökonomischen System der Planung und Leitung der Volkswirtschaft« (NÖSPL) [48]: Orientierungspunkt für die wirtschaftliche Entwicklung sollte die technisch-ökonomische Rationalität sein, d. h. moderne mathematisch-statistische Disziplinen sollten für die Perspektivplanung stärker berücksichtigt werden. In der dritten Reform-Phase (ab 1967) wurde durch die Partei jedoch das Primat der Ideologie und Politik im Bereich der Wirtschaft erneut betont, um die Ausbreitung rein ökonomischer Orientierungen (wie hier bei Dr. B.) zu verhindern.

Der Stellenwert des Films innerhalb der Heldenreihe:

Nach der Behandlung der positiven Helden der Aufbauphase, die als Schrittmacher für die neue sozialistische Entwicklung kämpfen, ihre Mitmenschen für ihre Projekte und ein sozialistisches Bewußtsein zu überzeugen suchen und gegen politisch-reaktionäre, dem Kapitalismus verhaftete Gruppen kämpfen müssen, stellt Dr. B. entsprechend den neuen historischen Bedingungen im »entwickelten gesellschaftlichen System des Sozialismus« einen *neuartigen Heldentypus* dar, für dessen Umwelt ein sozialistisches Bewußtsein vorauszusetzen ist. [49] Der »Glanz« der vorher behandelten Helden wird hier also zugunsten einer individuellen, verstärkten Problematisierung des Helden gemindert. [50]

Der Film bietet die Möglichkeit, diese Ausprägung des Heldentums in seiner Abhängigkeit von der historischen Entwicklung der DDR und ihrem historischen Selbstverständnis als eine neue Tendenz erkennen zu lassen. Nebenbei kann, bei entsprechender Schülerinitiative, der Film Anlaß bieten für eine kritische Auseinandersetzung mit der darin aufgezeigten Stellung der Frau in der DDR, die vom Emanzipations-Gesichtspunkt aus – im Vergleich etwa mit Frauenfiguren im Claudius-Roman – zurückgestuft erscheint auf eine ihren Selbstwert vermindernde, hauptsächlich der Entwicklung des Mannes dienende Funktion.

Thesen zum Film (unter Einbeziehung eines Vergleichs mit den Romanhelden):

1. Wie Ole und Aehre setzt sich Dr. B. mit aller verbissenen Energie für ein besonderes, fortschrittsweisendes, *wirtschaftliches Projekt* ein. Er ist Schrittmacher der ökonomischen Entwicklung in der DDR (Rationalisierung).
2. Seine Qualitäten (technische Intelligenz) beweist er wie Ole und Aehre auf dem Gebiet der *Arbeit*. Seine Produktionsverbesserungen dienen gleichzeitig der politischen Stabilisierung der DDR (wirtschaftliche Konkurrenz mit den westlichen Ländern).
3. Wie Aehre (Industrie-Arbeiter) und Ole (Bauer) stammt Dr. B. aus der zur Zeit der Entstehung des Films wirtschaftlich maßgebenden Schicht (»Königsebene« der Planung und Leitung).
4. Die *Motive* für Dr. B.s Projekt beruhen aber nicht wie bei Ole und Aehre auf einem besonders *vor*-entwickelten sozialistischen Bewußtsein, sondern eher auf einem rückständigen. Entsprechend »bekehrt« er nicht seine Kollegen, sondern wird von ihnen auf den richtigen Weg geführt.
5. Dr. B. ist »Technokrat«, der die Rationalisierung des Betriebs anscheinend unreflektiert (um ihrer selbst willen?) verfolgt, ohne deren eigentliches Zielobjekt – den Menschen und seine Bedürfnisse – zu berücksichtigen. Menschliche Qualitäten wie: Solidarität, Altruismus, Verständnis, Einfühlungsvermögen usw. gehen ihm (im Gegensatz zu Ole Bienkopp und Aehre) ab. Im Betrieb steht er allein.
6. Dr. B. ist also ein widersprüchlicher »Problemheld«. Es besteht ein Widerspruch zwischen dem objektiven Nutzen seines Projekts für die Gesellschaft und seinen negativen subjektiven Motiven (Bei Ole B. und Aehre gibt es diesen Widerspruch nicht).
7. Mit Hilfe seiner Kollegen und der Parteifunktionäre ist Dr. B. aber fähig zum *Umlernen* und zur *Selbstkritik* (positiver Aspekt). Die versöhnliche Filmperspektive am Schluß deutet den Beginn einer Entwicklung Dr. B.s zum wahren Vorbild eines sozialistischen Menschen an, bei dem – wie bei Ole und Aehre – Intelligenz (gesellschaftliche Nützlichkeit), sozialistisches Bewußtsein und Menschlichkeit vereint sind.
8. Die *Funktion* des Protagonisten Dr. B. besteht darin, bestimmte entwicklungsbedingte *Probleme* innerhalb des Sozialismus (Gefahren des technologischen Fortschritts) dem Zuschauer *kritisch bewußt zu machen* und anhand eines individuellen Problemfalles mit positivem Ausgang den *richtigen Weg zu ihrer Lösung zu zeigen.*

Dr. B. ist daher *kein heldischer Vorkämpfer* (*in seinem Lebensbereich*) *für den Sozialismus* wie Aehre und Ole.

9. Diese Funktion des Helden steht im Zusammenhang mit der gesellschaftspolitischen Entwicklung in der DDR: Zur Entstehungszeit des Films, im bereits »entwickelten gesellschaftlichen System des Sozialismus«, ist der heldische Kampf gegen den nun nicht mehr vorhandenen »Klassenfeind« nicht mehr nötig. Es geht nicht mehr um die Erkämpfung des Sozialismus und die Agitation der Mitmenschen für ein sozialistisches Bewußtsein, sondern um die Lösung aktueller Probleme. Dr. B. ist insofern (möglicherweise) ein repräsentatives Beispiel für die moderne Heldengestaltung in der DDR. Der *»Problemheld« hat also Modellfunktion* für Problemerkenntnis und positive Problemlösung.
10. Der »positive« Held der Aufbauphase dagegen hat eine *Leitbildfunktion* (Orientierung für das noch nicht konsolidierte sozialistische Bewußtsein der Leser in der Aufbauphase). Die Helden der Aufbauphase sind (trotz Schwächen) vorbildlich in ihrem sozialistischen Denken und Handeln.
11. *Zusammenfassend* lassen sich aber folgende *gemeinsame Merkmale* aller Helden (aus der Perspektive der Autoren) feststellen:
    - Sie sind DDR-Bürger, überzeugte Sozialisten
    - ihr Handeln steht in konkretem Bezug zu historischen Entwicklungsphasen in der DDR
    - sie entwickeln *neue wirtschaftliche Projekte* zum Nutzen der Gesamtgesellschaft, die den Fortschritt des Sozialismus in der DDR vorantreiben (»Schrittmacher«)
    - sie kämpfen (unter Einsatz aller Energien) mit Erfolg für die Realisierung ihrer neuen Ideen gegen alle Widerstände
    - sie setzen sich zur Durchsetzung ihrer Projekte mit der *Partei* auseinander (Unterstützung durch fortschrittliche Parteivertreter – mit Einschränkung)
    - sie sind Helden der *Arbeitswelt*
    - sie erkennen selbstkritisch ihre Schwächen und ändern ihr Verhalten
    - ihr Handeln vermittelt eine optimistische Perspektive für die Zukunft der DDR

Unterrichtspraktische Hinweise:

Die Vorführung des Films wird eine Doppelstunde in Anspruch nehmen. Als vorbereitende Hausaufgabe kann danach einem Schüler (oder allen) der Auftrag gegeben werden, Thesen zum Film-Helden Dr. B. als Grundlage einer Diskussion in der Gruppe zu formulieren. Der *Vergleich* mit den vorher behandelten Romanhelden wird dabei im Mittelpunkt stehen.

Abschließend wird sinnvollerweise eine Zusammenfassung der Heldenmerkmale unter folgender Problemstellung erfolgen:

- Lassen sich bei den behandelten Heldenfiguren *gemeinsame* und *unterschiedliche* Merkmale feststellen?
- Ordnen Sie den Heldenmerkmalen in verschiedenen Entwicklungsphasen der DDR gesellschaftspolitische Funktionen zu!

Zur Fundierung von Schülerhypothesen werden Lehrerinformationen über wirtschaftliche Hintergründe des Films und die kulturpolitische Entwicklung (in groben Zügen) notwendig sein.

Weiterführende Literatur:
Zum Film:

1. Künstlerische Wirkungen aus dem Authentischen beziehen. In: Kino DDR, (hrsg.

von den Freunden der deutschen Kinemathek) Sondernummer »Im Spannungsfeld«, Berlin 1970, S. 12/13.
2. *Dieter Wolf/Gerd Golde* (vom VEB DEFA-Studio für Spielfilme): Zur Volksverbundenheit und Massenwirksamkeit im jüngeren Spielfilmschaffen der DEFA. In: Kulturwissenschaft und Arbeiterklasse. Konferenz des Instituts für Gesellschaftswissenschaften beim ZK der SED. Dietz Verlag, Berlin (O) 1971, S. 84–92.

Zum Helden in der DDR-Literatur:
1. *Alexander Abusch:* Atuelle Fragen unserer Literatur. In: Literatur und Wirklichkeit, Berlin (O) 1953, S. 299–327.
2. *Edith Braemer:* Problem: »Positiver Held«. In: NDL 6, 1961, S. 41–65.
3. *Hans Jürgen Geerdts:* Literatur der DDR. Stuttgart 1972.
4. *Helga Herting:* Zum Heldischen in der sozialistisch-realistischen Literatur. In: Weimarer Beiträge, 1969, Sonderheft, S. 205–219.
5. Literaturwissenschaft in der DDR. In: Materialistische Wissenschaft 1, Berlin 1972, S. 184–212.
6. *Jan Peddersen:* Die literarische Situation in der DDR. In: Handbuch der deutschen Gegenwartsliteratur, hrsg. v. H. Kunisch, München 1965.
7. *Paul Rilla:* Die Kunst im sozialistischen Aufbau (1952). In: Kritik in der Zeit. Der Sozialismus – seine Literatur – ihre Entwicklung. Hrsg. v. K. Jarmatz. Halle/S. 1970, S. 260–271. Vgl. darin: Beschluß des Staatsrates der Deutschen Demokratischen Republik vom 30. 11. 1967.

3. Die Theorie des sozialistischen Realismus – Grundzüge der marxistischen Widerspiegelungstheorie

3.1. Brecht: »Katzgraben-Notate« [51]

Die von den Schülern anhand literarischer Texte selbst erarbeiteten Merkmale der Helden müssen ergänzt, vertieft, systematisiert, problematisiert und überprüft werden durch theoretische Ausführungen zu diesem Thema. U. a. sollen die Schüler durch die Theorien erkennen, daß die Merkmale der Helden keine zufälligen Übereinstimmungen aufweisen, sondern daß diese auf einer stringenten sozialistischen Literaturtheorie basieren. Ein in die Theorie einführender Text sollte die auf den Helden bezogene Spezialisierung des Themas berücksichtigen und gleichzeitig allgemeine Merkmale des sozialistischen Realismus darstellen.

Dazu bieten sich die Erläuterungen Bert Brechts (der die Theorie des sozialistischen Realismus vertrat) zur Inszenierung von Strittmatters Katzgraben (die »Katzgraben-Notate«, 1953) an, zumal diese Brecht-Thesen konkret auf einen im Unterricht bereits erarbeiteten Text Bezug nehmen und von den Schülern daher nachvollzogen und verifiziert werden können.

Dieser Text eignet sich auch deshalb gut für die Schüler, da er nicht in der Form einer wissenschaftlichen Abhandlung, sondern eines lebendigen Dialogs (Interview) geschrieben ist.

Folgende Einzelabschnitte aus den Notaten eignen sich für die Behandlung im Unterricht:

- Politik auf dem Theater
- Krisen und Konflikte
- Aufbau eines Helden
- Der positive Held
- Neuer Inhalt – neue Form

Die in diesen Abschnitten vertretenen Ansichten Brechts werden im folgenden zu kurzen Thesen zusammengefaßt:

Allgemeine Wirkungsabsicht von Literatur:
- Ingangsetzen von *Lernprozessen* beim Rezipienten/Bezug herstellen zum eigenen Leben (Mittel: Abbildung/Bewußtmachen der Wirklichkeit)
- Erzeugung von *Lust* beim Rezipienten *zur Veränderung* der Wirklichkeit in sozialistischem Sinn
- *Schwung* für die Zukunft verleihen

Spezielle Absichten, die mit den Heldenfiguren beim Leser verfolgt werden:
- positive Helden sollen dem Zuschauer als *nachahmenswerte* Vorbilder dienen
- Ihre positiven Eigenschaften müssen für die jeweilige historische (wirtschaftliche) Situation (der DDR) bedeutsam sein
- Die Nachahmung des Lesers soll *nicht blind* erfolgen, sondern auch *bewußt* (Identifikation und *Distanz* zum Helden, vgl. Theorie Brechts vom epischen Theater)

Der sozialistisch-realistische Charakter der Literatur:
- Darstellung der Realität *vom marxistischen Standpunkt* aus, d. h.:
- Realität *dialektisch* darstellen (d. h. in ihren Widersprüchen und Klassengegensätzen, die Triebkraft jeder Entwicklung sind)
- die *Veränderbarkeit* der Menschen und Verhältnisse aufzeigen (Typische Menschen, keine Stereotypen)
- für den *Klassenkampf* bedeutsame Menschen darstellen
- Einsatz von *neuen Leidenschaften* (nämlich für *gesellschaftliche Ziele*) zeigen
- Abhängigkeit des Bewußtseins vom gesellschaftlichen Sein sichtbar machen
- *Parteinahme* des Schriftstellers für das »Neue«, gesellschaftlich *Fortschrittliche.*

Unterrichtspraktische Hinweise:

Es empfiehlt sich, die Schüler als vorbereitende Hausaufgabe die angegebenen Abschnitte arbeitsteilig lesen und im Unterricht die daraus ableitbaren Forderungen Brechts an die Literatur referieren zu lassen. Die thesenartige Strukturierung der Ergebnisse an der Tafel (vgl. obige Zusammenfassung) kann als optische Voraussetzung zu deren inhaltlicher Klärung und zur anschließenden Diskussion darüber dienen, ob und inwieweit diese Konzeptionen Brechts in »Katzgraben« und den anderen Texten der Heldenreihe realisiert wurden. Sinnvollerweise wird diese Diskussion auf einen *Schwerpunkt* beschränkt werden, etwa auf die Frage, ob und in welcher Weise die »Abhängigkeit des Bewußtseins vom gesellschaftlichen Sein« in den behandelten Texten dargestellt wird oder *wie* dialektisch Realität abgebildet wird.

Zusätzlich kann einem Schüler ein weiterer theoretischer Text zur Heldenkonzeption zum Referieren gegeben werden, z. B. ein Textauszug von Helga Herting: »Zum Heldischen in der sozialistisch-realistischen Literatur«. [52]

In diesem Zusammenhang ergäbe sich auch als Thema einer Facharbeit, die Realismus-Konzeption Brechts (unter Einbeziehung der Brecht–Lukács–Kontroverse) ausführlich darstellen zu lassen, da das komplexe und für die marxistische Literaturtheorie grundlegende Realismusproblem als bloßer Teilaspekt einer Unterrichtsreihe nicht fundiert genug von allen behandelt werden kann.

Weiterführende Literatur: (speziell zum Realismus; vgl. Literaturhinweise zu 3.2.)
1. *Bertolt Brecht:* Gesammelte Werke (Suhrkamp Werkausgabe), Bde. 16 u. 19, Frankfurt 1967

3.2. Günther Mehnert: »Aktuelle Probleme des sozialistischen Realismus«

Zur Ergänzung der Brechtschen Auffassung vom sozialistischen Realismus kann der Text eines DDR-Kulturtheoretikers herangezogen werden: Günther Mehnerts Darstellung des sozialistischen Realismus wurde von ihm 1968 als Lektion für die Parteihochschule »Karl Marx« beim Zentralkomitee (ZK) der SED (für Partei- und Staatsfunktionäre) verfaßt. [53] Da für die DDR-Literatur die Sozialistische Realismus-Konzeption der maßgeblichen DDR-Literaturtheoretiker weitgehende Leitfunktion hat, scheint es uns für ihr Verständnis sinnvoll, den Begriff des sozialistischen Realismus anhand entsprechender DDR-Darstellungen zu konkretisieren.

Vor einer kritischen Wertung dieser Literaturtheorie muß zunächst ihr Inhalt im Selbstverständnis ihrer Initiatoren (Übernehmer) im Unterricht dargestellt werden.

Während Brecht in den Katzgraben-Notaten realistische und sozialistische Schreibweise historisch übergreifend bzw. auf den *Aufbau* des Sozialismus zugeschnitten definiert, formuliert Mehnert deren Prinzipien u. a. DDR-spezifisch, d. h. für eine bereits fortgeschrittene sozialistische Gesellschaft, in der die Funktion der Kunst als *»Waffe im Klassenkampf«* zurücktritt gegenüber einer sozialismus-stabilisierenden Wirkung.

Zunächst einige einführende Erläuterungen zum Begriff: Sozialistischer Realismus wird im Sachwörterbuch der Literatur [54] definiert als »die einheitliche Literaturtheorie der sozialistisch-kommunistischen Länder, die seit ihrer Proklamation durch M. Gorki und deren Annahme auf dem 1. Sowjetischen Schriftstellerkongreß 1934« (unter dem Regime Stalins) »zur maßgeblichen und obligatorischen Doktrin für das literarische Schaffen dieser Länder geworden ist.«

Im Statut des sowjetischen Schriftstellerverbandes von 1934 wurde eine »wahrheitsgetreue, konkret-historische Darstellung der Wirklichkeit in ihrer revolutionären Entwicklung« gefordert. [55] Dazu gehörten als wesentliche Forderungen:

- »Lebensechtheit...«
- »Darstellung des sozialen Kampfes um den Fortschritt und Beinhaltung sozialer Ideen«

- »Gehalt an sozialem Optimismus und Hoffnung auf eine bessere Zukunft«
- »Der positive Held und die Darstellung des sog. ›Typischen‹«

Sozialistischer Realismus ist im Verständnis von G. Mehnert »die Kunst, die sich im Gefolge des Kampfes der revolutionären Arbeiterklasse herausgebildet hat, auf den weltanschaulichen Positionen der Arbeiterklasse beruht und als Teil des Kampfes der Arbeiterklasse zu begreifen ist. Zum anderen umfaßt der Begriff ›Sozialistischer Realismus‹ die Summe der theoretischen Verallgemeinerungen eben dieser Kunstprozesse.« [56]

Im Begriff des »Sozialistischen Realismus« sind also literarische Praxis und deren Theorie verbunden, wobei es schon vor der Entstehung des Begriffs (1932) [57] ein gutes Vierteljahrhundert sozialistisch-realistischer Kunstentwicklung gegeben hat, »deren Wurzeln bis in die Entstehungszeit des Kommunistischen Manifests, der Geburtsstunde des wissenschaftlichen Sozialismus zurückreichen«. [58] Zu den ersten Höhepunkten werden Werke von Maxim Gorki, insbesondere der Roman »Die Mutter« (1906) gezählt.

Nach Forderungen von G. Mehnert muß die sozialistisch-realistische Kunst »in jeder Hinsicht den Maßen der sozialistischen Gesellschaft entsprechen«, sie muß übereinstimmen mit »unseren politischen, weltanschaulichen moralischen aber auch mit unseren ökonomischen und sozialen Erfordernissen«. [59]

Das Bemühen um die inhaltliche Auffüllung dieser vielfach interpretierbaren und interpretierten Forderungen und Begriffe fand in der DDR (sowie in anderen sozialistischen Ländern und zuvor in der Sowjetunion) nicht nur in einer Vielzahl von theoretischen Werken über den sozialistischen Realismus statt, sondern auch gerade in Auseinandersetzungen und Diskussion um literarische Neuerscheinungen auf Schriftstellerkongressen, in Fachzeitschriften, Zeitungen, literarischen Zirkeln, Lesungen in Betrieben, Schulen usw., also in der kritischen Literaturrezeption.

G. Mehnert versuchte, die drei Grundmerkmale sozialistisch-realistischer Kunst – Realismus, Parteilichkeit, Volksverbundenheit (bzw. Volkstümlichkeit) – wie folgt näher zu definieren:

Der Realismusbegriff:

Der sozialistische Realismus wird als die höchste Form der realistischen Kunstentwicklung verstanden. Er knüpft an die realistischen Traditionen früherer Zeiten an (unmittelbar an den bürgerlichen *»kritischen Realismus«* der sozialen Dichtung des 19. Jahrhunderts), die wesentlich um eine *sozialistische Perspektive* ergänzt wurden.

Da die marxistisch-leninistische Weltanschauung im Selbstverständnis ihrer Vertreter mit ihrer wissenschaftlichen Basis die einzig wahre, d. h. realitätsangemessene ist, kann nur der sozialistische Realismus als der *eigentliche* Realismus verstanden werden.

Mehnerts Auffassung von Realismus stützt sich auf Friedrich Engels' Definition des auf Balzac bezogenen kritischen Realismus des 19. Jahrhunderts: »Realismus bedeutet, meines Erachtens, außer der Treue des Details die getreue Wiedergabe typischer Charaktere unter typischen Umständen«. [60]

Wichtig ist also nicht die naturgetreue Abschilderung der Wirklichkeit in allen Einzelheiten, sondern die Darstellung des »Wesentlichen«, der »Wahrheit« über die Realität, wobei die konkrete Wirklichkeit immer zum Ausgangspunkt genommen werden muß. [61] (Auch nicht-wirklichkeitsgetreue Gestaltungsformen, wie etwa die Werke Schillers, können Wahrheitsgehalt haben. Sie genügen aber von daher noch nicht den Forderungen des Realismus.)

Wahrheitsgehalt und *Wirklichkeitstreue* sind also wichtige Kriterien des Realismus.

Als sozialistische Komponente wird ferner verlangt, daß realistische Werke einen *»Beitrag zur Erkenntnis und zur Aktivierung der progressiven Kräfte der Menschheit«* [62] liefern. Da diese Perspektive z. B. Becketts »Endspiel« fehle, das die Deformierung und Isolierung des Menschen unter »imperialistischen Lebensbedingungen« durchaus wahrheitsgetreu darstelle, wird es nicht zum Realismus gezählt.

Weiterhin müssen im (sozialistischen) Realismus »*Klassenbeziehungen als Triebkräfte menschlichen Verhaltens* aufgedeckt werden« [63] (Hervorhebung v. Verf.). Dazu gehört das Aufzeigen der materiellen Verhältnisse und der sozialen Stellung der handelnden Personen als Ursache menschlichen Verhaltens und das Verhältnis Individuum – Gesellschaft als Ausdruck von Klassenbeziehungen (sofern es noch Klassen gibt). Voraussetzung dafür ist beim Autor ein hohes Maß an wissenschaftlichen Einsichten in die gesellschaftlichen Gesamtzusammenhänge, die durch theoretische Kenntnisse des Marxismus-Leninismus und seiner jeweiligen Realisierungsphase in der sozialistischen Gesellschaft vermittelt werden: »Die Hauptaufgaben und die Grundrichtungen der sozialistischen Kunstentwicklung werden von den jeweiligen historisch-konkreten Aufgaben der Arbeiterklasse bestimmt«. [64] Das bedeutet, daß die literarische Theorie und Praxis ständig weiterentwikkelt und den historischen Erfordernissen angepaßt werden müssen.

Eine Untersuchung des realistischen Charakters von DDR-Werken wird sich im Unterricht auf eine Überprüfung der historischen Faktizität der jeweiligen Thematik beschränken müssen, soweit diese nachweisbar ist.

Ob die Darstellung des Bewußtseins der Menschen, ihrer gesellschaftlichen Beziehungen, der Umstände, unter denen sie leben usw. die DDR-Realität in den behandelten Werken annähernd genau trifft, kann vom Erkenntnishorizont von BRD-Schülern schwerlich entschieden werden. Außerdem kann in einer Einführung in die DDR-Literatur noch kein differenziertes Vorgehen bei der Realismus-Überprüfung geleistet werden, was im Unterricht allerdings problematisiert werden muß. Da aufgrund der idealtypischen Ausprägung des Realismus-Begriffs in sozialistischer Literatur mehr die Wirklichkeit, wie sie *sein soll*, eine Rolle spielt, fallen die oben bezeichneten

Überprüfungsschwierigkeiten ihres Realismuscharakters wohl nicht so sehr ins Gewicht.

Die sozialistische Parteilichkeit:

Sie gilt neben der Volksverbundenheit als wesentliches, allgemein anerkanntes und genanntes Kriterium des sozialistischen Realismus. In seinem 1905 erschienenen und an der revolutionären Situation in Rußland orientierten Aufsatz »Parteiorganisation und Parteiliteratur« [65], der zu den wichtigsten theoretischen Beiträgen zur marxistischen Literaturtheorie zählt, verlangte Lenin als Prinzip der Parteilichkeit, daß der Literat Sozialist sein muß, offen den Klassenstandpunkt der Arbeiterklasse einnimmt und diese Einstellung in seinen Werken entsprechend zum Ausdruck bringt und zum Zweck der Verbreitung von sozialistischem Bewußtsein in den Massen propagiert. Die literarische Betätigung sollte zu »einem Teil der allgemeinen proletarischen Sache«, zu einem »Bestandteil der organisierten, planmäßigen, vereinigten [...] Parteiarbeit« werden. [66]

Parteilichkeit bedeutet in der Formulierung Mehnerts unter Berufung auf Lenin auch die »Bindung des Künstlers an die Vorhut der Arbeiterklasse, an ihre Partei« [67], (was aber für seine Person nicht notwendig Parteizugehörigkeit und Arbeit in der Partei verlangt), Daraus ergibt sich, daß er sich mit der *praktischen Politik der Partei identifiziert und patriotisch Partei ergreift für den eigenen Staat.* Er trägt dazu bei, »mit seinem Schaffen, sein sozialistisches Vaterland, die Deutsche Demokratische Republik, allseitig zu stärken, Menschlichkeit, wahre Freiheit und Demokratie in ihrer Vorbildlichkeit gegenüber dem anderen Staat auf deutschem Boden künstlerisch überzeugend zu gestalten und damit das Ansehen seines Staates in der Welt zu mehren«. [68]

Die Parteilichkeit drückt sich aus in der Themen- und Konfliktwahl, in den dargestellten Charakteren und ihrer Bewertung, sie reicht von der Perspektivgestaltung bis zu den angewandten Gestaltungsmitteln. »Am deutlichsten drückt sie sich in den gestalteten Charakteren und ihren Konflikten aus«. [69] Für die Ausführung des Stoffes ist entscheidend – mag er gegenwartsnah oder historisch sein –, daß er *aus der Sicht der historisch entwickelten sozialistischen Theorie und Praxis zur Zeit der Entstehung des Werkes dargestellt wird.*

Der parteilichen Darstellung der Wirklichkeit wird eine verantwortungsvolle und wichtige *erzieherische und bewußtseinsbildende Funktion* zugeordnet. Sie dient »der moralischen Veränderung der Menschen im Geiste des Sozialismus«, sie regt zu großen Taten an, erweckt die Liebe zur Arbeit, bereichert das geistige Leben, bildet die rationalen und emotionalen Fähigkeiten und erzieht zu echter Lebensfreude. Damit trägt sie dazu bei, »die Begeisterung für bahnbrechende Produktionsstaten zu wecken und das Leben schöner zu machen«. [70]

Parteilichkeit bedeutet vor allem, daß der Künstler »seine objektive Stellung in der Gesellschaft begreift und alles aus der Sicht des Planers und Leiters gestaltet«. [71] (Von Stalin wurde der Schriftsteller als »Ingenieur der menschlichen Seele« [72] bezeichnet.)

Faktisch hat diese Kunstkonzeption die »Oberaufsicht« der Partei über den Kultursektor zur Folge. Die DDR wurde mit der Zielsetzung gegründet, »unter Führung der Arbeiterklasse und ihrer marxistisch-leninistischen Partei den Sozialismus zu verwirklichen«. (Art. 1 der DDR-Verfassung). »Die Förderung der Künste, der künstlerischen Interessen und Fähigkeiten aller Werktätigen und die Verbreitung künstlerischer Werke und Leistungen sind Obliegenheiten des Staates und aller gesellschaftlichen Kräfte«. (Verfassung, Art. 18,2) Dabei wird vom Grundsatz der prinzipiellen Interessenübereinstimmung von Arbeiterklasse, Partei und sozialistischen Künstlern ausgegangen.

Weisungs- und Kontrollbehörde ist das Ministerium für Kultur, das wiederum von den entsprechenden Abteilungen und Kommissionen für Ideologie und Kultur beim ZK der SED angeleitet und kontrolliert wird.

Die jeweiligen besonderen Richtlinien und Perspektiven für das literarische Schaffen werden u. a. auf den Parteitagen und Schriftstellerkongressen diskutiert und festgelegt (weiteres s. Kulturpolitik).

Die Volksverbundenheit:

Das wichtigste Kennzeichen für die Volksverbundenheit der Literatur ist nicht ihre Verständlichkeit oder »Eingängigkeit«, sondern ihr Einsatz für die *»objektiven Interessen des Volkes«* (Hervorhebung v. Verf.); da die Interessen des Volkes von der herrschenden Arbeiter- und Bauernklasse und der Partei als deren Führungsmacht (für die der Künstler Partei ergreift) repräsentiert werden, »bilden Parteilichkeit und Volksverbundenheit in der Haltung des sozialistischen Künstlers eine Einheit«. [73]

Die Forderung der volksverbundenen deutschen Kunst beinhaltet auch eine *Schließung der Kluft zwischen Kunst und Volk,* Kunst und Unterhaltung. Eine »sozialistische Volkskultur« sollte entstehen, bei der kulturelle Spitzenleistungen in ihrer Produktion und Rezeption eine Massenbasis erhalten, was durch eine allgemeine Hebung des Kultur- und Bildungsniveaus erreicht werden sollte. Zur Volksverbundenheit gehört eine »anspruchsvolle Verständlichkeit« der literarischen Werke, die nicht mit einer »mühelosen Aneignung« gleichgesetzt werden darf: »Kunstgenuß ist [...] immer mit einer gewissen Anstrengung verbunden«. [74] Den Erfordernissen der Volksverbundenheit wurden Kunst und Literatur – nach Mehnert – von jeher am besten gerecht, wenn sie sich in Form und Inhalt an den am weitesten fortgeschrittenen »Geistern« eines Volkes orientieren. Künstlerische Niveauunterschiede tragen den unterschiedlichen geistigen Bedürfnissen der Leser Rechnung. Schlager, Abenteuerliteratur, Kriminalromane usw. werden nicht

»liquidiert«, sollen aber im inhaltlichen und künstlerischen Niveau die Maßstäbe des sozialistischen Realismus erreichen.

Bedeutend für die Entwicklung und Stellung der Literatur in der DDR (ihre Volksverbundenheit) wurde der »*Bitterfelder Weg*« (s. 4.2.). Dem kulturpolitisch planmäßig verfolgten Ziel der Volksverbundenheit der Literatur entspricht deren große Verbreitung und Rezeption durch die Bevölkerung. [75]

Unterrichtspraktische Hinweise:

Die relativ umfangreichen Ausführungen Mehnerts (79 Seiten) können zweckmäßig durch Schülerreferat vorgetragen werden, wobei eine schriftliche thesenartige Zusammenfassung allen Schülern vor oder zu Beginn der Besprechung vorliegen sollte. Nach der schwerpunktartigen Behandlung des Realismus-Aspekts (anhand der Notate Brechts) bietet sich nun eine schwerpunktartige Behandlung des *Parteilichkeitsaspekts* des sozialistischen Realismus an. Das Schülerreferat sollte differenziert auf diesen Punkt eingehen. Zusatzinformationen (Thesen) über die Parteilichkeitsauffassung Lenins [76] sollten der ganzen Gruppe ebenfalls schriftlich durch einen weiteren Schüler vorgelegt werden – ergänzt durch einige Informationen zur »Geschichte« des sozialistischen Realismus.

Im Anschluß an die Thesenlektüre können etwa folgende Arbeitsaufträge (alternativ) an alle Schüler gegeben werden:

- Vergleichen Sie die Parteilichkeitsdefinitionen von Mehnert mit denen von Lenin und Brecht (in den Notaten)! Sehen Sie Bezüge zur historischen Situation ihres Erscheinens?
- Welches der in der Heldenreihe behandelten Werke erscheint Ihnen am meisten bzw. wenigsten konform mit der Parteilichkeitsauffassung von Mehnert?
- Wie müßte wohl ein an den Maßstäben des sozialistischen Realismus orientierter Schlager bzw. Kriminalroman (s. Mehnert-Forderungen) beschaffen sein? [77]

Weiterführende Literatur:

1. *D. A. Angler* u. a.: Parteilichkeit und Volksverbundenheit. Dietz Verlag, Berlin (O) 1972.
2. *K.-H. Höfer* u. a. (Hrsg.): Erbe und Gegenwart. Studienmaterial zur Kulturpolitik und ästhetischen Erziehung an Ingenieur- und Fachschulen. Leipzig 1972.
3. *W. Iwanow:* Der sozialistische Realismus. Dietz Verlag, Berlin (O) 1965 (umfangreiche Bibliographie!).
4. *S. Iwastschenkow:* Kritischer und sozialistischer Realismus. In: Begriffsbestimmung des literarischen Realismus. Hrsg. R. Brinkmann, Darmstadt 1969, S. 160–193.
5. *Klaus Jarmatz* u. *Ingrid Beyer* (Hrsg.): Der Fortschritt in der Kunst des sozialistischen Realismus – Analysen und Aufsätze, Dietz Verlag, Berlin (O) 1974. (Die Beiträge dieses Buches versuchen eine aktuelle Neubestimmung der Positionen der sozialistisch-realistischen Literaturtheorie.)
6. Kulturpolitisches Wörterbuch. Dietz Verlag, Berlin (O) 1970.
7. Marxistische Literaturtheorie. Collection alternative. Hrsg. v. Hildegard Brenner, Bd. 1, Sammlung Luchterhand 19. Berlin–Neuwied 1971.

8. Probleme des Realismus in der Weltliteratur (Aufsatzsammlung). Verlag Rütten u. Loening, Berlin (O) 1962.
9. Sozialistischer Realismus – Positionen, Probleme, Perspektiven. Eingeführt u. hrsg. v. Erwin Pracht u. Werner Neubert. Dietz Verlag, Berlin (O) 1970.
10. Zur Theorie des sozialistischen Realismus, hrsg. vom Institut für Gesellschaftswissenschaften beim ZK der SED, Autorenkollektiv, Redaktionsleitung: Hans Koch, Dietz Verlag, Berlin (O) 1974. (913 Seiten: Umfangreiche zusammenfassende Darstellung der Entwicklung der sozialistisch-realistischen Theorie und Literatur bis zur Gegenwart.)

3.3. Marx, Engels, Lenin – Zur Widerspiegelungstheorie

»Die Genialität der Begründer des wissenschaftlichen Sozialismus besteht eben darin, dies [d. h. die Notwendigkeit einer *Veränderung* der gesellschaftlichen Verhältnisse und die Schaffung der Grundlagen dafür] erkannt und mit ganzer Kraft verwirklicht zu haben. Sie waren – um es zugespitzt auszudrücken – die ersten Ideologen, die aufhörten, bloß Ideologen zu sein. Ihr wissenschaftliches Werk ist darum zuvörderst den Fragen der Ökonomie, der Philosophie und der Strategie und Taktik des revolutionären Klassenkampfes gewidmet. Anderes mußte einfach Beiwerk bleiben. Marx und Engels haben nie darauf reflektiert, genauso etwa für Historiker oder Philologen zu gelten.

Jedoch leisteten sie auch auf diesem und anderen Gebieten Hervorragendes und Wegweisendes – aber niemals als Spezialisten. So treten denn, wo die Kernprobleme der menschlichen Existenz überhaupt sich mit den im engeren Sinne geistigen Lebensfragen der Menschen zu Knotenpunkten der weiteren Entwicklung verknüpften, diese uns in völlig überraschendem Lichte aus dem Gesamtwerk entgegen. Darum aber sind sie stets nur aus und in diesem Zusammenhang zu verstehen. Das trifft insbesondere auf die literaturhistorische und literaturtheoretische Problematik zu«. [78]

Ausführungen von Marx im »Achtzehnten Brumaire« von 1852 gelten als die »Keimzelle« der Theorie des sozialistischen Realismus. In vielen Abhandlungen über literarische Gegenstände, (z. B. Marx: über Eugène Sue, über »Preßfreiheit«; Engels: über Balzac, G. Weerth, Goethe; Marx/Engels: über die Romantik, über Lasalles »Sickingen«-Drama; Lenin: über Tolstoi usw.) haben die marxistischen Klassiker selbst grundlegende Beispiele für parteiliche und historisch-materialistische Literaturanalyse gegeben.

Nach einer Behandlung der an die Grundlagen der Klassiker anknüpfenden und weiterentwickelten Theorie des sozialistischen Realismus und bei einer späteren Behandlung der Literaturkritik in der DDR und ihrer theoretischen Fundierung (Themenkomplex 6) scheint es aus zeitökonomischen Gründen nicht sinnvoll, im Unterricht die historische Genesis dieser Gegenstände weiter differenzierend zu entwickeln [79], sondern vor allem den *generellen Zusammenhang zwischen Kunst und Gesellschaft,* wie er sich im Marxismus-Leninismus darstellt, aufzuzeigen. [80] Eine neuere DDR-Darstellung der Basis-Überbau-Theorie als weltanschaulicher Grundlage der marxistisch-leninistischen Kulturauffassung wird zur weiteren (DDR-spezifischen) Information im folgenden z. T. mit herangezogen [81]:

»In der gesellschaftlichen Produktion ihres Lebens gehen die Menschen bestimmte, notwendige, von ihrem Willen unabhängige Verhältnisse ein, Produktionsverhältnisse [82], die einer bestimmten Entwicklungsstufe ihrer materiellen Produktivkräfte [83] entsprechen. Die Gesamtheit dieser Produktionsverhältnisse bildet die ökonomische Struktur der Gesellschaft, die reale Basis, worauf sich ein juristischer und politischer Überbau erhebt und welcher bestimmte gesellschaftliche Bewußtseinsformen entsprechen. Die Produktionsweise des materiellen Lebens bedingt den sozialen, politischen und geistigen Lebensprozeß überhaupt. Es ist nicht das Bewußtsein der Menschen, das ihr Sein, sondern umgekehrt ihr gesellschaftliches Sein, das ihr Bewußtsein bestimmt. Auf einer gewissen Stufe ihrer Entwicklung geraten die materiellen Produktivkräfte der Gesellschaft in Widerspruch mit den vorhandenen Produktionsverhältnissen, oder, was nur ein juristischer Ausdruck dafür ist, mit den Eigentumsverhältnissen, innerhalb deren sie sich bisher bewegt hatten. Aus Entwicklungsformen der Produktivkräfte schlagen diese Verhältnisse in Fesseln derselben um. Es tritt dann eine Epoche sozialer Revolution ein. Mit der Veränderung der ökonomischen Grundlage wälzt sich der ganze ungeheure Überbau *langsamer oder rascher* (Hervorhg. v. Verf.) um. In der Betrachtung solcher *Umwälzungen* muß man stets unterscheiden zwischen der materiellen, naturwissenschaftlich treu zu konstatierenden Umwälzung in den ökonomischen Produktionsbedingungen und den juristischen, politischen, religiösen, künstlerischen oder philosophischen, kurz ideologischen Formen, worin sich die Menschen dieses Konflikts bewußt werden und ihn ausfechten. Sowenig man das, was ein Individuum ist, nach dem beurteilt, was es sich selbst dünkt, ebensowenig kann man eine solche Umwälzungsepoche aus ihrem Bewußtsein beurteilen, sondern muß vielmehr dies Bewußtsein aus den Widersprüchen des materiellen Lebens, aus dem vorhandenen Konflikt zwischen gesellschaftlichen Produktivkräften und Produktionsverhältnissen erklären.« [84]

Da die so definierte Basis als das System der materiellen Produktionsverhältnisse der Menschen »zugleich deren soziale Gliederung in antagonistische Klassen oder in miteinander verbündete Klassen darstellt, reflektieren sich diese Klassenbeziehungen auch im ideologischen und institutionellen Überbau, wo sie in Gestalt von Auseinandersetzungen verschiedener Ideologien, in Gestalt des Kampfes oder der Zusammenarbeit politischer und anderer Institutionen wirksam werden«. [85] In der »Deutschen Ideologie« von Marx und Engels wird dieser Zusammenhang folgendermaßen ausgedrückt:

»Die Gedanken der herrschenden Klasse sind in jeder Epoche die herrschenden Gedanken, d. h. die Klasse, welche die herrschende *materielle* Macht der Gesellschaft ist, ist zugleich ihre herrschende *geistige* Macht. Die Klasse, die die Mittel zur materiellen Produktion zu ihrer Verfügung hat, disponiert zugleich über die Mittel zur geistigen Produktion, so daß ihr damit zugleich im Durchschnitt die Gedanken derer, denen die Mittel zur geistigen Produktion abgehen, unterworfen sind. Die herrschenden Gedanken sind weiter nichts als der ideelle Ausdruck der herrschenden materiellen Verhältnisse, die als Gedanken gefaßten, herrschenden materiellen Verhältnisse; [...] Zu einer Zeit z. B. und in einem Lande, wo königliche Macht, Aristokratie und Bourgeoisie sich um die Herrschaft streiten, wo also die Herrschaft geteilt ist, zeigt sich als herrschender Gedanke die Doktrin von der Teilung der Gewalten, die nun als ein »ewiges Gesetz« ausgesprochen wird«. [86]

»›Aber‹, wird man sagen, ›religiöse, moralische, philosophische, politische, rechtliche Ideen usw. modifizierten sich allerdings im Lauf der geschichtlichen Entwicklung.

Die Religion, die Moral, die Philosophie, die Politik, das Recht erhielten sich stets in diesem Wechsel.

Es gibt zudem ewige Wahrheiten, wie Freiheit, Gerechtigkeit usw., die allen gesellschaftlichen Zuständen gemeinsam sind [...].‹ Die Geschichte der ganzen bisherigen Gesellschaft bewegte sich in Klassengegensätzen, die in den verschiedenen Epochen verschieden gestaltet waren.

Welche Form sie aber auch immer angenommen, die Ausbeutung des einen Teils der Gesellschaft durch den andern ist eine allen vergangenen Jahrhunderten gemeinsame Tatsache. Kein Wunder daher, daß das gesellschaftliche Bewußtsein aller Jahrhunderte aller Mannigfaltigkeit und Verschiedenheit zum Trotz, in gewissen gemeinsamen Formen sich bewegt, in Bewußtseinsformen, die nur mit dem gänzlichen Verschwinden des Klassengegensatzes sich vollständig auflösen.« [87]

Das *Verhältnis* zwischen Basis und Überbau wurde in den bisher zitierten Schriften als Entsprechung gekennzeichnet bzw. der Überbau wurde als *Ausdruck* der ihn bedingenden Basis dargestellt. Daß kein monokausales Verhältnis von Ursache und Wirkung zwischen Basis und Überbau angenommen werden darf, sondern ein dialektisches Wechselverhältnis, hat u. a. Friedrich Engels mehrfach betont:

»Die politische, rechtliche, philosophische, religiöse, literarische, künstlerische Entwicklung beruht auf der ökonomischen. Aber sie alle reagieren auch aufeinander und auf die ökonomische Basis. Es ist nicht, daß die ökonomische Lage Ursache, allein aktiv ist und alles andere nur passive Wirkung. Sondern es ist Wechselwirkung auf Grundlage der *in letzter Instanz* stets sich durchsetzenden ökonomischen Notwendigkeit.« [88]

Als historisches Beispiel gibt Engels an derselben Stelle die »tödliche Ermattung und Impotenz des deutschen Spießbürgers« von 1648–1830 an, die als Überbauerscheinung einerseits durch die materielle Basis der ökonomischen Elendslage Deutschlands bedingt gewesen sei, andererseits – sich äußernd im »Pietismus«, »kriechender Fürsten- und Adelsknechtschaft« – wieder auf die ökonomische Basis zurückwirkte, indem dieses Bewußtsein den wirtschaftlichen Wiederaufschwung verhindert habe.

An derselben Stelle und in weiteren Briefen weist Engels ferner darauf hin, daß nicht nur der *Überbau* (die Klassenverhältnisse ideologisch stabilisierend) *auf die Basis zurückwirkt,* sondern daß auch die verschiedenen, zu einem bestimmten Zeitpunkt und am selben Ort bestehenden *Überbaubereiche aufeinander einwirken,* und daß der Überbau einer historisch vergangenen Epoche oder einer gleichzeitig bestehenden, aber anders lokalisierten und strukturierten Gesellschaftsformation, auf den Überbau einer bestimmten Gesellschaft einwirken kann:

Die »Menschen machen ihre Geschichte selbst, aber in einem gegebenen, sie bedingenden Milieu, auf Grundlage vorgefundener tatsächlicher Verhältnisse, unter denen die ökonomischen, sosehr sie auch von den übrigen politischen und ideologischen beeinflußt werden mögen, doch in letzter Instanz die entscheidenden sind [...]« [89]

»Was nun die noch höher in der Luft schwebenden ideologischen Gebiete angeht, Religion, Philosophie etc., so haben diese einen vorgeschichtlichen, von der geschichtlichen Periode vorgefundenen und übernommenen Bestand von – was wir heute Blödsinn nennen würden [...]. Die niedrige ökonomische Entwicklung der vorgeschichtlichen Periode hat zur Ergänzung, aber auch stellenweise zur Bedingung und selbst Ursache, die falschen Vorstellungen von Natur [...]

Die Ökonomie schafft hier nichts a novo, sie bestimmt aber die *Art der Abänderung und Fortbildung des vorgefundenen Gedankenstoffs,* und auch das meist indirekt, indem es die politischen, juristischen und moralischen Reflexe sind, die die größte direkte Wirkung auf die Philosophie üben.« [90] (Hervorhebung v. Verf.)

Die Kennzeichnung der maßgeblichen und geförderten Kultur einer Gesellschaft als Kultur der herrschenden Klasse wird von Lenin durch Hinweise auf die Gegenkultur der unterdrückten Klasse weiter differenziert:

»In jeder nationalen Kultur gibt es – seien es auch unentwickelte – *Elemente* einer demokratischen und sozialistischen Kultur, denn in *jeder* Nation gibt es eine werktätige und ausgebeutete Masse, deren Lebensbedingungen unvermeidlich eine demokratische und sozialistische Ideologie erzeugen.« [91]

Auf eine Problematisierung der auch an dieser Stelle auf »Elementares« reduzierten, komplizierten Basis-Überbau-Theorie dürfte im Unterricht kaum eingegangen werden können. [92]

Daß die Basis-Überbau-Theorie – einem mathematischen Modell vergleichbar – in ihrer Abstraktheit keine hinreichend konkrete Erkenntnis gesellschaftlicher Zusammenhänge vermitteln kann, sondern für konkrete Situationen weiter konkretisiert werden muß, wird u. a. von den Autoren des Philosophischen Wörterbuchs betont. [93] Für die Problematisierung und Differenzierung dieser Theorie sei u. a. auf Friedrich Tombergs »Basis und Überbau« verwiesen. [94]

Die Bedeutung der Basis-Überbau-Theorie für die Überbaubereiche Kunst und Literatur [95] liegt zusammengefaßt einmal darin, daß die Kunst-Produktion, -Distribution und -Rezeption als direkt mit dem Entwicklungsprozeß der Produktivkräfte (z. B. Abhängigkeit von der Erfindung der Schrift, des Buchdrucks, der Elektronik für das Fernsehen usw.) verknüpft betrachtet werden muß; zum anderen sind Inhalt, Gestaltungsformen und gesellschaftliche Funktion der Literatur vom historischen Stand der Produktionsverhältnisse (Herrschaftsverhältnisse) und der von ihnen bedingten gesellschaftlichen Stellung und Bewußtseinslage der Autoren und Rezipienten als abhängig zu betrachten, wobei diese Abhängigkeit dialektisch als eine zweiseitige zu betrachten ist, da Literatur und Kunst nicht nur mehr oder weniger kritische »Reflexe« der Wirklichkeit darstellen, sondern, gemäß der möglichen Einwirkung des Überbaus auf die Basis, im schöpferischen Erschaffen von positiven Realitätsmodellen und deren Wirkung auch aktiv Motoren der historischen Entwicklung sein können: »Das Bewußtsein des Menschen widerspiegelt nicht nur die objektive Welt, sondern schafft sie auch.« [96]

Dasselbe gilt für die Tätigkeit des Erkennens und Beurteilens von künstlerischen Produkten. [97] Literaturanalyse vom marxistisch-leninistischen Standpunkt aus ist – der Beschaffenheit ihres Gegenstandes entsprechend – zwangsläufig eine historisch-materialistische, am Widerspiegelungscharakter der Literatur orientierte und – gemäß der auf politische Praxis zielenden Prinzipien des Marxismus-Leninismus (Einsatz aller Lebens- und Tätigkeitsbereiche für die »proletarische Sache«) – parteiliche Textinterpretation. [98] Dies bedeutet ebensowenig eine Reduktion der Analyse auf den bloßen historischen Hintergrund eines Textes wie das Außer-Acht-Lassen seiner ästhetischen Qualitäten.

Unterrichtspraktische Hinweise:

Als Grundlage für die Erarbeitung der Widerspiegelungstheorie können für die Schüler die oben zitierten Passagen (Ergänzungstexte im Anhang S. 6–15) zusammengestellt und unter folgenden Fragestellungen zur schriftlichen Bearbeitung gegeben werden:

I. Phase:

1. Was verstehen die Autoren unter *Basis*, was unter *Überbau?* Was ist in diesem Zusammenhang unter »Produktivkräften« und »Produktionsverhältnissen« zu verstehen?
2. Welchen Gesetzmäßigkeiten ist die menschliche Geschichte nach der Basis-Überbau-Theorie unterworfen?
3. Lassen sich diese Gesetzmäßigkeiten anhand von historischen Beispielen, z. B. den Entstehungsbedingungen der französischen Revolution (1789) konkretisieren?
4. Konkretisieren Sie – im Ansatz – anhand eines literarischen Werkes einer Umwälzungsepoche (z. B. 18. Jh. »Kabale und Liebe« v. Schiller; »Der Hofmeister« von Lenz), wie sich Widersprüche zwischen Produktivkräften und Produktionsverhältnissen bzw. Klassenwidersprüche im Überbau (d. h. hier im literarischen Text) manifestieren! [99]
5. Wie wird von Marx und Engels der Zusammenhang zwischen ökonomisch-politischer und ideologischer Machtposition einer Klasse dargestellt?
6. Was bedeutet die These Lenins von den zwei Kulturen?
7. Wie werden von Marx und Engels »ewige« Bewußtseinsinhalte erklärt?
8. Stellen Sie die dialektischen Beziehungen zwischen Basis und Überbau (nach Engels) in einem graphischen Schema dar!

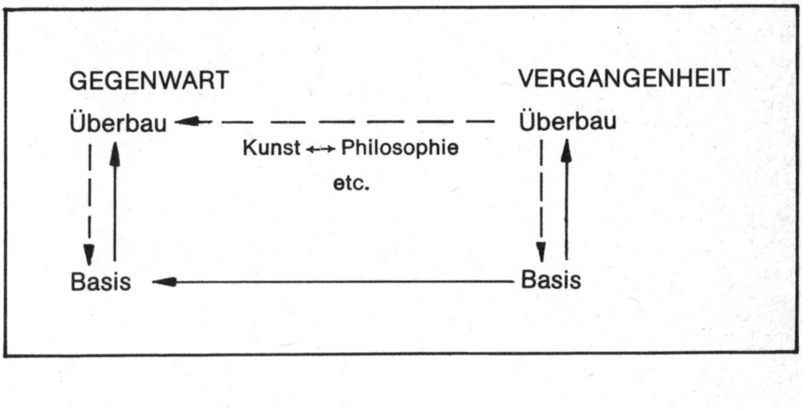

II. Phase:

– Fassen Sie die Aussagen der Basis-Überbau-Theorie zusammen, angewandt speziell auf die:
  a) Literaturproduktion
  b) Literaturfunktion
  c) Literaturrezeption

(– Evtl. zusätzlich: Leiten Sie daraus *einige Fragestellungen* ab, nach welchen Literatur vom marxistisch-leninistischen Standpunkt aus (auch) analysiert werden muß!)

Wenn *eine* Doppelstunde zur Verfügung steht, sollte den Schülern ein Arbeitsbogen mit Text-Zitaten und Arbeitsaufträgen (Teil I) als vorbereitende Hausaufgabe gegeben werden. Die in Teil II angegebenen Aufträge können dann nach der Besprechung der Hausaufgabe gemeinsam bearbeitet werden. Bei *zwei* Doppelstunden kann die erste für die Bearbeitung der Fragen in Gruppen verwendet werden und die zweite für die Besprechung der Ergebnisse. Ein *Lehrervortrag* kann daran anschließen, in dem die Abbildtheorie anhand einer Analyse – im Ansatz – eines literarischen Werks exemplifiziert und (in der Schwierigkeit beim *konkreten* Aufzeigen des Widerspiegelungscharakters von Literatur) problematisiert wird. Dafür eignen sich etwa als Grundlage die Interpretation von Goethes »Werther« von Georg Lukács [100] oder die Tolstoi-Interpretationen von Lenin. [101]

Zwei Schüler sollten sich – als Informanten bei Unklarheiten – fundierte Kenntnisse über die Basis-Überbau-Theorie als vorbereitende Hausaufgabe aneignen. Ihnen können die im Anhang befindlichen Auszüge aus dem Philosophischen (Stichwort: Abbildtheorie) und Kulturpolitischen (Stichwort: Basis und Überbau) Wörterbuch der DDR gegeben werden. [102]

Eine mehr als in den Problemkreis einführende Bearbeitung des Themas wird im Unterricht bei der Kürze der Zeit allerdings nicht erreichbar sein.

Weiterführende Literatur:

1. *S. M. Petrow:* Die Leninsche Widerspiegelungstheorie und das Problem des Realismus, in: Weimarer Beiträge, 17. Jg. Heft 3/1971, S. 131–150.
2. *Gert Mattenklott/Klaus Schulte:* Literarische Widerspiegelung, Literaturverhältnisse, Literaturgesellschaft. In: Grundkurs 18. Jahrhundert. Westberliner Autorenkollektiv. Hrsg. Gert Mattenklott/Klaus Scherpe, Kronberg 1974 (= Literatur im historischen Prozeß Bd. 4,1), Kapitel 1. – Die folgenden Titel sind diesem Aufsatz entnommen.
3. *H. Gössler:* Erkenntnis als sozialer Prozeß. Dt. Zeitschrift f. Philosophie, Berlin (O) 5/1972.
4. *Franz Jakubowski:* Der ideologische Überbau in der materialistischen Geschichtsauffassung (Diss., Basel 1935), Frankfurt/M. 1968 (Archiv soz. Lit. 9).
5. *Georg Lukács:* Ästhetik. Sammlung Luchterhand 63/64/70/71, Neuwied und Berlin 1972.
6. *Theodor Pawlow:* Die Widerspiegelungstheorie (Moskau 1962) Berlin (O) 1973.
7. *E. Pracht:* Sozialistischer Realismus und Lenin'sche Abbildtheorie. Dt. Zeitschrift f. Philosophie, Berlin (O), 6/1971.
8. *Friedrich Tomberg:* Basis und Überbau, Red Austria Press, Klagenfurt, Postfach 148.

4. Zur Kulturpolitik der DDR

Nach einer Behandlung der marxistischen Literatur*theorie* erscheint es sinnvoll, die Prinzipien und Probleme ihrer *Praktizierung* in der DDR unter verschiedenen Aspekten zu beleuchten. Dabei wird nicht versucht, Etappen der kulturpolitischen Entwicklung aufzuzeigen [103], die in groben Zügen bei der Entwicklung des Helden bereits zu erkennen waren (s. 2), sondern es sollen sowohl exemplarisch konkrete kulturpolitische Programme von Politikern und Schriftstellern aufgestellt (4.1. u. 4.2.) – unter Vorstellung von Beispielen ihrer Realisierung (s. 4.1.) – erarbeitet werden als auch verschiedenartige Einstellungen von Schriftstellern zur Partei (Kulturpolitik). Gegenstand der Untersuchung sollen ferner die Funktion der Kulturpolitik, die Begründung der Führungsrolle der Partei in der Kulturpolitik und die Problematisierung der eingeschränkten »Freiheit des Schriftstellers« aus der Sicht der Betroffenen sein. Ein Exkurs über Freiheit und Kunst in der Konzeption Solschenizyns und der Versuch einer kritischen Kommentierung seines Konzepts wird das Thema beschließen.

4.1. Der Bitterfelder Weg

Entscheidend für die Entwicklung der DDR-Literatur und -Kulturpolitik waren die Bitterfelder Konferenzen, auf denen die Prinzipien des sozialistischen Realismus und speziell die Forderung der Volksverbundenheit der Kunst präzisiert wurden. [104] Mit den Bitterfelder Beschlüssen sollte die »*Kulturrevolution*« als »notwendiger Bestandteil der gesamten sozialistischen Umwälzung« [105] einsetzen, nachdem die Grundlagen des Sozialismus für gelegt erklärt worden waren (V. SED-Parteitag 1958).

Die *1. Bitterfelder Konferenz* (24. April 1959) entstand auf Initiative des Mitteldeutschen Verlags, der seine Autoren für eine Diskussion über die Darstellungsmöglichkeiten und -Formen der »großen Geschehnisse unserer Zeit« diskutieren lassen wollte. Auf Anregung des ZK der SED hin wurde diese Autorenkonferenz erweitert und auch viele »schreibende Arbeiter« nach Bitterfeld eingeladen. Das Hauptreferat hielt der Kulturfunktionär Alfred Kurella, der die Losung »Kumpel, greif zur Feder, die sozialistische Nationalkultur braucht dich!« ausgab. Hauptziel war es, die Arbeiterklasse auch im kulturellen Bereich zur bestimmenden Kraft zu entwickeln und eine »Literaturgesellschaft« zu etablieren.

Um die Kluft zwischen Kunst und Leben, Schriftstellern und Arbeitswelt, Kunst und Künstlern zu schließen, sollten die *Arbeiter* vermehrt lesen und *selbst schreiben* (unter Anleitung der Avantgarde von Berufsschriftstellern und unter Anregung von Diskussionen mit Lesern usw.). Schriftsteller sollten in die Betriebe gehen und dort zeitweilig arbeiten, um die realistische Darstellung der Arbeitswelt zu gewährleisten und in Betriebslesungen ein kritisches Korrektiv für ihre Arbeit zu haben. *Jeder* sollte produktiv oder rezeptiv teilhaben an der Kultur (»Erstürmung der Höhen« der Kultur durch alle). [106] Darstellungsobjekt der Kunst sollte u. a. die *Gegenwart* und speziell die *Arbeitswelt* in ihrer Verknüpfung mit dem Leben (»sozialistisch lernen, arbeiten und leben«) sein. Ausdrücklich wurde von Ulbricht betont, daß »Technik-Begeisterung« und »Plan-Kult« nicht im Vordergrund der Arbeitsweltliteratur stehen dürfen, sondern die Beschreibung, »wie die Menschen in ihrer *täglichen Arbeit* die Aufgaben lösen, wie sich *neue Beziehungen* zwischen den Menschen entwickeln, wie sich der *neue Mensch* formt«. (Hervorhebung v. Verf.) [107]

Studenten des Leipziger »Instituts für Literatur« wurden im letzten Studienjahr in die Praxis geschickt: sie schrieben Betriebschroniken, Artikel für Betriebs- und Dorfzeitungen usw.; schreibende Arbeiter sollten über ihre literarische Tätigkeit im Betrieb zur weiteren Qualifizierung an die Hochschule kommen. Eine Vielzahl von Zirkeln schreibender Arbeiter, Bauern und Soldaten entstand [108]: »Bezirkshäuser für kulturelle Massenarbeit« entstanden, Arbeiter- und Dorffestspiele, Laienkabaretts usw. wurden organisiert und Literaturwettbewerbe ausgeschrieben. Auch Brigadetagebücher (enthaltend: Berichte über die Arbeit und das Leben der Mitglieder von Arbeitsbrigaden, Kritik an Mißständen, Verbesserungsvorschläge) wurden vielfach geschrieben und öffentlich diskutiert.

Die Betonung der Gegenwartsbezogenheit und die vorrangige Bedeutung der Arbeitswelt in der Literatur war in der DDR-Kulturpolitik zwar nicht neu [109], wurde aber nun systematisch organisiert, u. a. auch durch die Intensivierung der Arbeit der kulturpolitischen Institutionen. Die Verlage etwa wurden angewiesen, ihre Verlagstätigkeit auf die neuen Richtlinien zu konzentrieren.

Auf der ersten Bitterfelder Konferenz wurden aber auch die Schwierigkeiten beim Schreiben der »Arbeit« von Schriftstellern dargestellt, die bereits vorher schon im Auftrag der Partei in die Betriebe gegangen waren. Die Autorin Regina Hastedt etwa konstatierte: »Der Weg vom Künstler zum Arbeiter ist nicht immer leicht und der vom Arbeiter zum Künstler auch nicht«. [110]

Die *2. Bitterfelder Konferenz* wurde 1964 (24./25. April) vom Kulturminister Hans Bentzien zur Diskussion über den Erfolg und die Auswirkungen der 1. Bitterfelder Konferenz einberufen. Diese wurden von den Konferenzmitgliedern sehr unterschiedlich beurteilt. Einige Schriftsteller kritisierten stark eine Zwangshaftigkeit der neuen Normen, eine unqualifizierte Literaturkritik, mangelnde Auseinandersetzungen mit der bürgerlichen Literatur (etwa mit Kafka), den Zwang zum »volkstümlichen« und zum »kämpferischen Aktivieren« die »Inflation« der Literaturpreise, das geringe Niveau von vielen Arbeitswelt-Büchern u. ä. So sprach z. B. Anna Seghers vom »Sonntagsdeutsch« der schreibenden Kumpels, Strittmatter vom »gut gemeinte(n) Gestammel« der Arbeitskollegen, das für lesende Arbeiter unzumutbar sei. [111] Kritisiert wurde ferner von anderen die mangelnde Darstellung der Gegenwart (Ausnahme: Strittmatters vieldiskutierter »Ole Bienkopp«) und das geringe Niveau der Unterhaltungsliteratur.

Die konstatierten steigenden Auflagen von Büchern und die steigenden Entleiherzahlen sprachen allerdings für einen Erfolg der Bitterfelder Prinzipien, zumindest was die Rezeption von Literatur betraf.

In seinem Hauptreferat wies Ulbricht die Forderungen nach einer freieren Kunst und nach der Auseinandersetzung mit bürgerlicher Kunst zurück: Für eine Beschäftigung damit sei die Zeit zu schade. Die sozialistische Nationalkultur brauche keine Irrwege über die Beschäftigung mit imperialistischer Kultur zu gehen. Die neue Zeit verlange eine parteiliche und keine »freie« Kunst. [112]

Von offizieller Seite wurde – offenbar zur Stabilisierung dieser Bewegung – dem Bitterfelder Weg trotz der Kritik und Selbstkritik vieler Schriftsteller voller Erfolg bescheinigt:

> »Die Kultur der Deutschen Demokratischen Republik ist eine wahrhafte Volkskultur. Ihre Grundlage ist die Verbundenheit der Kunst mit dem Leben, der Künstler mit dem Volk und des Volkes mit der Kunst. Das neue sozialistische Menschenbild wurde zum Hauptinhalt unserer Kunst. [...] Das ist für die überwältigende Mehrheit der Künstler zugleich der Schritt zum sozialistischen Realismus [...]. Überwunden ist in unserem Kulturleben das Gegeneinander einer ›gehobenen‹ Kultur für eine kleine Elite und der billigen Pseudokunst für die Massen.« [113]

Das »Neue« des Bitterfelder Weges an der Literatur selbst abzulesen, ist schwierig, da die auf der Bitterfelder Konferenz festgelegten Forderungen bereits vorher – wenn auch nicht mit der nunmehr einsetzenden »Massenbasis« – realisiert waren (Arbeiter als Literaturproduzenten; vorrangige Bedeutung der Arbeitswelt als Literatur-Gegenstand usw.). Zur literarischen Illustrierung des Neuen am Bitterfelder Weg eignen sich von daher (für den Unterricht unter Berücksichtigung der Zeitknappheit) hauptsächlich solche Kurztexte, die den schreibenden Arbeiter thematisieren und auch in ihrer sprachlichen Form (Verwendung von Bildern usw.) direkt auf die Arbeitswelt bezogen sind. Als Beispiel kann folgendes Gedicht gewählt werden: »Der Bezwinger« von Helmut Drescher. [114]

Der Bezwinger

Grelle blaue Blitze leicht im Griff,
schreibt er in den Stahl die blanken Zeilen,
fügt so Teil zu Teil, aus tausend Teilen
so mit der geübten Hand das Schiff.

Wenn der Abend schirmt das Lampenlicht,
eilen die Gedanken und verweilen.
Mühsam fügt der Schweißer tausend Zeilen
und aus vierzehn Zeilen das Gedicht.

Zeile Stahl und Zeile Vers: Gedränge.
Eine scheint die andere auszuschließen,
und es dröhnt im Kopf der Zeilentanz.

Doch er treibt sie beide aus der Enge,
läßt sie glühend ineinanderfließen...
Eine schenkt der anderen ihren Glanz.

Dieses Gedicht thematisiert – wie viele andere in diesem Band – die Schwierigkeiten eines Arbeiters beim Beschreiben der Arbeit, da wohl Übung, Zeit und ausreichendes Talent fehlen (»Mühsam fügt [...] *Gedränge.* Eine scheint die andere *auszuschließen,* und es *dröhnt im Kopf* der Zeilentanz«). Die mühselige Arbeit am Gedicht wird verstärkt hervorgehoben durch den Kontrast mit dem Geschick des (schreibenden) Schweißers am Arbeitsplatz (»*leicht* im Griff [...] mit der *geübten Hand*«), der durch diese positiven Qualitäten aufgewertet wird. Seine Fähigkeiten als »Bezwinger« der Schwierigkeiten erweisen sich darin, daß er die Tätigkeit als Schweißer mit der des Gedichtemachers so vereinbaren kann, daß beide Aktivitäten aus ihrer isolierten Sphäre herausgehoben werden und – einander befruchtend – zu einer einheitlichen Produktivität verschmelzen (letzte Strophe). Diese säkularisierte »unio mystica« (»glühend ineinanderfließen«) zwischen Hand- und (»fügt [...] so mit der geübten *Hand*«) Kopfproduktivität (»eilen die *Gedanken*«) wird durch die gesamte Metaphorik des Gedichts signalisiert:

Der Prozeß des Schweißens wird z. B. als »Schreiben« von »Zeilen« gekennzeichnet (1. Strophe, 2. Zeile), wobei die Verwandschaft dieses Prozesses mit der des Schreibens durch die Verwendung desselben Tat-Wortes (1. Strophe: »*fügt* [...] das Schiff«; 2. Str.: »*fügt* der Schweißer [...] das Gedicht«) und desselben Attributs für das bearbeitete Objekt (1. Str.: »*tausend* Teilen«; 2. Str.: »*tausend* Zeilen«) nochmals betont wird.

Das Schreib- und Schweißenprodukt wird parallel als »Zeile« apostrophiert (3. Strophe, 1. Zeile).

Die Wahl der *Gedichtform* und dazu einer sehr klassischen (*Sonett*, mit traditionellem Auf- und Abgesang und traditionellem Reimschema in beiden Teilen, denen auch inhaltlich klassische Funktionen – d. h. »Exposition« im Aufgesang und harmonisierender »Schlußakkord« im Abgesang – zugeschrieben sind) zeigt an, daß die Einbeziehung der Arbeitswelt und des Arbeiters in die Literatur keineswegs auf der formalen Ebene ein »Bruch« mit den literarischen Traditionen bedeutet. Die dahinterstehende Intention mag wohl u. a. sein, die Aneignung und – im sozialistischen Sinn – inhaltliche Umfunktionierung des »klassischen Erbes« und die formal geschulte »Meisterschaft« des bis dahin kulturell nicht programmatisch geförderten Werktätigen zu dokumentieren und damit auch die neuen Inhalte durch die »gekonnte« Form aufzuwerten (vgl. der Blankvers in »Katzgraben«) – so wie etwa die auffällige Beliebtheit des »gutbürgerlichen« Anzugs in sozialistischen Ländern als Manifestation des Selbstbewußtseins der Arbeiterklasse zu erklären ist, welche die ehemals »herrschenden« Hüllen und ästhetischen Privilegien der aus der Machtposition verdrängten Klasse erobert hat und mit neuen »Inhalten« füllt. [115]

Die im Gedicht propagierte Aufhebung der Trennung zwischen Kopf- und Handarbeit, zwischen künstlerischer Feierabend-Produktivität und einer dem Gelderwerb dienenden »Tagesarbeit« entspricht der von Marx und Engels an mehreren Stellen formulierten Konzeption von der Kunst als Form der für den Menschen artbestimmenden [116] *Arbeit* (Produktion) und der Arbeit als Form der Kunst: »Religion, Familie, Staat, Recht, Moral, Wissenschaft, Kunst etc. sind nur *besondere* Weisen der Produktion und fallen unter ihr allgemeines Gesetz.« [117]

Die Kunstproduktion ist also ebenfalls von den Produktionsverhältnissen und der sie konstituierenden Produktivkräfte abhängig (vgl. oben Basis-Überbau-Theorie).

»Das Tier formiert nur nach dem Maß und dem Bedürfnis der Species, der es angehört, während der Mensch nach dem Maß jeder Species zu produzieren weiß und überall das inhärente Maß dem Gegenstand anzulegen weiß; *der Mensch formiert daher auch nach den Gesetzen der Schönheit.*« (Hervorhebung v. Verf.) [118]

Im Kommunismus soll auch die Trennung der Produktionssphären wegfallen: »In einer kommunistischen Gesellschaft gibt es keine Maler, sondern höchstens Menschen, die unter anderem auch malen.« [119]

Unterrichtspraktische Hinweise:

Da die Thematik des Gedichts und seine inhaltliche und formalen Einzelmerkmale typisch für die mit dem Bitterfelder Weg verbundenen kulturpolitischen Ziele sind, ermöglicht die Gedichtanalyse einen sinnvollen und motivierenden Einstieg in den kulturpolitischen Kontext, der anhand einer anschließenden Protokollanalyse (in Auszügen) der 1. Bitterfelder Konferenz und evtl. zusätzlichen Kurzreferaten (auch über die 2. Konferenz) erfolgen kann (Textauszüge s. Anhang). [120]

Arbeitsaufträge zum Drescher-Gedicht:

- Bestimmen Sie die Thematik, (Problemstellung und Problemlösung) des Gedichts!
- Untersuchen und vergleichen Sie die *Wortwahl* daraufhin, welche Ausdrucksformen die Gedicht- und Schiffsproduktion kennzeichnen und bestimmen Sie deren jeweilige Aussagefunktion!
- Welche Konzeption von »Arbeit« und »Kunst« liegt dem Gedicht zugrunde? Vergleichen Sie diese mit den Auffassungen von Marx und Engels! (Die oben angeführten Zitate dazugeben)
- Welche Gedichtform liegt vor?
- Ist eine Korrespondenz zwischen inhaltlichem und formalem Aufbau des Gedichts zu erkennen?
- Welche Intention läßt sich der Verwendung der klassischen literarischen Formen zugrunde legen?

Zu den Bitterfelder Konferenzen:
- In welchem gesellschaftspolitischen und kulturpolitischen Kontext (Entwicklungsstadium der DDR, Initiatoren usw.) fand die 1. Konferenz statt?
- Welche *Richtlinien* für die weitere Literaturproduktion und die kulturpolitischen Aktivitäten wurden von Parteifunktionären formuliert?
- In welcher Weise nehmen die Schriftsteller Stellung dazu?
- Welche Bewertung fand die Effektivität des Bitterfelder Wegs auf der 2. Konferenz durch Ulbricht?
- Welche Funktion ist der offiziellen Stellungnahme von Ulbricht zuzuschreiben?

Unter Anknüpfung an ein in der Heldenreihe behandeltes Werk kann folgendes Problem untersucht werden:
- Zeichnen sich Merkmale des Bitterfelder Wegs in Strittmatters »Ole Bienkopp« ab?

Weiterführende Literatur:
1. *Alexander Abusch:* Kulturelle Probleme des sozialistischen Humanismus. Beiträge zur Kulturpolitik 1946–1961, Berlin (O) 1962.
2. Autorenkollektiv sozialistischer Literaturwissenschaftler West-Berlin, a.a.O., S. 200–211.
3. Zweite Bitterfelder Konferenz – Protokoll, Berlin (O), 1964.
4. *Hans Koch:* Kultur in den Kämpfen unserer Tage. Berlin (O) 1959.
5. *Ursula Langspach:* Das Brigadetagebuch. Beiträge zur Gegenwartsliteratur, Halle/S. 1961.
6. Mittel und Möglichkeiten in der kulturellen Massenarbeit. In: Deubener Blätter II, Halle/S. 1964.
7. Redaktion NDL: Die literarische Hauptaufgabe. In: NDL, 6/1959, S. 3–6; in diesem Heft weitere Berichte von der Bitterfelder Konferenz.
8. *Helmut Richter/Andreas Leichsenring:* Der Arbeiterklasse die Stimme zurückgeben. Zum Abschluß der Diskussion über die Briefe eines schreibenden Arbeiters. In: Ich schreibe, Zeitschrift für schreibende Arbeiter, 8. Jg. (Leipzig 1967) Heft 6, S. 18.

4.2. Die Funktion der Kulturpolitik und die spezifische Rolle der Partei in der Kulturpolitik der DDR

Die folgenden Ausführungen referieren im wesentlichen die Konzeption Kurt Hagers und geben eine relativ aktuelle Auffassung der SED vom sozialistischen Realismus und der Funktion der Kulturpolitik wieder. Hager ist Mitglied des Politbüros und Sekretär des Zentralkomitees der SED. [121]

Die Funktion der kulturpolitischen Maßnahmen in der DDR gründet in der Auffassung, daß Kultur und Kunst unentbehrliche Faktoren für die »Entfaltung aller Wesensmerkmale der sozialistischen Persönlichkeit« (S. 25) darstellen, »denn der Mensch braucht auch die Ausbildung seiner Sinne, seiner ethischen und ästhetischen Anlagen, seiner Genußfähigkeit« (S. 31). Die Kulturpolitik hat parteilich den »Interessen der Arbeiterklasse« und des ganzen »werktätigen Volkes« zu dienen, d. h. das Leben der Menschen »geistig zu bereichern«, das »tägliche Dasein immer schöner zu gestalten« und allen ein »sinnerfülltes Leben« zu ermöglichen (S. 75). Speziell das sozialistische Bewußtsein der DDR-Bewohner soll durch die Kunst und generell durch die »Kultur der menschlichen Beziehungen, die Kultur der Umgangsformen und der Sitten« (S. 29) vertieft werden.

Besondere Wichtigkeit wird der kulturellen Produktivität auf dem Gebiet der *Arbeit* zugeordnet. Die Befriedigung kultureller Bedürfnisse der Werktätigen (schöpferische Produktivität) in der Arbeit selbst, in der Gestaltung der Arbeitsplätze (wozu auch »Ordnung und Sauberkeit« gehören) und der menschlichen Beziehungen im Arbeitskollektiv (Umgangsformen, Wertschätzung des einzelnen, gutes Verhältnis zu den Leitern usw.) soll einerseits das persönliche Wohlbefinden, die »Selbstverwirklichung« und »Freude an der Arbeit« (S. 17) anregen, andererseits gerade aufgrund dieser positiven »Befindlichkeit« die Arbeitsleistung des Individuums und damit (in der »Summierung«) der Gesamtgesellschaft steigern.

Die schrittweise Eliminierung hemmender Faktoren (»Vereinseitigung, Monotonie« der Arbeitsprozesse, körperlich schwere Arbeiten) als angestrebtes Ziel ist eine zwangsläufige Folge der intendierten »sozialistischen Arbeitskultur« (S. 17).

Kulturelle Produktivität ist auch unter einem anderen Aspekt von Wichtigkeit: »Auch bei der Entwicklung der sozialistischen Kultur gehen wir, wie auf allen Gebieten des gesellschaftlichen Lebens, von der Stärkung der DDR und des sozialistischen Weltsystems [...] aus.« (S. 58)

Kunst und Kultur wird auch eine wichtige Rolle im Konkurrenzkampf mit dem Imperialismus und speziell mit der BRD zugeordnet.

Scharf wird die sozialistische Kultur vom »menschenfeindlichen Charakter der Massenkultur des Imperialismus« mit seiner volksverachtenden und fortschrittsfeindlichen »Verherrlichung von Brutalität und Verbrechen« und der »Unterordnung der kulturellen Produktion in den Massenmedien unter die volksfeindlichen Klasseninteressen der Monopolbourgeoisie« abgegrenzt (S. 62): »Die sozialistische Kultur in der DDR entfaltet sich als die Kultur der Arbeiterklasse und der mit ihr verbündeten Klassen und Schichten des Volkes. Demgegenüber herrscht in der BRD die imperialistische, volksfeindliche Verfallskultur. [122] Somit stehen sich heute zwei Kulturen gegenüber, die ihrem Inhalt und Klassencharakter nach unvereinbar sind.« (S. 64) Dabei sieht sich die DDR als »einzig rechtmäßige Erbin aller fortschrittlichen geschichtlichen Leistungen und Traditionen« (S. 55) und speziell des gesamten Erbes der »proletarisch-revolutionären und sozialistischen Kunst der Arbeiterbewegung und der ganzen Welt.« (S. 56) [123]

In dieser Tradition sollen Kultur und Kunst der DDR, verbreitet auf international-politischer Ebene, u. a. das »Bewußtsein der Zusammengehörigkeit, Freundschaft und Brüderlichkeit« (S. 59) der sozialistischen »Völkerfamilie« stärken und propagieren und die Anziehungskraft des Sozialismus in imperialistischen Staaten erhöhen. »Kultureller Austausch mit Staaten unterschiedlicher Gesellschaftsordnung« wird als Mittel zur Realisierung dieses Ziels betrachtet. (S. 61)

Die Abgrenzung von der BRD und die Bereitschaft zum Austausch sind nach dieser Konzeption also durchaus vereinbar – was von BRD-Politikern als Widerspruch aufgefaßt und kritisiert wird. [124]

Auch von BRD-Seite wird der internationalen Propagierung »westlicher« Werte wie »Frieden, Freiheit, Fortschritt« [125] durch Kunst- und Kulturverbreitung eine wichtige politische Rolle auch im Konkurrenzkampf mit dem Sozialismus zugeschrieben. Die als ideologisches und damit politisches Bollwerk gegen den »Osten« zu verstehende Herausbildung eines »europäischen Gemeinschaftsgefühls« und die Betonung des »Wettbewerbs« mit dem Osten dokumentieren dabei – ebenso wie auf der DDR-Seite – das Bewußtsein der Verschiedenheiten zwischen Ost und West. Gleichzeitig wird aber – im Widerspruch zu diesem Bewußtsein? – pauschal zur Betonung der Einheit der deutschen Nation die »*eine* deutsche Kultur« [126] als existent gesehen, was von Hager entschieden zurückgewiesen wird (s. Anhang S. 44 f.)

Aus der oben formulierten Erkenntnis der wichtigen Funktion von Kunst und Kultur für die sozialistische Persönlichkeitsbildung des einzelnen und die gesamtgesellschaftliche und internationale Entwicklung und auf der Basis der marxistischen Kunsttheorie werden von Hager der Kulturpolitik folgende konkrete Aufgaben zugeordnet:

- Sicherung und Förderung der Prinzipien des sozialistischen Realismus in der Kunst u. a. durch verstärkte Bewußtseinsbildung der Künstler.
- Förderung einer *gegenwartsbezogenen* »vielgestaltigen« Kunst, in der *alle* Lebensbereiche unter Ausnutzung *aller* schöpferischen Möglichkeiten (Vielfalt der Themen, Stile, Formen) dargestellt werden.

»*Gegenwartsbezogenheit*« bedeutet dabei konkret:

- Vordringen zu neuen »Lebenstatsachen« und »Lebensbereichen« (S. 37).
- Vertieftes Ausdeuten des »Sinnes« der Geschichte vom gegenwärtigen Erkenntnisstandpunkt aus (S. 38).
- Darstellung der »Brüderlichkeit mit der UdSSR« und anderen sozialistischen Staaten sowie der internationalen Solidarität (S. 38).
- Fortsetzung der antifaschistischen Traditionen (vgl. 1.).
- Auseinandersetzung mit der »Welt des Imperialismus« und ihrer zerstörerischen Wirkung auf die Menschen (S. 38).
- Fortsetzung einer Tradition, die den *Arbeiter* als »aktiven Erbauer des Sozialismus« (S. 38) in den Mittelpunkt künstlerischer Produktionen stellt.
- Darstellung aller anderen, noch bestehenden (nicht-antagonistischen) »Klassen und Schichten« (S. 39) in der DDR in ihrer progressiven, von der Arbeiterklasse geführten Entwicklung hin zum Sozialismus.
- Gestaltung von in der Gesellschaft bestehenden *Konflikten,* die im Sinne der marxistisch-leninistischen Dialektik als »Motor jeder gesellschaftlichen Vorwärtsbewegung« (S. 40) fungieren.
- Parteiliche, konstruktive Kritik an gesellschaftlichen Verhältnissen bei der es um Verbesserung partieller Mißstände, nicht um »Kritik an der Gesellschaft schlechthin« geht (S. 42).
- Darstellung persönlicher Probleme in ihren gesellschaftlichen Zusammenhängen.
- Differenzierter Ausbau der *Unterhaltungskunst,* zum Zweck der »Freude, Erholung

und Entspannung« (S. 46) und verstärkter Widerspiegelung des »alle Bereiche« des Lebens (S. 46) ausfüllenden *Heiteren* in der Kunst.

Ferner:

- Verstärkte Förderung von jungen Talenten (u. a. durch Publizierung ihrer Werke; Bewußtseinsbildung; konstruktive Kritik usw.).
- Förderung einer qualifizierteren und intensiveren Arbeit der kulturpolitischen Institutionen und der Kunstwissenschaften (s. u.).
- Die weitere kritische Aneignung des »klassischen Erbes« (s. o.).
- Förderung der sozialistischen *Arbeitskultur* und der sie bedingenden Faktoren (s. o.)
- Intensivierung des kulturellen Lebens auf dem *Land* (Angleichung an Stadtverhältnisse; Ausbau von Kulturhäusern, Kinos usw.).
- Verschönerung und Schutz der Umwelt (Arbeitsplatz, Wohnung, öffentliche Grünanlagen, Mode und Werbung usw.).
- Förderung einer *kulturvollen Freizeit* durch Verstärkung des kulturellen Angebots in allen Bereichen, speziell auf dem Jugendsektor.

Der auf der theoretischen Grundlage des Marxismus-Leninismus basierende und in der Verfassung entsprechend verankerte Führungsanspruch der Partei gilt auch für das Gebiet der Kultur (vgl. 3.2.).

Aufgabe der Partei als der »fortgeschrittene, bewußte und straff organisierte ›Kopf‹ der Arbeiterklasse und ihrer Verbündeten«, die »die Vielzahl von Einzelaktionen der Proletarier« zusammenfaßt, die Interessen »der gesamten Klasse« vertritt, war und ist es, das Proletariat im »revolutionären Sinn« zu »erziehen«, straff zu organisieren und zu »disziplinieren«, seine Machtergreifung zu organisieren und die Führung des Volkes zum Kommunismus hin zu übernehmen nach dem Leninschen Prinzip des demokratischen Zentralismus (»Mitarbeit aller Mitglieder an der Ausarbeitung der Beschlüsse« und absolute Verbindlichkeit der Beschlüsse für alle). [127] Entsprechend wird von Hager einerseits die Verpflichtung der Künstler auf die »Parteilichkeit« (vgl. 3.2.) betont, andererseits zu deren Realisierung die ideologische Hilfe der Partei den Künstlern angeboten: »Die Beschlüsse und Dokumente der Partei geben den Künstlern eine zuverlässige Orientierung. Sie helfen ihnen, sich in der Wirklichkeit zurechtzufinden, die großen gesellschaftlichen Zusammenhänge zu überblicken und die wesentlichen sozialen Entwicklungen zu erkennen.« (S. 36) Solche Aufgaben werden z. B. den Sekretären der SED-Bezirksleitungen zugeordnet. Ausarbeitung von *Führungsplänen* zur Entwicklung der Kultur (unter Mitwirkung von Künstlern, Werktätigen und Kulturfunktionären), die *Verstärkung kooperativer und koordinierender Tätigkeiten* der regionalen Parteifunktionäre zur Durchführung von Parteibeschlüssen, die verstärkte kultur-theoretische *Qualifizierung* von Parteimitgliedern und speziell von Verlagslektoren (in Parteischulen, Seminaren usw.) sollen der Effektivierung der kulturellen Parteiarbeit dienen.

Vom Ministerium für Kultur, als Organisationsspitze, wird verstärkte langfristige Planung und verstärkte Initiationsfunktion für Aktivitäten an der kulturellen »Basis« (Kulturbund, Akademie der Künste, Gewerkschaft Kunst usw.) verlangt. Dabei geht es nicht um bloße Verordnungen von oben:

»Der Arbeitsstil aller leitenden Organe [...] muß durch Sachlichkeit und Sachkenntnis, durch das verständnisvolle Verhalten zu den Künstlern [...], durch das umsichtige Fördern aller Talente geprägt sein. In ihm verbinden sich Prinzipienfestigkeit und Feinfühligkeit für die vielschichtigen und komplizierten kulturell-künstlerischen Prozesse [...]. Die Kollektivität der Arbeit, der Austausch der Meinungen, das Erarbeiten eines gemeinsamen Standpunktes, geduldige Überzeugungsarbeit und ständige ideologische Klärung, das sind und bleiben die wichtigsten Methoden der Leitung von Kultur und Kunst.« (S. 66 ff.)

Aus der Planung und Leitung des Kultursektors durch die Partei und die Verpflichtung der Schriftsteller auf die Prinzipien des sozialistischen Realismus ergibt sich, daß die Literaturproduktion in der DDR durch die Parteiorgane für die Veröffentlichung selektiert wird. Diese Funktion obliegt dem Ministerium für Kultur, welches das gesamte Verlagswesen lizensiert.

Zu Texten, die in der DDR z. B. nicht veröffentlicht wurden, gehören Volker Brauns »Kipper Bauch« [128] (1966), Joachim Knauths »Aretino oder ein Abend in Mantua« (1971), die Romane »Der Tag X« (1967) von Stefan Heym, »Wo der Regenbogen steigt« (1970) von Karl Mundstock u. a. Wie ein solcher Text beschaffen ist, der nach Auffassung der Partei dem sozialistischen Realismus widerspricht, kann eine Beschäftigung mit Liedern von Wolf Biermann (s. Kap. 7.2.) zeigen.

Unterrichtspraktische Hinweise:

Als Einführung in das hier dargestellte kulturpolitische Programm sollen von den Schülern Stellen aus Hagers Rede herausgesucht und besprochen werden, die Aufschluß über die *generelle Funktion* der Kultur – und Kulturpolitik im sozialistischen Staat geben (s. Einleitung zu 4.3.; Auszüge aus Hagers Rede sind im Anhang). Zum *Vergleich* kann die zitierte Rede Walter Scheels (Funktion der auswärtigen BRD-Kulturpolitik) herangezogen werden (Auszüge s. Anhang) mit dem Arbeitsauftrag:

1. Welche Funktion wird der Kultur/Kulturpolitik für die auswärtige Politik von *Hager* zugeschrieben?
2. *Vergleichen* Sie diese mit der Funktion der auswärtigen Kultur/Kulturpolitik aus *BRD*-Sicht (Rede Scheels)!

Im Anschluß daran könnte eine *Diskussion* über die sicherlich streitbare These Scheels von der Einheitlichkeit der deutschen Kultur stattfinden (Hagers Widerspruch dagegen s. Rede – Auszug im Anhang).

Danach sollte eine vorbereitete Schülergruppe informieren über das kulturpolitische Programm Hagers im einzelnen und auch speziell die Erbe-Bedeutung und die neuen Aufgaben der Partei-Institutionen erläutern (Thesenpapier). Um die Führungsrolle der Partei aus DDR-Perspektive einsichtig zu machen, sollten dabei auch diese begründende Textzitate im Thesenpapier für alle zusammengestellt werden. Da von westlicher Seite wie auch von einigen DDR-Schriftstellern immer wieder Kritik an der »verordneten« Literatur geübt wird, scheint es wichtig, den obigen Begründungszusammenhang im Unterricht mitzubehandeln.

Hagers Programm von 1972 kann jeweils durch aktuellere Reden oder Stellungnahmen ersetzt werden.

Weiterführende Literatur:

1. *Konrad Franke,* Die Literatur der DDR, a.a.O.
2. Das kulturpolitische Programm der SED von 1963, ein Beschluß des Staatsrates der DDR vom 30. 11. 67 über die Funktion des Künstlers und Ausführungen Ulbrichts über Schriftsteller und öffentliche Organe vom 14. 1. 1971 sind enthalten in: Neuere DDR-Literatur. Texte und Materialien für den Deutschunterricht. Hrsg. *Hedwig Walwei-Wiegelmann,* Paderborn 1973 (Schöningh Verlag), S. 19, 20, 24.
3. Die 9. Tagung des ZK (28./29. Mai 1973) ist dokumentiert in: Deutschland-Archiv, Köln, 6. Jg./Juli 1973, Heft 7 (enthält weniger konkrete Angaben zur Kulturpolitik).
4. *Hans-Dietrich Sander,* Die Geschichte der Schönen Literatur in der DDR, a.a.O.
5. *Dieter Ulle:* Zur Auseinandersetzung mit den Kulturkonzeptionen des Imperialismus in der BRD. In: Kulturwissenschaft und Arbeiterklasse, Dietz-Verlag, Berlin (O) 1971, S. 45–51.
6. Weitere Reden zur Kulturpolitik von der 6. Tagung des ZK sind zu finden in: Aus den Diskussionsreden – Schlußbemerkungen des Genossen Erich Honecker. Dietz Verlag, Berlin (O), 1972.

4.3. Schriftsteller und Kulturpolitik

4.3.1. Grußadresse des Deutschen Schriftstellerverbandes (1971) an den VIII. Parteitag der SED (Text im Anhang):

Die *führende Rolle* und die positiven Aktivitäten der Partei in allen Lebensbereichen, speziell auch auf dem Kultursektor, werden von den Schriftstellern anerkannt; daraus leitet sich Dank, Verbundenheit und Solidarität mit der Partei ab.

- Die Schriftsteller sehen die von ihnen anerkannten ideologischen und politischen Prinzipien auf der Basis des Marxismus-Leninismus (Bündnis der Partei mit dem werktätigen Volk und sozialistischer Internationalismus, spezielle Verbundenheit mit der Sowjetunion) in der Parteipolitik verwirklicht. Die Konstituierung der sozialistischen DDR wird als Werk der Partei honoriert.
- Die schriftstellerische Arbeit wird in der Zielsetzung (Einsatz »für Frieden und Sozialismus gegen Imperialismus und Antikommunismus«, das »Neue aufspüren«, »volksverbunden« zu sein usw.), identisch mit der Parteiarbeit (und als deren Bestandteil) angesehen.

Die Funktion solcher Grußadressen besteht wohl darin, nicht nur der Partei und allen Schriftstellerkollegen gegenüber, sondern auch gegenüber der DDR-Bevölkerung und dem »Klassenfeind« die einheitliche ideologische Linie der am kulturellen Leben Beteiligten zu demonstrieren und auch durch die Versicherung der Parteiverbundenheit einen relativen »Freiraum« für die schriftstellerische Arbeit (Ausschaltung von Mißtrauen) zu erreichen.

4.3.2. Beiträge *Stefan Heym* auf dem IV. Schriftstellerkongress (1956) und *Paul Wiens* auf dem V. Schriftstellerkongress (1961)sowie *Robert Havemann:* zur Frage der Diskussionsfreiheit (1970). (Textauszüge im Anhang, S. 50–57)

Im Gegensatz zum zuversichtlichen Ton der Grußadresse wurden die Möglichkeiten des Einhaltens der »richtigen Linie« von *Stefan Heym* auf dem IV. Schriftstellerkongress problematisiert. Er thematisierte die Belastung und Unsicherheit der Schriftsteller angesichts ihrer großen Verantwortung »der Sache des Friedens, der Demokratie und des Sozialismus« gegenüber, da »die neue Zeit noch gar so neu und ungewohnt ist« und keiner »sicher in seinen Lebens- und Kampferfahrungen« sein kann.

Die *Partei* (SED) wird in Heyms Rede nicht erwähnt – seine Verbundenheit bezieht sich auf die proletarische Sache allgemein. Entsprechend werden als einziges Korrektiv seiner Arbeit nicht die Partei, sondern die im eigenen »Herzen« bewahrten Maßstäbe und Normen angesprochen. Trotz der Aufforderung Heyms an alle Schriftsteller, der Versuchung ins Nichtssagende zu flüchten, zu widerstehen, dürfte Heyms subjektive Kritikinstanz in den Augen der Partei dann eine Gefahr in sich bergen, wenn er selbst in seinen Kriterien unsicher ist – wie er es auch selbst formuliert hat.

Paul Wiens verweist auf den Widerspruch zwischen Anspruch (Verwirklichung des Sozialismus in der DDR) und Wirklichkeit [129] (Nicht-Verwirklichung des Sozialismus) und leitet daraus eine Parteilichkeit nicht für die Gegenwart, sondern die zu errichtende, verbesserte Zukunft ab. Darin liegt implizit die (für die offizielle Kunstdoktrin und kulturpolitische Praxis nicht unproblematische) Forderung nach *kritischer,* allerdings »kritisch-liebender« Darstellung der Gegenwart.

In zwei Punkten steht *Wiens* Auffassung im Gegensatz zu der offiziellen Konzeption (damit im Gegensatz zur Partei):

- Er glaubt, daß eine »künstlerische Auseinandersetzung« mit der Realität nicht immer zum »sozialistischen Realismus« führen muß;
- Er erkennt keinen »Richter« (etwa die Partei) an, der sein ideologisches Denken und damit seine künstlerischen Produkte zu beurteilen bzw. zu beeinflussen habe. Der Partei wird also nicht ausdrücklich eine führende Rolle (wie in der Grußadresse) zugestanden.

Robert Havemanns [130] Kritik an kulturpolitischen Funktionsträgern (speziell an Wilhelm Girnus), allgemein an der »Bevormundung« durch Parteifunktionäre (s. Lao-Tse-Spruch) und an der »kulturzerstörenden«, ins »Chaos« treibenden Kulturpolitik steht in krassem Gegensatz zur parteitreuen Grußadresse bzw. in ihrer Schärfe und vernichtenden (in dieser Form ernstzunehmenden?) Ironie zu der noch »liebenden« Kritik eines Paul Wiens.

Havemann kritisiert in erster Linie mangelnde Meinungs-, Kritik- und

Diskussionsfreiheit und einseitig von »oben« gefaßte, undemokratische Beschlüsse in der DDR (im gesamten sozialistischen Block) und fordert die Realisierung der vermißten Freiheiten (unterstützt durch nachdrückliche Forderungen anderer kommunistischer Parteien auf internationaler Ebene).

Unterrichtspraktische Hinweise:

Um verschiedene Einstellungen von DDR-Schriftstellern gegenüber staatlicher Kulturpolitik zu erfassen, bietet sich ein *Vergleich* der vorgeschlagenen Stoffe an.

Zunächst kann die Grußadresse (4.3.1.) unter folgenden Fragen behandelt werden:

- Welche Verbindung wird hier von Schriftstellern zwischen Schriftstellern und Partei gesehen?
- Welche Funktion haben solche Grußadressen?

Zur Problematisierung und historischen Relativierung der Grußadresse können die Äußerungen der anderen Schriftsteller mit folgender Fragestellung vorgelegt werden:

- Sind die Äußerungen dieser Schriftsteller mit den Inhalten der Grußadresse von 1971 vereinbar? Was würden »linientreue« Kulturpolitiker dagegen vorbringen?

Zur Illustrierung von »Dissidenten«-Meinungen wären auch geeignet: Stefan Heym: »*Die Langeweile von Minsk*« (»Die Zeit«, 29. Oktober 1965). In diesem Manifest wird der Partei das »Wahrheitsmonopol« entzogen (vgl. auch H. D. Sander, a.a.O., S. 224); ferner: Die Kurzgeschichte »*In höherem Auftrag*« von Stefan Heym, in der die Kulturpolitik in satirischer Form angegriffen wird.

Weiterführende Literatur:

1. *Konrad Franke:* Die Literatur der DDR, a.a.O.
2. *Manfred Jäger:* Sozialliteraten. Funktion und Selbstverständnis der Schriftsteller in der DDR. Düsseldorf 1973 (Bertelsmann Universitätsverlag).
3. *Roland H. Wiegenstein:* Zur Situation der Schriftsteller in der DDR. In: Neue Rundschau, 77. Jg., 1966, H. 2, S. 330–334.

4.4. Exkurs
Alexander Solschenizyns geplante Nobelpreisrede – Zum Problem der Freiheit der Kunst in sozialistischen Staaten [131]

Um die bereits im Vorhergehenden angesprochene Problematik der Parteilichkeitsverpflichtung der Schriftsteller (die z. B. in den Augen Solschenizyns als Verbrechen an der Nation bzw. Gefahr für die ganze Menschheit aufgefaßt wird) intensiver mit den Schülern diskutieren zu können, kann eine inhaltliche Analyse von Solschenizyns Nobelpreisrede weitere aktuelle Gesichtspunkte erbringen. Die theoretische Konzeption Solschenizyns dürfte die Schüler auf dem Hintergrund der Ausweisung des Autors aus der Sowjetunion im Februar 1974 und der vieldiskutierten Frage nach der Ausweisungs-Berechtigung besonders interessieren. Da es dabei um ein generelles Problem geht, braucht die Tatsache, daß Solschenizyn kein Schriftsteller der DDR, sondern der Sowjetunion ist, keine Rolle zu spielen.

In Solschenizyns Äußerungen über die Rolle des Schriftstellers und der Literatur für die Gesellschaft und den einzelnen ist vom sozialistischen Realismus weder explizit noch sinngemäß die Rede: Die Funktion der Literatur besteht für ihn zunächst darin, *Erfahrungen* eines einzelnen den nachfolgenden Generationen bzw. den Zeitgenossen aller Nationen zu übermitteln. Dadurch soll erstens auf privater Ebene der *Erlebnis-Horizont* des in seinem moralischen Wertungssystem unsicheren einzelnen um nicht selbst erlebte »Freuden« und »Schmerzen« *erweitert werden,* eine Erweiterung, die ihn sicher machen soll in der Beurteilung des »Guten« und »Bösen«, des »Unerträglichen« und »Erträglichen«. Zweitens sollen durch das über die Literatur vermittelte *Lernen von »Fehlern« anderer Länder* – wohl auf politischer Ebene – nicht näher erklärte »Fehler« ganzer Nationen vermieden werden. Drittens wird die Funktion der Literatur darin gesehen, die *historische Erfahrung bzw. Entwicklung* einer Nation *dokumentierend zu bewahren* und damit die »Seele« der Nation zu schützen.

Dieser von Solschenizyn selbst (in unkritischer Absicht?) bezeichneten »Wunder«-Kraft der Literatur wird also – wie auch im sozialistischen Realismus – eine eminent bewußtseinsbildende und erzieherische, aber hauptsächlich an die Emotionen gerichtete, Funktion zugeschrieben.

Das zu vermittelnde Wertsystem wird auch nur mit sehr vagen Moralbegriffen beschrieben (gut, böse usw.) – wie insgesamt die in dieser Rede verwendete Begrifflichkeit an vielen Stellen durch pathetische und irrational-vage, gelegentlich auch biblische Ausdrucksformen charakterisiert ist (z. B. »Es ist diese große und vornehme (Wunder-) Eigenschaft der Kunst, die ich heute von der Nobel-Tribüne dringend heraufbeschwören möchte«. – »Aber wehe der Nation [...]«).

Solschenizyn verabsolutiert das (moralische) Urteilsvermögen des Künstlers, dem das Talent »bei der Geburt als fertiges Erzeugnis eingeblasen« wird und der offensichtlich über die »Wahrheit« (Kriterien von Gut und Böse) verfügt. Ein Erlaß von Richtlinien von staatlicher Seite kann dann nicht als hilfreiche Orientierung aufgefaßt werden, sondern als zerstörerisches »Eingreifen einer numinosen Macht«, welche den in sich selbst ruhenden »Körper der Nation« seiner natürlichen Entwicklung und »geistigen Einheit« beraubt. (Staats-)Macht und Nation werden offensichlich als voneinander völlig getrennte und feindliche Sphären betrachtet.

Eine Parteilichkeit im Sinne des Parteiergreifens für den Sozialismus und die ihn repräsentierende Partei wird hier demnach nicht vertreten. Doch sollte der Künstler der *Gesellschaft* bewußt verbunden sein und ihren nicht näher bestimmten Interessen »dienen«. Dazu sollte eine selbstauferlegte

Verpflichtung bestehen, die das *Recht* des Künstlers auf seine subjektive »Innenschau« aber nicht beschneiden darf. »Verlangen« darf die Gesellschaft vom Künstler nichts, nur ihn »tadeln« und »drängen«.

Muß hier nicht differenziert werden zwischen dem »Recht« des Künstlers auf die Darstellung rein individuell gesehener Probleme und dem Recht der Gesellschaft, solche von ihr als nicht relevant betrachteten Produkte auch nicht verbreiten zu wollen? Welche Schutz-Rechte werden angesichts der von ihm selbst postulierten großen Wirkungsmöglichkeiten von Literatur der Gesellschaft zugesprochen für den Fall, daß eine ihren Interessen nicht dienende Ideologie in der Literatur verbreitet wird? Dazu C. Träger:

> »Der Sozialismus unterscheidet sich von allem Individualismus oder Anarchismus dadurch, daß er von den materiellen und geistigen Bedürfnissen der Volksmassen ausgeht und nicht von den abstrakten Neigungen und Absichten vorbehaltsvoller, nonkonformistischer oder unentschiedener Intellektueller. Die wahre Intellektualität, die freie, erweist sich gerade in der Fähigkeit zur Einsicht in diese historische Notwendigkeit«. [132]

Mit einer solchen Konzeption von Freiheit setzt sich Solschenizyn aber nicht auseinander. Eine *differenzierte* Klärung des Freiheitsproblems müßte u. E. ferner auch unter anderem folgende Fragen und Überlegungen einschließen:

- Welcher *Spielraum* innerhalb der Prinzipien des sozialistischen Realismus (in bezug auf die Themenwahl, die Kritik am Bestehenden, die Gestaltungs*weise*) kann oder muß den Künstlern zugestanden werden?
- Sind die kulturpolitischen Kontrollinstanzen jeweils entscheidungskompetent? Wird es den Kunst-Produzenten und Kunst-Rezipienten (z. B. institutionalisiert in der Literaturkritik) in angemessenem Maß ermöglicht, auf die Entscheidungsprozesse Einfluß zu nehmen und sie zu kontrollieren?
- Wie ist bei der Veröffentlichung systemangreifender Literatur die Gefahr einer möglichen »Aufweichung« des sozialistischen Bewußtseins der Leser abzuwägen gegenüber einer möglichen problembereinigenden und stabilisierenden Wirkung, die von einer öffentlichen Diskussion und Auseinandersetzung mit nicht-sozialistischen Standpunkten ausgehen kann?
- Schadet das Bewußtsein sicherlich vieler Bürger in sozialistischen Staaten, aufgrund der Fernhaltung oder des Verbots von künstlerischen Erzeugnissen für unmündig bzw. unkritisch gehalten zu werden, nicht *mehr* als die Selektierung des offiziell positiv Eingeschätzten nützt?
- Schadet der von westlicher Seite kommende Vorwurf der »unterdrückten Meinungsfreiheit« in sozialistischen Staaten nicht zu sehr dem Ansehen und der Anziehungskraft des Sozialismus in kapitalistischen Ländern?
- Wäre in diesem Zusammenhang eine Einschränkung des »Verbotenen« im Sinne Brechts immer noch diskutabel, der forderte:
  1. völlige Freiheit des Buches, mit einer Einschränkung.
  2. völlige Freiheit des Theaters, mit einer Einschränkung.
  3. völlige Freiheit der bildenden Kunst, mit einer Einschränkung.
  4. völlige Freiheit der Musik, mit einer Einschränkung.
  5. völlige Freiheit des Films, mit einer Einschränkung.

Die Einschränkung: Keine Freiheit für Schriften und Kunstwerke, welche den Krieg verherrlichen oder als unvermeidbar hinstellen, und für solche, welche den Völkerhaß fördern.« [133]

Dieser Standpunkt schließt eine *vorrangige* Förderung sozialistisch-realistischer Kunst nicht aus. Die führende kulturpolitische Rolle der Partei wurde von Brecht auch prinzipiell nicht in Frage gestellt.

Brecht, der ja die Konzeption des sozialistischen Realismus in der DDR entscheidend mitentwickelte, hat an anderer Stelle – offensichtlich in kritischer Absicht, die Praxis zu korrigieren – die Aufgabe der marxistisch-leninistischen Partei auf dem Kultursektor (Lyrik) folgendermaßen definiert:

»Sie [die Partei] muß Impulse verleihen. [...] Sie muß sich nicht mit dem Weg der Lyrik, sondern dem Weg der Menschheit befassen, wenn sie auf die Lyrik *produktiven,* anstatt administrativen Einfluß gewinnen soll«. [134]

Müßte das Problem der Freiheit der Kunst je nach ihren zu definierenden Funktionen nicht für verschiedene Gesellschaftsordnungen verschieden analysiert werden?

Für Solschenizyn, dessen Geschichtsbild nicht von Klassenverhältnissen ausgeht, stellen sich spezifische Probleme der Freiheit der Kunst für sozialitische und kapitalistische Länder nicht, da er offensichtlich keine unterschiedlichen Gesellschaftsformationen in der vom »Bösen« beherrschten Welt erkennt. Für ihn existieren nur »Nationen«, denen allenfalls ein undefinierter feindlicher »Machtapparat« übergeordnet ist, und in denen »steinzeitliche Emotionen« wie »Neid« und »Habgier« als Motoren der Geschichte vorherrschen.

Für diese Situation der weltweiten und gewalttätigen Korruptheit – sowohl der »unseligen« Regierungen als auch des Volkes »in seiner feigen Unterwürfigkeit« – ist der Schriftsteller nach Solschenizyn als Mitglied der Gesellschaft mitverantwortlich (»Komplice in allem Bösen«).

Und gerade aus dieser Verantwortlichkeit ergibt sich für Solschenizyn die moralische Pflicht des Schriftstellers,

- zur »Rettung der Menschheit« das Gefühl der »Einheit« der Völker »des Ostens« und »Westens« zu vermitteln,
- der Menschheit ein *realistisches* Bild ihrer selbst (»wie sie wirklich ist«) zu geben, die Wahrheit zu enthüllen, »ungeachtet der Propaganda voreingenommener Menschen und Parteien« (Welches »Sehertum« befähigt aber einen aus sich alleine schöpfenden Schriftsteller dazu? Gibt es denn ein historisch unspezifisches »So-Sein« der Menschheit?),
- *Urteile* über Gewalttätigkeiten und Schwächen in Volk und Regierungen zu fällen,
- die *Lüge,* mit deren Hilfe die Gewalt verschleiert wird, aufzudecken und dabei die »Nacktheit der Gewalt in ihrer ganzen Häßlichkeit bloßzustellen«, um damit den *Wider*stand des »einfachen tapferen Mannes« gegen Gewalt und Lüge zu entfesseln.

Hier wäre u. E. zu fragen, ob die Forderung nach einer so definierten, potentiell positiven Widerstands- und Entlarvungsfunktion der Kunst nachvollziehbar und damit *effektiv* im Sinne des Autors (der seinen Appell an die Schriftsteller der Welt richtet) ist, wenn gerade die aufzudeckende »Gewalt« und »Lüge« nicht präziser definiert werden und somit nicht greifbar sind. Äußern sich »Gewalt« und »Lügen« in verschiedenen Gesellschaftsstrukturen nicht ganz spezifisch?

Ist es nicht idealistisch und voluntaristisch, das Ende von Gewaltherrschaften – ungeachtet der Produktionsverhältnisse und der Verbreitungsbedingungen von Literatur – *allein* durch Wirkungen von *Literatur* zu verkünden?:

»Die Lüge kann sich gegen vieles in der Welt behaupten, aber nicht gegen die Kunst. Und sobald die Lüge vernichtet ist, wird [...] die Gewalt in ihrer Schwäche [...] fallen«.

Unterrichtspraktische Hinweise:

Die Strukturierung des Solschenizyn-Artikels nach inhaltlich zusammengehörigen Aspekten und die Erarbeitung seiner Konzeption dürfte relativ viel Zeit in Anspruch nehmen, so daß für eine fundierte Diskussion der Freiheits-Frage insgesamt wohl zwei Sitzungen eingeplant werden müssen. Ein Teil der im folgenden angegebenen Problemstellungen kann – zur Verkürzung – auch als Hausaufgabe gegeben werden. Es könnte auch einem Schüler der Auftrag erteilt werden, auf der Grundlage einer kritischen Auseinandersetzung mit Solschenizyns Konzeption eigene Thesen zum Freiheitsproblem der Kunst in sozialistischen Staaten aufzustellen und diese – zur Anregung einer Diskussion in der Gruppe – den Schülern vorzutragen (oder schriftlich vorzulegen). Bei dieser Methode sollten aber auch *alle* Schüler einige der folgenden Arbeitsaufträge zur Klärung der Position Solschenizyns erhalten:

- Welche Konzeption von der *Funktion* der Kunst bzw. den Aufgaben des Schriftstellers wird von Solschenizyn vertreten?
- Welche Bedeutung wird der Literatur für die »Nation« und die »Nationen« zugeschrieben?
- Was versteht Solschenizyn unter »Gewalt«, »Wahrheit« und »Lüge«?
- Sind Solschenizyns Vorstellungen von der Leistung der Literatur – unter den angegebenen Bedingungen – zu verwirklichen?
- Wie wird das Verhältnis Künstler–Gesellschaft (Volk) gesehen?
- Worin besteht die geforderte Freiheit der Kunst? Stimmen Sie dieser Konzeption zu?
- Stellt sich das Problem der Freiheit der Künstler in allen Gesellschaftsformationen in gleicher Weise?
- Überprüfen und werten Sie in einer Gegenüberstellung Argumente *für* und *gegen* eine Freiheitsbeschränkung der Künstler in sozialistischen Staaten (vgl. oben angeführte Problemstellungen).

Weiterführende Literatur:

1. *B. Brecht:* Über die Unfreiheit der Schriftsteller in der Sowjetunion (S. 438); Meinungsfreiheit (S. 440); Über das Programm der Sowjetschriftsteller (S. 444); Wir sollten nicht mehr so lange schreiben (S. 484); Die Künste in der Umwälzung (S. 485); Offener Brief an die deutschen Künstler und Schriftsteller (S. 495); Kulturpolitik und Akademie der Künste (S. 540); Über produktiven Einfluß (S. 546); Realis-

mus als kämpferische Methode (S. 552); Rede auf dem IV. deutschen Schriftstellerkongreß (S. 554). In: B. Brecht, Suhrkamp Werkausgabe, Bd. 19, Frankfurt 1967.
2. *Wolfgang Hingst:* Solschenizyns verlorenes Paradies und die Realität. In: Neue Rundschau, 84. Jg. 1973, 4. Heft, S. 778–785. Speziell zu Solschenizyn (enthält auch Bemerkungen zur Nobelpreis-Rede).
3. *Manfred Jäger:* Sozialliteraten, Funktion und Selbstverständnis der Schriftsteller in der DDR. Bertelsmann Universitätsverlag, Düsseldorf 1973.
4. *Claus Träger:* Die Marx-Leninsche Methode und die Literatur- und Kunstwissenschaften. In: Studien zur Realismustheorie und Methodologie der Literaturwissenschaft. Reclam, Leipzig 1972, z. B. S. 370–437, o.a.S. 386 ff., S. 407 u. a.

4.5 Themenvorschläge für die 2. Klausur

1. Thema:

Der beiliegende Textauszug aus Strittmatters Roman »Ole Bienkopp« (s. Anlage) bezieht sich auf eine außerordentliche Parteiversammlung in Blumenau.
Bearbeiten Sie daran bitte folgende Fragestellungen:

1.1. Welche Problemkreise (in bezug auf die Heldenfigur Ole B.) werden in der vorliegenden Textstelle angesprochen?

1.2. Ordnen Sie diese Textstelle in den inhaltlichen Gesamtzusammenhang des Werkes ein!

1.3. *Charakterisieren Sie* mit Hilfe des Textauszugs und in Erinnerung an die Stundenreihe – *ausführlich den Helden Ole B.* und zeigen Sie dabei seine *»realistischen«* und *»sozialistischen« Merkmale* auf, die ihn (nach der Konzeption Strittmatters) als Helden des »sozialistischen Realismus« kennzeichnen!

2. Thema:

Bertold Brecht hat eine Reihe von Thesen zum »sozialistischen Realismus« formuliert (s. Anlage).

2.1. Überprüfen und erläutern Sie, inwiefern diese Thesen (mindestens *drei* davon) sich auf ein Ihnen bekanntes Werk (oder auf mehrere Werke) der literarischen oder filmischen DDR-Produktion anwenden lassen!

2.2. Zeigen Sie abschließend den Zusammenhang zwischen den Thesen Brechts und der marxistischen Widerspiegelungstheorie auf!

3. Thema:

»Der Sozialismus unterscheidet sich von allem Individualismus oder Anarchismus dadurch, daß er von den materiellen und geistigen Bedürfnissen der Volksmassen ausgeht und nicht von den abstrakten Neigungen und Absichten vorbehaltsvoller, nonkonformistischer oder unentschiedener Intellektueller. Die wahre Intellektualität, die freie, erweist sich gerade in der Fähigkeit zur Einsicht in diese historische Notwendigkeit.« (Claus Träger: Studien zur Realismustheorie und Methodologie der Literaturwissenschaft. Reclam, Leipzig 1972, S. 407.)

3.1. Analysieren Sie den hier zugrundliegenden *Freiheitsbegriff* im Zusammenhang mit den in der DDR geltenden kulturpolitischen Prinzipien.

3.2. Stimmen Sie mit Trägers Konzeption von der Freiheit des Schriftstellers überein? Begründen Sie Ihre Meinung!

Schreiben Sie Ihre Ausführungen in *Form eines Artikels* für »Die Zeit« (vorwiegend Akademiker-Leserschaft), die – angenommen – ihre Leser in einer Artikelserie über kulturpolitische Probleme in der DDR informieren will.

Erlaubte Hilfsmittel:
Duden
Anlagen 1 u. 2
Textausgaben: Strittmatter »Ole B./Katzgraben«, Claudius »Menschen an unserer Seite«

Anlage zum 1. Thema:

Alle schaun auf Bienkopp. Bienkopp ist blaß. Seine Wangenmuskeln mahlen. Er scheint seine Worte von einem Block herunterzubeißen und auszuspeien. Ich bin nicht krank. Ich bin nicht verrückt.

Da ist ein guter Bauer. Er arbeitet und wirtschaftet wie ein Teufel. Er verläßt sich nicht auf den Zufall, nicht auf die Witterung. Er holt aus seinem Boden, was herauszuholen ist. Der Staat zahlt die Produkte gut. Der Bauer wird reich.

Da ist ein schlechter Bauer. Er wirtschaftet nicht fürsorglich, verläßt sich aufs Glück. Sein Boden bringt nur halbe Erträge. Er kann dem Staat wenig verkaufen, schädigt ihn unbewußt und bleibt arm! Die Menschen sind nicht gleichmäßig befähigt. Die ehemalige Bäuerin Anngret Bienkopp fährt am Sonntag in der Kutsche über Land. Die Bäuerin Sophie Bummel muß daheim hocken, weil sie kein Sonntagskleid hat, geschweige eine Kutsche. Altbauer Serno läßt auf seine Rechnung die Kirche anstreichen; Neubauer Bartasch ist nicht fauler als Serno, aber er kann sich keine Latten für einen Vorgartenzaun leisten. Ich habe fort und fort darüber nachgedacht, wie man die Unterschiede ausgleicht. Ich mache einen Versuch. Die Glucke brütet drei Wochen. Dann spürt das Tier, daß sich unter ihm etwas verändert. Etwas Neues ist unter seinem Bauchgefieder entstanden. Das sind die Küken. Ihr versteht: Sie wollen nicht still sitzen, wollen aus dem Nest in die Welt, miteinander scharren, picken, flattern und lustig sein. Die Glucke macht sich nichts vor. Sie bleibt nicht hocken und wartet ab, was wird. Sie folgt dem Neuen, das unter ihrem Gefieder hervorkriecht. Sie schützt und hütet es. Versucht ein Küken zu greifen, meine Lieben! Ich möcht's euch nicht raten. Die Hände werden euch bluten, und euer Lachen wird unter den Schnabelhieben der Gluckhenne zum Geschrei.

Wir sitzen, wie die Glucke im Nest, im warmen Heute. Die verbrauchte Luft in einer warmen Stube stinkt. Die Zukunft erscheint uns wie Zugluft. Sollen wir dümmer sein als eine bescheidene Glucke? Sollen Eure Enkel auf ein Grab zeigen und sagen: Da liegt der Großvater? Oder sollen sie auf eine große Viehherde zeigen: Dort grast die Herde! Ihre Stammutter zog der Großvater auf. Seht den Park! Der Großvater und seine Genossen legten ihn an, und sie waren weder Gutsbesitzer noch Sklaven. Ihr habt's in der Hand, wie man von euch reden wird!

Der neue Weg führt durch Urwald. Was lauert auf dich im Dunkel? Was springt dir vom Baum herab in den Nacken? Und doch wird man fällen, lichten und blühende Wiesen anlegen. Die Tiere werden sich tummeln vom Morgen zum Abend. Die Menschenhand wird den Wildapfelbaum berühren. Die Grobfrüchte werden golden und groß sein!«

Die harte Emma wischt sich die Augen. An dieser Rede hätte Anton seine Freude gehabt. Auch dem Konsumfräulein, der Genossin Danke, ist in diesem Augenblick nicht mehr gleich, wie das Land bewirtschaftet wird.

Die Erde reist durch den Weltenraum. Bienkopp hat ein Stück Weltraum in die dumpfe Versammlung gerissen.

Der Kreissekretär ist beeindruckt. Etwas verflucht Wahres hinter diesen Bauernworten. Eigenwillige Ansichten. Wunschgetreu hat nichts dagegen, aber stiften sie nicht Verwirrung, wenn sie in die Welt posaunt werden? Der Kreissekretär ist unsicher. Umso sicherer fühlen sich Bullert und die Simson. Frieda genießt den großen Augenblick ihres Auftritts. »Genossen, wenn wir als Partei nichts von Kolchosen wissen wollen, womit haben wir es dann als Partei zu tun, Genossen? Dann haben wir es offensichtlich mit einer nationalen Besonderheit zu tun. Ich frage den Genossen Bienkopp: Dulden wir nicht auch noch den Einzelhandel? Würden wir ihn dulden, wenn's ein Fehler wär? Antwort!« Bienkopp antwortet Frieda nicht. Bullert erteilt sich das Wort: Das Schlimmste, Bienkopp will, daß andere Genossen sich seiner Sekte anschließen. Das Land zusammen? Vogt und Inspektor wie beim Herrn Baron? Die Partei macht sich nicht lächerlich: Soll ein Mann wie Bullert seine Musterwirtschaft aufs Spiel setzen und verplempern? »Was wird diese Sekte auf den übernommenen Brachländern ernten? Der Bankrott zieht herauf. Bienkopp spielt mit dem Hunger.«

Wunschgetreu lächelt. »Gestatte eine Frage, Genosse Bienkopp: Hätte die Partei nicht längst zum Sammeln geblasen, wenn sie das wollte, was du tust?«

Emma Dürr meldet sich: »Bienkopps Sorgen sind nicht vom Himmel gefallen. Er hat sie von Anton übernommen, das war mein Mann. Hat Bienkopp bisher Schaden gemacht?«

Jan Bullert: »Das dicke Ende ist hinten!«

Emma: »Ist die Partei ein Versicherungsunternehmen? Der Kommunismus ist das größte Experiment seit Adams Zeiten. Das ist von Anton.«

Frieda Simson: »Du mit deinem Anton!«

Emma flink: »So einen such dir erst!«

Maurer Kelle, der Zweimetermann, haut auf den Tisch. »Neuer Kapitalismus darf nicht durch! Ich bin für Anton und Bienkopp!«

»Es lebe der Kolchos!« Das war Wilm Holten.

Frieda Simson gelang's nicht, ihn niederzuhalten. »Es lebe Bienkopp!«

Bienkopp bleibt ruhig, obwohl ihn das große Zittern bis in die Stiefel hinein gepackt hat. »Ich habe alles überdacht. Mir deucht, ich such nach vorwärts, nicht nach rückwärts!«

Wunschgetreu: »Was vorwärts und was rückwärts ist, bestimmt, dächt ich, noch immer die Partei. Willst du sie belehren?«

Bienkopp zitternd: »Ich stell mir die Partei bescheidener vor, geneigter anzuhören, was man liebt und fürchtet. Ist die Partei ein selbstgefälliger Gott? Auch ich bin die Partei!«

Es zuckt in vielen Gesichtern; Köpfe werden eingezogen. Bienkopp bringt sich um!

Die Simson wird gelb und bissig: »Das geht zu weit!«

Wunschgetreu: »Das kann man klären. Schlimmer ist: Genosse Bienkopp hat dem Gegner Fraß gegeben. Der Feind hetzt. Er besudelt unseren Kreis im Rundfunk! Wie stehn wir beim Bezirk da?«

Bienkopp wühlt in seiner Rocktasche. Er legt sein Parteibuch mit zitternder Hand vor. Wunschgetreu auf den Tisch. »Wenn du der Meinung bist, ich helfe dem Gegner...«

Wunschgetreu springt auf und hält Bienkopp am Ärmel fest.

(*Quelle:* Erwin Strittmatter »Ole Bienkopp«, Roman, Gütersloh 1965, S. 163–165)

Anlage zum 2. Thema:

(1) Realistische Künstler betonen das Moment des *Werdens und Vergehens*. Sie denken in allen ihren Werken historisch.

(2) Realistische Kunst ist kämpferische Kunst. Sie bekämpft falsche Anschauungen der Realität und Impulse, welche den realen Interessen der Menschheit widerstreiten. Sie ermöglicht richtige Anschauungen und stärkt produktive Impulse.

(3) Realistische Künstler stellen die *Widersprüche* in den Menschen und ihren Verhältnissen zueinander dar und zeigen die Bedingungen, unter denen sie sich entwickeln.

(4) Realistische Künstler sind interessiert an den *Veränderungen* in Menschen und Verhältnissen, an den stetigen und an den sprunghaften, in welche die stetigen übergehen.
(5) Realistische Künstler stellen die Macht der Ideen dar und die materielle Grundlage der Ideen.

(Quelle: Bertolt Brecht, Über Realismus, Frankfurt a. M. 1971 [edition suhrkamp Nr. 485], S. 165 f.)

5. Das Komische als Stilmittel der Parteilichkeit, Hermann Kant: »Die Aula« [135]

Es ist kein Zufall: 1963 beschließt der VI. Parteitag das seit etwa 1958 intensiv diskutierte »Neue ökonomische System der Planung und Leitung der Volkswirtschaft (NÖSPL). [136] Probleme sozialistischer Manager thematisiert schon Christa Wolfs Erzählung »*Der geteilte Himmel*« (1963): In der Auseinandersetzung zwischen Ost und West versagt das sozialistische Bewußtsein des Ingenieurs und Verlobten der Heldin, Manfred. Die Republikflucht dieses »Leiters« ist das verdeckte Hauptthema des Romans.

Der 1964 in der Zeitschrift »Forum« abgedruckte und 1965 als Buch erschienene Roman Hermann Kants »*Die Aula*« verhilft ihm selbst und der Literatur der »Königsebene« zum Erfolg. Nicht mehr die Probleme des einfachen Arbeiters im Zusammenhang mit Produktionsfragen stehen im Zentrum der Handlung, sondern der aus der Arbeiterklasse stammende, hochqualifizierte »Planer und Leiter«, der Arzt, Ingenieur oder Journalist. Sie repräsentieren ein neues literarisches Menschenbild (vgl. 2.4.) in der DDR-Literatur.

»Ging es auf ihren ersten Stufen um die Abrechnung mit der Vergangenheit, verbunden mit der Frage nach der Verantwortung des einzelnen (vgl. [z. B.] E. Strittmatter), so führte auf den folgenden Stufen der Entwicklungsweg der Helden bis an die Schwelle der Entscheidung für den Sozialismus (man vergleiche z. B. Christa Wolf). Auf der letzten Stufe begegnen wir Helden, die jene Entscheidung bereits gefällt haben, die im Prozeß der sozialistischen Arbeit in ihrem Kollektiv um die weitere Entwicklung der sozialistischen Gesellschaft ringen und in den Bewährungsproben dieses Ringens ihren Charakter formen, ihre Weltanschauung festigen, ihre schöpferischen Fähigkeiten erweitern.« [137]

Der Autobiographisches [138] verarbeitende Roman schildert am Beispiel der Entwicklung einiger Studenten der ersten Arbeiter und Bauern Fakultät (ABF) [139] in humorvoll versöhnlichem Grundton moralische und intellektuelle Probleme, die sich bei der Bildung einer neuen sozialistischen Intelligenz, den in der DDR erzogenen und ausgebildeten »Planern und Leitern«, ergeben. Dabei wird ein Stück Geschichte der DDR gestaltet.

15 Jahre nach der Gründung der DDR ist die Aufgabe, die Menschen zum Sozialismus zu bekehren, sekundär. Primär geht es darum, Gefährdungen des sozialistischen Bewußtseins insbesondere der Intelliganz (hohe Fluchtrate!)

zu schildern und deren Überwindung derart überzeugend zu gestalten, daß gleichzeitig opportunistische Anpassungsprozesse beispielgebend verhindert werden. Zugleich vermittelt die Literatur der »Königsebene« breiten Leserkreisen Verstehenskategorien für die spezifischen Schwierigkeiten und Probleme der sozialistischen Führungskräfte (vgl. auch 2.4.).

Zur Analyse und Interpretation des Romans sind sechs Doppelstunden vorgesehen. Wir schlagen nach einer bio-bibliographischen Einführung durch Lehrer- oder Schülerreferat vor, jede dieser Doppelstunden unter ein Thema zu stellen.

5.1. *Handlungs-* und *Zeitstruktur* lassen sich nicht voneinander trennen. Für deren *Makrostruktur* läßt sich sagen:

Der Versuch des ehemaligen ABF-Studenten und jetzigen Journalisten Robert Iswall, anläßlich der Schließung der ABF-Fakultät eine Rede zu entwerfen, führt letztlich zum vorliegenden Roman. Die Handlungszeit des Romans ergibt sich u. a. aus der Datierungsmöglichkeit von Iswalls Reise nach Hamburg: Er soll soziale Hintergründe der Hamburger Flutkatastrophe von 1962 untersuchen und für seine Zeitung darüber berichten. Von der Zeitebene der Gegenwartshandlung senkt er das Lot in die Vergangenheit – realgeschichtlich umfaßt sie die Jahre 1949–1952.

So wird der einfache Handlungsfaden mit einer Unzahl von Rückblenden z. B. in Kriegsgefangenenzeiten und die Einzelgeschichten der ersten Studenten der ersten Arbeiter und Bauernfakultät in Greifswald verwoben, und läßt dadurch nicht nur die Biographien der Studenten des Zimmerkollektivs »Roter Oktober« plastisch werden, sondern mit ihnen auch ein Teil Geschichte der DDR.

Jakob Filter, Quasi Riek, Gerd Trullesand und Robert Iswall konnten nur mit der DDR werden, was sie geworden sind. Die Erforschung der Vergangenheit endet mit der Begleichung einer alten Schuld: Iswall hatte, um Vera Bilfert, seine spätere Frau, zu gewinnen, seinen Freund Trullesand unter Ausnutzung seiner Parteifunktion zum Auslandsstudium nach China delegieren lassen. Dieses zwischen beiden offene Problem erweist sich aber unter sozialistischen Verhältnissen als letztlich positiv: Der zwangsweise mit einer anderen ABF-Studentin verehelichte Trullesand liebt inzwischen seine Frau aufrichtig. Was unter bürgerlichen Verhältnissen als Eifersuchtsdrama angelegt war, endet unter sozialistischen als glückhafte Komödie. Die Aufarbeitung einer persönlichen Schuld, einer privaten Geschichte, verquickt sich zur komplex-konkreten Darstellung der allgemeinen Geschichte der DDR.

Handlungs- und Zeitstruktur lassen sich im Makrobereich leicht als zwei Stränge darstellen, auf die die einzelnen Episoden wie Perlen aufgereiht, quer miteinander verbunden sind und schließlich das komplexe, am Konkreten gewonnene Bild der DDR ergeben. Sie werden mit dem Leseprozeß zusammengeführt, synthetisiert.

Das Tafelbild (s. Grafik S. 86) darf jedoch nicht ohne erläuternde Differenzierungen bleiben. Es suggeriert ein Handlungskontinuum sowohl auf der Ebene der Gegenwartshandlung als auch auf der sich allmählich zusammenfügenden Vergangenheitsebene. Dieses Verfahren

»... führt dazu, daß die Episodenreihe der Vergangenheitshandlung – assoziativ an den synthetischen Entwicklungsgang der Gegenwartshandlung (zum Teil auch an die Episoden der Vor-Zeit) geknüpft – einer wenig organisierten Bilderfolge gleicht, die nur nach Anfangs- und Endpunkt synthetische Handlungsführung aufweist. Sonst aber ist ein zeitliches Nacheinander der Episoden nur mit Einschränkung gegeben. Bestimmte Episoden ließen sich – ginge man lediglich vom Zwang des Zeitkontinuums aus – in der erzählzeitlichen Reihenfolge ohne weiteres vertauschen. Eine relative Kausalität dieser Folge ergibt sich freilich in anderer Hinsicht: Einmal wird sie geprägt durch die Folge bestimmter Themenkreise (alte und neue Universität, die Lehrer usw.); zum anderen wird sie (kompositorische Kausalität) durch die Wechselbeziehungen zwischen den beiden Hauptzeitebenen bestimmt, realisiert durch sorgfältige Kapitelverzahnung. Ein Beispiel hierfür: Robert rezensiert eine Novelle von Frau Tuschmann und kommt bei seinen Grübeleien auf das Wesen von Kritik und Selbstkritik (S. 35). Es folgt die Assoziation (›Roberts Freundschaft mit Trullesand hatte auch mit Kritik und Selbstkritik begonnen‹) und unmittelbar darauf die Geschichte von ihrem Streit bei der Eignungsprüfung. – Ist schon für die Vergangenheitsebene nur in Grenzen ein Handlungskontinuum feststellbar, so mangelt es der Vorgeschichte völlig. Sie bietet eine lockere Bilderfolge aus Roberts Leben bis zum Eintritt in die ABF, ohne daß in jedem Fall ein klar motivierter Zusammenhang mit der übergeordneten Aussageabsicht noch erkennbar wäre.

Die verwendeten Vorblenden gruppieren sich eindeutig (mit spannungssteigerndem Effekt) um die zwei Dunkelstellen, den Trullesand-Konflikt und das Quasi-Problem. Bereits auf Seite 39 wird – unmittelbar nach der ersten umfänglicheren Vorstellung von Gerd Trullesand – vom Zerbrechen der Freundschaft gesprochen. Auf Seite 199 spielt der Hamburger Gastwirt Riek und auf Seite 303 der jetzige Bezirksschulrat Riebenlamm darauf an, daß Robert seinen Freund nach China ›verladen‹ habe, aber erst auf Seite 424 ff. werden die näheren Umstände und die Zusammenhänge in aller Ausführlichkeit mitgeteilt. Ähnlich verfährt der Autor beim zweiten Komplex...« [141]

Vergangenheit und Gegenwart durchdringen sich in diesem Roman derart, daß er als Ausführung seines Heine-Mottos lesbar wird:

»Der heutige Tag ist
ein Resultat des gestrigen.
Was dieser gewollt hat,
müssen wir erforschen,
wenn wir zu wissen wünschen,
was jener will.«

5.2. Die genaue *Textanalyse* des Redeentwurfes über Jakob Filter [142] macht Entsprechungen im *Mikrobereich* deutlich. Zu einer Parallelstelle steht ein Tonmitschnitt einer Lesung von Hermann Kant zur Verfügung. [143]

Die Analyse der Verwendung der lexischen Stilmittel in diesem Abschnitt ergibt:

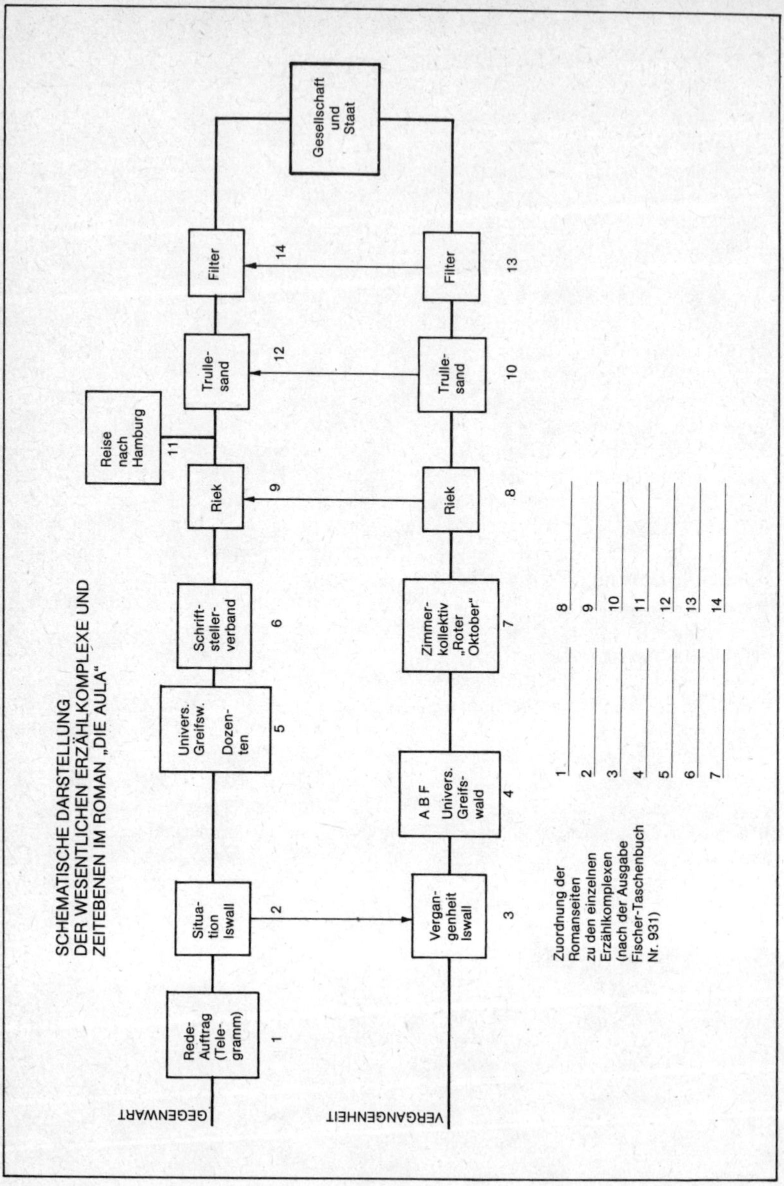
SCHEMATISCHE DARSTELLUNG
DER WESENTLICHEN ERZÄHLKOMPLEXE UND
ZEITEBENEN IM ROMAN „DIE AULA“
GEGENWART
VERGANGENHEIT
Rede-Auftrag (Tele-gramm)
1
Situa-tion Iswall
2
Univers. Greifsw. Dozen-ten
5
Schrift-steller-verband
6
Riek
9
Reise nach Hamburg
11
Trulle-sand
12
Filter
14
Gesellschaft und Staat
Vergan-genheit Iswall
3
A B F Univers. Greifs-wald
4
Zimmer-kollektiv „Roter Oktober“
7
Riek
8
Trulle-sand
10
Filter
13
Zuordnung der Romanseiten zu den einzelnen Erzählkomplexen (nach der Ausgabe Fischer-Taschenbuch Nr. 931)
1
2
3
4
5
6
7
8
9
10
11
12
13
14

1. Drei Bereiche und drei Zeitebenen werden mit jeweils eigener Lexik miteinander in diesem Abschnitt verwoben
   - Jakob Filters Beziehung zur Forstarbeit früher und heute,
   - seine Beziehung zum ABF-Unterricht und speziell zum Fach Deutsch und
   - die durch ihn hindurch plastisch werdende gesellschaftliche Veränderung.
2. Dabei spielen *Neologismen* und *Archaismen* eine besondere Rolle. Durch sie werden Kontinuität bzw. Diskontinuität sowohl der individuellen Biographie als auch der der dargestellten gesellschaftlichen Entwicklung deutlich.
3. Daneben vermittelt die Synonymik die Komplexität der historischen und gegenwärtigen Sachverhalte.
4. Professionalismen, Fachwortschatz etc. belegen die Entwicklung.
5. Variierende Parallelismen tragen einerseits zur Verlebendigung des Textes bzw. Sachverhaltes bei. (Beispiel »er [...] sieht vor lauter verwalteten Bäumen kaum noch einen grünen Baum« = er sieht den Wald vor lauter Bäumen nicht).
6. Schließlich wird der humorvolle Stilzug nicht nur dieser Passage auch durch lexische Stilelemente erreicht. Sie ermöglichen dem gebildeten Leser Anspielungen zu verstehen und über die geschilderten Zusammenhänge den verstehenden Überblick zu bewahren. Zum anderen spielt er die Erwartungsebene herab: »Mitte seines Lebens« wird zu »Mitte seines ersten ABF-Semesters« etc.

5.3. *Humor, Ironie und Satire* sind konstituive Gestaltungsmittel des Romans. Die durch sie vermittelten Grundhaltungen sind indessen nicht identisch z. B. mit Definitionen, wie sie etwa G. von Wilpert unter den entsprechenden Stichwörtern liefert [144], vielmehr werden sie in einem innerhalb der marxistischen Ästhetik bzw. Poetik genau definierten Sinn verwendet.

Am Beispiel der Analyse der Personenkonstellationen ist leicht zu zeigen, wie etwa Satire als Form des Ironischen parteilich eingesetzt wird:

Stellt man Personen, denen Iswall bei seiner Hamburgreise begegnet, je nach Staatsangehörigkeit gegenüber, so ergibt sich ein klares Bild: Alle DDR-Bewohner werden mehr sympathisch, nicht frei von kleinen Fehlern, alle BRD-Bewohner stärker als moralisch ausgelaugt und sozial brutalisiert (Ausnahme: der von der Katastrophe betroffene Kleingärtner) geschildert.

Allen voran der deftig geschilderte Schwager Herrmann, der ehemalige Schieber und Ringvereinler. Das Verdikt über den dritten Mann von Iswalls Mutter könnte für alle BRD-Bewohner stehen: »Mehr als ein Urteil über die Unterschiede zwischen HB und Ernte 23 war ihm kaum zu entlocken.« Keine Szene, in der Westdeutsche sich positiv darstellen oder sympathisch von sich erzählen, kaum ein Detail trägt einen versöhnlichen Zug, alles tendiert mehr in reiner Schwarzmalerei zur Zerstörung der Person und damit zu der des Systems, in dem sie leben. Man nehme den Backpflaumenfabrikanten im Zug, Herrmann oder den Hamburger Verwaltungsbeamten. Es bleibt kein guter Zug. Der Spaß am Lesen ist hier destruktiv.

Dem entspricht die marxistische Definition der Satire [145] als Form der Ironie. Während die traditionelle Bestimmung der Ironie als uneigentliches Sprechen formal zunächst weitergilt, werden Humor und Satire als gegensätzliche Ausformungen der Ironie verstanden. Auf gegenwärtige Verhältnisse bezogen heißt das: Die uneigentliche Rede setzt in ihrer jeweils konkreten Ausformung als *Humor* bei nicht-grundsätzlichen, prinzipiell lösbaren Konflikten ein. In diesem Fall ist sie versöhnlich. Als *Satire* aber bezieht sie sich parteilich auf grundsätzliche, parteilich zu bewertende antagonistische Konflikte.

Auf »Die Aula« bezogen, heißt das: Die Schilderung der kapitalistischen BRD kann nur negierend, zerstörend, also satirisch sein. Ihre Realität ist Ergebnis des alle Lebensbereiche prägenden Grundwiderspruchs von Kapital und Arbeit, wobei aufgrund der Übermacht des Kapitals das Leben in der BRD zutiefst vergiftet ist. Demgegenüber werden alle zwischenmenschlichen Konflikte innerhalb der sozialistischen DDR als bloß subjektive verstanden. Hier ist der Grundwiderspruch gelöst. Nur die sich noch nicht ganz angemessen verhaltenden Individuen schaffen Konflikte. Deren prinzipielle Lösbarkeit, also Harmlosigkeit, aber steht außer Zweifel. Iswalls Verrat an Trullesand löst sich daher auch in Wohlgefallen auf.

Diese Theorie des Komischen – »Die Aula« scheint in dieser Hinsicht geradezu die Examensarbeit eines Germanistikstudenten zu sein – wird im Roman strikt eingehalten. Ihre theoretische Ausformulierung z. B. im *Kulturpolitischen Wörterbuch* sollte zum Unterrichtsgegenstand gemacht werden, und zwar in Kontrastierung zu Wilperts Definitionsversuchen (Texte s. Anhang).

Unseres Erachtens sollte jedoch noch auf einen wesentlichen Punkt hingewiesen werden: Der humorvolle Grundzug des Romans wird nicht nur durch die entsprechende Lexik oder die Konzeption von letztlich harmlosen Konflikten, sondern auch durch ein Verfahren, das Hegel den »objektiven Humor« nannte, erreicht: Das souveräne Spiel des Autors mit den Erzähl- und Zeitebenen, den Assoziationen sowie dem Ausweichen vor formalen Regeln wie der, ein Handlungskontinuum strikt durchzuhalten. Kants Fähigkeit, mit allem souverän zu verfahren, ist ein wichtiger Faktor, um zusammen mit den genannten Stilmitteln die humoristisch-satirische Grundhaltung des Romans beim Rezipienten zu erzeugen.

5.4. *Die konzeptvermittelnde Funktion* des Romans läßt sich insbesondere am Thema *Republikflucht* verdeutlichen. Sie wird mehrmals thematisiert. Sei es bei Iswalls Mutter und Schwester, sei es bei Fiebach oder einem nicht näher genannten homosexuellen Kommilitonen. Mit sanfter Kritik werden hier Ursachen (Fehlverhalten der DDR-Stellen) angedeutet, die die Flucht erklären, nicht aber rechtfertigen können.

Ein Fall von Republikflucht beschäftigt jedoch Iswall mindestens so stark wie die DDR-Literaturkritik: Quasi Riek, der sich in Hamburg als Kneipenwirt niedergelassen hat, gibt keine Erklärung für seine rätselhafte Handlung. Auch der Name seiner Kneipe »Zum toten Rennen« führt nicht weit. So wird ein unentschiedenes Rennen in der Wettsprache bezeichnet.

Der Leser ist auf Andeutungen und Hinweise des Romans angewiesen: Das Verschwinden der Kaderakte aus dem ABF-Archiv, Quasis merkwürdiges Verhalten bei Roberts Besuch in Hamburg, Riebenlamms Ausflucht vor Iswalls Frage und schließlich die gültige Bürgschaftserklärung des doch republikflüchtigen Quasie Riek! Ohne explizite Erklärung bleibt Quasis Fluchtmotiv eine Leerstelle im Roman und fordert zu »kombinierendem Weiterdenken des Publikums« [146] auf. Die gern angedeutete Lösung des Rätsels lautet dann: Quasi sei als Resident im Auftrage des Staatssicherheitsdienstes in die BRD gegangen. Hermann Kant ist auf diese Frage – warum Quais Riek geflüchtet ist – mehrfach angesprochen worden, hat sich darüber »höchlichst amüsiert« und u. a. geantwortet: »Wir wissen immer noch viel zu wenig voneinander«. Um es sich schwer zu machen, habe er sich verschiedene Lösungen der Geschichte vorgelegt und sich dann für das Offenlassen entschieden: »Ich wollte, daß dieses Offenlassen zu Fragen, Diskussionen, Überlegungen führt. Ich meine: Mit der Haltung: ›Uns ist alles klar!‹ werden wir nicht weiterkommen.« [147]

Geht man davon aus, daß der realhistorische Bezug auf das Phänomen Republikflucht durch die vorgestellten Fälle im Roman erklärend-exemplarischen Charakter hat, so wären Zahlenmaterial und Motivangaben der bis 1961 Geflohenen kontrastierend heranzuziehen [148], um zu erhellen, wie unzulänglich hier »realistisch« gestaltet wurde.

5.5. Die abschließende Besprechung des Romans sollte ausgehen von einer in der »Neuen Rundschau« erschienenen Rezension des Romans durch Franz Schonauer. [149] Ihr Aufbau und ihre Bewertungskriterien werden erarbeitet.

Hieran könnte sich z. B. im Unterricht die Konzeption einer auf der Basis der im Unterricht erarbeiteten Ergebnisse der Romananalyse fußende Rezension z. B. für die Schülerzeitung der Schule entworfen werden. Ihre Ausformulierung bliebe Aufgabe der einzelnen Teilnehmer oder Gruppen.

Unterrichtspraktische Hinweise:

Für diese Unterrichtseinheit stehen ergänzende Materialien zur Verfügung:

- Tonbandaufzeichnung: Kant liest aus der »Aula« (Jakob Filter)
- Rezension: Schonauer. In: Neue Rundschau (77/1966)
- Interview mit Kant. In: NDL (8/1971)
- Stichwörter: Ironie, Humor, Satire aus dem »Kulturpolitischen Wörterbuch« und dem »Sachwörterbuch der Literatur«. [150]

Diese Materialien sollten bei der Erarbeitung der einzelnen Sachkomplexe mit einbezogen werden.

I. Phase:

Die Erarbeitung des Zusammenhangs zwischen NÖSPL und »Königsebene« kann nicht nur immanent geleistet werden. Über den Hinweis auf den

Film »Im Spannungsfeld« wäre im gelenkten Unterrichtsgespräch das Faktum des neuen Heldentypus leicht zu erarbeiten. Der Sachzusammenhang zwischen Wirtschaftspolitik und kultureller Produktion wäre indessen nur über einen Lehrervortrag angemessen einzubringen.

II. Phase:

Zur Entwicklung der Handlungs- und Zeitstruktur als Makrostruktur kann das auf Seite 86 abgebildete Tafelbild dienen. Folgende Aufgaben schlagen wir vor:

1. Wann spielt der Roman (Was ist für ihn Gegenwart?)?
2. Welchen Zeitraum umfaßt die der Handlungszeit kontrapunktierte Vergangenheit?
3. Welche Erzählkomplexe enthält der Roman?
4. Beschreiben Sie die Fabel des Romans!
5. Welche Verbindungen bestehen zwischen einzelnen Erzählkomplexen auf den beiden Zeitebenen?
6. Zeichnen Sie die bisher erarbeitete Handlungs- und Zeitstruktur (gemeinsame Auswertung und Optimierung)!
7. Das Ganze ist mehr als die Summe seiner Teile: Was heißt das für die Aussage des Romans?
8. Interpretieren Sie das Heine-Motto in seiner Bedeutung für den Roman!

III. Phase:

Als Textgrundlage für die Mikroanalyse schlagen wir einen kurzen Redeentwurf vor, der Jakob Filter gewidmet ist. Die Tonbandaufnahme aus einer Autorenlesung von Hermann Kant mit einem Parallelentwurf sollte dann vorgespielt und von den Schülern selbständig analysiert werden.

Dazu folgende Arbeitsaufträge [151]:

1. Stellen Sie Wörter und Wendungen zusammen, die Jakob Filters Beziehungen:
   - zum Wald als Forstarbeiter
   - zum Wald als Verwalter
   - zur ABF und speziell zum Fach Deutsch bezeichnen!
2. Interpretieren Sie Ihr Ergebnis!
3. Stellen Sie Archaismen und Neologismen zusammen, und interpretieren Sie deren Funktion!
4. Interpretieren Sie Bedeutung und Funktion der Termini technici, Professionalismen etc.!
5. Welche inhaltlichen und formalen Beziehungen bestehen zwischen folgenden phraseologischen Modellen und ihren Abwandlungen, z. B.: »er [. . .] sieht vor lauter verwalteten Bäumen kaum noch einen grünen Baum« (– er sieht den Wald vor lauter Bäumen nicht) oder: »das Buch mit den meisten Siegeln« (– ein Buch mit sieben Siegeln)?
6. Führen Sie weitere solche Modellabweichungen auf, beschreiben und interpretieren Sie sie!
7. Überprüfen Sie Ihre Ergebnisse am Beispiel des Parallelentwurfes über Jakob Filter (Tonband)!

8. Entscheiden Sie sich (bei Text 1 oder 2) für eine der folgenden Bewertungen:
   - Der Text ist komisch
   - Der Text ist ironisch
   - Der Text ist humorvoll
   - Der Text ist satirisch.
9. Begründen Sie Ihre Ergebnisse!
10. Geben Sie unter Einbeziehung des bisher Erarbeiteten eine erste Definition von: Komik/Ironie/Humor/Satire und geben Sie an, wie die aufgeführten Sprach- bzw. Stilmittel den Eindruck des Komischen, der Ironie, des Humors, der Satire bewirken.

IV. Phase:

Nach unserer Erfahrung entscheiden sich die Schüler entweder für Humor *oder* Ironie. Im Unterrichtsgespräch wäre dann zunächst zu verdeutlichen, inwiefern das Komische als Oberbegriff von Humor, Ironie und Satire zu verstehen ist. Danach schlagen wir die Interpretationen ausgewählter Textstellen vor:

1. Backpflaumenfabrikant (S.40–43)
2. Hermanns Erzählungen (S. 63–67)
3. Rückreise Iswalls (S. 155–159)

Die Schüler erhalten für jede der Textstellen den 8. Auftrag.

Als Hilfsmittel zur Erarbeitung der Bestimmung von Humor und Satire wird die Personenkonstellation analysiert:

1. Stellen Sie alle Personen zusammen, die in der DDR leben, und bewerten Sie diese!
2. Stellen Sie alle Personen zusammen, die in der BRD leben, und bewerten Sie diese!

Das Ergebnis, die nahezu lückenlose [152] Schwarzweiß-Kontrastierung wird durch ein Unterrichtsgespräch rasch als Parteilichkeit erkannt.

An dieser Stelle können die Stichwortkopien aus dem »Kulturpolitischen Wörterbuch« und dem »Sachwörterbuch der Literatur« vorgelegt werden. Wir empfehlen, mit Satire zu beginnen:

1. Fassen Sie die beiden Lexikonartikel zum Stichwort Satire jeweils so zusammen, daß eine Definition der Verwendung von Satire in der Gegenwartsliteratur
   – in sozialistischen Ländern
   – in kapitalistischen Ländern
   gegeben wird!
2. Welche Art von Konflikt liegt der Satire jeweils zugrunde?
3. Nennen Sie Textstellen im Roman, die dieser Definition entsprechen!
4. Wie 1–3 für das Stichwort Humor.
5. Zusammenfassender und weiterführender Lehrervortrag über Ironie als formaler Oberbegriff der »uneigentlichen Rede«.
6. Bisher haben wir lexische und motivische Mittel benannt, die die ironische Grundhaltung des Romans bewirken. Darüber hinaus gibt es aber auch kompositionelle. So gibt es z. B. keinen zwingenden Grund für die vom Autor gewählte Abfolge der Szenen und Episoden. Beschreiben Sie das vom Autor gewählte Verfahren!
7. Überarbeiten Sie den Artikel von Diersen durch Kürzungen so, daß Sie präzise Definitionen von: Humor, Ironie und Satire erhalten!

V. Phase: Schonauer Rezension
1. Gliedern Sie die Rezension!
2. Bilden Sie Überschriften für jeden Abschnitt!
3. Entwerfen Sie eine eigene Gliederung für eine Besprechung des Romans in der Schülerzeitschrift Ihrer Schule!
4. Fassen Sie diese Rezension ab!

Weiterführende Literatur:
1. *Inge Diersen:* Humor und Satire und die Kunst, vernünftig miteinander umzugehen. Zu Hermann Kants Roman »Die Aula«. In: Berliner Zeitung (DDR) vom 21. 1. 1966 (Anhang).
2. *Manfred Jäger:* Das ganz neue Lachen. Die Funktion von Humor und Satire in der marxistischen Theorie des Komischen und in der Praxis des politischen Kabaretts der DDR. In: ders., Sozialliteraten, Funktion und Selbstverständnis der Schriftsteller in der DDR = Literatur in der Gesellschaft Bd. 14, hrsg. v. Klaus Günter Just u. a. Düsseldorf 1973, S. 197–216.
3. *Hermann Kant:* Streit und Spaß (= Interview über »Die Aula«) In: Neues Deutschland (DDR) vom 7. 10. 1965 (Anhang).
4. *Werner Neubert:* Komisches und Satirisches in Hermann Kants ›Aula‹. In: Weimarer Beiträge 1/1966, S. 15 ff.
5. *Fritz Raddatz:* Sozialistisches Biedermeier. In: ders., Traditionen und Tendenzen, Frankfurt 1972, S. 317–353.
6. *Hans-Dietrich Sander:* Kulturkampf und NÖS. In: ders., Geschichte der schönen Literatur in der DDR, Freiburg 1972, S. 166–225.
7. *Silvia Schlenstedt/Dieter Schlenstedt:* Modern erzählt – Zu Strukturen in Hermann Kants Roman ›Die Aula‹, in: Neue Deutsche Literatur (NDL), Berlin (Ost), Heft 12/1965, S. 5–34.
8. *Dietrich Sommer/Dietrich Löffler:* Soziologische Probleme der literarischen Wirkungsforschung. In: Weimarer Beiträge XVI. Jg., 8/1970, S. 51–76.
9. *Wolfgang Spiewok:* Hermann Kant. In: Literatur der DDR in Einzeldarstellungen hrsg. v. Hans Jürgen Geerdts, Stuttgart 1972, S. 416–434 (mit Bio-Bibliographie).

6. Zur Funktion der Literaturkritik in der DDR am Beispiel von Heiduczeks: »Mark Aurel oder ein Semester Zärtlichkeit.« [153]

Die Lektüre dieser in der DDR sehr intensiv diskutierten Erzählung bietet den Jugendlichen der DDR wie der BRD Identifikations- und Emanzipationsmöglichkeiten. Der »drop-out« ist hier noch verdeckt, in Plenzdorfs »Die neuen Leiden des jungen W.« schon offen der Anti-Held des Geschehens. In einem Gespräch mit Heinz Plavius geht Werner Heiduczek auf dieses Problem ein:

»Erzählt wird ja in dem Buch eigentlich die Geschichte eines zwanzigjährigen Mädchens, der schwierige Prozeß ihres Sich-selbst-Findens. Dazu gehört die Trennung von Tolja. Und fast zerbricht sie daran. Die Diskussionen aber entzünden sich vorwiegend an dem Charakter Toljas. Ich habe fast den Eindruck, daß sich hier ein Nachholbedarf bemerkbar macht. Das Verlangen nach der Darstellung des so ganz und gar Widersprüchlichen im Leben eines Menschen. Denn jeder weiß um dieses Widersprüchliche in sich und um sich. Die Gestalt des Tolja ist von mir aus gesehen auch eine Provokation an den Leser. Sicher werden einige nicht fertig mit ihm. Aber wir sollten endlich aufhören, unsere Welt vorwiegend als Wunsch zu sehen und nicht als Realität. Das Nicht-wahrhaben-Wollen von Tatsachen hat nichts zu tun mit einer sozialistischen Denkweise. Was mich aufregt, ist der Zug zur Selbstgefälligkeit, der sich hier und da bei uns andeutet. Nichts ist schlimmer, als wenn diese Selbstgefälligkeit dann noch versucht, sich als Parteilichkeit darzustellen. In der Kulturarbeit haben wir im Vergleich zum Produktionsprozeß in den Betrieben noch ein gewaltiges Stück aufzuholen. Was dort schon zur Selbstverständlichkeit geworden ist: Die Sachlichkeit und Härte der Diskussion, die Absage an jegliche Art von Dilettantismus – das eben zeigt sich in unserem Bereich erst zaghaft an.« [154]

Dr. Bernhard im »Spannungsfeld« macht eine positive Entwicklung durch – Yana ebenfalls, indem sie sich von Tolja löst – aber sie stellt keine vorwärtstreibende und fortschrittweisende Kraft in der Gesellschaft mehr dar, und es gelingt ihr nicht, Tolja »zu bekehren«, sondern sie muß ihr »Projekt« aufgeben. Insofern hat sie keine gesellschaftsrelevanten, »heroischen« Eigenschaften. Die Konflikte liegen ganz auf der individuellen Ebene zweier Jugendlicher. Seit dem VIII. Parteitag sollen auch in der Kulturpolitik verstärkt auch persönliche Probleme behandelt werden (vgl. Hager-Rede im Anhang S. 40f.). Der Roman kann als Versuch verstanden werden, dieser Forderung zu entsprechen.

Yanas Pflichtbewußtsein, ihr Arbeitseifer, ihre positiven Leitbilder (u. a. die ganz für ihre gesellschaftlich nützliche Arbeit sich einsetzenden Eltern), ihr Wille, Tolja zu einem sozialistischen Bewußtsein zu bekehren und ihn von seinem bürgerlich-nihilistischen (alle Werte negierenden) Standpunkt herunterzubringen, weisen sie allerdings als sozialistischen Menschen aus, der sich mit für die DDR realistischen Problemen (das Vorhandensein kleinbürgerlichen »Tolja-Denkens« in der heutigen DDR-Jugend, wie es von einem DDR-Rezensenten bestätigt wird) [155] auseinandersetzen muß. Yana ringt sich erst am Schluß zu einer Trennung durch.

Tolja, ebenfalls als »Anti-Held« Hauptfigur, ist die abschreckende Verkörperung einer eindeutig »falschen«, nichtsozialistischen Persönlichkeit, deren Existenzmöglichkeit und -berechtigung im Sozialismus durch sein absolutes Scheitern und durch Yanas schließliche Ablehnung manifestiert wird. (Dr. B. im Film wird nur partiell und zeitweise negativ gezeichnet.) Allerdings wird durch seine Anziehungskraft auf Yana eben auch die Gefährdung des sozialistischen Denkens und Handelns deutlich.

Heiduczek arbeitet also in seiner gesellschaftlich-erzieherischen Intention hauptsächlich mit dem Mittel des abschreckenden, »negativen Helden« und weniger mit der vorbildhaften Verhaltensweise eines positiven. Durch den eher melancholischen Schluß (Yana ist innerlich »ausgebrannt«, nach dem enttäuschenden Verlust der Liebe und dem Gefühl, eigentlich versagt zu haben) wird kein Zukunfts-Optimismus vermittelt, wie in den anderen besprochenen Werken.

Da die in der Erzählung ausgedrückte sozialistische Haltung des Autors und Yanas zwar eindeutig ist und sie ein realistisches Problem darstellt, die Merkmale des (schließlich doch) siegreichen Helden und der gesellschaftsstabilisierende Zukunftsoptimismus aber offensichtlich fehlen, stellt sich die Frage, ob es sich hier um eine »moderne Spielart« des sozialistischen Realismus wie z. B. bei dem Film »Spannungsfeld« handelt, oder ob dieses Werk in der DDR als nicht dem sozialistischen Realismus genügend empfunden werden muß.

Stellungnahmen des Autors und in der DDR erschienene Rezensionen (vgl. Textanhang S. 77–86) ermöglichen hier, die Kriterien der Kritik klar herauszuarbeiten und die dahinterstehende Konzeption vom sozialistischen Realismus zu klären.

Anhand der Rezensionen sollen aber auch verschiedene Medien (Zeitschriften) der DDR-Literatur-Kritik den Schülern bekannt gemacht und Merkmale der Rezension erarbeitet werden, mit deren Hilfe die Schüler zur Abfassung einer eigenen (evtl. an den Autor zu schickenden?) Romanrezension und Stellungnahme zu den Kritiken angeregt werden sollten. In der Überprüfung der Vereinbarkeit dieses Werkes mit den bis dahin selbst erarbeiteten Merkmalen des sozialistischen Realismus kann eine Festigung, Problematisierung und vor allem eine *Kontrolle* (für den Lehrer) des bisher Erarbeiteten erreicht werden.

Die im Textanhang abgedruckten Beispiele für die umfassende und differenzierte Diskussion der Erzählung »Mark Aurel ...« durch die DDR-Literaturkritik sollen über die bloße Einübung von Gebrauchsformen und der Analyse des verwendeten Realismusbegriffs hinaus auch selbst Gegenstand der Untersuchung werden.

Folgende Beispiele der öffentlich geführten literaturkritischen Diskussion sollten herangezogen werden (Texte 1, 3, 4 u. 5 s. Anhang S. 77–86 und Anm. 155a):

1. *Klaus Jarmatz:* Ein Buch, das zur Diskussion anregt, in: ND-Literatur, Beilage des »Neuen Deutschland« vom 8. September 1971.
2. *Rulo Melchert:* Durchfressen durch sich und die Welt, in: »Du und das Buch«, Beilage der »Jungen Welt« vom 3. September 1971.
3. *Rulo Melchert* und *Margot Schröder:* »Gegenfrage: Was für ein Buch hätte ich schreiben sollen?« – Werkstattgespräch mit dem Schriftsteller Werner Heiduczek, in: »Junge Welt« vom 2. November 1971.
4. *Günter Ebert:* Ein Semester Literaturkritik – Praktizierter Meinungsstreit zwischen Autoren und Kritikern, in: »Sonntag« Nr. 1/1972.
5. *Heinz Plavius:* Gespräch mit Werner Heiduczek, in: »Neue Deutsche Literatur« (NDL), Heft 8/1971.

Zunächst werden die Publikationsorgane vorgestellt:

1. »*Neues Deutschland*« (ND) – Auflage rd. 1 Million – ist das offizielle Parteiorgan der SED, erscheint täglich, die Beilage »ND-Literatur« monatlich.
2. »*Junge Welt*« – Auflage rd. 750 000 – ist die Zeitung der Jugendorganisation FDJ, erscheint täglich, die Beilage »Du und das Buch« monatlich.

3. »*Sonntag*« – Auflage geschätzt: 150 000 – ist die Wochenzeitung des »Kulturbundes« (s. o. Kap. 1.1., S. 13).
4. »*Neue Deutsche Literatur*« (NDL) – Auflage geschätzt: 25 000 – ist die monatlich erscheinende Zeitschrift des Schriftstellerverbandes der DDR.

Die Verfasser und Interviewer der hier genannten Beiträge sind bekannte Literaturkritiker der DDR. Die von ihnen am Beispiel der Heiduczek-Erzählung geführte Diskussion zeigt das mögliche Maß an Differenziertheit und Kontroverse. Schon die Tatsache, wieviel Platz der Besprechung von Literatur und den damit verbundenen Fragen in der Presse eingeräumt wird, läßt auf die gewichtige Funktion von Literatur und ihrer Kritik in der Gesellschaft der DDR schließen.

Dazu zählt auch die empirische Untersuchung, ob die literarische Produktion z. B. im gewünschten kulturpolitischen Sinne sozialistisches Bewußtsein schafft und stärkt. Konkrete Ergebnisse solcher Rezeptionsuntersuchungen vermitteln u. a. eine Leserbefragung des »Neuen Deutschland« vom 28. März 1971, S. 4 (weitere Literatur am Ende des Kapitels). Beides wird in der Kultur- bzw. Literaturtheorie der DDR nicht isoliert begriffen. Vielmehr stehen literarische Produktion und Konsumtion in einem dialektischen Prozeß. Literatur und ihre öffentliche Diskussion konstituieren nicht nur einen kulturellen Produkten gegenüber sensiblen und ästhetisch genußfähigen Rezipienten, sondern sie wirken eben dadurch zurück auf die neu entstehenden Produkte selbst. Die reflektierende Kritik stützt und korrigiert diesen Prozeß auf beiden Seiten und zeichnet sich damit zusammen mit der Kunst durch die sog. ›Humanisierungsfunktion‹ aus. [156] Daher sprechen heute DDR-Literaturwissenschaftler im Anschluß an eine von J. R. Becher geprägte Formulierung von der »Literaturgesellschaft«:

»Auf dem IV. Deutschen Schriftstellerkongreß (1956) zieht Becher die Zwischenbilanz seiner bisherigen Reflexionen. Die poetische Idee der Literaturgesellschaft stellt sich ihm jetzt als ein umfassender Begriff für den gesellschaftlichen Charakter der Literatur in ihrem Produktions- und Rezeptionszusammenhang dar: ›Der Charakter der Literatur als eines kollektiven Wesens verlangt von uns auch eine neue Betrachtungsweise des künstlerischen Schaffensprozesses. Die Literatur ist nicht nur ein Haus, das unendlich viele Wohnungen hat [...] An diesem gesellschaftlichen Zusammenleben, wie es die Literatur darstellt, nehmen auch alle wahrhaft Interessierten teil, und weder dürfen von dieser Teilnahme die Verleger, Redakteure, die Lektoren, die Buchhändler ausgeschlossen werden, aber schon ganz und gar nicht die Leser [...] Diese Literaturgesellschaft greift also über das eigentlich Literarische hinaus [...]‹

Im innersten Kern des Becherschen Gedankens der ›Literaturgesellschaft‹ geht es also um die Erfassung des neuartigen Gesellschaftscharakters der Literatur, den er in einer gleichsam trinitarischen Formel eines gesellschaftsbezogenen Literaturbegriffs faßt: Das innere poetische und ästhetische Wesen der Literatur und jedes einzelnen Werkes ist gesellschaftlich sui generis (Literatur *ist* ›Gesellschaft‹); die einzelnen Werke und die einzelnen Gattungen, Genres, Stile usw. Bilden einen Zusammenhang des gegenseitigen Bezugs und der gegenseitigen Vermittlung, sie bilden das Ensemble der Literatur, das – metaphorisch – wie eine Gesellschaft funktioniert (Literatur *wie* eine ›Gesellschaft‹); die neuen sozialen Verhältnisse der Literatur, die von dem inneren Gesellschaftscharakter der Literatur geprägt sind, und, mit ihnen literarspezifisch korrespondierend, Literaturkritik, Leser, Schriftsteller, Schule usw. als Elemente der literarischen Kommunikation in ihrem systematischen Zusammenhang (Literatur *in* der ›Gesellschaft‹).

Daraus kann man schlußfolgern, daß Becher den Begriff benutzt, um ›die spezifischen Vermittlungen und Beziehungen herauszuarbeiten, die die Entwicklung der Literatur als eigenständiger Äußerungsform gesellschaftlichen Bewußtseins und als Ferment des praktischen Lebens der Gesellschaft bestimmen‹. Zugleich aber darf nicht übersehen werden, daß die von Becher skizzierte ›Literaturgesellschaft‹ auch eine Projektion ausdrückt. Becher verband die schwierigen Probleme der kulturellen und literarischen Praxis mit einer programmatischen Zielstellung. Die ›Literaturgesellschaft‹ bezeichnet eine *angestrebte* Funktionsweise des Verhältnisses von Literatur und Gesellschaft. Die Erfüllung aller der Programmpunkte, die Becher in seinen ›Bemühungen‹ nennt, ist vorausgesetzt: Das entfaltete und entwickelte Ensemble der sozialistischen Literatur in allen Gattungen und Genres, eine auf allen Gebieten voll auf der Höhe der sozialistischen Aufgaben stehende Literaturvermittlung, ein allseitig entwickelter ›literarischer Sinn‹ in dem Rezipienten. Im Begriff der ›Literaturgesellschaft‹ wird ein Dichtungsprogramm und ein soziales Programm der umfassend verwirklichten sozialistischen Beziehungen von Literatur und Gesellschaft formuliert, das den Literaturverhältnissen in der entwickelten sozialistischen Gesellschaft als ein forderndes und orientiertes Leitbild vorgestellt ist.« [157]

Unterrichtspraktische Hinweise:

Nach der Analyse und Lektüre der vorangegangenen Texte (»Spannungsfeld«, »Aula«) sollten die Schüler leicht in der Lage sein, die Veränderung der Heldengestalt bei Heiduczek zu analysieren. Daneben ist es ratsam, Handlungsstruktur (Nähe zu Christa Wolf: »Der geteilte Himmel«), Personenkonstellationen und Zeitstruktur zu untersuchen.

I. Phase:

Nach einer bio-bibliographischen Einführung schlagen wir folgende Arbeitsaufträge vor:

1. Analysieren Sie die Zeitstruktur der Erzählung!
2. Ordnen Sie den beiden Hauptfiguren Yana und Tolja jeweils die in der Handlung vorkommenden Personen zu, und interpretieren Sie das Ergebnis!
3. Geben Sie diejenigen Merkmale an, mit denen die beiden Helden jeweils charakterisiert werden!
4. Welche Funktionen haben die Mark Aurel-Zitate?
5. Schülerreferat mit dem Auftrag, den Roman von Christa Wolf: *»Der geteilte Himmel«* unter dem Aspekt der Handlungs- und Zeitstruktur mit Heiduczeks »Mark Aurel« zu vergleichen.
6. Welche Unterschiede zu der Realismuskonzeption insbesondere der Literatur der Antifa- und Aufbauphase können Sie an diesem Buch feststellen?
7. Beschreiben Sie den kulturpolitischen Zusammenhang dieses Romans.

II. Phase:

Die Schüler erhalten als Hausaufgabe die Lektüre der im Anhang beigegebenen Rezensionen bzw. Interviews, die in der DDR etwa zur Zeit der Publikation des »Mark Aurel« in Zeitschriften und Zeitungen der DDR veröffentlicht worden sind.

1. Arbeitsteilige Aufträge an Arbeitsgruppen, die jeweils eine Rezension bzw. ein Interview analysieren:
   - Geben Sie an, aus welchem Publikationsorgan Ihr Interview/Ihre Rezension entnommen ist!
   - Machen Sie Angaben zur Erscheinungsweise des Publikationsorgans (täglich, wöchentlich, monatlich)!
   - Wie ist die Zeitung/Zeitschrift aufgebaut?
   - An welchen Leserkreis wendet sich die Zeitschrift?
   - Wie hoch ist ihre Auflage?

   Hierzu ist es sehr empfehlenswert, jeweils ein Original der betreffenden Publikationsorgane den Schülern zur Verfügung zu stellen (Bezugsnachweis siehe S. 131).
2. Die Gruppen lösen jeweils folgende Arbeitsaufträge zur Analyse und Interpretation der ihnen vorliegenden Texte:
   - Mit welchen Argumenten bewertet der Kritiker/Autor den Roman?
   - Fassen Sie alle Formulierungen zusammen, die das Realismusproblem betreffen; geben Sie an, welche gesellschaftliche Funktion dem Roman zugeschrieben wird!
   - Stellen Sie alle Formulierungen und Wendungen zusammen, die die Literaturkritik betreffen, und interpretieren Sie Ihr Ergebnis!

III. Phase:

Die Schüler erhalten den Auftrag, den Lehrervortrag über die Begriffe »Humanisierungsfunktion der Literatur« und »Literaturgesellschaft« mitzuschreiben und auf der Basis dieser Mitschrift einen Artikel zu diesen Begriffen zu verfassen.

Weiterführende Literatur:

1. Literaturkritik als Gesellschaftsauftrag (Beiträge von Kurt Batt, Günter Eber, Anna Seghers u. a.). In: Neue Deutsche Literatur, 5/1973, S. 101–154.
2. *Dietrich Löffler:* Zur Spezifik literarischer Interessen. In: Weimarer Beiträge, XVIII Jg., 10, 1972.
3. *Gert Mattenklott/Klaus Schulte:* Literarische Widerspiegelung, Literaturverhältnisse, Literaturgesellschaft. In: Grundkurs 18. Jahrhundert. Westberliner Autorenkollektiv. Hrsg. Gert Mattenklott/Klaus Scherpe, Kronberg 1974 (= Literatur im historischen Prozeß Bd. 4,1) Kapitel 1.
4. *Manfred Naumann:* u. a.: Gesellschaft, Literatur, Lesen. Literaturrezeption in theoretischer Sicht, Berlin (O) und Weimar 1973.
5. *Manfred Naumann:* Literatur und Leser. In: Weimarer Beiträge, XVI. Jg. 5, 1970, S. 92–116.
6. *Horst Redeker:* ›Abbild und Aktion‹. Versuch über die Dialektik des Realismus, Halle/S., 1966 (darin u. a.: Analyse der »Ole Bienkopp«-Diskussion).
7. *Martin Reso:* ›Der geteilte Himmel‹ und seine Kritiker, Halle/S., 1965.
8. *Dieter Schiller:* Zu Begriff und Problem der Literaturgesellschaft. In: Studien zur Literaturgeschichte und Literaturtheorie. Hrsg. Hans-Günther Thalheim und Ursula Westheim, Berlin (O), Rütten und Loening 1970, S. 291–332.
9. *Dietrich Sommer/Dietrich Löffler:* Soziologische Probleme der literarischen Wirkungsforschung. In: Weimarer Beiträge XVI. Jg. 8, 1970, S. 51–74.
10. Diskussion um Plenzdorf, in: Sinn und Form, Berlin (O), Heft 1/1973.

7. Werke der jungen Generation

Seit Mitte der 60er Jahre werden in der DDR Autoren bekannt, die – selbstbewußt und gekonnt – die neue Sprache ihres Metiers beherrschend, sich selbst als die neue, junge Generation betrachten:

»Bleibt ruhig, Bürger! Die Jugend gibt ihren Einstand:
Die Schornsteine stellen wir auf zwecks bester Akustik der Verse.« [158]

»Seht mich an, Genossen
mit euren müden Augen
[...]
Setzt eurem Werk ein gutes Ende
Indem ihr uns
Den neuen Anfang laßt!« [159]

fordern z. B. Volker Braun und Wolf Biermann, die hier als Sprecher ihrer Generation vorgestellt werden. Sie stehen stellvertretend für eine Reihe anderer junger Lyriker. Daneben sollen ein Film von Egon Günther, der (z. T. zusammen mit seiner Frau) seine Drehbücher auch als Regisseur verfilmt und, als Beispiel für die organisierte kulturelle Tätigkeit von Jugendlichen in der DDR, der »Oktoberclub« als einer der zahlreichen Singeklubs in der DDR, die ihre eigenen Lieder texten, vertonen und vortragen, hier besprochen werden. Sie alle gehören zu einer Generation, die, nur noch indirekt von Faschismus und Krieg belastet, nach Durchlaufen der Bildungsinstitutionen der DDR sich als Repräsentanten dieses Staates begreifen und von ihm mit einer Selbstverständlichkeit Besitz ergreifen, die wie im Falle Biermann [160] zu extremen Konsequenzen führen kann.

7.1. Lyrik von Volker Braun

Volker Braun, Jahrgang 39, arbeitete nach Abschluß der Oberschule zunächst in einer Druckerei, später als Betonrohrleger und Maschinist im Kombinat ›Schwarze Pumpe‹. Sein Studium der Philosophie an der Leipziger Karl-Marx-Universität von 1960–64 war schon durch den reformierten Studiengang geprägt, der die Studenten der gesellschaftlichen Praxis aussetzte.

»Die Arbeit in den Jugendobjekten, auf den Erntefeldern, die Debatten mit Bauern, Hausgemeinschaften und Stadträten werden zum Spielraum der poetischen Versuche Volker Brauns; sie erkunden den gesellschaftlichen Prozeß. In den für die Lyrikproduktion und -diskussion so turbulenten ersten sechziger Jahren las er mit anderen (Karl Mickel, Günter Kunert, Bernd Jentzsch, Heinz Czechowski, Heinz Kahlau, Adolf Endler, Sarah und Rainer Kirsch, Günter Deicke, Paul Wiens) auf den populären Lyrikmeetings, das Publikum provozierend zu gemeinsamer Anstrengung und Verantwortung.« [161]

Nach dem Studium arbeitete er zwei Jahre lang als Dramaturg und Regieassistent im Berliner Ensemble und entschied sich dann, in Berlin als freier Schriftsteller zu leben. Seine Stücke belegen wie seine Gedichte ein wichtiges Merkmal seiner Arbeit: Ursprüngliche Fassungen werden überarbeitet, alte Thesen im Selbstzitat aufgenommen und korrigiert. So erhielt sein erstes Stück: *»Kipper Paul Bauch«* (1962/65) Aufführungsverbot und wurde erst 1973 infolge der liberalisierten kulturpolitischen Atmosphäre in der überarbeiteten Fassung von 1970 mit dem neuen Titel »Die Kipper« aufgeführt. Die Fäden zwischen Realität und Text, zwischen Erfahrung, Kritik und revidiertem Werk sind nicht direkt gespannt. Vielmehr verflechten und verzweigen sie sich und bilden ein reziprokes Netz von faktischem Geschehen und poetischen Produkten. Diese als Kontinuität – nicht als bloße Anpassung – zu betrachtende Selbstkorrektur seiner Produktion soll an Gedichtbeispielen näher untersucht werden.

7.1.1. »Kommt uns nicht mit Fertigem!«

Handelte es sich hier nicht um einen DDR-Lyriker – man könnte bei diesem Gedicht vom Autor als »Bürgerschreck« sprechen! Hier artikuliert sich ein junges, radikales und auch unduldsames Ich, das in expressionistischer Manier Jugend als unwiderstehliche Kraft beim Aufbau des Sozialismus propagiert; kritisch und hart werden von der überschwenglichen Gewißheit der eigenen Kraft Unzulänglichkeiten der Alten, aber auch Verhaltens- und Denkweisen der zu lauen Jungen attackiert. Die Metaphorik ist bekannt: Der Jugend wird das »Meer unserer Erwartungen« zugeordnet:

> »Immer erneut hält es die Flut hoch und gibt es sie auf:
> Hier wird täglich das alte Leben abgeblasen.«

Der Generationenkonflikt erscheint im Gewande des machtvollen Meeres, das an das Ufer des Festgefahrenen, Tradierten trommelt. Ja, diese Naturmacht der Jugend übersteigt noch das gewählte Bild, sie ist nur noch in einer Hyperbel erfaßbar:

> »Was da an deine Waden knallt, Mensch, die tosende Brandung:
> Das sind unsere kleinen Finger, die schießen nur
> Bißchen Zukunft vor, Spielerei.«

Das sich hier artikulierende lyrische Ich fordert rigoros eine sofortige Verwandlung der Gegenwart. Das historisch Gestaltete, die DDR zu Anfang der 60er Jahre, wird als Statisches erfahren, soll übergangslos dynamisiert, die fehlende Bewegtheit der Wirklichkeit durch die Bewegtheit des Gedichts ersetzt werden. Die Forderung nach Halbfabrikaten ist die nach totalem Neubeginn:

»Weg mit dem faden Braten – her mit dem Wald und dem Messer!
[...]
Alles Alte prüft: her, Kontrollposten Jugend!
Hier wird Neuland gegraben und Neuhimmel angeschnitten –
Hier ist der Staat für Anfänger, Halbfabrikate auf Lebenszeit.«

Dem appellativen Charakter des Gedichts entspricht die Verabsolutierung des bewegten Subjekts. Seine revolutionäre Ungeduld verfügt frei über Gegenstände und legt die Unzulänglichkeiten der Menschen bloß. Seine Absicht mitzureißen, führt zu den beschriebenen expressionistischen Übersteigerungen und der lediglich variierenden Wiederholung der ersten Forderung:

»Kommt uns nicht mit Fertigem! Wir brauchen keine Halbfabrikate!
Weg mit dem faden Braten – her mit dem Wald und dem Messer!
Hier herrscht das Experiment und keine steife Routine.
Hier schreit eure Wünsche aus: Empfang beim Leben.«

Nicht nur durch die Änderung des Titels signalisiert Volker Braun seine eigene Kritik an dem absoluten Anspruch dieses Gedichts. Er revoziert auch die Grundposition. So heißt es in dem Gedicht »Der Bauplatz« [163]

Kommt uns
mit Fertigem, sag ich
Der schon anders sprach.«

Doch die Titeländerung von »Kommt uns nicht mit Fertigem« zu »Anspruch« macht zugleich deutlich, daß dieses Gedicht auch Richtiges erfaßt, realistisch ist, wenn es als Ausdruck eines spezifischen Stadiums jugendlicher Entwicklung begriffen und anerkannt wird.

Den Wandel von radikalen, die eigene Bewegtheit verabsolutierenden »Ich« hin zum differenzierenden und behutsam den anderen solidarisch würdigendem »Wir« dokumentiert das gegen Ende der 60er Jahre publizierte Gedicht »Bleibendes«:

»Im Gedicht ›Bleibendes‹, um eines der späteren herauszugreifen, ist das lyrische Ich in anderer Weise profiliert, nicht mehr so sinnfällig der Reiz jener jugendlichen Subjektivität. Der Dichter verbündet sich bewußter, ein neues Kraftgefühl entspringt der vervielfachten Gemeinschaft und der stärkeren Beachtung und Ausnutzung der Bedingungen. Diese Identifizierung wird dort besonders verdeutlicht, wo das lyrische Ich von der Schilderung, dem beobachtenden ›sie‹ jäh ins teilnehmende ›wir‹ und ›uns‹ hinüberwechselt, so daß nun die erst Beschriebenen die sich selbst Darstellenden, Aussagenden werden. Die Gedichte öffnen dabei eine größere poetische Landschaft: besiedelt mit sich befreundenden Staudammerbauern, Liebenden, die ihr Kind diesem veränderten Land anvertrauen können, Bauern, die sich zur Kooperation zusammenraufen, Produktionarbeitern, aufgerufen zur umfassenderen Mitbestimmung. Brauns grundsätzliche Auffassung von der im Sozialismus möglich gewordenen und notwendigen Verantwortung aller für alle wichtigen gesellschaftlichen Belange, in den früheren Versen manchmal nur einseitig geäußert, wird jetzt zur umfassenden Konzeption. Zugleich ist eine deutliche Ausweitung des Blickfeldes auf den nationalen und internationalen Raum, also auf das Epochengeschehen, zu beobachten, das früher nur im Vergleich, im gelegentlichen Ausblick erschien. Sein Land sieht er ›anders als das andere‹ (die Bundesrepublik), ›Das sagt sich leicht, das tritt über / Ins freundliche Lager [...] / [...] verschlüg mir / Nicht jenes die Sprache, ich schwieg mehr von diesem‹ (*Wir und nicht sie,* 55). Das ist nicht nur ein quantitativer Weltgewinn; die Welt gerät in ein neues Prisma lyrischer Subjektivität. [...]

[In] ›Bleibendes‹ [...] entsteht aus der jetzt ›kühler kalkulierenden‹ Haltung eine wohldurchdachte, ausgewogene Komposition. Der Dichter will nicht mehr ›frei‹ über die Dinge verfügen, sondern ihre zur Zeit mögliche Entwicklung zeigen; er wird immer stärker zur dialektischen Struktur des Gedichts selbst gedrängt. Der Ausgangssituation der ersten Strophe – die sozialistische Gegenwart als erfreuliches Leben: ›[...] Die Äkker fassen Fuß auf der Erde, breit, in Kolonnen / Auf den Knien liegen die Ämter vor unsrer Herrlichkeit / Wir arbeiten uns hinüber in die freie Gesellschaft‹ – antwortet die Gegensituation der zweiten, die Unzulänglichkeit des Erreichten: ›[...] Klein klebt die Landschaft unter den Füßen fest / Kleinlich wird der Wurf, eh die Saat den Boden trifft / Bis das Land, das allen gehört, auch auf alle hört‹. Nachdem die dritte Strophe beide Situationen noch einmal hart konfrontiert, im denkbar anschaulichsten Bildkomplex: ›[...] Wir richten uns häuslich ein, auf dem Sprungbrett, das federnd bebt / Und kauern im Startloch, jubelnd wie hinter dem Ziel. Wir sagen, so bleibe es. Wir sagen: nichts bleibt‹ – erhellt die vierte den Zusammenhang, die Auflösung: der erklärte Widerspruch ist nur in der bewußten Arbeit des Volkes immer wieder neu zu überwinden, nicht in der Entscheidung für eine starre Haltung, sondern im dialektischen Gebrauch von Haltungen liegt das Geheimnis des gesellschaftlichen Fortschritts.

Diese Methode, mannigfaltig angewandt und nicht nur auf die Fügung der Strophen beschränkt, charakterisiert wesentlich die Gestalt der späteren Lyrik. (Braun überprüft immer wieder kritisch die Möglichkeiten dieser Fügungsart. Er hält sie nur dann für geglückt, wenn im Gang des Gedichts der ›materielle‹ [sic] des erzählten Vorgangs, der Story, erhalten bleibt.) Die Vielfalt der Vorgänge bestimmt daher die Vielfalt der Strukturen.

Werten wir mit solcher Betrachtung die späteren Gedichte höher als die früheren? Der Vergleich von Gedicht zu Gedicht bleibt ungerecht. Jedes Gedicht muß mit der Wirklichkeit konfrontiert werden, aus der es kam. Die Dichtungen der ersten sechziger Jahre, geschrieben von einem politisch wie künstlerisch Lernenden, waren gerichtet in eine Wirklichkeit, die durch die zielstrebige Überwindung der alten Lebensweise revolutioniert werden konnte. Sie mobilisierten das noch brachliegende Selbstgefühl, die Souveränität der Adressaten. Die Dichtungen vom Ende dieses Jahrzehnts, geschrieben von einem gereiften Dichter, sind gerichtet in eine wissenschaftlich geplante Gesellschaft. Sie sollen ihren Adressaten reicher machen, menschlicher; schöpferischer und freundlicher. Die ›Kritik‹ an der früheren poetischen Formulierung erfolgte eben von der höheren Stufe des Gesellschaftsprozesses aus: Kontinuität und Diskontinuität in der lyrischen Produktion erklären sich hier mehr als je auch aus der Veränderung der widergespiegelten Realität selbst.« [164]

7.1.2. »*Wir und nicht sie*«

»Wir und nicht sie« ist der Titel des 1970 im Mitteldeutschen Verlag Halle/S. (DDR) und bei Suhrkamp Frankfurt a. M. (BRD) erschienenen Lyrikbandes. Zugleich ist es aber auch die Überschrift eines zunächst schwer verständlich scheinenden, sprachlich und formal bewußt schwierig, »antiquiert« gehaltenen Gedichtes. Man muß schon 185 Jahre zurückgehen: »*Sie und nicht wir*« ist eine Ode Klopstocks aus dem Jahre 1790 überschrieben. [165] Mit dieser Formel feierte er die französische Revolution als Sieg der

Freiheit über den Krieg und betrauerte zugleich Deutschland, das eben nicht »der Freiheit Gipfel erstieg«.

Braun nimmt diesen historischen Gegensatz mit einer Inversion auf: »Wir und nicht sie« bezeichnet jetzt den wieder als historisch verstandenen Gegensatz zwischen DDR und Bundesrepublik. Den für Klopstock zentralen Begriff »Freiheit« verwendet Braun nur einmal (»müßt ich, da Freiheit / Bis heute von fern gefeiert war, ihr Lob stärker / Singen als jeder!«) direkt und zweimal in adverbialer Form (»wir haben das halbe / Land frei für den Frieden«; »Frei vor den Ufern der Länder«). Dafür rückt durch die Art der Verwendung von »frei« bei ihm »Frieden« ins Zentrum des Textes. Die mit dem Sieg des Sozialismus geschaffenen Bedingungen stellen – und das macht das Zitat Klopstocks deutlich – allererst die wahren Bedingungen für den Frieden her. Wie bei Klopstock enthält bei Braun die Formel ihren Gegensatz jedoch in sich: die errungene Freiheit – »aber sie tröstet mich nicht«. Angesichts der Möglichkeit des atomaren Krieges hat die Einschränkung der Verantwortung auf die nationalen Grenzen keine Bedeutung:

»ich kenne
Nicht mein und dein vor diesen verletzlichen Ländern
Die kleineren Kriege, die beschreiblichen
Waren. Mich schert
Diese lockere Erde jeglicher Landschaft, die mein Gebein
Befliegen kann schichtweis.«

In der Bundesrepublik, dem anderen Land, so gibt der Text ex negativo zu verstehen, ist eben die grundlegende Bedingung für den Frieden nicht geschaffen. Dies ist der Grund, weshalb die Existenz der DDR keinen Trost darstellen kann. In beinahe wörtlicher Übereinstimmung mit Klopstock endet das Gedicht daher: »aber es tröstet mich nicht.«

Die Rezeption dieses Gedichtes ist in der BRD durch Peter Hamm [166] entschieden gefördert worden. Interessant sind hier die Textunterschiede gegenüber der in der DDR publizierten Fassung, die sich mit der späteren bei Suhrkamp deckt. In Analogie zu Vers 1 heißt es in V. 21/22: »ich halte / Dies halbe Ländchen im Auge«. In V. 28 apostrophiert Braun die DDR mit »Mein bebautes Land«. Bei Hamm lautet die gleiche Phrase: »Mein unbebautes Land«. Damit wird die Teilung Deutschlands offenkundig entgegen philologischer Redlichkeit als Grund für den ausbleibenden Trost herbeigemogelt. [167] Das historische Zitat in Form, Sprache und Thematik ist kein Zufall. Mit der Hinwendung zur sprachlichen Kompliziertheit, mit der Abkehr von der vordergründigen Eindeutigkeit, der Wahl sprachlich antiquierter Formen (»ich kenne nicht mein und dein *vor* diesen verletzlichen Ländern«; »ihr Lob stärker / *singen* als jeder«; »Gebein«) ist eine Tendenz der jungen DDR-Lyriker angedeutet, die differenzierendes und aufmerksames Zuhören und Lesen verlangt.

Wie schon oben ausgeführt, steht auch hier das lyrische Ich in einem genauen Bezug zum kollektiven »Wir« in der Überschrift und im Text. Doch anders als in dem frühen Gedicht »*Kommt uns nicht mit Fertigem*« ist es ein Ich, das lediglich als Sprecher des kollektiven Wir, dessen integraler, bewußter Bestandteil es ist, erscheint.

Das Bearbeiten der Klopstockvorlage ist ein Weiterführen. Sprachlich drückt sich das im beinahe wörtlichen Zitieren aus. Aber auch die kleinste Abweichung macht mit dem Hinweis auf die historische Kontinuität auch das Andersartige der Gegenwart deutlich. Neben dem historischen Zitat, das eine Entwicklungslinie, eine Tradition erstellt, verwendet Braun auch hier die Mittel des Zeilensprungs und des variierenden Zitats umgangssprachlicher Wendungen: »Mich schert / Diese lockere Erde« heißt es in der Mitte des Textes, beide Stilmittel in eins verbindend.

Unterrichtspraktische Hinweise:

Nach einem die Unterrichtseinheit einleitenden kurzen Lehrervortrag (vgl. 7 und 7.1.) erarbeiten die Schüler mit Hilfe gezielter Arbeitsaufträge zunächst das Gedicht »Kommt uns nicht mit Fertigem«.

I. Phase:

Mehrere Schüler, die sich freiwillig darauf vorbereitet haben, tragen das Gedicht in möglichst unterschiedlichen Rezitationsstilen vor. Die Klasse entscheidet, welcher Stil dem Text am besten angemessen ist. Aufgabe der dann folgenden Gedichtanalyse ist es, die inhaltlichen Entsprechungen dazu zu benennen:

1. Wer spricht?
2. Zu wem spricht das lyrische Ich?
3. Beschreiben Sie die Stellung, die das lyrische Ich zu den im Gedicht angedeuteten Adressaten einnimmt!
4. Interpretieren Sie das Bild des Meeres!

Die Schüler erhalten jetzt die Information, daß der Autor sein Gedicht später mit »Anspruch« überschrieben hat.

5. Geben Sie an, worin die Aussageveränderung, die mit dem neuen Titel erreicht wird, besteht!

Danach wird den Schülern das Gedicht »Der Bauplatz« vorgelegt.

6. Interpretieren Sie Funktion und Bedeutung des korrigierenden Selbstzitats in diesem Gedicht! (»Kommt uns mit Fertigem«)

II. Phase:

Als Hausaufgabe wird den Schülern das Gedicht »Bleibendes« zur Interpretation gegeben:

1. Wer spricht in dem Gedicht zu wem?
2. Interpretieren Sie die Funktion der beiden Drucktypen (Normal und Kursiv) des Gedichts!
3. Das Gedicht ist beinahe 10 Jahre nach »Kommt uns nicht mit Fertigem« entstanden. Geben Sie die Textstellen und Bilder an, die sich auf dieses Gedicht beziehen lassen!
4. Interpretieren Sie das Gedicht »Bleibendes« im Zusammenhang mit »Kommt uns nicht mit Fertigem«!

Im gelenkten Unterrichtsgespräch werden die Ergebnisse erörtert und präzisiert.

III. Phase:

Die Schüler erhalten den Auftrag »Wir und nicht sie« zu einem Zeitungsbericht umzuformen, also die Bilder soweit wie irgend möglich in nachrichtenmäßige Aussagen aufzulösen. Die gleiche Aufgabe wird für die Klopstock-Ode: »Sie – nicht wir« gestellt.

Die Schüler erhalten dann im Rahmen eines gelenkten Unterrichtsgespräches die Aufgabe, Klopstock-Zitate bei Volker Braun zu nennen und zu interpretieren. Ausgangspunkt ist die Inversion des Titels.

Weiterführende Literatur:

1. *Konrad Franke:* Die Literatur der Deutschen Demokratischen Republik = Kindlers Literaturgeschichte in Einzelbänden München und Zürich, 1971, bes. S. 260 ff und 550 ff.
2. *Christel und Walfried Hartinger:* Volker Braun. In: H. J. Geerdts (Hrsg.): Literatur der DDR, Stuttgart, 1972, S. 504–522 (mit Bio-Bibliographie).
3. Poetische Gelegenheiten. Silvia Schlenstedt sprach mit Volker Braun. In: Sonntag 17, 1964, S. 12 f.
4. *Fritz J. Raddatz:* Traditionen und Tendenzen, Frankfurt a. M., 1972, bes. S. 182–186 und S. 444 ff.

7.2 Wolf Biermann: Lieder

»Wolf Biermann, Deutschlands bedeutendster zeitgenössischer Liedermacher« (Frankfurter Rundschau) [168]

»Mit soviel Poesie und Verve hat keiner seit Brecht den Kommunismus behandelt« (Der Spiegel) – »Ein Dichter von Rang: von seinen Ahnen Villon und Heine erbte er die faszinierende Mischung von Melancholie und Frechheit, wie sie besingt er die Miseren dieser Welt« (Westdeutscher Rundfunk). [169]

In Gedichten von Wolf Biermann

»bleibt eigene politische und weltanschauliche Problematik unbewältigt, die Emotionalität seines Empfindungsgedichts scheint gebrochen, und das Bild unseres Lebens wird subjektivistisch geprägt«. [170]

»Das Charakteristische all dieser Erscheinungen [171] besteht darin, daß sie objektiv mit der Linie des Gegners übereinstimmen, durch die Verbreitung von Unmoral und Skeptizismus besonders die Intelligenz und die Jugend zu erreichen und im Zuge einer sogenannten Liberalisierung die DDR von innen aufzuweichen« (Erich Honekker). [172]

Kaum ein anderer Dichter wurde in der DDR von kulturpolitischen Instanzen und auch Schriftstellerkollegen so heftig angegriffen, wie Wolf Biermann, der schließlich 1963 aus der Partei ausgeschlossen wurde, und seit dem 11. Plenum des ZK (vgl. Anm. 171, 172) und seit Klaus Höpckes Polemik im »Neuen Deutschland« (5. Dezember 1965) Auftrittsverbot erhielt und dessen Texte auch nicht mehr publiziert wurden. [173] Seine Gedichte und Lieder (»mit Marx- und Engelszungen«, »Die Drahtharfe«) und ein Stück (»Der Dra-Dra«) sind in der BRD im Wagenbach-Verlag veröffentlicht worden. [174] 1969 erhielt Biermann den West-Berliner Fontane-Preis, im Frühjahr 1974 den Jacques-Offenbach-Preis der Stadt Köln. Biermann, Hamburger Hafenarbeitersohn, der sich 1953 die DDR als politischen »Standort« gewählt hat (Übersiedlung von Hamburg aus), behielt – trotz seiner vielfach in Liedern und Gedichten thematisierten Kritik am DDR-spezifischen Sozialismus, an der Spaltung Deutschlands und seiner Verdammung in der DDR – diesen ideologischen Standort bei:

»Das kommt, weil ich mein Deutschland
so tief zerrissen seh
Ich lieg in der bessren Hälfte
Und habe doppelt weh«
Aus: »Es senkt das deutsche Dunkel...« [175]

Biermann-Lieder sind nach unserer Erfahrung bei vielen Schülern bekannt und beliebt – etwa ebenso bekannt wie Lieder von Degenhard: Diese sicherlich »motivierende« positive Vertrautheit ist aber nicht der einzige Grund für die Behandlung Biermanns im Unterricht. Wer Wolf Biermann kennt, weiß wohl, daß er als »Aufsässiger« und Regime-Kritiker in der DDR angegriffen wurde. Deshalb scheint es sinnvoll, Biermann-Texte im Hinblick auf dessen politisches Engagement und seinen Standpunkt gegenüber der DDR näher zu untersuchen, um seinen dortigen offiziellen Mißkredit (s. Honecker-Kritik) und seine häufige »Märtyrer«-Stilisierung im Westen – soweit möglich – nachvollziehen und beurteilen zu können. Die in den Ausdrucksformen einer betroffenen Aggressivität und einer gespaltenen Widersprüchlichkeit in der DDR-Literatur sicherlich einmalige Aufsässigkeit Biermanns begründet seine Behandlung im Unterricht wohl ebenso wie die ästhetische Qualität seiner Texte. [176]

Für die aufgeworfene Problemstellung eignet sich z. B. die Analyse des folgenden Gedichts: »*Tischrede des Dicherts*« [177]. Folgende Gedichte werden zur Ergänzung herangezogen: »*Antrittsrede des Sängers*« [178] und »*Tischrede des Dichters im zweiten mageren Jahr*«. [179] Bei der Analyse dieser Gedichte kann allerdings nur jeweils die Haltung Biermanns zum Zeitpunkt der Abfassung dieser Texte geklärt werden.

Biermann definiert in »*Tischrede des Dichters*« [180] seine Auffassung von der Funktion des Dichters in Abgrenzung von den Forderungen und Erwartungen der »Genossen« (»Ihr wollt«; »wollt Ihr«; »Ich soll« usw.), welche höchste Gefühlslagen (»Glück«, »Seligkeit«, »Lust«) auf der Basis des Sozialismus (»Ihr schreit nach dem *roten* Wunder-Koch«) dargestellt haben wollen und – als Voraussetzung zu deren Darstellung – auch von ihm selbst Glücksgefühle erwarten (»Ihr wollt mich glücklich sehn«). [181] Diese Forderungen werden von Biermann in vielfacher Weise abgewehrt und disqualifiziert:

1. durch die verstärkte Darstellung des *Ausnahmecharakters* der geforderten darzustellenden Gefühlslagen: »den *kurzen* Ton der Seligkeit«; den »*Augenblick* der *größten* Lust«, die offensichtlich die »permanente« Realität nicht treffen;
2. durch die Darstellung einer *Diskrepanz* zwischen der Realität und deren überhöhender und die positiven Seiten vergrößernder und damit qualitativ verfälschender Darstellung in der Kunst: Der kleine »Diamant« als Metapher für die wenigen, kostbaren, glänzenden und schönen Seiten des Lebens wird seiner ihn bergenden äußeren Hülle, dem »vergrößert(en)« »Bergmassiv« gegenübergestellt – wobei die positiven Diamant-Aspekte der Realität offenbar durch ihre »Entbergung« und Auftürmung zu beeindruckender, aber oberflächlicher Masse im Endeffekt zu minderer Qualität (Edelstein zu Stein/Erde) vulgarisiert werden;
3. durch die Darstellung einer *Diskrepanz* zwischen der auf ästhetischer und intellektueller Ebene als banal und vulgär gekennzeichneten Lebensweise und Bewußtseinslage der »Genossen« (»mittäglichen Eintopf«; »Ihr schreit«; »Fresser«, »Schmatzer«, »stürzt Ihr ... Euch über die Bottiche«, »ungeteilte Freude« usw.) und der erlesenen und vielschichtigen Feinheit seiner Kunst, (»Beefsteak«; »feingewiegte Kerbel« usw.), die von bloßen Schweinefraß-Konsumenten nicht goutiert werden kann und zu welchen die geforderte Darstellung von etwas Subtilem und Exklusivem wie die geforderte »größte Lust« in schreiendem Mißverhältnis steht;
4. durch den anklagenden *Vorwurf* seiner psychischen Mißhandlung durch die »Genossen« (für welche die physische Aggressivität stellvertretend stehen dürfte), welche seine Kunst zurückweisen (»Dann *haut* Ihr ...«);
5. durch weitere *Angriffe* in nicht mehr metaphorischem »Klartext«, bei denen die Selbstbeschränktheit und Borniertheit der Genossen in z. T. eindringlich knappen und definitiven Behauptungs- und Befehlssätzen attakkiert wird:

> »Ich soll vom Glück Euch singen
> einer neuen Zeit
> doch *Eure Ohren sind vom Reden taub.*
> *Schafft in der Wirklichkeit mehr Glück!*
> *Dann braucht Ihr nicht so viel Ersatz*
> *in meinen Worten.*«

Die Kommunikationsfähigkeit dieser für Mitmenschen und vor allem für die feinen Töne der Kunst taubgewordenen »Genossen« ist offensichtlich genauso gestört, wie ihre Fähigkeit, eine genußvolle und glückliche Existenz für sich und andere in der Realität zu schaffen (»Schafft in der Wirklichkeit mehr Glück!«; »Schafft Euch ein süßes Leben, Bürger!«), welche die Suche nach dem »*Ersatz*« derselben in der Kunst überflüssig machen würde;

6. durch eine gleichsam zurückgeschrieene (!) *Gegen-Definition* des Dichters, welcher die in der *Realität* zu schaffende »Süße« des Lebens (s. o.) gerade nicht – säuberlich zur Ausstell- und Abstellware verpackt – in sich selbst wie in einem Sack verschlossen zu halten hat – eine Funktion, die ihn zum die Realität verzuckernden und widerstandslos in eine genehme Richtung zu puffenden Objekt degradieren würde:

»Der Dichter ist kein Zuckersack«

Diese negative Definition der Dichter-Funktionen wird durch positive ergänzt:

»Schafft Euch ein süßes Leben, Bürger!
Dann wird *mein saurer Wein*
Euch munden«.
»Und wenn ich meine *reichen Speisen* Euch:
Kartoffeln
Beefsteak
Ananas
Oliven
Weißbrot
Knoblauch
Feingewiegte Kerbel
Und wenn ich meine Butteräpfel Euch ...«
»Oh, laßt mich jener sein, der
Eurem künftigen Übermaß an Glück
den *bittren Tropfen* gibt
Gewürzgurken, Anchovis
daß Euch die Erdenseligkeit
den Gaumen und das Herz nicht stumpf macht!«

Diese für die Kunst und die Funktion des Künstlers verwendete Gaumen-Metaphorik soll wohl einmal in schnoddriger Opposition zum »Erhabenen« die Lebensnähe der Kunst signalisieren und zum anderen ihre mit der Nahrung gleichzusetzende Lebens-Notwendigkeit.

Damit stimmt Biermann zwar mit der von den Genossen geforderten Zuständigkeit der Kunst für das elementare Leben überein (»Ihr schreit nach dem roten Wunder-*Koch*«), grenzt diese aber als verfeinerte vom einförmigen Schweinefraß des Genossengeschmacks ab durch die Betonung der Vielfältigkeit und Kostbarkeit (»*reichen* Speisen«; vgl. auch die Aufzählung verschiedenartigster Speisen), wobei alltägliche Bereiche (»Kartoffeln«) offensichtlich ebenso Gegenstand dieser Kunst sind, wie seltenere und subtilere, für den erlesenen Geschmack und Verstand bestimmte bzw. erreichbare Gegenstände (»Ananas ... Oliven ... Feingewiegte Kerbel«). Die Differenziertheit der Speisen dürfte andererseits auch einen bildhaften Hinweis auf die verschiedenen Stilebenen (Töne) der Biermann-Kunst enthalten.

Eine besondere Rolle in der selbstbewußten Speisen-Kunst Biermanns spielen die »scharfen Sachen« (»Saurer Wein«, »Knoblauch«, »Kerbel«, »Gewürz-Gurken«, »Anchovis«), gemeint als anti-zuckerbäckerische Attacke wie z. B. diese »Genossenbeschimpfung«, und als Provokation – wie die Ummünzung der sonst eher lobesvollen und gesitteten Tischreden-Gattung in eine aggressive »Besudelung« der heilen Genossenbilder (heile Vorstellungen von Kunst und von sich selbst); Kritik als *Würze* des Lebens und Bewahrung vor Abstumpfung der Sinne und Gefühle (»den *Gaumen* und das Herz *nicht stumpf* macht«).

Biermann verlangt aber nicht nur die Akzeptierung des »bittren Tropfens« seiner Kunst. Diese soll freundschaftliche Verbindungen, vertrautes Zusammensein (trotz aller Kritik) mit den betroffenen Genossen schaffen, soll zu gemeinsamem Genießen seiner differenzierten Produkte (weg vom Schweinefraß) führen, soll den ersehnten, aber im Maß der Sehnsucht nur gebrochen-untertreibend eingestandenen *Gleichklang* des Denkens und Fühlens ausdrücken und erzeugen:

»Genossen!
[...]
Kommt an meinen Tisch!
Ihr! Meine Freunde!
Genossen! Vergeßt meine Worte, zunächst, und kommt!
Wir wollen essen und hernach
auch noch *ein bißchen singen.*«

Das in vielen Texten Biermanns thematisierte oder zum Durchbruch kommende *zwiespältige Verhältnis zu den Genossen* [182] wurde bei der zuletzt zitierten Strophe sehr deutlich, die nach den vorhergehenden Worten Kritik in heftiger, ans Herz rührender Tonart, Appelle, Bitten und Anreden (»Freunde«) enthält. Schon die Bezeichnung »Genossen« im ganzen Gedicht zeigt die von ihm empfundene und von den Angesprochenen auch erwartete Solidarität (auf der Grundlage eines verbindenden sozialistischen Bewußtseins?), obwohl er sich andererseits von den Schweinefraß schmatzenden [183] aber doch eben »Genossen« distanziert.

Bereits die »Verve« (vgl. Spiegel-Urteil) der analysierten Anklage spiegelt die Empörung und Enttäuschung Biermanns über die Genossen und besonders über deren Behandlung seiner Person wider – eine Betroffenheit, die nur bei gleichzeitiger Sehnsucht nach einem gegensätzlichen Zustand bzw. Verhältnis zustande kommen kann. Die eigentliche Hochschätzung der Genossen durch Biermann zeigt sich selbst bei der wütendsten Anklage, wenn er z. B. vom deformierten »Antlitz« der Genossen spricht und die Überhöhung ihrer Gesichter noch durch das Attribut »edle« verstärkt. Oder an anderer Stelle weist die Ausdrucksform eine gute Meinung vom »eigentlichen Kern« der Genossen und eine Sorge um dessen Erhaltung aus: »*Tut Euch das nicht an,* das von mir abzuverlangen!«

Die Kritik Biermanns an den Genossen beschränkt sich in diesem Gedicht mehr auf ihre allgemeine intellektuelle und ästhetische Primitivität, während die Dimension des politischen Lebens nur sehr allgemein angesprochen wird (»schafft in der Wirklichkeit mehr Glück«!).

Im Gedicht *»Tischrede des Dichters im zweiten mageren Jahr«* stellt Biermann die »Genossen« bzw. das »Volk« zwar auch als »Arschlöcher« dar, nun aber werden sie als aufzurüttelnde *Opfer einer »privilegierten (Funktionärs-) Kaste«* hingestellt, die von »fetten Ochsen« in ihrem Bewußtsein eingeschläfert und in ihrer Sinnlichkeit reduziert und sterilisiert werden sollen (»Die obligaten Kastraten«, »Die keimfreien Jungfrauen«; »Schlaftabletten«). Die Genossen erscheinen hier als total von einem feindlichen Verwaltungsapparat (von »Büroelefanten« [184]) manipulierte Opfer, für die Realität blindgemacht von selbst blinden Bürokraten (»erblindeten Bildschirmen«), die ihnen Sozialismus nur in verdünnter und ungenießbarer Form verabreichen (»verfluchten ideologischen Wassersuppen«).

Biermanns Kritik zielt über die *Provokation* der Bürokraten und der »Freunde« auf *Abhilfe* ab, die in diesem Gedicht mehr oder weniger direkt thematisiert wird: Die Verwaltungskaste ist vom Volke in die Pfanne zu hauen (»Es mundem dem Volke die fetten Ochsen / Seit je in der Pfanne / nicht aber im Amte«). Den Genossen wird suggeriert, daß ihre die Manipulation duldende Verhaltensweise (im Trotzkischen Sinne) zum Tod der Revolution führt (»Erst ... am *Grabe* der Revolution?!«). Daraus folgt die hier unausgesprochene Notwendigkeit einer *Änderung*, die Biermann in vielen anderen Gedichten gefordert hat, z. B. in: »Warte nicht auf bess're Zeiten« [185]):

> »Und das beste Mittel gegen
> Sozialismus (sag ich laut)
> ist, daß ihr den Sozialismus
> Aufbaut!!! Aufbaut! (aufbaut)«

Voraussetzung für den *»Sieg des Kommunismus«*, wie er von Biermann angestrebt wird, ist z. B.:

- Der Abbau des Bürokratismus mit den oben beschriebenen Mängeln
- Das »Aufwachen« des Volkes und seine Selbsthilfe im oben beschriebenen Sinn
- Der Abbau von Duckmäusertum und Angst vor Kritik-Äußerung und Kritik-Aufnahme, und im Zusammenhang damit:
- Von äußerem Druck freie »Meinungsäußerung«, »freies Atmen, freies Schrein« ... freies »Singen« und »Lachen« [186]
- Der Abbau der Mauer [187]
- Die Schaffung von (wohl materiellem und ideologischem) »Reichtum« in der DDR als Voraussetzung für das Wohlbefinden der Bürger. [188]

Sollte Biermanns Kritik die DDR-Realität nicht repräsentativ treffen – dürfen dann kritikwürdige (?) *Teil-Aspekte* der Realität nicht in hemdsärmlig-übersteigerter Form attackiert werden, um auch gehört zu werden? Gewiß scheint, daß Biermann in seinem Sinn Kommunist ist. Ob seine Kritik an der DDR der Erhaltung des Sozialismus dort schadet, ist für uns schwer überprüfbar. Der *Intention* Biermanns zumindest entspricht anscheinend das Gegenteil. Daß er in westlichen Staaten gelegentlich als »Märtyrer« für antikommunistische Propaganda ausgenutzt wird [189] – inwieweit ist er selbst dafür verantwortlich zu machen?

Unterrichtspraktische Hinweise:

Es empfiehlt sich, zunächst nach einer Informationssammlung zur Situation Biermanns in der DDR ausführlich das Gedicht »*Tischrede des Dichters*« analysieren zu lassen unter folgenden Fragestellungen, deren Beantwortung mit einer *konkreten Textanalyse* verbunden sein muß:

1. Worin besteht nach Biermanns Auffassung die Funktion des Dichters?
2. Welche Forderungen werden – aus seiner Sicht – von den »Genossen« an seiner Kunst erhoben?
3. Wie wertet er diese Forderungen?

In der nächsten Phase können den Schülern (jeweils einer Schüler-Hälfte *eines* der beiden Zusatzgedichte) die anderen beiden Gedichte zur Ergänzung vorgelegt werden mit folgendem Arbeitsauftrag für jeden:

4. Charakterisieren und vergleichen Sie das im ersten und im Zusatz-Gedicht thematisierte Verhältnis Biermanns zu den Adressaten!
5. Konkretisieren Sie zusammenfassend seine DDR-Kritik anhand der Gedichte!

Nach dem Zusammentragen dieser Ergebnisse läßt sich abschließend folgendes Problem diskutieren:

6. Trifft die Kritik Honeckers (und des NDL) an Biermann zu? (NDL-Kritik s. o. S. 150/51, Anm. 170).

Weiterführende Literatur:

1. *Klaus Höpkes* eingangs angeführte Polemik ist zu finden in: »Neues Deutschland«, 5. 12. 1965.
2. *H. Bölls* und *Peter Weiss'* Reaktionen auf Höpkes Polemik sind erschienen in: Die Zeit, 17. 12. 1965.
3. *Ekkehard Kloehn:* Die Lyrik Wolf Biermanns. In: Der Deutschunterricht, 1969, H. 5, S. 126–134.
4. *Reinhold Lüdtke:* Über neuere mitteldeutsche Lyrik. In: Der Deutschunterricht, 1968, H. 5, S. 38–52.
5. *Dieter E. Zimmer:* Wolf Biermann wird nicht vergessen. In: Die Zeit, 9. 6. 1967.
6. Der Zorn des Zufrühgekommenen. Wolf Biermanns Reflexionen über Wort und Tat. In: Jäger, Sozialliteraten. Funktion und Selbstverständnis der Schriftsteller in der DDR. Düsseldorf 1973, S. 129–138.
7. Interviews zur Verleihung des Jacques-Offenbach-Preises an Biermann (Frühjahr 74) mit dem Kölner Kulturdezernenten Kurt Hackenberg und Biermann. In: Frankfurter Rundschau, 11. 4. 1974, Nr. 86, S. 14

Schallplatten:
1. Wolf Biermann: (Ost) zu Gast bei Wolfgang Neuss (West) Philips-Platte Nr. 84 37 42 P Y (1965).
2. Wolf Biermann: 4 neue Lieder. Wagenbachs Quartplatte, Berlin 1968.
3. Wolf Biermann: Chausseestr. 131, Wagenbachs Quartplatte, Berlin 1969.
4. Wolf Biermann: Chile-Ballade vom Kameramann / Comandante Che Guevara. CBS 1903, 1973.
5. Wolf Biermann: Warte nicht auf bessre Zeiten. CBS 65753.

7.3. Egon Günther: »Der Dritte« [190]

Egon Günther nimmt mit dem Film »Der Dritte« das Thema von »Lots Weib« (1965) und der 3-Stunden-Verfilmung von Arnold Zweigs Roman »Junge Frau von 1914« auf: die Probleme der Emanzipation der Frau. Offen, ironisch, ja heiter bis melancholisch werden sie im Stile einer gelungenen Komödie behandelt. In Anlehnung an Lessings »Minna von Barnhelm« wird eine subtile Lektion in Sachen Aufklärung gegeben, das bürgerliche Erbe für sozialistische Verhältnisse angeeignet. Das Thema ist sozialistischer Literatur und Filmkunst nicht neu: Gladkows Roman »Zement« und Wekwerths Verfilmung (1973) sind dafür hervorragende Beispiele. Aktuell wird es vor dem gesellschaftlichen Hintergrund, daß der Anteil von Frauen, die im Arbeitsprozeß stehen, in Ost und West steigt; in der DDR beträgt der Beschäftigungsgrad der Frauen im berufstätigen Alter 75%. Dieser Umstand spiegelt sich jedoch weder in einer entsprechenden Besetzung von Leitungspositionen, noch – und das zeigt die in der DDR durch den Film ausgelöste und verstärkte Diskussion – im alltäglichen Verhalten der Frauen selbst wider. »Wie steht es mit der Emanzipation im Alltag unter sozialistischen Verhältnissen?« lautet die Frage, die der Film zu beantworten versucht.

In einem Interview mit der (Ost) »Berliner Zeitung« beschreibt Egon Günther die Fabel seines Films:

»Im Mittelpunkt der Geschichte steht eine junge Frau, eine Bürgerin unserer Republik mit deutlichem Staatsbewußtsein und einem leidenschaftlichen Verhältnis zu ihrer Arbeit. Doch das ist nur der Hintergrund der Geschichte. Primär geht es um das Privatleben der jungen Frau, um die Frage: Was geschieht, wenn ihre Arbeitszeit beendet und sie zu Hause ist. Margit ist nicht verheiratet. Sie hat zwei Kinder, jedes von einem anderen Mann, und sie sehnt sich nach einem neuen Lebensgefährten. In ihrem Betrieb ist ihr ein Mann begegnet. Könnte er der Gesuchte sein? Das Problem für Margit ist: Wie nähere ich mich auf eine unseren gesellschaftlichen Bedingungen angemessene Weise einem Mann, der mir gefällt und den ich liebe, ohne die alten, unwürdigen Tricks unserer Großmutter. Margit beobachtet ihn, forscht und prüft; denn von sich selbst sagt sie einmal in der Rückschau: Zweimal ist es schon schiefgegangen. Der Dritte soll bleiben. Der Film aber schließt nun nicht mit der Feststellung: Nun bin ich glücklich. Endlich habe ich den Richtigen gefunden. Vielmehr heißt es am Ende: Nun müssen wir einmal sehen. Jetzt gilt es, das Erreichte zu bewahren und zum Guten zu führen.« [191]

Der nach Motiven der Erzählung: »*Unter den Bäumen regnet es zweimal*« von Eberhard Panitz entstandene Film schiebt drei Zeitebenen ineinander: Die erste stellt die nüchtern tüchtige Datenverarbeiterin vor, die durch Arbeit und Haushalt überlastet ist. Die zweite Ebene rekapituliert die Sozialisationserfahrungen des 1945 etwa 15jährigen Mädchens. Der Tod der Mutter, das entwürdigende, raffgierige Verhalten der Nachbarn, lassen sie Schutz bei der Kirche suchen. Sie wird Diakonissin. Ihre Lösung aus dieser Sphäre leitet über zu der dritten Ebene: Die stramme FDJlerin verliebt sich in den nur allzu willigen Physiklehrer. Doch die Enttäuschung bleibt nicht aus und sie allein mit ihrem ersten Kind. Die Hinwendung zum zweiten Mann, einem blinden Musiker, wird psychologisch durch die Diakonissenzeit motiviert. Ihre Bereitschaft zum Mitleiden und Helfen überspielen ihren Realismus. Trunksucht und schließlich Republikflucht des Mannes öffnen ihr die Augen. Sie bleibt mit nunmehr zwei Kindern zurück.

Die Verschachtelung der verschiedenen zeitlichen und psychologischen Ebenen machen den emanzipatorischen Prozeß deutlich, der nur vordergründig mit dem Happy-End der dritten Ehe schließt:

»Nach der Hochzeitsfeier erwacht der leicht angesäuselte Bräutigam auf der Couch. Zwischen den beiden Freundinnen, versehentlich wendet er sich der anderen [...], nicht seiner Frau zu; Lachen; kein Mensch weiß, wie die Sache ausgehen wird; alles ist in der Schwebe gehalten.« [192]

Unterrichtspraktische Hinweise:

Die Vorführung des Filmes nimmt eine Doppelstunde in Anspruch. Daher sollten die Schüler den Film unter konkreten arbeitsteiligen Aufgabenstellungen betrachten:

1. Schreiben Sie alle Namen der beteiligten Personen mit!
2. Notieren Sie möglichst viele Phasen (Einstellungen, Sequenzen, Kapitel) des Films!
3. Notieren Sie, wann welche Musik einsetzt!

Diese Mitschriften helfen in der nächsten Doppelstunde, den Aufbau des Films und die Verschachtelung der zeitlichen und psychologischen Entwicklung der Heldin Margit zu ermitteln sowie die Klärung der Funktion einiger filmischer Mittel (Schnitt, Zwischentitel, Musik etc.) zu ermöglichen.

Abschließend sollte die Problematik des Films erörtert werden. Folgende Leitfragen sind möglich:

1. Beschreiben Sie in Erinnerung an die Heldenreihe die Merkmale dieser Frau im Vergleich zu den dort dargestellten Frauen!
2. Beschreiben und interpretieren Sie den Entwicklungsprozeß, den Margit in dem Film durchmacht!
3. Nennen Sie Gründe, die vermuten lassen, daß die neue Ehe Bestand / nicht Bestand haben wird!

Die Schüler erhalten abschließend das Interview mit Egon Günther aus der »Jungen Welt« vom 14. 3. 72 und das aus der »Berliner Zeitung« vom 5. 3. 72. [193]

Leitfragen:

1. Welche Absichten nennt Günther in den Interviews?
2. Begründen Sie ob, und wenn ja inwiefern er seine Ziele in dem Film verwirklicht hat!
3. Halten Sie diesen Film für lehrreich – könnte er Ihnen bei Ihren eigenen Problemen helfen?

Weiterführende Literatur

1. *W. N. Berger:* Entscheidung für den Dritten, Interview mit Egon Günther, in: »Berliner Zeitung« (Ost-Berlin) v. 5. 3. 72.
2. *Michael Hanisch:* Auf der Suche nach dem Richtigen. »Junge Welt«-Gespräch mit Regisseur Egon Günther. In: »Junge Welt«, 14. 3. 72.
3. *Brigitte Jerimias:* Emanzipation, auch privat. Rezension in: »FAZ (Frankfurter Allgemeine Zeitung)«, v. 18. 4. 72.
4. *Heinz Kersten:* Eine Frau im DDR-Alltag. Rezension in: »FR (Frankfurter Rundschau)« v. 5. 4. 72.
5. Die Kunst zu leben. Rezension des »ND (Neuen Deutschlands)«, v. 18. 3. 72.

7.4. Die Singebewegung: der »Oktoberklub« [194]

Ohne Vorbild in der Geschichte der DDR-Literatur und -Kunst, zugleich jedoch in ihrer eigenen Entwicklung bezeichnend für die DDR-Kulturpolitik, ist die seit 1966 bestehende »Singebewegung«. Ausgelöst wurde diese Bewegung durch die Folk- und Protestsongwelle, die sich Mitte der sechziger Jahre von den USA und Großbritannien ausgehend rasch in Westeuropa ausbreitete und dann, von Rundfunk und Fernsehen weiterbefördert, wie andere westliche Modeströmungen auch vor der gesicherten Staatsgrenze der DDR nicht haltmachte. Diese von der Beatmusik beeinflußte Modewelle artikulierte in den Inhalten vieler ihrer Lieder die Auflehnung, die sich innerhalb der Beatmusik gewöhnlich in der musikalischen Form erschöpft.

In der DDR wie auch anderswo wurden viele, vorwiegend jugendliche Hörer dieser Musik angeregt, die Lieder der großen Stars nachzusingen und nachzuspielen und eigene, ähnliche Lieder zu schreiben. Eine Gruppe von Ost-Berliner Jugendlichen ging über das Nachspielen und Kopieren der westlichen Lieder hinaus. Es war ein Kreis von Oberschülern und Studenten, die sich auf gemeinsamen Parties trafen, Söhne und Töchter von Angehörigen der gehobenen DDR-Intelligenz, teilweise von Kultur-Prominenten. Diese fast ausnahmslos im Sinne der DDR erzogenen Kinder aus gutem Hause betrachteten sich als junge Sozialisten und waren treue aber kritische Anhänger ihres Staates.

Sie waren – wie der größere Teil der DDR-Jugend – des »Liedschaffens«

in der DDR etablierter Dichter und Komponisten überdrüssig, die in Erfüllung eines seit vielen Jahren gültigen Dauerauftrages ständig und vergeblich versuchten, jugendgemäße politische Lieder in der äußeren Form des traditionellen Arbeiter-Kampfliedes zu produzieren. Ebenso überdrüssig waren sie der Beatmusik in deren Rolle als selbstgewählte Alternative zu den offiziellen obligatorischen Kampfliedern und als Lückenbüßer für ein fehlendes lebendiges Jugendlied.

Durch ihre Sozialisation waren sie musisch interessiert. Einige von ihnen waren durch eigene Gedichte oder durch Musikinterpretationen bereits einer kleinen Öffentlichkeit bekannt geworden. Einer der jungen Laienkünstler, z. B. Hartmut König, hatte den Lyrikwettbewerb 1965/66 der (Ost-) Berliner Oberschulen gewonnen und wurde mit seinen Gedichten und Liedern bald zum bekanntesten Mitglied der Gruppe. Entweder einzeln oder im Kollektiv verfaßt, entstanden innerhalb dieser Gruppe viele neue Lieder, die höchstens noch in äußeren Formmerkmalen ihren amerikanischen und englischen Vorbildern ähnelten. Diese Lieder wurden dann zusammen mit bekannten und unbekannten Liedern aus dem großen Bereich der internationalen Folklore und des Protestsongs auf privaten Parties und später auf öffentlichen Veranstaltungen gesungen.

Im Juni 1966 gründeten die Aktivisten der Gruppe einen Klub. Mentor wurde der in der DDR lebende sozialistisch engagierte kanadische Sänger speziell nordamerikanischer Folk- und Protestsongs, Perry Friedman. Der neue Klub nannte sich nach den Hootenannies – ursprünglich Zusammenkünfte nordamerikanischer Holzfäller und Farmarbeiter, auf denen vor- und mitgesungen wurde – Hootenanny-Klub. Die öffentlichen Veranstaltungen des Klubs wurden dann auch als Hootenannies bezeichnet. Mitglieder und Anhänger des Klubs trugen auf diesen Hootenannies alte oder neue, eigene oder fremde Lieder vor. Das Publikum sang mit, und jeder war aufgefordert, auch einmal selbst mit eigenen Darbietungen auf die Bühne zu treten.

Dank der Verbindungen Perry Friedmans und einiger Mitglieder des Klubs zu Ost-Berliner Kulturfunktionären gelang es recht schnell, Räume für Proben und Auftritte zu bekommen. Die schnell wachsende Popularität der Hootenannies machte es den Besuchern bald schwer, einen Platz in den überfüllten, ohnehin nicht großen Sälen zu finden. Kombinierte Veranstaltungen unter dem Titel »Hootenanny und Lyrik« brachten noch eine Weiterentwicklung der einfachen Hootenanny. Weitere kleinere Klubs entstanden in einzelnen Ost-Berliner Stadtbezirken und in anderen Orten der DDR. Die damalige Einstellung der verantwortlichen Funktionäre im Partei- und Staatsapparat gegenüber der Hootenanny-Bewegung ist schwer zu ermitteln. Ganz sicher jedoch war sie von deutlicher Ambivalenz geprägt: Einerseits stellte die noch in ihren Anfängen steckende Hootenanny-Bewegung eine große Hoffnung für die DDR-Kulturpolitik dar. Zu einer Massenbewegung ausgeweitet und eindeutig auf Parteilichkeit im Sinne der DDR-Definition des sozialistischen Realismus festgelegt, würde sie als Ausweg aus dem Dilemma des Fehlens eines lebendigen und daher in der Jugend verbreiteten neuen politischen Liedes dienen. Ja, die Bewegung wäre in diesem Falle mehr als nur ein Ausweg, denn der Aufbau von Massenbewegungen in ihrem Wirken parteilich für den Staat und seinen Sozialismus eintretender Laienkünstler war und ist eine der Hauptaufgaben der DDR-Kulturpolitik. Darüber hinaus präsentierte sich die Bewegung mit ihren teilweise sehr populären Liedern als potentielle Quelle von neuen Einflüssen (langfristig vielleicht sogar als Alternative) für die DDR-Trivialschlager-Produktion.

Der Hootenanny-Klub erhielt also die Möglichkeit, einige Schallplatten zu besingen, die dann auch reißenden Absatz fanden. Eine Reihe von neuen, politisch parteilichen Liedern wurde in der Tagespresse, hauptsächlich im FDJ-Zentralorgan »Junge Welt«, publiziert. Die »Junge Welt« und andere Tageszeitungen berichteten in positiven, jedoch meist noch sehr knapp ausfallenden Kritiken über einige Hootenannies.

Soweit die Pluspunkte. Es folgen die in den Augen der verantwortlichen Funktionäre negativen Merkmale der Hootenanny-Bewegung: Die Organisationsform der Hootenanny-Initiative paßte nicht ganz in den Rahmen der DDR-Kulturpolitik. Wenn ein jeder die Bühne betreten und Lieder seiner Wahl singen konnte, war die Gefahr vorhanden, daß Texte zum Vortrag gelangten, die den Interessen dieser Politik widersprachen. Dem entspricht, daß die Hootenannies, selbst wenn sie nachträglich positive Pressekritiken erhielten, in den Tageszeitungen nicht vorangekündigt wurden. Eine andere Gefahr bestand darin, daß die Folk- und Protestsongwelle angloamerikanischer Herkunft, die als Auslöser der DDR-Hootenanny fungiert hatte, diese auch weiterhin beeinflußte. Denn obwohl eigene Lieder in deutscher Sprache sowie auch Bearbeitungen und Interpretationen internationaler Folklore zahlenmäßig immer mehr zunahmen, blieb diese Welle in einem Teil der Hootenannies durch englischsprachige Lieder (westlicher Herkunft) überrepräsentiert. Dieses war mehr als nur ein formales Phänomen, denn in ihren meist pazifistischen, allgemein gegen das »Establishment« gerichtete Protestsongs war die politische Seite dieser Modewelle zwar als Bestandteil der jugendlichen Protestbewegung in den kapitalistischen Staaten von den Funktionären der DDR ganz gern gesehen, die gleichen Lieder, von der eigenen Jugend gesungen, werden jedoch bei diesen Funktionären mitunter unangenehme Assoziationen hervorgerufen haben.

Lag es doch durchaus im Bereich des Wahrscheinlichen, daß Teilnehmer von Hootenannies beim Mitsingen von Liedtexten, die sich gegen Bomben und Raketen, gegen durch Wohlleben dem Volk entrückte Führungskräfte wandten, gerade beim Singen dieser Lieder auch an die Waffensysteme der Nationalen Volksarmee und an höhere Funktionäre der DDR dachten. Zu den Gedanken an solche Gedanken kam wahrscheinlich die Befürchtung, die noch unter dem Einfluß der westlichen Modeströmung stehende Kulturinitiative in der DDR könnte in ihrer weiteren Entwicklung abhängig bleiben von der vollständig kommerzialisierten, täglich neu vermarkteten Welle im

Westen und damit abhängig von westlicher (Musik-) Marktlage und letztlich gar von westlichen (Schallplatten-)Konzernen.

Ende Januar 1967, kurz nachdem die Popularität des amerikanischen Folk- und Protestsongs in der Hauptstadt der DDR anläßlich eines Konzerts des bekannten US-amerikanischen Protestsängers Pete Seeger wieder augenscheinlich geworden war, begannen die Zeitungen der DDR mit der Veröffentlichung einer Reihe von Artikeln, Kommentaren und Leserzuschriften, die sich gegen die starke Verbreitung englischer Begriffe und Lieder in wei-kreisen der DDR-Jugend richteten. Ihren Höhepunkt erreichte diese, im Zusammenhang mit ihren realen Ergebnissen auch als »Entanglisierungskampagne« bezeichnete Folge von kritischen Meinungsäußerungen am 25. Feb. 1967, als sowohl im SED-Zentralorgan »Neues Deutschland« als auch im FDJ-Zentralorgan »Junge Welt« umfangreiche Artikel zu diesem Thema erschienen. In einem ganzseitigen Artikel der »Jungen Welt« forderte ein Jungarbeiter unter der Überschrift »Stimmt es an – unser Lied – und singt alle mit!« [195]; »Volk« künftig wieder mit »V« zu schreiben und nicht mit »F« wie in »Folklore« oder »Folksong«, mehr DDR-Lieder mit deutschen Texten zu singen und die Initiative als Singebewegung und nicht als Hootenanny weiter auszubauen.

Der Artikel ähnlichen Inhalts im »Neuen Deutschland« war von Hartmut König [196] verfaßt und enthielt konkrete Beispiele für abzulehnende englischsprachige und zu bejahende DDR-sprachige Lieder. Zu den äußerlichen Ergebnissen des Entanglisierungsprozesses gehörten die Umbenennung des Hootenanny-Klubs Berlin in »Oktober-Klub« [197] und die Umbenennung der Hootenanny-Initiative in FDJ-Singebewegung. Zu den Ergebnissen gehörten aber auch Veränderungen in der Organisationsform der Bewegung: Hootenannies, die nun Singeabende hießen oder ähnliche deutsche Namen trugen, wurden in Zusammenarbeit mit den FDJ-Leitungen besser geplant und straffer organisiert. Lieder, die auf diesen Veranstaltungen gesungen werden sollten, mußten zu einer Vorkontrolle eingereicht werden. Kein Sänger konnte nunmehr unvorangemeldet die Bühne betreten. Eine Folge dieser Veränderungen war das fast vollständige Verschwinden der englischsprachigen Lieder aus den Repertoires der Singeklubs.

All diesen, ganz bestimmt nicht nur durch einige Zeitungsartikel verursachten Umstellungen waren erregte Diskussionen von Klubmitgliedern und Kulturfunktionären vorausgegangen. Ihnen folgten u. a. auch personelle Veränderungen in der Zusammensetzung des Klubs. Durch diese Veränderungen waren die in den Augen der verantwortlichen Kulturfunktionäre negativen Merkmale der Singebewegung beseitigt. Sie konnte nun mit staatlicher Förderung unter der Führung der FDJ zu einer »Massenbewegung künstlerischen Laienschaffens« ausgebaut werden. Dazu ein Ausschnitt aus einem Interview der FDJ-Wochenzeitung »Forum« mit dem Klubrats-Vorsitzenden des Oktober-Klubs Lutz Kirchenwitz mit dem Sekretär der FDJ-Bezirksleitung Berlin Siegfried Wein. [198] Über die bevorstehenden Aufgaben bei der weiteren Entwicklung der Singebewegung befragt, antwortete L. Kirchenwitz:

»Lenins These, daß auf dem Gebiet der Kultur erst das als erreicht gelten darf, was in das Alltagsleben, in die Gewohnheiten eingegangen ist, trifft auch auf unsere gegenwärtige Singebewegung zu. Die Lieder müssen unserem Denken und Fühlen entsprechen und zu den realen Situationen unseres Lebens passen. Sie müssen natürlicher Bestandteil unseres gesamten Jugendlebens werden.«

An dieser Stelle ergänzt der FDJ-Sekretär:

»Das heißt nicht Selbstlauf, sondern ganz klug und gewissenhaft diese Bewegung führen.«

Die notwendige Förderung durch den Staat setzte auch sofort ein: Schon die erste Veranstaltung des Oktober-Klubs, die eine Woche nach der Umbenennung, technisch bestens vorbereitet, stattfand, wurde an drei aufeinanderfolgenden Tagen in der »Jungen Welt« angekündigt. Umfangreiche Kritiken unter Überschriften wie z. B. »Tausend Stimmen sangen unser Lied« [199] und »Unser Lied erobert die Herzen« lobten den Liederabend in den Zeitungen der darauffolgenden Tage. Keine zwei Wochen nach dem Liederabend berichtete die »Junge Welt« unter der Überschrift »Schallplatte hilft« über eine Beratung der höchsten FDJ-Funktionäre mit Vertretern des VEB Deutsche Schallplatten über künftige Schallplatteneditionen von Aufnahmen der Singeklubs. [200] Die technische Förderung der Singebewegung reichte bis in die Betriebe und bis in die kleinsten Gemeinden. Trotz des Verlusts vieler Sympathisanten infolge der dargestellten Veränderungen konnte die Singebewegung auf diese Weise eine große Zahl neuer Anhänger gewinnen.

Heute hat die FDJ-Singebewegung die westliche Folklore- und Protestsongwelle lange überlebt. Mit ihren (1972) über 3000 FDJ-Singeklubs in den Betrieben, Gemeinden und in den Einheiten der Nationalen Volksarmee ist sie zu der angestrebten Massenbewegung geworden. Die angestrebte Vielfalt innerhalb einer einheitlichen Entwicklung wird durch regionale und überregionale Leistungsvergleiche sowie durch die »Festivals des politischen Liedes«, die mit internationalen Gästen jährlich in Ost-Berlin stattfinden, gefördert.

Lieder der FDJ-Singebewegung am Beispiel von »Sag mir, wo du stehst«

Zu den Liedern der Singebewegung gehört eine Gruppe von Liebes- und Scherzliedern, deren Frische und Offenheit oft in bemerkenswertem Gegensatz zu den eigentlich mehr prüden Moralvorstellungen der DDR-Literatur stehen. Von größerer Bedeutung ist jedoch nach wie vor der Bereich des aktuellen politischen Liedes.

Die Themen der von der Singebewegung hervorgebrachten politischen Lieder unterscheiden sich in ihrer Variationsbreite kaum von denen der übrigen politischen Lyrik in der DDR. Grundlage ist die Voraussetzung, daß die DDR als erster sozialistischer Staat auf deutschem Boden genauso wie die befreundete Sowjetunion und die anderen mit ihr verbündeten Staaten rechtmäßiger Erbe der humanistischen Traditionen und der gesellschaftswissenschaftlichen Theorien des Marxismus-Leninismus ist und in dieser Rolle den einzig möglichen gesellschaftlichen Fortschritt repräsentiert. Eine weitere grundlegende Voraussetzung ist, daß die Gemeinschaft der mit der Sowjetunion verbündeten Staaten als Hüter des Weltfriedens die wahren Interessen der ganzen Menschheit vertritt. Von diesen Voraussetzungen ausgehend nehmen die Liedtexte zu vergangenen und gegenwärtigen Ereignissen Stellung, rufen zur Parteinahme für die DDR und zu deren Unterstützung auf und prophezeien eine Zukunft, die diesem Staat gehört.

Bei der Realisierung von Themen aus diesem großen Bereich hat sich die FDJ-Singebewegung mitunter recht erfolgreich um neue Ausdrucksmittel bemüht. Die originelle Form des Ausdrucks, das Ausbrechen aus den Klischees der älteren politischen DDR-Lyrik wurde teilweise durch die Verwendung eigenwilliger Sprachbilder, durch hintergründige Ironie oder deutlich-derben Spott bei gleichzeitiger Klarheit des Anliegens erreicht, teilweise auch durch ein sehr offenes Angehen heikler Probleme und in vielen Fällen nicht zuletzt durch ein für politische Lyrik sehr hohes Maß an Poesie.

»Sag mir, wo du stehst« [201] ist der Titel eines bekannten Liedes von Hartmut König aus der Anfangszeit der Singebewegung. Seiner Thematik nach gehört es in die Gruppe der Lieder, deren Texte an den Hörer appellieren, politisch Partei zu ergreifen. Die Form des sprachlichen und musikalischen Ausdrucks, die bei diesem Lied – ebenso wie die Thematik – typisch für die FDJ-Singebewegung ist, entspricht dem fordernden Charakter des Liedes. Der Appell der Titelzeile – »Sag mir, wo du stehst!« – wird als Bestandteil des Refrains in dem dreistophigen Lied achtzehn mal wiederholt. Der Text wird vom Imperativ regiert:

Sag mir, wo du stehst

Sag mir, wo du stehst –, sag mir, wo du stehst –,
sag mir, wo du stehst – und welchen Weg du gehst!

Zurück oder vorwärts; du mußt dich entschließen!
Wir bringen die Zeit nach vorn Stück um Stück.
Du kannst nicht bei uns und bei ihnen genießen,
denn wenn du im Kreis gehst, dann bleibst du zurück.

Refrain: Sag mir...

Du gibst, wenn du redest, vielleicht dir die Blöße,
noch nie überlegt zu haben, wohin.
Du schmälerst durch Schweigen die eigene Größe.
Ich sag dir: Dann fehlt deinem Leben der Sinn!

Refrain: Sag mir...

Wir haben ein Recht darauf, dich zu erkennen,
auch nickende Masken nützen uns nicht.
Ich will beim richtigen Namen dich nennen.
Und darum zeig mir dein wahres Gesicht!

Refrain: Sag mir...

Auf die Frage nach dem Standpunkt läßt H. König nur zwei Antworten zu: »bei uns«, gleichbedeutend mit »vorwärts«, oder »bei ihnen«, gleichbedeutend mit »zurück«. Die Möglichkeit eines Mittelweges wird ausgeschlossen (»Du kannst nicht bei uns und bei ihnen genießen, ...«), das Mitläufertum wird abgelehnt (»Nur nickende Masken nützen uns nichts.«).

Bemerkenswert für den westlichen Hörer des Liedes ist die Aussage »Wir haben ein Recht darauf, dich zu erkennen«, die in ihrer Konsequenz der Gesellschaft das Recht zubilligt, den Standpunkt des einzelnen zu ermitteln.

Unterrichtspraktische Hinweise:

Das Thema dieser Einheit steht in enger Verbindung mit der von der DDR-Kulturpolitik propagierten Forderung nach »sinnvoller Freiheit« und »Eigentätigkeit« auf künstlerisch-kulturellem Gebiet. Wir empfehlen, den Schülern die Möglichkeit zu bieten, Lieder einzubringen, die sie selbst als Lieder der Singebewegung kennengelernt haben. Der Zusammenhang zwischen der westlichen Protestsongbewegung und der Singebewegung läßt sich unserer Erfahrung nach leicht im gelenkten Unterrichtsgespräch entwickeln, in das knappe Informationsvorträge des Lehrers eingebaut werden.

Zur Einführung in das Thema eignet sich der DEFA-Dokumentarfilm »Lieder machen Leute« (1968) [202], der insbesondere über die Arbeit des »Oktoberklubs« berichtet.

Die Aufgaben zur Behandlung von »Sag mir, wo du stehst!«:

1. Welche Satzform herrscht im Liedtext vor?
2. Benennen Sie die Antworten, die das Lied auf seine Kernfrage zuläßt!
3. Billigen Sie jemand anderem das Recht zu, eine Antwort von Ihnen zu fordern auf die imperative Frage: »Sag mir, wo du stehst«?

Weiterführende Literatur:

1. *Matthias Dautz:* Stimmt es an, unser Lied... in: »Junge Welt«, Berlin (O), 21. Jg. vom 25./26. 2. 1967.
2. *Hartmut König:* Von uns singen! In: »Neues Deutschland«, Berlin (O), 22. Jg., vom 25. 2. 1967.
3. Jugendobjekt: Lieder von uns, in: »Forum«, Berlin (O), 21. Jg., Nr. 12, 1967, S. 5–7.
4. Langspielplatte »Neues Deutschland« Serie Sieg 2, Verlag »pläne«, Dortmund.
5. Tonband Nr. 4576 des Gesamtdeutschen Instituts/Abt. IV, Berlin, »Lieder des Oktoberklubs«
6. DEFA-Film »Lieder machen Leute« (Oktoberklub); auszuleihen über Gesamtdeutsches Institut, Nr. S 233.

V. Anmerkungen

1 Vgl. z. B. Berliner Rahmenplan A I 6.
2 Die hier aufgeführten Lernziele werden in den Unterrichtspraktischen Hinweisen nicht nochmals aufgeführt, da sie integraler Bestandteil aller Kursstunden sein sollten.
3 Ist ein begleitender Kurs in Sozial- bzw. Politischer Weltkunde nicht möglich, so sollten möglichst mit Kursbeginn zwei Filme über die DDR vorgeführt werden, die erste Grundlagen für ein historisches Verständnis vermitteln: »DDR 20« DEFA-Film 1969, Ost-Berlin, 35 min (S 271) und »20 Jahre DDR« NDR-Fernsehfilm 1969, Hamburg, 45 min (S 231). Diese Filme sind unter den in Klammern genannten Nummern über das »Gesamtdeutsche Institut« auszuleihen und auch bei einigen Landesbildstellen erhältlich.
4 Hier werden Texte bzw. Werke angeführt, die auf dieses Thema Bezug nehmen, z. T. jedoch früher oder später entstanden sind.
5 Vgl. *Deuerlein, Ernst:* DDR 1945–1970 / Geschichte und Bestandsaufnahme, dtv-Dokumente 347, München 1972, S. 47 f.; die Zitate stammen aus den Artikeln 1 und 2.
6 Vgl. hierzu *Konrad Franke:* Die Literatur der Deutschen Demokratischen Republik. Kindlers Literaturgeschichte der Gegenwart in Einzelbänden, München 1972, S. 15.
7 Aufbau, 1947, S. 340 f; zitiert nach *Franke,* a.a.O. S. 17.
8 *Walter Ulbricht:* Zur Geschichte der deutschen Arbeiterbewegung. Aus Reden und Aufsätzen, Berlin (Ost) 1960, S. 310.
9 Kritik der Werktätigen am Hofmeister. In: Das Volk, Weimar, 12. 7. 1950.
10 *W. Ulbircht,* zitiert nach *Franke,* a.a.O., S. 40.
11 Neues Deutschland, Zentralorgan der SED, Berlin (Ost), vom 7. 8. 52.
12 Der Text des Manifests ist im Anhang enthalten (s. Textanhang S. 1–4).
13 *P. Wandel* in: »Wo Kunst und Leben eines sind«, Tonband Nr. 2185 des Gesamtdeutschen Instituts.
14 *A. Seghers:* Das siebte Kreuz. Reinbek b. Hamburg ^{3}1968, rororo Nr. 751/2.
15 *Horst Haase:* Zur Bedeutung des Traditionsproblems in der deutschen Literatur 1945–1949. In: Weimarer Beiträge 3/1973, S. 178.
16 Zitiert nach *Franke,* a.a.O., S. 147.
17 *Hans Kaufmann* u. a. (Hrsg.): Geschichte der deutschen Literatur von 1917–1945, Bd. 10, Berlin (O) 1973, S. 553 f.
18 *Anna Seghers,* Gespräch mit Wilhelm Girnus, in: *A. Seghers:* Über Kunstwerk und Wirklichkeit, Bd. 3, Berlin (O) 1970, S. 34.
19 *Manfred Naumann* u. a.: Gesellschaft – Literatur – Lesen. Literaturrezeption in theoretischer Sicht. Berlin (O) und Weimar, 1973, S. 411.
20 Vgl. auch im folgenden: *Manfred Naumann* u. a., a.a.O., S. 381–418. Die Verfasser führen dort eine minutiöse Analyse dieses Kapitels durch.

21 *M. Naumann,* a.a.O., S. 402.
22 *Naumann,* a.a.O., S. 403.
23 *Bruno Apitz:* Nackt unter Wölfen, Roman, Halle/S. 1958. Der Film ist über das gesamtdeutsche Institut auszuleihen.
24 Vgl. dazu das Presseecho; DDR: Neues Deutschland vom 4. 2. und 8. 2. 1964, Bundesrepublik: Die Welt vom 20. 7. 1968.
25 *Fritz J. Raddatz:* Traditionen und Tendenzen. Materialien zur Literatur der DDR, Frankfurt a. M. 1972, S. 382.
26 *Franz Fühmann:* Das Judenauto, Erzählung, in: Prosa aus der DDR, hrsg. von *Hedwig Walwei-Wiegelmann,* Paderborn 1972, S. 51–61, und in: Lesebuch, hrsg. von *Klaus Wagenbach,* Berlin 1968, S. 22–28.
27 *Konrad Franke,* a.a.O., S. 337.
28 Der Begriff des »Helden« im Titel ist doppeldeutig: Er meint wertneutral den Protagonisten und gleichzeitig den »heldischen« Vorbild-Menschen.
29 Kulturpolitisches Wörterbuch, Berlin (O) 1970, S. 358.
30 *Helga Herting:* Zum Heldischen in der sozialistisch-realistischen Literatur, in: Weimarer Beiträge, 1969, Sonderheft, S. 206, 211 und 217.
31 *Erwin Strittmatter:* Katzgraben. Szenen aus dem Bauernleben. Berlin (O) 1958.
32 Bodenreform: »Entschädigungslose Enteignung der Privatbetriebe über 100 ha Betriebsfläche sowie Betriebe von ›Kriegsverbrechern‹ und ›Nationalsozialisten‹. (A–Z, ein Taschen- und Nachschlagebuch über den anderen Teil Deutschlands, Bonn 1969, 11. Aufl., S. 126). Der Bodenfonds wurde verteilt an landlose Bauern und Landarbeiter, an Vertriebene, landarme Bauern, Kleinpächter, Arbeiter und Handwerker. Einige Betriebe wurden als Spezialbetriebe in Volkseigentum überführt. Die Bodenreform erfolgte auf Betreiben der sowjetischen Besatzungsmacht auf der Grundlage von »Verordnungen der damaligen fünf Länder bzw. Provinzialverwaltungen«. (vgl. A–Z, a.a.O., S. 126f.).
33 In den »Thesen zum Text« wird versucht, Grundinformationen zu den aufgeworfenen Fragestellungen zu geben; vgl. auch Kapitel 2.2.–2.4.
34 Informationen für Lehrer- oder Schülervortrag z. B. in A–Z.
35 *Erwin Strittmatter:* Ole Bienkopp, Roman. Berlin (O) 1963; Ausgabe in der Bundesrepublik: Gütersloh o. J.
36 Die Bauern schlossen sich zu Landwirtschaftlichen Produktionsgenossenschaften (LPG) zusammen »zwecks gemeinsamer Bewirtschaftung und Nutzung der Bodenflächen und Produktionsmittel«. Vgl. A–Z, a.a.O., S. 382.
37 Vgl. Anm. 5 und 32 (die angegebenen Titel enthalten zahlreiche Literaturhinweise zu diesen Themen).
38 Die negativ dargestellten Gegenspieler Ole Bienkopps geben Aufschluß über den Helden; im Kampf gegen sie konstituiert sich auch sein Heldentum.
39 Textstellen *zu 3*: S. 11, 120ff., 199, 204, 208, 353ff., 357f. Seitenzahlen beziehen sich auf die ang. Romanausgabe. Verhältnis Ole–Partei s. Text 2, Anh. S. 4–6.
40 *Eduard Claudius:* Menschen an unserer Seite, Roman. Berlin (O) 1952; auch als Reclam-Ausgabe Leipzig 1971.
41 Auch Brecht schrieb einige Szenen zu einem Garbe-Stück. Ferner schrieb Käthe Rülicke-Weiler einen Lebensbericht Garbens: »Hans Garbe erzählt« und 1958 wurde Heiner Müllers »Der Lohndrücker« uraufgeführt.
42 Vgl. A–Z, a.a.O., S. 21: Aktivist: »Arbeiter, dessen Leistungen vorbildlich für andere sind«. Als Aktivistenleistung gilt u. a. die Einführung neuer Arbeitsmethoden, die die Arbeitsproduktivität steigern.
43 Vgl. Anm. 37.
44 »Der Formalismus bedeutet Zersetzung und Zerstörung der Kunst selbst. Die Formalisten leugnen, daß die entscheidende Bedeutung im Inhalt, in der Idee, im Gedanken des Werkes liegt [...]. Überall, wo die Frage der Form selbständige

Bedeutung gewinnt, verliert die Kunst ihren humanistischen und demokratischen Charakter.« – Dokumente der SED, hrsg. vom ZK der SED, Berlin (O) 1951.

45 Es gab zwar in den 50er Jahren eine Vielzahl von Romanen, die Arbeiterhelden gestalteten (z. B. Hans Marchwitza: Roheisen, 1955; Karl Mundstock: Helle Nächte, 1952; Rudolf Fischer: Martin Hoop IV, 1952), aber Claudius' Roman wird als Anfangs- und Höhepunkt der Arbeiterhelden-Literatur begriffen (vgl. z. B. Literaturgeschichte in einem Band, hrsg. von *H. J. Geerdts,* Berlin (O) 1968, S. 678 ff). – In den anderen Romanen stehen die Produktionsvorgänge und nicht direkt die »Helden« im Vordergrund (z. B. auch Maria Langner: Stahl; Hans Lorbeer: Die Sieben ist eine gute Zahl) bzw. es gibt ein Helden-Kollektiv wie in Marchwitzas »Roheisen«, das nicht repräsentativ für die größtenteils individuell gestalteten DDR-Helden ist.

46 Vgl. die Passagen aus dem Kapitel II (Kampf um die Veränderung der Einstellung zur Arbeit).

47 Der Film (ca. 80 Min.) ist unter der Nr. S 247 über das Gesamtdeutsche Institut und auch über einige Landesfilmdienste auszuleihen.

48 Vgl. A–Z, a.a.O., S. 447 ff.

49 Dies – die von Ulbricht propagierte harmonische »sozialistische Menschengemeinschaft« in der DDR – wird seit dem VIII. Parteitag der SED im Juni 1971 in Reden von Hager und Honecker in Frage gestellt. Hager erwähnte die Existenz bzw. das Fortbestehen von nichtantagonistischen Klassen in der DDR.

50 Eine Wende trat in der Kulturpolitik in dieser Hinsicht nach dem VI. SED-Parteitag 1963 ein, auf dem die *Aufbauphase* des Sozialismus in der DDR als *beendet* deklariert und die Aufgabe in der Durchführung der wissenschaftlich-technischen Revolution gesehen wurde. Der »Klassenkampf nach innen« wurde nicht mehr propagiert, da antagonistische Klassengegensätze als überwunden betrachtet wurden. Der positive Held im früheren Sinne entsprach nicht mehr dem sozialistischen Menschenbild dieser Zeit. Repräsentativ schien der »gemischte Held«, problemorientiert und ohne vorbildhafte Züge. Die Konflikte wurden nun mehr ins Innere der Heldenfigur verlagert. Probleme der wirtschaftlichen Planung und Leitung sollten vermehrt in der Literatur erörtert werden (Gestaltung der sog. »Königsebene«).
Seit dem Mauerbau 1961 wurde auch zunehmend die kritische Darstellung der eigenen Verhältnisse betrieben, nicht mehr überwiegend die Auseinandersetzung mit dem nun abgeschirmten »Feind im Westen«. Die in der Folge einsetzende, als zu heftig empfundene Kritik (s. Biermann – Havemann) und die Forderungen nach Freiheit der Literatur vom gesellschaftlichen Auftrag führten als Gegenreaktion zu einer verstärkten Forderung nach der Parteilichkeit der Kunst. Diese Forderung ist auch in Zusammenhang mit den auch kulturpolitischen Reaktionen auf den »Prager Frühling« von 1968 und auf die dort z. T. vertretene »Konvergenztheorie« zu sehen.

51 *Bertolt Brecht:* Katzgraben-Notate, in: Schriften zum Theater, Bd. 7, S. 77–199.

52 *Helga Herting:* Zum Heldischen in der sozialistisch-realistischen Literatur«, in: Weimarer Beiträge, Sonderheft 1969 – vgl. die oben zitierten Passagen aus diesem Aufsatz, S. 29 f.

53 *Günter Mehnert:* Aktuelle Probleme des sozialistischen Realismus. Lektionen der Parteihochschule »Karl Marx« beim ZK der SED. Berlin (O) 1968.

54 *Gero von Wilpert:* Sachwörterbuch der Literatur, Stuttgart 1964, KTA 231, S. 657.

55 Zitiert nach *Wassilij Iwanow:* Der sozialistische Realismus. Berlin (O) 1965, S. 16

56 *Mehnert,* a.a.O., S. 9

57 Zum erstenmal gebraucht durch Iwan Groskij, Leiter des Organisationskomitees

zur Gründung eines Schriftstellerverbandes in der Sowjetunion.
58 *Mehnert,* a.a.O., S. 20
59 *Mehnert,* a.a.O., S. 6
60 *Karl Marx/Friedrich Engels:* Über Kunst und Literatur. 1. Band, S. 157. Berlin (O) 1967.
61 Der Realismus wird hier vom Naturalismus als »bloßer Abschilderung« der Wirklichkeit und vom Idealismus als deren idealisierter, nach den subjektiven Vorstellungen des Autors erfolgten Gestaltung abgegrenzt. Vgl. die Realismus-Definitionen von *Clemens Heselhaus* (Das Realismusproblem, in: Begriffsbestimmung des literarischen Realismus, hrsg. von *Richard Brinkmann,* Darmstadt 1969, S. 341): Im literarischen Realismus erfolgt eine »Erhebung der Wirklichkeit zu einem künstlerischen Bild, das aber ein Abbild der Wirklichkeit bleibt«. Die nach einer realistischen Seh- und Erkenntnisweise des Autors »künstlerisch gespiegelte Welt [...] vermittelt sowohl etwas von der objektiven Wahrheit in den Dingen als auch etwas von dem Gesetz, das der menschliche Geist dem Bilde der Welt oder ihrem Verlauf zugrunde legt.«
62 *Mehnert,* a.a.O., S. 14
63 *Mehnert,* a.a.O., S. 15
64 *Mehnert,* a.a.O., S. 27f.
65 *Wladimir Iljitsch Lenin:* Werke, Bd. 15, S. 197; zitiert nach Mehnert, a.a.O., S. 80 – Dieser Aufsatz ist auch abgedruckt in: Texte zur Soziologie der Literatur. Arbeitsmaterialien Deutsch. Stuttgart 1971 (Klett-Verlag).
66 *W. I. Lenin:* Werke, Bd. 10, S. 30f. – Ein ausführlicher Kommentar zu Lenins Parteilichkeitskonzeption ist zu finden in: *M. Naumann* u. a.: Gesellschaft – Literatur – Lesen, a.a.O., S. 237–254 (darin auch weitere Literaturhinweise).
67 *Mehnert,* a.a.O., S. 40
68 *Mehnert,* a.a.O., S. 43
69 *Mehnert,* a.a.O., S. 54
70 *Mehnert,* a.a.O., S. 47
71 *Mehnert,* a.a.O., S. 48
72 Zitiert nach *Hans-Dietrich Sander:* Geschichte der Schönen Literatur in der DDR. Ein Grundriß. Freiburg 1972, S. 43.
73 *Mehnert,* a.a.O., S. 66
74 *Mehnert,* a.a.O., S. 76
75 Seit Gründung der DDR ist die Buchproduktion um das Siebenfache gewachsen. Seit 1956 (77,24 Mill.) hat sich die Buchproduktion nahezu verdoppelt. Nach statistischen Erhebungen von 1971 liest rund ein Viertel der Gesamtbevölkerung der DDR *häufig,* 60–70% lesen *selten,* 5–10% lesen *nie.* 75 Prozent der Bevölkerung kaufen Bücher. (Angaben nach M. Naumann, Gesellschaft – Literatur – Lesen, a.a.O., S. 277ff).
»Neben dem subventionsbedingten niedrigen Preisniveau dürfte diese Aktivierung künstlerischer Selbsttätigkeit [gemeint ist der »Bitterfeld Weg«] ein wesentlicher Grund für das breite kulturelle Interesse sein, das sich gleichermaßen in der Zahl der Konzert- und Theaterbesucher (prozentual fast doppelt so hoch wie in der BRD) wie in der Buchproduktion niederschlägt. Mit 7 Büchern je Kopf der Bevölkerung pro Jahr nimmt die DDR eine Spitzenposition in der Welt ein (darunter 24% Schulbücher, 20,8% gesellschaftswissenschaftliche Titel, 16% Belletristik, 11,4% Kinder- und Jugendbücher) [...]«. *(Rüdiger Thomas:* Modell DDR. München 1973, S. 94).
76 vgl. Anm. 65/66
77 In diesem Zusammenhang wäre es für Schüler sicherlich interessant, einmal in einer Facharbeit die »leichte Muse« in der DDR-Kulturproduktion im Hinblick auf die darin enthaltene Parteilichkeit zu untersuchen (etwa gerade Schlager, Un-

terhaltungsserien im Fernsehen, Illustriertenromane, das Ost-Berliner Fernseh-Sandmännchen im Vergleich zum West-Berliner usw.).

78 *Claus Träger:* Studien zur Realismustheorie und Methodologie der Literaturwissenschaft. Leipzig 1972 (Reclam), S. 7.

79 Hier bieten sich Facharbeitsthemen an. Anregungen sind zu finden im Sammelband *Marx/Engels/Lenin:* Über Kultur, Ästhetik, Literatur. Leipzig 1971 (Reclam).

80 Da die Deutung der Kunst als Abbild der Realität die theoretische Grundlage für die marxistische Realismuskonzeption darstellt, müßte die hier folgende Basis-Überbau-Theorie der Behandlung des sozialistischen Realismus sachlich vorausgehen. Da aber die Merkmale des soz. Realismus von den Schülern anhand der Primärtexte (Heldenreihe) selbst erarbeitet werden sollen, muß der theoretische Teil zum Vergleich auch direkt mit der Theorie des sozialistischen Realismus einsetzen.

81 *Georg Klaus/Manfred Buhr* (Hrsg): Philosophisches Wörterbuch, Leipzig 1964 (Phil. Wb.).

82 »System gesellschaftlicher Verhältnisse, die die Menschen im Produktionsprozeß eingehen [...] Die *Produktionsverhältnisse* umfassen die Beziehungen der Menschen im Produktionsprozeß, vor allem die Eigentumsverhältnisse; die Verhältnisse des Austausches der Tätigkeiten, der Kooperation, der Arbeitsteilung, die Stellung und die Beziehungen der verschiedenen sozialen Gruppen und Klassen in der Produktion: die Verteilungsverhältnisse.« (Phil. Wb.). Dabei bestimmen die *Eigentumsverhältnisse* (Eigentum an Produktionsmitteln in den Händen der jeweils herrschenden Klasse) den Gesamtcharakter der Gesellschaftsformation.

83 Unter *Produktivkräften* sind die an der Produktion von Gütern beteiligten Faktoren zu verstehen. Dazu gehören als wichtigste Produktivkraft *der arbeitende Mensch,* der über bestimmte Produktionserfahrungen und Arbeitsfertigkeiten und Wissen verfügt, ferner die von zur Produktion materieller Güter eingesetzten *Produktionsmittel* (die *Arbeitsgegenstände* oder Gegenstände der Bearbeitung wie Rohstoffe usw. und die *Arbeitsmittel,* mit deren Hilfe die Arbeitsgegenstände bearbeitet werden, wie Werkzeuge usw.).

84 *Karl Marx:* Zur Kritik der politischen Ökonomie (Vorwort), in: *Marx/Engels:* Werke, Bd. 13, S. 8–9.

85 Phil. Wb., Bd. 1, S. 170.

86 *Marx/Engels,* Die Deutsche Ideologie. In: *Marx/Engels:* Werke, Bd. 3, S. 46–47.

87 *Marx/Engels,* Manifest der Kommunistischen Partei. In: *Marx/Engels:* Werke, Bd. 4, S. 480–481

88 *Friedrich Engels,* Brief an W. Borgius in London vom 25. 1. 1894. In: *Marx/Engels:* Werke, Bd. 39, S. 205 f.

89 *Engels,* Brief an Borgius, a.a.O.

90 *F. Engels,* Brief an C. Schmidt in London vom 27. 10. 1890, in: *Marx/Engels:* Werke, Bd. 37, S. 490–493.

91 *W. I. Lenin:* Werke, Bd. 20, S. 8. 92 Themen für Referate bzw. Facharbeiten zum Basis-Überbau-Problem sowie für den gesamten Komplex der marxistischen Literaturtheorie und auch Literatursoziologie sind enthalten in: *Florian Vaßen:* Methoden der Literaturwissenschaft II, Reihe: Grundstudium, Literaturwissenschaft, Bd. 4 Düsseldorf 1972 (Bertelsmann Universitätsverlag).

92 Themen für Referate bzw. Facharbeiten zum Basis-Überbau-Problem sowie für den gesamten Komplex der marxistischen Literaturtheorie und auch Literatursoziologie sind enthalten in: *Florian Vaßen:* Methoden der Literaturwissenschaft II, Reihe: Grundstudium, Literaturwissenschaft, Bd. 4 Düsseldorf 1972 (Bertelsmann Universitätsverlag).

93 a.a.O. (Phil. Wb.)

94 Erschienen bei Red Austria Press, Klagenfurt, Postfach 148.

95 Zur Bedeutung der Sprache als »Basis«-Erscheinung s. a. *Stalin:* Marxismus und Sprachwissenschaft.

96 *W. I. Lenin:* Philosophische Hefte. In: Werke, Bd. 38, S. 203

97 Vgl. C. Trägers Forderungen an die den sozialistischen Humanismus aktivierenden Funktionen der Literaturwissenschaft im Ensemble der Künste und Wissenschaften in der DDR. In: *C. Träger,* Studien zur Realismustheorie, a.a.O., S. 370–437.

98 »Parteilichkeit« bedeutet dabei eine dem sozialistischen Standpunkt des Literaturwissenschaftlers entsprechende *Wertung* des literarischen Gegenstandes und – in Zusammenhang damit – die Frage nach der Parteilichkeit (Klassenstandpunkt – vgl. Lenins These von den zwei Kulturen) des Autors bzw. der gesellschaftlichen Wirkung seines Werkes. Dabei müssen die Wertungskritieren nach der spezifischen historischen Beschaffenheit des Gegenstandes differenziert werden: In sozialistischen Staaten entstandene Literatur muß mit anderen Normen gemessen und beurteilt werden als z. B. ein mittelalterliches Minnelied, wobei der zu einer bestimmten Zeit historisch *mögliche* progressive Klassenstandpunkt des Autors zunächst definiert werden muß.

99 Nur möglich, wenn solche Texte bereits einmal im Unterricht auch nach soziologischen Aspekten behandelt worden sind.

100 Erschienen im Anhang der Neuausgabe des »Werther« im Insel-Taschenbuch, Frankfurt a. M. 1973.

101 *W. I. Lenin:* L. N. Tolstoi (1910). In: Werke, Bd. 16; L. N. Tolstoi und seine Epoche (1911). In: Werke, Bd. 17.

102 Zum Vorwurf des Revisionismus der Abbildtheorie des Kulturpolitischen Wörterbuchs: vgl. *Autorenkollektiv* sozialistischer Literaturwissenschaftler Westberlin: Zum Verhältnis von Ökonomie, Politik und Literatur im Klassenkampf. Berlin 1971 (Oberbaum Verlag), S. 116–121.

103 Die Etappen der kulturpolitischen Entwicklung in der DDR sind z. B. übersichtlich dargestellt in: *Konrad Franke:* Die Literatur der DDR, a.a.O., und in *Hans-Dietrich Sander:* Geschichte der Schönen Literatur in der DDR, Freiburg 1972 (aufgrund der u.E. undifferenzierten Werturteile Sanders, der der DDR-Literatur z. B. jeglichen Kunstcharakter und Realitätsgehalt abspricht, mit Vorbehalten zitiert).

104 Ein Werk des Bitterfelder Weges, Strittmatters Roman »Ole Bienkopp«, haben die Schüler bereits in der Heldenreihe (Abschn. 2) behandelt.

105 Beschlüsse des V. SED-Parteitages 1958, zitiert nach *Konrad Franke,* a.a.O., S. 94.

106 Die Forderungen nach der kulturellen Massenbasis, nach der Aufhebung der Trennung zwischen Kunst und Volk, die Vorstellung einer kollektiven Kunstproduktion und die »Verschmelzung« der Künstler mit den Arbeitern und der Arbeitswelt haben ihre Parallele (diese wird z. B. von der Redaktion der Zeitschrift NDL – Heft 6/1959, S. 5 – auch direkt hervorgehoben) in der chinesischen Kulturrevolution. Speziell die Rede Mao Tse-tungs in Yenan (1942) dokumentiert diese Parallelitäten: »Ein revolutionärer Schriftsteller oder Künstler [. . .] muß in die Massen gehen, [. . .] in den Schmelztiegel des Kampfes, zu der einzigen überaus starken und reichen Quelle des Schaffens [. . .].« *(Mao-Tse-tung:* Ausgewählte Schriften, Berlin (O) 1956, IV, S. 100).

107 *W. Ulbricht,* Rede auf der 1. Bitterfelder Konferenz 1959, zitiert nach *Konrad Franke* a.a.O., S. 101.

108 1960 gab es in der DDR 167 Zirkel schreibender Arbeiter (Franke, a.a.O., S. 110). 1973 waren rund eine Million Menschen in rund 20 000 Gruppen und Zirkeln erfaßt (u. a. 2000 Laientheatergruppen, 6000 Musikgruppen usw.). Sie be-

tätigen sich auch in den Kultur- und Klubhäusern. (Diese Angaben stammen aus: *Rüdiger Thomas,* Modell DDR, a.a.O., S. 94.)

109 Vgl. den Aufruf des ZK der SED vom März 1951 (zur ideologischen Erziehung der Menschen im Sinne des Sozialismus gehören fundierte Kenntnisse der Entwicklung des wirklichen Lebens [...]); vgl. auch die »Arbeiterkorrespondenten« in der Weimarer Republik und die »Volkskorrespondenten« in der SBZ/DDR.

110 Dieses Zitat stammt aus dem Aufsatz: »Den laß ich nicht mehr los« (Rede auf der 1. Bitterfelder Konferenz 1959) von *Regina Hastedt.* Er schildert die Schwierigkeiten des Weges vom Künstler zum Arbeiter und eignet sich zur Behandlung im Unterricht. In: NDL 6/1959, S. 28.

111 Zitiert in: *H.-D. Sander,* a.a.O., S. 197f.

112 Ulbrichts Beiträge sind auszugsweise zitiert in: *K. Franke,* a.a.O., S. 128f.

113 Aus: Thesen der ideologischen Kommission beim Politbüro des ZK der SED vom 14. 7. 1964, zitiert nach: *Franke,* a.a.O., S. 131.

114 H. Drescher, geb. 1931; Angestellter, seit 1960 Mitglied der Arbeitsgemeinschaft junger Autoren in Rostock. Das Gedicht ist enthalten in: Das uns Gemäße. Lyrik – Anthologie schreibender Arbeiter. Berlin (O) 1970, S. 5. – Aus dieser Anthologie eignet sich auch: Mein Gedicht, a.a.O., S. 132. – Als Kurzformen wären auch geeignet: *Reiner Kunze:* Randnotizen (zum Bitterfelder Weg), in NDL 6/1959, S. 36ff. Außerdem die Erzählungs-Anthologie: »An den Tag gebracht« oder die Arbeitsweltreportage »Kabelkran und blauer Peter« von *Franz Fühmann,* Rostock 1962.

115 Vgl. weiter die Ausführungen zur Bedeutung des klassischen Erbes in Kap. 4.2.

116 Entscheidend für die *menschliche Arbeit* ist deren Ziel*bewußtheit, d. h. das Resultat der Arbeit ist schon bei Beginn derselben in der Vorstellung* des Menschen vorhanden (im Unterschied zum Tier).

117 *Marx/Engels:* Werke, Erg. Bd. 1, S. 537. Die folgenden Zitate sind Hinweisen des Bandes von Florian Vaßen zu verdanken (s. Anm. 92).

118 *Marx/Engels:* Werke, Erg. Bd. 1, S. 517.

119 *Marx/Engels:* Werke, Bd. 3, S. 379.

120 Informationen über die 1. und 2. Bitterfelder Konferenz sind enthalten, mit vielen Zitaten, in: *Konrad Franke,* a.a.O., S. 98–109 u. S. 124–132.

121 *Kurt Hager:* Zu Fragen der Kulturpolitik der SED, Rede auf der 6. Tagung des SED-Zentralkomitees (Juli 1972), in: Zu Fragen der Kulturpolitik der SED, Berlin (O) 1972. – Die in diesem Kapitel genannten Seitenzahlen beziehen sich auf die genannte Veröffentlichung (Auszüge im Textanhang, S. 33–47).

122 Gemeint ist die »herrschende« Kultur im Leninschen Sinne. Das »progressive humanistische Schaffen bedeutender Künstler in den kapitalistischen Ländern« wird dabei nicht übersehen.

123 Zur Bedeutung des »Kulturerbes« in der DDR: »Im weiteren Sinne ist unter K. die Gesamtheit von Bindungen, Beziehungen und Ergebnissen der geistigen Produktion vergangener geschichtlicher Epochen zu verstehen, im engeren Sinne aber die *Gesamtheit der der Menschheit von vergangenen Epochen überlieferten Kulturwerte, die einer kritischen Überprüfung, einer Entwicklung und Anwendung* je nach den konkreten geschichtlichen Aufgaben der Gegenwart, je nach den objektiven Kriterien des gesellschaftlichen Fortschritts *bedürfen* [...]
Die kulturellen Errungenschaften der sozialistischen Gesellschaft wären ohne die schöpferische Aneignung aller wertvollen Schätze der Vergangenheit nicht möglich gewesen [...] Die dem Sozialismus eigene Kultur in der DDR gründet sich auf die *Bewahrung u. schöpferische Fortführung aller revoultionären und humanistischen Traditionen der deutschen und internationalen Literatur, Kunst und Wissenschaft* [...] Um die Früchte der bisherigen geistigen Kultur nicht zu verlieren, muß das von früheren Generationen gesammelte, geistige Material kritisch

verarbeitet, überprüft und durch den neuen sozialen und historischen Bedingungen entsprechende Formen der geistigen Produktion fortgeführt werden [...] *Kriterium für die Beurteilung* der geistigen Kulturschätze der Vergangenheit ist lediglich die Maßgabe, *inwiefern* die in der Geschichte der Weltkultur geschaffenen *Werte den objektiven Gesetzmäßigkeiten der fortschrittlichen Entwicklung der Gesellschaft entsprechen.* Dieses Kriterium ermöglicht es, nicht nur mit relativer wissenschaftlicher Präzision festzustellen, wie wichtig die verschiedenen geistigen Werte im Verhältnis zu ihrer Schaffenszeit sind, sondern auch den Platz zu bestimmen, den sie unter den Kulturschätzen der gegenwärtigen Gesellschaft einnehmen [...]« – Auszug aus dem »Kulturpolitischen Wörterbuch«, Berlin (O) 1970, S. 297 ff. [Hervorherb. v. Verf.]).

124 Vgl. Rede *Walter Scheels* vom 22. 1. 71: Ziele und Aufgaben der Auswärtigen Kulturpolitik. In: Bulletin des Presse- und Informationsamtes der Bundesregierung v. 27. 1. 71 (s. Auszug im Textanhang S. 47–49).

125 *W. Scheel* a.a.O., S. 85

126 Ebd. (Hervorheb. v. Verf.)

127 Philosophisches Wörterbuch, a.a.O.

128 Das Stück wurde nach seiner Erstaufführung 1966 vom Spielplan abgesetzt, 1973 infolge einer kulturpolitischen Lockerung wieder – in einer neuen Fassung – aufgeführt.

129 1961 befand sich die DDR nach offizieller Selbsteinschätzung noch in der Epoche des »entfalteten Aufbaus des Sozialismus«, während 1971 bereits von der »entwickelten sozialistischen Gesellschaft« gesprochen wird.

130 Robert Havemann, Ordinarius für physikalische Chemie an der Ost-Berliner Humboldt-Universität, wurde 1964 wegen nicht-konformer Philosophie-Vorlesungen und Freiheitsdefinitionen aus der SED ausgeschlossen und verlor seine beruflichen Positionen in Universität und Akademie der Wissenschaften. Havemanns schriftstellerische Produkte sind seitdem in der Bundesrepublik erschienen.

131 Solschenizyn plante für die Verleihung des Nobelpreises für Literatur 1970 in Stockholm diese Rede. Die sowjetischen Behörden genehmigten diese Reise nicht. Die Rede wurde in Auszügen abgedruckt in »Die Zeit«, Hamburg, 1. 9. 1972 (s. Textanhang S. 57–62).

132 *Claus Träger:* Studien zur Realismustheorie und Methodologie der Literaturwissenschaft, a.a.O., S. 407.

133 In: Offener Brief an die deutschen Künstler und Schriftsteller (1951), formuliert angesichts drohender Kriegskonflikte. Der Brief wurde in vielen Zeitungen und Zeitschriften der DDR abgedruckt (*Brecht,* Suhrkamp Werkausgabe, Bd. 19, S. 495).

134 *B. Brecht,* a.a.O., S. 546

135 *Hermann Kant:* Die Aula, Roman. Frankfurt a. M. [7]1973; Fischer-Taschenbuch Nr. 931

136 Ein- und weiterführende Literatur zum NÖSPL: *Ludwig Bress* und *Karin Heusel* (Hrsg.): Wirtschaftssysteme des Sozialismus im Experiment-Plan oder Markt. Frankfurt a. M. 1973, Fischer Athenäum Tb. 2002.

137 *Wolfgang Spiewok:* Hermann Kant. In: Literatur der DDR in Einzeldarstellungen, hrsg. v. *Hans Jürgen Geerdts,* Stuttgart 1972, S. 420.

138 Zwar treffen viele Züge Iswalls auf Hermann Kant zu, z. B. der Werdegang vom Elektriker zum Schriftsteller. Indessen darf nicht übersehen werden, daß eine solche Identifikation unzulässig ist. So sagt Kant selbst zu diesem Thema: »»Die Autobiographie ist ein fester Grund, von dem her man arbeiten kann. Ich sehe nicht ein, warum ich mir Geschichten und Charaktere ausdenken soll, solange ich vor einem unausgeleerten Magazin voll selbsterlebter Geschichten und Charak-

tere stehe.‹ Töricht genug freilich wäre es, die Qualität des Romans oder das Gelingen der Erzählfigur Robert Iswall mit der Elle autobiographischer Authentizität messen zu wollen, denn hier geht es nicht um ›das konkrete Erlebnis als einer sein Butterbrot verloren hat und der Hund vom Hausmeister hat es gefressen‹ (Kant im Gespräch mit Autoren), sondern um die Funktion dieses Erlebnisses oder der dazu gestalteten Variante im Koordinatensystem des Romans.« (Zitiert nach *Wolfgang Spiewok,* a.a.O., S. 422). – Didaktische Hilfe für die Schüler wäre etwa der Hinweis auf Gerd Trullesands Geburtsdatum: Es ist das von Hermann Kant!

139 Zur Einführung siehe Stichwort: Arbeiter- und Bauernfakultät in: A–Z, a.a.O.

140 Skizze von *Gisela Fabig-Schmager,* aus einer unveröffentlichten Arbeit.

141 *W. Spiewok:* Hermann Kant, a.a.O., S. 424 f. – Die hier genannten Seitenzahlen beziehen sich auf die Ost-Berliner Ausgabe der »Aula« (Verl. Rütten & Loening).

142 Die beiden wesentlichen Stellen über Jakob Filter (Redeentwürfe) sind zu finden (Fischer-Tb.) S. 201 (»Er würde aufstehen und rufen wollen [...]) und S. 249 ff (»Es war einmal dieser Jakob Filter [...]«).

143 Bd. Nr. 2412, Gesamtdeutsches Institut.

144 *Gero von Wilpert:* Sachwörterbuch der Literatur, Stuttgart [5]1969 (vgl. entspr. Stichwörter u. Textanhang S. 69, 72 ff., 76 f.).

145 Kulturpolitisches Wörterbuch, Berlin (O) 1970 (vgl. entsprechende Stichwörter u. Textanhang S. 67 f., 70 ff., 75 f.).

146 *W. Spiewok,* a.a.O., S. 426.

147 »Junge Welt«, FDJ-Zeitung Ost-Berlin v. 15. 3. 1966.

148 Vgl. Stichwort »Flüchtlinge« in: A–Z, a.a.O.

149 »Neue Rundschau«, Frankfurt a. M./Berlin, 1966, S. 308–312 (Textanhang S. 62–66).

150 Alle Texte s. Textanhang S. 62–77; Tonband s. Anm. 143.

151 Die Aufgaben folgen dem Buch: Einführung in die Methodik der Stiluntersuchung (Autorenkollektiv unter Leitung von *Georg Michel).* Berlin (O) 1968.

152 Vgl. die Ausnahme auf S. 82/83 des Romans (Fischer-Tb.).

153 *Werner Heiduczek:* Mark Aurel oder ein Semester Zärtlichkeit. Berlin (O) 1971. – Jetzt: Fischer-Taschenbuch.

154 In: NDL (Neue Deutsche Literatur), Ost-Berlin, 8/1971, S. 19 ff. – (s. Textanhang S. 79 f.).

155 *Klaus Jarmatz* in Literaturbeilage des »Neuen Deutschlands« v. 8. 9. 1971 – (s. Textanhang S. 81 f.).

155a *Günter Ebert* geht in seiner Rezension: »Ein Semester Literaturkritik. Praktizierter Meinungsstreit zwischen Autoren und Kritikern« im ›Sonntag‹, Nr. 1/1972 vom 2. 1. 72 auf die kontrovers geführte öffentliche Diskussion um den Roman als das Bemerkenswerte an ihm ein. Er führt darin u. a. aus:

»[...] An einem Montag des Monats Dezember 1971 saßen Mitglieder und Gäste des Aktivs für Kinder- und Jugendliteratur in den Räumen des Deutschen Schriftsteller-Verbandes zusammen und sprachen unter anderem über Probleme der Jugendliteratur heute. Zum Beispiel auch über das Buch von Heiduczek.

Ziemlich einhellig wurde bestätigt, daß der Autor Konflikte unserer Jugend sehr genau getroffen hätte.

Gingen auch die Meinungen über die literarische Qualität der Erzählung auseinander, so war man sich doch einig: literarische Qualität dürfe keine wirklichkeitsferne Norm sein. Ein anwesender Kritiker mußte sogar bekennen, die Bedeutung des Buches in seiner Rezension womöglich unterschätzt zu haben. Erfreulich auf jeden Fall: Schriftsteller diskutieren über die Arbeit eines ihrer Kollegen sachlich und gründlich [...]. Bedauerlich ist nur: Keiner der Schriftsteller denkt daran, öffentlich das Wort zu nehmen, um das Buch zu verteidigen.

Am Donnerstag darauf tagte nun im selben Raum das Aktiv für Literaturkritik. Und wieder kam [...] das Gespräch auf »Mark Aurel«. Allerdings unter weit negativeren Vorzeichen. Der Erzählung wurde vor allem vorgeworfen, daß sie oberflächlich in ihrer Gestaltung sei. Es wäre falsch, das Buch quasi zum Buch des Jahres hochzuspielen.
Überhaupt würde der Autor sich, in der »Jungen Welt« vom 2. 11. 1971 zum Beispiel, gegen gehabte Kritiken ziemlich unqualifiziert, wenn nicht sogar überheblich verteidigen.
(Gemeint sind etwa folgende Sätze: »Was Klaus Jarmatz schreibt, scheint mir einfach nicht qualifiziert. Er wirft etwas sehr mit pauschalen Formulierungen um sich. Man kann da schwer etwas sagen. Es fehlt die Substanz.«) Erfreulich: Kritiker streiten sich mit einem Autor. [...]
Bedauerlich: Die Kritiker bleiben im großen und ganzen unter sich; ihre Ansichten zum Fall werden nicht coram publico ausgehandelt.
Nachdem ich zwei Erlebnisse zum Thema referiert habe, möchte ich nunmehr meine Meinung zum Stand der Dinge sagen: Daß ein Verlag und auch eine Tageszeitung, die die Erzählung in Fortsetzung abgedruckt hat, sich für ein Buch und seinen Autor groß einsetzen, halte ich nicht nur in keinem Punkte für verwerflich, sondern ich wünschte mir, wir entdeckten mehr leidenschaftliches Engagement für einzelne Werke oder Autoren bei den Kunstproduzenten (im weiteren Sinne). Wer mit bestimmten Rezensionen, gezielten Interviews, organisierten Publikumsgesprächen nicht einverstanden ist, soll doch gefälligst seine Stimme erheben und hören, wer im Lande noch dafür oder dagegen spricht. Aber genau hier beginnt der augenblickliche Schaden: Die Verteidiger des Buches treten offen auf und propagieren ihr Lob – die Kritiker des Buches murren im kleinen Kreis.
[...]
Insgesamt: Wir müssen lernen, uns zu streiten. Das heißt doch auch, die Dinge und die Leute beim Namen zu nennen. Und Heiduczek ist, meines Wissens, seit langem der erste Autor, der sich gegen seine Kritiker wehrt und dabei Namen und Adressen nennt. Schon allein dafür muß ich ihm danken. Gewiß kann es nichts schaden, wenn auch die Schriftsteller lernen, ihre Kritiker nicht von vornherein für Dummköpfe oder Besserwisser zu halten. Die Vorbehalte und Vorurteile auf beiden Seiten, wenn ich das erst einmal so formulieren darf, sind ein Zeichen dafür, daß wir uns bisher nicht richtig gestritten haben. Was aber ist Literaturkritik ohne Polemik, ohne Meinungsstreit? Insofern glaube ich, wäre die Auseinandersetzung über »Mark Aurel« schon ein Semester Literaturkritik, wenn wir die Gelegenheit nur nutzen.«

156 Vgl. hierzu: *Naumann* u. a.: Gesellschaft–Literatur–Lesen, a.a.O., bes. S. 24–33.

157 *Naumann,* a.a.O., S. 297 f.

158 *Volker Braun:* Vorläufiges, Gedichte. Frankfurt a. M. 1966, S. 7.

159 *Wolf Biermann:* Die Drahtharfe. Berlin 1965, S. 53.

160 Die Tatsache, daß der gebürtige Hamburger erst mit 17 Jahren (1953) in die DDR übergesiedelt ist, spricht u. E. nicht gegen diese Einreihung.

161 *Christel* und *Walfried Hartiner:* Volker Braun. In: Literatur der DDR, hrsg. v. *H. J. Geerdts,* a.a.O., S. 506 – Im übrigen gehörte auch Wolf Biermann zu den jungen Poeten und Liedermachern, die auf diesen genannten Lyrik-Festivals auftraten, ehe er in der DDR Auftrittsverbot erhielt.

162 Zuerst in: *Volker Braun:* Provokationen für mich, 1965, S. 10. In der BRD-Ausgabe: »Vorläufiges«, Frankfurt a. M. 1966, S. 7 hat das Gedicht den neuen Titel: »Anspruch«. Diesen Titel hat Volker Braun auch für den Leipziger Reclam-Band seiner Gedichte beibehalten: *V. B.:* Gedichte, Leipzig 1972, S. 20. – Der Text des Gedichts ist im Anhang enthalten.

163 In: *Volker Braun:* Gedichte, Leipzig 1972, S. 65, und: *V. B.:* Wir und nicht sie,

Gedichte. Frankfurt a. M. 1970, S. 8 (edition suhrkamp 397). – s. a. Textanhang S. 87f.

164 *Christel* und *Walfried Hartinger:* Volker Braun, a.a.O., S. 509ff.

165 Text im Anhang S. 86f.

166 *Peter Hamm* (Hrsg): Aussichten. Junge Lyriker des deutschen Sprachraums. München 1966, S. 212.

167 Allgemein ist anzumerken, daß BRD-Ausgaben gelegentlich sehr sorglos mit DDR-Texten umgehen. Z. B. erschienen Kuhnerts Gedichte praktisch ohne Interpunktion. Obenso leichtfertig werden auch Umstellungen und Streichungen vorgenommen.

168 *Thomas Rothschild:* Biermann, Der Drachentöter. In Frankfurter Rundschau v. 5. 1. 1971, S. 8.

169 Ohne nähere Angaben zitiert in: *Wolf Biermann:* Mit Marx- und Engelszungen. Berlin 1968, S. 82.

170 NDL, Ost-Berlin, Heft 9/1963, S. 70

171 Gemeint sind u.a. auch Biermann-Texte und Autoren wie Peter Hacks, Stefan Heym, Heiner Müller, die Gruppe »alex 64« u. a.

172 Aus dem Bericht Honeckers an das 11. ZK-Plenum der SED, 15.–17. Dezember 1965, auf dem eine härtere kulturpolitische Phase gegen die »Ideologie des spießbürgerlichen Skeptizismus« eingeleitet wurde. Dieser strenge Kurs, der nach einer Liberalisierungsphase (1962–65) einsetzte, ist sicherlich auch im Zusammenhang mit dem neuen Handelsvertrag mit der Sowjetunion zu sehen, der evtl. Einschränkungen des Lebensstandards mit sich bringen konnte. In dieser Situation schien die Artikulation von Verdrossenheit nicht angebracht (vgl. *Roland H. Wiegenstein:* Zur Situation der Schriftsteller in der DDR, in: Neue Rundschau, 77. Jg. 1966, H. 2). – Franz Fühmann trat daraufhin demonstrativ aus dem Vorstand des Schriftstellerverbandes aus; der Kulturminister Bentzien wurde abgesetzt. – Einige Schriftstellerkollegen verteidigten auf dem 11. Plenum jedoch die Angegriffenen, so etwa wandte Christa Wolf ein, »daß die Kunst nach wie vor nicht darauf verzichten kann, subjektiv zu sein, das heißt, die Handschrift, die Sprache, die Gedankenwelt des Künstlers wiederzugeben«. – Christa Wolf wurde wegen ihrer damaligen Haltung von der Liste der Kandidaten für das SED-Zentralkomitee gestrichen.

173 Beispiele der Angriffe zu finden bei *H.-D. Sander,* a.a.O., s. Namensregister unter Biermann etc. und bei *F. J. Raddatz,* Traditionen und Tendenzen, a.a.O., S. 522.

174 Heute ist W. Biermann beim amerikanischen CBS-Konzern unter Vertrag.

175 *W. Biermann:* Mit Marx- und Engelszungen, Berlin 1968, S. 77 (Wagenbach-Verlag).

176 Zur Tradition der Biermannschen Texte: »Unschwer lassen sich gedankliche und formale Einflüsse Brechts, des revolutionären Arbeiterliedes, Heines, Tucholskys, des Balladensängertums und des Volksliedes auf seine Lyrik nachweisen.« (*Ekkehard/Kloehn:* Die Lyrik Wolf Biermanns, In: Der Deutschunterricht, Jg. 21, Heft 5/1969, S. 126.)

177 In: *W. B.:* Die Drahtharfe, Berlin 1965, S. 62.

178 In: *W. B.:* a.a.O., S. 53.

179 In: *W. B.:* Mit Marx- und Engelszungen, Berlin 1968, S. 10.

180 Zur Formtradition: Eine »dichtungstheoretische« Tischrede in Gedichtform ist auch bei dem französischen Symbolisten Mallarmé (»Toast funèbre«) zu finden.

181 Hervorhebungen in diesen Gedichtzitaten sind Hervorhebungen der Verfasser.

182 Z. B. auch in: »Rücksichtslose Schimpferei« (Die Drahtharfe, S. 69) und »Selbstportrait an einem Regensonntag in der Stadt Berlin« (ebd. S. 75).

183 Alexander Abuschs auf der 11. SED-ZK-Tagung geäußerte Kritik an Biermann, er »besudle mit Kloakenbegriffen die Arbeiterklasse«, trifft zumindest bei diesem

die Haltung zu den Genossen differenzierenden Gedicht nur oberflächlich *stilistisch* gesehen in den ersten Teilen zu (die Kritik Abuschs ist zitiert bei *H. D. Sander,* a.a.O., S. 226).

184 Vgl. »Antrittsrede des Sängers«. In: Drahtharfe, S. 53.

185 In: Die Drahtharfe, S. 66.

186 Aus: »Antrittsrede des Sängers« a.a.O.

187 Aus: »Großes Gebet der alten Kommunistin Oma Meume in Hamburg«, in: Mit Marx- und Engelszungen, S. 68.

188 ebd.

189 Vgl. die eingangs zitierte Kritik Honeckers. Biermann selbst hat (als Ausdruck seines Standpunktes gegenüber der Bundsrepublik) einige Gedichte der jungen Linken in der BRD gewidmet, z. B. das Gedicht: »Drei Kugeln auf Rudi Dutschke« (in: Mit Marx- und Engelszungen, S. 73).

190 DEFA-Film von Egon Günther und Günther Rücker, 1972. Unter der Nr. S. 324 auszuleihen beim Gesamtdeutschen Institut.

191 Aus: Entscheidung für den Dritten«. »Berliner Zeitung« – Interviews mit Egon Günther, Ost-Berlin v. 5. 3. 72 (Anhang S. 91).

192 *Brigitte Jeremias:* Emanzipation auch Privat. In: Frankfurter Allgemeine Zeitung v. 18. 4. 1972.

193 Im Textanhang S. 90–95 enthalten.

194 Verfasser dieses Kapitels ist *Hans-Jürgen Uszkoreit.*

195 In: »Junge Welt« vom 25./26. 2. 1967, S. 3.

196 *Hartmut König:* Von uns singen! In: »Neues Deutschland«, (SED) Ost-Berlin vom 25. 2. 1967.

197 Der Name spielt primär auf die sozialistische Oktoberrevolution in Rußland aber auch auf die im Oktober 1949 erfolgte Gründung der DDR an.

198 »Jugendobjekt: Lieder von uns«. In: »Forum« (FDJ), Ost-Berlin, Nr. 21/1967, S. 5–7.

199 In: »Junge Welt« (FDJ), Ost-Berlin, vom 6. 3. 1967, S. 1 f.

200 »Junge Welt« v. 7. 3. 1967, S. 1 u. 5.

201 Langspielplatte »Neues Deutschland«, Serie Sieg 2, Verlag »pläne« Dortmund; Text und Noten sind abgedruckt in: Liederheft III – Kommt und singt mit. Beilage der Jungen Welt, Ost-Berlin, v. 7. 4. 1967.

202 Der Film »Lieder machen Leute« (28 min) ist unter der Nr. S 233 beim Gesamtdeutschen Institut auszuleihen.

VI. Hinweise zur Materialbeschaffung

Informationen kann der Lehrer einmal über die großen Universitäts- und zentralen Bibliotheken erhalten, die oft alle wesentlichen Werke primärer und sekundärer Art über die DDR und ihre Literatur sammeln. Daneben sei hier auch auf die Möglichkeiten verwiesen, die die jeweiligen Landeszentralen für politische Bildungsarbeit, die Landesbildstellen sowie die Landesfilmdienste bieten. Bücher, Zeitungen und Zeitschriften aus der DDR sind in der Regel auch über den Buchhandel in der Bundesrepublik zu beziehen. Sollte das in Einzelfällen nicht möglich sein, können Bestellungen an folgende Adresse gerichtet werden:

Gebr. Petermann (Vertragslieferant der DDR), 1 Berlin 30, Kurfürstenstr. 111.

Informationsmöglichkeiten speziell über die DDR und die Deutschlandpolitik bieten folgende Einrichtungen des Gesamtdeutschen Instituts:

Deutschlandhaus, 53 Bonn, Adenauerallee 8a
Deutschland-Information, 1 Berlin 61, Stresemannstr. 90/92.

Diese beiden Einrichtungen besitzen umfangreiche Präsenzbibliotheken über alle Gebiete der DDR und Deutschlandpolitik (Ausleihe u. U. möglich) und führen eine Reihe von Zeitungen und Zeitschriften.

Das Gesamtdeutsche Institut – Bundesanstalt für gesamtdeutsche Aufgaben – 53 Bonn, Adenauerallee 10

bietet darüber hinaus eine Reihe von audiovisuellen Mitteln (Filme und Tonbänder) zur DDR- und deutschlandpolitischen Thematik an, daneben auch Bücher und andere Publikationen. Kataloge können angefordert werden.

Für die *Zwecke dieses Unterrichtsmodells* sind eine Reihe schwer zugänglicher Materialien im *Anhang* wiedergegeben worden, und zwar so, daß sie – falls keine urheberrechtlichen Bedenken dagegen stehen – leicht fotomechanisch vervielfältigt werden können.

Soweit die für die Durchführung des Kurses notwendigen Materialien nicht im Anhang enthalten und auch nicht anderweitig zu beschaffen sind, empfiehlt sich eine Anfrage – unter Bezugnahme auf dieses Unterrichtsmodell – bei folgender Adresse:

Gesamtdeutsches Institut
Bundesanstalt für gesamtdeutsche Aufgaben Abt. IV
1 Berlin 15, Bundesallee 216/218

Von dort werden nach Möglichkeit die notwendigen Unterrichtsmaterialien – leihweise evtl. auch im Klassensatz – zur Verfügung gestellt.

VII. Textanhang

Text 1 (zu Kapitel 1.1)

Aufruf zur Gründung des »Kulturbundes zur demokratischen Erneuerung Deutschlands«

Der »Kulturbund zur demokratischen Erneuerung Deutschlands« will die große deutsche Kultur, den Stolz unseres Vaterlandes, wieder erwecken und ein neues deutsches Geistesleben begründen.

Der Nazismus hat die wahren deutschen Kulturwerte, wie sie mit den Namen von Goethe, Schiller, Lessing und zahlreicher Philosophen, Künstler und Wissenschaftler verbunden sind, verschüttet oder durch seine menschenfeindlichen Zweck- und Nutzlehren aufs schändlichste verfälscht. Die deutsche Kultur wurde Werkzeug des verbrecherischen Raubkrieges Hitlers.

Der Geist der Wahrheit, der jedes hohe deutsche Kulturschaffen kennzeichnet, wurde ersetzt durch den Lug und Trug der Nazipropaganda. Ehrliche Freiheitsstreiter, aufrechte Wahrheitsbekenner wurden verfolgt, außer Landes getrieben, in Konzentrationslager geworfen oder ermordet. Repräsentanten deutschen Geistes wie Thomas Mann, Heinrich Mann, Albert Einstein, Leo Blech, Arnold Zweig, Anna Seghers, Otto Klemperer, Albert Bassermann und viele andere mußten zwölf Jahre fern ihrer Heimat in der Verbannung wirken.

Charakterlosigkeit, geistige Verarmung, moralische Abgestumpftheit und Verwahrlosung zeugen von der Verderblichkeit des Hitlersystems. Freie deutsche Literatur und Kunst waren in Hitlerdeutschland verfemt. An Stelle echten Kunstschaffens wurde mit allen staatlichen Zwangsmitteln der nazistische Schund und Schmutz gefördert. Rassenwahn, Geschichtsfälschungen, chauvinistische Hetzliteratur, Kitsch in Wort und Bild vergifteten deutsches Fühlen und Denken.

Die wissenschaftliche Forschung wurde von Beginn der Naziherrschaft an militaristischen Zielen unterworfen. Die Kulturwerte anderer Völker wurden verächtlich gemacht oder dem deutschen Volke vorenthalten. In schamloser Selbstüberheblichkeit wurde dem deutschen Volke eingeredet, daß es das einzige wahre Kulturvolk der Welt sei, um daraus den Weltherrschaftsanspruch Hitlerdeutschlands abzuleiten. Eine nationale Totalkatastrophe ist das Ergebnis zwölfjähriger Naziherrschaft. In diese nationale Totalkatastrophe ist auch die deutsche Kultur mit einbezogen. Unersetzbare Kulturwerte der Welt sind vernichtet. Die Grundlage jeder Kultur, das geordnete Leben unseres Volkes ist aufs tiefste erschüttert. Die Liebe und Hochachtung, deren vor allem die deutschen Kulturleistungen bei allen Völkern sich erfreuten, sind verloren angesichts der ungeheuerlichen Kriegsverbrechen des Hitlerfaschismus in den von ihm überfallenen Ländern. Kulturdenkmäler wurden zerstört, verschleppt, geraubt. Nationale Heiligtümer der überfallenen Länder, geweihte Stätten der ganzen Menschheit wurden aufs Frevelhafteste entehrt.

Angesichts dieser für unser Vaterland, für unsere Kultur tief beschämenden Tatsachen ist zu erkennen: die deutsche Intelligenz, die zur Führung unseres Volkes berufen gewesen wäre, hat die geschichtliche Prüfung nicht bestanden, als es galt, das Verderben von Deutschland abzuwehren, den Krieg zu verhindern oder ihn wenigstens rechtzeitig zu beenden. Wir müssen uns Rechenschaft darüber ablegen, daß die Wehrlosigkeit des deutschen Geistes gegenüber den reaktionären Mächten sich schon seit langem – vor Hitler – angebahnt hat: durch die barbarische Umwertung aller Werte, durch die Zerstörung von Wirklichkeitssinn und Vernunft und durch die Abspaltung des geistigen deutschen Menschen von allen öffentlichen, gesellschaftlichen Angelegenheiten.

Wir müssen gestehen, daß das große deutsche klassische humanistische Erbe auch in der deutschen Intelligenz nicht mehr so lebendig war, um eine unerschütterliche Widerstandskraft gegenüber dem Naziregime zu verleihen. Wohl bewiesen hervorragende einzelne Widerstandskraft und Standhaftigkeit, die Intelligenz in ihrer Gesamtheit ist Verführung und Terror unterlegen.

Diese Erkenntnis, so bitter sie auch sein mag, tut not, damit eine neue deutsche Intelligenz sich herausbildet, die sich berufen fühlt, dem deutschen Volke auf neuen Wegen führend voranzugehen. Ein grundsätzlicher Umbruch tut not, damit Deutschland wieder erstehen kann. Diese deutsche Auferstehung kann nur im Zeichen der Wahrheit, im Zeichen eines freiheitlich-demokratischen Geistes erfolgen. Wir müssen der Wahrheit wieder die Ehre geben, um unsere nationale Ehre wiederzugewinnen. Wir anerkennen die Kriegsschuld Deutschlands. Wir haben Unsägliches wiedergutzumachen. Wir bekennen uns zur Wiedergutmachung.

Der »Kulturbund zur demokratischen Erneuerung Deutschlands« setzt sich die Aufgabe, die heute eine der höchsten nationalen Aufgaben der Intelligenz ist: alle deutschen Männer und Frauen zu vereinen, die des ehrlichen, unbeugsamen Willens sind, zur geistigen, kulturellen Erneuerung Deutschlands mit Einsatz ihrer ganzen Kraft beizutragen. Die besten Deutschen aller Berufe und Schichten gilt es in dieser schweren Notzeit deutscher Geschichte zu sammeln, um eine deutsche Erneuerungsbewegung zu schaffen, die auf allen Lebens- und Wissensgebieten die Überreste des Faschismus und der Reaktion zu vernichten gewillt ist und dadurch auch auf geistig kulturellem Gebiet ein neues, sauberes, anständiges Leben aufbaut. Es wäre verhängnisvoll für das Schicksal unseres Vaterlandes und würde Deutschland den Weg in die Zukunft versperren, wenn wir nicht rückblickend alle diejenigen Fehler und Schwächen aufdecken und überwinden würden, welche die Naziherrschaft ermöglicht und die größte Tragödie der Nation heraufbeschworen haben.

Das Ende der Kriegshandlung bedeutet die Fortsetzung des Kampfes gegen Nazismus und Reaktion, die Steigerung und Intensivierung dieses Kampfes mit geistigen Mitteln. Die politische und militärische Totalniederlage der Hitlerherrschaft eröffnet uns erst die volle Möglichkeit, den Nazismus auch dort tödlich zu treffen, wo er sich mit seinen Irrlehren in dem Denken und Fühlen des deutschen Menschen festgesetzt hat. Es ist ein Irrtum, anzunehmen, daß mit dem militärisch-politischen Zusammenbruch der Hitlerherrschaft auch die Naziideologie von selbst verschwindet.

Ein Nationalhaß von einer Leidenschaft, wie sie in Deutschland noch niemals entfacht wurde, muß alle diejenigen treffen, welche sich nach wie vor als unbelehrbar zeigen und eine Verlängerung und Verewigung der Hitlerschmach betreiben. Liebe zu Deutschland, nationale Gesinnung müssen danach bemessen werden, inwieweit ein Deutscher bereit ist, ein neuer deutscher Mensch, ein freiheitlicher Mensch zu werden, inwieweit er aktiv selbstkritisch teilnimmt an der Vernichtung der Naziideologie, der imperialistischen und militaristischen Ideologie und inwieweit er Initiative zeigt zur Wiedergutmachung.

Der »Kulturbund zur demokratischen Erneuerung Deutschlands« betrachtet sich als ein Instrument der Erweckung wahrhaft freiheitlichen Fühlens und Denkens, als ein Instrument der Erweckung des Gewissens der Nation. Wir fordern, in Deutschlands Namen, die restlose Klarstellung der Ursachen der größten Niederlage unserer Geschichte. Wir fordern, daß die Kriegsverbrecher als Deutschlandfeinde, Vaterlandsverräter und Volksverderber zur Verantwortung gezogen und abgeurteilt werden, auch diejenigen, welche als ideologische Trommler und Führer des Kriegsverbrechertums anzuklagen sind. Wir fordern eine grundsätzliche Wende und Wandlung auf allen Lebens- und Wissensgebieten. Wir erstreben eine neue freiheitliche, demokratische Weltanschauung. Wir fordern die Erziehung unseres deutschen Volkes im Geist der Wahrheit, im Geist eines streitbaren Demokratismus. Es handelt sich dabei um ein nationales Befreiungs- und Aufbauwerk größten Stils auf ideologisch-moralischem Gebiet.

Es geht darum, das deutsche Volk zu befreien von allem reaktionären Unrat seiner Geschichte, wie er sich am schmachvollsten in der Hitlerherrschaft konzentriert hat, und es geht darum, dem deutschen Volke aus seiner eigenen Geschichte und aus der Geschichte anderer Völker alle die positiven Kräfte zuzuführen, die unser Volk als solches lebensfähig erhalten und es ein für allemal vor neuen imperialistischen Abenteuern zu bewahren imstande sind, und ihm so wieder die Möglichkeit zu geben, in die Gemeinschaft der Völker zurückzukehren. In diesem Sinne fühlt sich der »Kulturbund zur demokratischen Erneuerung Deutschlands« berufen als eine geistige Instanz, die mit Rat und Tat einem neu erstehenden Deutschland zur Verfügung steht. Wir werden aufs dringlichste bestrebt sein, zu erreichen, daß durch unsere freiheitlichen Leistungen die Beziehungen zu den Kulturträgern anderer Völker wieder aufgenommen werden. Wir wollen das deutsche Volk mit den kulturellen Errungenschaften aller Nationen, vor allem auch mit denen der Sowjetunion, bekannt machen.

Wir glauben an die Aufgeschlossenheit und Aufnahmebereitschaft unseres Volkes für diejenigen Ideale und Ideen, die zu unserem wertvollsten Kulturgut gehören und die, in die Wirklichkeit umgesetzt, eine geschichtliche Kraft dastellen. Wir glauben an das Gute des wahren deutschen Geistes. Wir sind überzeugt, daß die besten Kräfte Deutschlands und vor allem die deutsche Jugend unserem Rufe folgen werden und sich zusammenscharen unter der Losung der Wandlung und des demokratischen Aufbruchs der Nation. Durchdrungen vom heiligen Wissen, daß wir in diesem Ringen um die deutsche Seele eine hohe, wahrhaft nationale Pflicht zu erfüllen haben, werden wir uns in harter gemeinsamer Arbeit diejenigen Einrichtungen und Mittel schaffen, deren wir zu unserer hohen Aufgabe benötigen; Licht bringen müssen wir in die furchtbare Finsternis, die uns Hitler hinterlassen hat. Wir dürfen die Millionen Verzweifelter nicht ihrer Verzweiflung überantworten, sondern müssen sie hochreißen und ihnen ein neues, großes, leuchtendes Ziel zeigen und eines geben, worauf es in dieser Katastrophe vor allem ankommt: Vertrauen in die Lebensfähigkeit des von all seinen reaktionären Übeln befreiten Volkes und Mut, und Mut!

Die Männer und Frauen, die den »Kulturbund zur demokratischen Erneuerung Deutschlands« ins Leben rufen, wollen beispielgebend vorangehen, da es gilt, aus Ruinen und Schutthaufen ein neues deutsches Leben emporsteigen zu lassen und die erste feste geistige Grundlage zu schaffen für die Neugeburt unseres Volkes.

(Quelle: Manifest und Ansprachen/Gründungskundgebung des Kulturbundes zur demokratischen Erneuerung Deutschlands am 4. Juli 1945, Berlin (Aufbau-Verlag) 1945, S. 4–9.)

Text 2 (zu Kapitel 2.2)

Heinz Kersten: ›Ole Bienkopp‹ – ein politischer Roman (Auszug)

Wenn ein prominenter Autor in der Bundesrepublik ein bemerkenswertes Buch erscheinen läßt, beschäftigt das die Literaturkritiker der Zeitungen, vielleicht hört man noch eine Besprechung im Rundfunk, es werden einige Autorenlesungen veranstaltet, der Titel des Werkes ziert eine Zeitlang die Bestsellerlisten – damit dürfte dann die öffentliche Resonanz erschöpft sein. Ganz anders in der DDR. Hier kann eine literarische Neuerscheinung Ausgangspunkt engagierter Diskussionen sein, die wochenlang die Kulturseiten der Presse beherrschen und in zahllosen Ausspracheabenden, organisiert von Institutionen und Verbänden, fortgesetzt werden. Minister und Funktionäre sagen dazu ebenso ihre Meinung wie Arbeiter und Bauern. Ein ideales Klima für Literatur? Ein Zustand, wie ihn sich jeder Schriftsteller nur wünschen möchte?

Soviel steht fest: Literatur wird im anderen Teil Deutschlands ernster genommen. Sie hat eine gesellschaftliche Funktion, und die Arbeit eines Schriftstellers wird in erster Linie unter diesem Aspekt betrachtet. Neben den Vorteilen breiterer Wirkungsmöglichkeit, größerer Anerkennung bringt das aber auch die Nachteile der Abhängigkeit von der Beurteilung durch die Machtträger. Da der Literatur eine bewußtseinsbildende Kraft zuerkannt wird, widmet ihr die Staatspartei eine oft übertrieben anmutende Aufmerksamkeit und ist bemüht, die Kontrolle in der Hand zu behalten.

In den vergangenen anderthalb Jahren erschienen drei Werke, an denen sich ausgedehnte Debatten entzündeten: das Schauspiel »Die Sorgen und die Macht« von Peter Hacks, die Erzählung »Der geteilte Himmel« von Christa Wolf und der Roman »Ole Bienkopp« von Erwin Strittmatter. War bei Hacks und Christa Wolf die Kritik am Dogmatismus nur ein Teilaspekt ihrer Werke, so ist sie bei Strittmatter der Angelpunkt seines Romans. Für das Aufsehen, das dieses Buch hervorrief, ist darüber hinaus gewiß auch Prominenz und offizielles Renommee seines Autors verantwortlich. Strittmatter (geb. 1912) genießt seit Jahren als Vertreter einer von der Partei geförderten Literatur hohes Ansehen, erhielt zwei Nationalpreise und bekleidete von 1959 bis 1961 das wichtige Amt des Ersten Sekretärs des ostdeutschen Schriftstellerverbandes. Seitdem ist er einer von dessen stellvertretenden Vorsitzenden. Der aus dem Niederlausitzer Landproletariat stammende begabte Autodidakt, der sich in einer gewissen Scholochow-Attitude gefällt, debutierte 1950 mit dem Roman »Ochsenkutscher« und blieb auch in seinen künftigen Romanen und Theaterstücken der Schilderung des Landlebens treu.

Strittmatters neuer Romanheld, Ole Bienkopp, gründet in seinem Dorf die erste Genossenschaft, als das noch nicht erklärte Politik der SED war. Seine Gegner sind der Großbauer und der Sägemüller des Ortes, aber auch die Bürgermeisterin, ein Mitarbeiter des Rates des Kreises und der SED-Kreissekretär. Von diesen unsympathisch gezeichneten Vertretern des Staates und der Partei werden ihm auch später als LPG-Vorsitzendem ständig bürokratische Hemmnisse in den Weg gelegt, woran Bienkopp indirekt schließlich den Tod findet.

Der Held, dem die ganze Sympathie des Autors gehört, weicht in entscheidenden Punkten von der bisherigen Vorstellung eines positiven Helden des sozialistischen Realismus ab: Er ist ein Selbsthelfer, handelt spontan und kennt keine Parteidisziplin. Hieran stößt sich die Kritik am meisten. Das SED-Zentralorgan »Neues Deutschland« widmete dem Buch eine ganzseitige Betrachtung. In der Rezension, deren Tenor ein »Ja-aber« ist, wird festgestellt, daß sich im Roman »ausschließlich Begebenheiten zu(tragen), in denen das spontane Handeln, sozusagen der gesunde Menschenverstand im

Volk, gegenüber seiner gesellschaftlichen Organisiertheit Recht behält. Die Romanhandlung konzentriert alle Kritik auf negative oder scheinbar negative gesellschaftliche Tendenzen.«

Die öffentliche Diskussion richtet sich auf Strittmatters Darstellung der Parteifunktionäre. Am prononciertesten äußerten sich dazu die Studenten eines Germanistischen Instituts: »Die Partei wird im Roman zu einem Apparat des Dogmatismus und der Bürokratie, der eine neue Klassenposition zu den Menschen einnimmt.« Daß die Lektüre des Buches einen solchen Eindruck hinterlassen kann, ist der Haupteinwand von Strittmatters Kritikern. Die in der Überzahl befindlichen Verteidiger des Romans führen dagegen ihre eigenen Erfahrungen mit Dogmatismus und Bürokratie ins Treffen. Strittmatter selbst erklärte im Anschluß an eine Lesung: »Wenn es die geschilderten Erscheinungen in unserem Leben gab und nocht gibt, dann kann der Schriftsteller sie auch darstellen. Wir müssen uns endlich abgewöhnen, die Literatur als Geschichtsbuch zu betrachten!«

Daß »Ole Bienkopp« trotz der erwähnten kritischen Einwände in ungewöhnlichem Maße popularisiert wird und auch offizielle Anerkennung fand – Hans Rodenberg, Mitglied des DDR-Staatsrats und bis Ende 1963 stellvertretender Minister für Kultur, nannte den Roman sogar »das deutsche Volksbuch vom Ole Bienkopp« –, hat neben der vordergründigen politischen Klimaverbesserung natürlich noch andere Gründe: 1. Das Buch steht ungeachtet der an Einzelmaßnahmen der Vergangenheit geübten Kritik eindeutig auf dem Boden der SED-Landwirtschaftspolitik. 2. Seine Kritik an Parteifunktionären beschränkt sich auf die untere Ebene. Die Schuld der Führungsspitze am Aufkommen von Dogmatismus und Bürokratie bleibt unerörtert. 3. Der Kampf gegen dogmatische und bürokratische Erscheinungen im ökonomischen Bereich wird seit einiger Zeit auch offiziell proklamiert und gefördert. »Ole Bienkopp« ist weniger ein literarisches als ein politisches Ereignis. [...]

(Quelle; alternative, Heft 35: ›Literarisches Grenzgespräch‹, April 1964, S. 16 u. 17)

Text 3 (zu Kapitel 3.3)

Marx, Engels, Lenin – Zur Widerspiegelungstheorie

Wie Darwin das Gesetz der Entwicklung der organischen Natur, so entdeckte Marx das Entwicklungsgesetz der menschlichen Geschichte: die bisher unter ideologischen Überwucherungen verdeckte einfache Tatsache, daß die Menschen vor allen Dingen zuerst essen, trinken, wohnen und sich kleiden müssen, ehe sie Politik, Wissenschaft, Kunst, Religion usw. treiben können; daß also die Produktion der unmittelbaren materiellen Lebensmittel und damit die jedesmalige ökonomische Entwicklungsstufe eines Volkes oder eines Zeitabschnitts die Grundlage bildet, aus der sich die Staatseinrichtungen, die Rechtsanschauungen, die Kunst und selbst die religiösen Vorstellungen der betreffenden Menschen entwickelt haben, und aus der sie daher auch erklärt werden müssen – nicht, wie bisher geschehen, umgekehrt.

(1883)

(Quelle: F. Engels, Das Begräbnis von Karl Marx. In: Marx / Engels, Werke, Bd. 19, S. 335–336)

Die Produktion der Ideen, Vorstellungen, des Bewußtseins ist zunächst unmittelbar verflochten in die materielle Tätigkeit und den materiellen Verkehr der Menschen, Sprache des wirklichen Lebens. Das Vorstellen, Denken, der geistige Verkehr der Menschen erscheinen hier noch als direkter Ausfluß ihres materiellen Verhaltens. Von der geistigen Produktion, wie sie in der Sprache der Politik, der Gesetze, der Moral, der Religion, Metaphysik usw. eines Volkes sich darstellt, gilt dasselbe. Die Menschen sind die Produzenten ihrer Vorstellungen, Ideen pp, aber die wirklichen wirkenden Menschen, wie sie bedingt sind durch eine bestimmte Entwicklung ihrer Produktivkräfte und des denselben entsprechenden Verkehrs bis zu seinen weitesten Formationen hinauf. Das Bewußtsein kann nie etwas andres sein als das bewußte Sein, und das Sein der Menschen ist ihr wirklicher Lebensprozeß. Wenn in der ganzen Ideologie die Menschen und ihre Verhältnisse wie in einer Camera obscura auf den Kopf gestellt erscheinen, so geht dies Phänomen ebensosehr aus ihrem historischen Lebensprozeß hervor, wie die Umdrehung der Gegenstände auf der Netzhaut aus ihrem unmittelbar physischen.

Ganz im Gegensatz zur deutschen Philosophie, welche vom Himmel auf die Erde herabsteigt, wird hier von der Erde zum Himmel gestiegen. Das heißt, es wird nicht ausgegangen von dem, was die Menschen sagen, sich einbilden, sich vorstellen, auch nicht von den gesagten, gedachten, eingebildeten, vorgestellten Menschen, um davon aus bei den leibhaftigen Menschen anzukommen; es wird von den wirklich tätigen Menschen ausgegangen und aus ihrem wirklichen Lebensprozeß auch die Entwicklung der ideologischen Reflexe und Echos dieses Lebensprozesses dargestellt. Auch die Nebelbildungen im Gehirn der Menschen sind notwendige Sublimate ihres materiellen, empirisch konstatierbaren und an materielle Voraussetzungen geknüpften Lebensprozesses. Die Moral, Religion, Metaphysik und sonstige Ideologie und die ihnen entsprechenden Bewußtseinsformen behalten hiermit nicht länger den Schein der Selbständigkeit. Sie haben keine Geschichte, sie haben keine Entwicklung, sondern die ihre materielle Produktion und ihren materiellen Verkehr entwickelnden Menschen ändern mit dieser ihrer Wirklichkeit auch ihr Denken und die Produkte ihres Denkens. Nicht das Bewußtsein bestimmt das Leben, sondern das Leben bestimmt das Bewußtsein. In der ersten Betrachtungsweise geht man von dem Bewußtsein als dem lebendigen Individuum aus, in der zweiten, dem wirklichen Leben entsprechenden, von den wirklichen lebendigen Individuen selbst und betrachtet das Bewußtsein nur als *ihr* Bewußtsein.

Diese Betrachtungsweise ist nicht voraussetzungslos. Sie geht von den wirklichen Voraussetzungen aus, sie verläßt sie keinen Augenblick. Ihre Voraussetzungen sind die Menschen nicht in irgendeiner phantastischen Abgeschlossenheit und Fixierung, sondern in ihrem wirklichen empirisch anschaulichen Entwicklungsprozeß unter bestimmten Bedingungen. Sobald dieser tätige Lebensprozeß dargestellt wird, hört die Geschichte auf, eine Sammlung toter Fakta zu sein, wie bei den selbst noch abstrakten Empirikern, oder eine eingebildete Aktion eingebildeter Subjekte, wie bei den Idealisten.

Da, wo die Spekulation aufhört, beim wirklichen Leben, beginnt also die wirkliche, positive Wissenschaft, die Darstellung der praktischen Betätigung, des praktischen Entwicklungsprozesses der Menschen. Die Phrasen vom Bewußtsein hören auf, wirkliches Wissen muß an ihre Stelle treten. Die selbständige Philosophie verliert mit der Darstellung der Wirklichkeit ihr Existenzmedium. An ihre Stelle kann höchstens eine Zusammenfassung der allgemeinsten Resultate treten, die sich aus der Betrachtung der historischen Entwicklung der Menschen abstrahieren lassen. Diese Abstraktionen haben für sich, getrennt von der wirklichen Geschichte, durchaus keinen Wert. Sie können nur dazu dienen, die Ordnung des geschichtlichen Materials zu erleichtern, die Reihenfolge seiner einzelnen Schichten anzudeuten.

(Quelle: K. Marx / F. Engels, Die deutsche Ideologie. In: Marx / Engels, Werke, Bd. 3, S. 26–27)

In *jeder* nationalen Kultur gibt es – seien es auch unentwickelte – *Elemente* einer demokratischen und sozialistischen Kultur, denn in *jeder* Nation gibt es eine werktätige und ausgebeutete Masse, deren Lebensbedingungen unvermeidlich eine demokratische und sozialistische Ideologie erzeugen. In *jeder* Nation gibt es aber auch eine bürgerliche (und in den meisten Fällen noch dazu erzreaktionäre und klerikale) Kultur, und zwar nicht nur in Form von »Elementen«, sondern als *herrschende* Kultur. Deshalb ist die »nationale« Kultur schlechthin die Kultur der Gutsbesitzer, der Pfaffen, der Bourgeoisie. Diese grundlegende, für den Marxisten elementare Wahrheit hat der Bundist unbeachtet gelassen, er hat sie mit seinem Wortschwall »weggeredet«, d. h., er hat vor dem Leser den Abgrund zwischen den Klassen, statt ihn aufzudecken und aufzuhellen, in Wirklichkeit verschleiert. *In Wirklichkeit* ist der Bundist wie ein Bourgeois aufgetreten, dessen ganzes Interesse verlangt, daß der Glaube an eine über den Klassen stehende nationale Kultur verbreitet werde.

Wenn wir die Losung der »internationalen Kultur des Demokratismus und der Arbeiterbewegung der ganzen Welt« aufstellen, so entnehmen wir *jeder* nationalen Kultur *nur* ihre demokratischen und ihre sozialistischen Elemente; entnehmen sie *nur* und *unbedingt* als Gegengewicht zur bürgerlichen

Kultur, zum bürgerlichen Nationalismus jeder Nation. Kein einziger Demokrat und erst recht kein einziger Marxist verneint die Gleichberechtigung der Sprachen oder die Notwendigkeit, in der eigenen Sprache gegen die »eigene« Bourgeoisie zu polemisieren, antiklerikale oder antibürgerliche Ideen unter dem »eigenen« Bauerntum und Kleinbürgertum zu propagieren – darüber braucht man kein Wort zu verlieren, mit diesen unbestreitbaren Wahrheiten verdeckt der Bundist das Strittige, d. h. das, worin in Wirklichkeit die Frage besteht.

(Quelle: W. I. Lenin, Werke, Bd. 20, S. 8–9)

Text 4 (zu Kapitel 3.3)

Basis und Überbau: Grundkategorien des historischen Materialismus, die die Struktur einer Gesellshaftsformation widerspiegeln. Die ökonomische Grundlage einer Gesellschaftsformation ist die Basis. Sie umfaßt die Gesamtheit der materiellen ökonomischen Verhältnisse, die sich im Produktions- und Reproduktionsprozeß des materiellen Lebens der betreffenden gesellschaftlichen Formation und im Stoffwechselprozeß des Menschen mit der Natur herausbilden und entwickeln. Insgesamt werden sie als Produktionsverhältnisse bezeichnet und näher untergliedert in Eigentumsverhältnisse (als die bestimmenden Produktionsverhältnisse), Verteilungs- und Austauschbeziehungen, ökonomische Klassenbeziehungen. Die Produktionsverhältnisse entsprechen auf einer bestimmten Entwicklungsstufe der Gesellschaft der Gesamtheit der gesellschaftlichen Produktivkräfte. Zum Überbau einer Gesellschaftsformation gehören die sich über der Basis erhebende Gesamtheit der politischen, juristischen, wissenschaftlichen und kulturellen Institutionen, Einrichtungen, Organisationen (Staat, politische Parteien, wissenschaftliche und kulturelle Einrichtungen, Bildungs- und Erziehungseinrichtungen) sowie das System des gesellschaftlichen Bewußtseins (→ *Bewußtsein, gesellschaftliches*) in seinen politischen, juristischen, philosophischen, wissenschaftlichen, künstlerischen, moralischen und anderen Formen und den entsprechenden Anschauungen. »In der gesellschaftlichen Produktion ihres Lebens gehen die Menschen bestimmte notwendige, von ihrem Willen unabhängige Verhältnisse ein, Produktionsverhältnisse, die einer bestimmten Entwicklungsstufe ihrer materiellen Produktivkräfte entsprechen. Die Gesamtheit dieser Produktionsverhältnisse bildet die ökonomische Struktur der Gesellschaft, die reale Basis, worauf sich ein juristischer und politischer Überbau erhebt und welcher bestimmte gesellschaftliche Bewußtseinsformen entsprechen. Die Produktionsweise des materiellen Lebens bedingt den sozialen, politischen und geistigen Lebensprozeß überhaupt. Es ist nicht das Bewußtsein der Menschen, das ihr Sein, sondern umgekehrt ihr gesellschaftliches Sein, das ihr Bewußtsein bestimmt.« (K. Marx) Die Kategorien B. u. Ü. widerspiegeln den gesetzmäßigen Zusammenhang und die

Wechselwirkung zwischen den grundlegenden ökonomischen Verhältnissen und den ihnen entsprechenden Institutionen und Anschauungen einer Gesellschaftsformation. In ihren allgemeinsten Gesetzmäßigkeiten (→ *Gesetz*) treffen sie auf alle Gesellschaftsformationen zu. Jedoch haben B. u. Ü. jeder einzelnen Gesellschaftsformation ihre grundlegenden Besonderheiten, ebenso wie die gesetzmäßigen Beziehungen zwischen ihnen. Die Basis einer Gesellschaft wird durch den Entwicklungsstand der Produktivkräfte bestimmt und wirkt ihrerseits auf die Produktivkräfte zurück, indem sie ihre Entfaltung fördert oder aber – im Gefolge tieferer Widersprüche zwischen dem Entwicklungsstand der Produktivkräfte und den Produktionsverhältnissen – diese hemmt. Werden die bestehenden Produktionsverhältnisse zur Fessel für eine Weiterentwicklung der Produktivkräfte, dann sind gesetzmäßig die Bedingungen zur Beseitigung der Basis der alten Gesellschaft und zur Errichtung der Basis der neuen Gesellschaft herangereift. Die historisch notwendig gewordene Umwälzung der Basis erfolgt in der antagonistischen Klassengesellschaft im revolutionären Klassenkampf der mit der Entwicklung der Produktion verbundenen, aufsteigenden sozialen Kräfte und wird in der sozialen Revolution vollzogen. Dabei werden zugleich die entscheidenden institutionellen Elemente des neuen Überbaus (vor allem des Staates) geschaffen. Beim Übergang von einer Klassengesellschaft zur anderen wird die alte Basis im allgemeinen beseitigt, ohne gleichzeitig die alten Produktionsverhältnisse völlig zu beseitigen; ihre Überreste (z. B. feudale Verhältnisse im Kapitalismus) bleiben oft noch lange Zeit in der neuen Gesellschaft erhalten. Das ist dadurch begründet, daß in Gesellschaftsformationen, die auf dem Privateigentum an den Produktionsmitteln begründet sind, Ausbeutungsverhältnisse verschiedenen Typs herrschen. Grundsätzlich unterschieden davon ist der Übergang vom Kapitalismus zum Sozialismus. Die sozialistische Revolution schafft völlig neue Produktionsverhältnisse; diese sind dadurch gekennzeichnet, daß sie auf dem gesellschaftlichen Eigentum an den Produktionsmitteln beruhen und mit keinerlei Verhältnissen der Ausbeutung vereinbar sind. Für den Aufbau der sozialistischen Gesellschaftsformation bedeutet das die rasche Entwicklung und Festigung der sozialistischen Basis, die völlige Beseitigung der kapitalistischen Basis und die allmähliche Überführung der verschiedenartigen Formen der kleinen Warenwirtschaft in sozialistische Produktionsverhältnisse. Der Überbau wird in seinem institutionellen und ideologischen Inhalt durch die Basis bestimmt, obwohl er sich relativ selbständig entwickelt. Er ist nicht ausschließlisch eine Widerspiegelung der jeweiligen Basis, aber sein gesamter Inhalt ist durch die Basis geformt, wenn er z. B. Bereiche widerspiegelt, die über die ökonomischen Verhältnisse hinausgehen oder wenn er Gedanken vergangener Gesellschaftsformationen weiterführt. Die verschiedenen Überbauerscheinungen bilden ein einheitliches System untereinander verbundener gesellschaftlicher Erscheinungen. Sie unterliegen allgemeinen Entwicklungsgesetzen und reflektieren auf spezifische Weise ihre ökonomische Grundlage. Der

Überbau in der antagonistischen Klassengesellschaft ist, ebenso wie deren Basis, durch tiefe antagonistische Widersprüche gekennzeichnet. Auf der Grundlage solcher Klassenverhältnisse, »auf den verschiedenen Formen des Eigentums, auf den sozialen Existenzbedingungen erhebt sich ein ganzer Überbau verschiedener und eigentümlich gestalteter Empfindungen, Illusionen, Denkweisen und Lebensanschauungen. Die ganze Klasse schafft und gestaltet sie aus ihren materiellen Grundlagen heraus und aus den entsprechenden gesellschaftlichen Verhältnissen.« (K. Marx) Der Einfluß des Überbaus auf die Basis ist aktiver Natur, denn »die verschiedenen Momente des Überbaus – politische Formen des Klassenkampfes und seine Resultate – Verfassungen, nach gewonnener Schlacht durch die siegende Klasse festgestellt usw. – Rechtsformen und nun gar die Reflexe aller dieser wirklichen Kämpfe im Gehirn der Beteiligten, politische, juristische, philosophische Theorien, religiöse Anschauungen und deren Weiterentwicklung zu Dogmensystemen üben auch ihre Einwirkung auf den Verlauf der geschichtlichen Kämpfe aus und bestimmen in vielen Fällen vorwiegend deren Form. Es ist eine Wechselwirkung aller dieser Momente, worin schließlich... als Notwendiges die ökonomische Bewegung sich durchsetzt.« (F. Engels) Die Entwicklung der Basis wird durch den Überbau entweder gefördert oder gehemmt. Zwar besteht die Hauptfunktion des Überbaus darin, die Basis zu festigen und zu schützen, doch ist die aktive Rolle des Überbaus nicht darauf beschränkt. Die Funktion des Überbaus in der antagonistischen Klassengesellschaft z. B. ist zwiespältig. Mittels der entscheidenden und herrschenden Elemente des Überbaus, die sich in der Verfügungsgewalt der herrschenden Klasse befinden (insbesondere der Staat, die Justiz und die herrschenden politischen Parteien), sichert die herrschende Klasse mit allen Mitteln den Bestand der bestehenden Gesellschaftsordnung, d. h. vor allem deren ökonomische Basis. Im Überbau der Klassengesellschaft existieren gleichzeitig die Ideologien und Institutionen der unterdrückten Klasen, die die Funktion haben, die alte Basis und die Elemente des Überbaus, die diese schützen, zu vernichten. So sind die Institutionen und Anschauungen der Arbeiterklasse, z. B. die Partei der Arbeiterklasse und ihre marxistisch-leninistische Ideologie, im Kapitalismus darauf gerichtet, die alte Basis zu untergraben, ihre Umwälzung herbeizuführen und zugleich den herrschenden Elementen des Überbaus entgegenzuwirken. Mit der Ablösung der Basis einer gegebenen Gesellschaftsformation durch die neue erfolgt auch die Umwälzung des Überbaus. Der grundlegende Schritt dabei ist die Herstellung neuer Machtverhältnisse, die vollständige Übernahme der Macht durch die die neue Gesellschaft begründende progressive Klasse. Die neue Staatsmacht und die in der alten Gesellschaftsformation ausgebildeten Ideologien und Institutionen der progressiven Klasse bilden den Kern des neuen Überbaus, dessen Charakter durch die neue Klasse bestimmt wird. Die Umwälzung des alten Überbaus bedeutet, daß die reaktionären Institutionen und Ideen, die zum Schutz der alten Gesellschaft bestanden, beseitigt werden. Zugleich erfolgt die Umgestaltung der kulturellen, wissenschaftlichen, erzieherischen Institutionen entspr. den Bedürfnissen der neuen Gesellschaft und damit ihre Integration als Elemente des neuen Überbaus. Ebenso gehen Teile des ideellen Erbes (kulturelle, wissenschaftliche, ethisch-moralische Werte u. a.) in den neuen Überbau ein, werden wiederum nach den Bedürfnissen der neuen Gesellschaft angeeignet, aufgehoben und assimiliert. Beim Übergang vom Kapitalismus zum Sozialismus verstärkt sich die aktive Rolle des Überbaus, erlangt sie eine größere Bedeutung und erreicht eine neue Qualität. Das ist in der Besonderheit begründet, daß im Schoß der kapitalistischen Gesellschaft keine Formen sozialistischer Produktionsverhältnisse entstehen und daß in der sozialistischen Revolution zunächst die proletarische Staatsmacht geschaffen wird, die als wichtigstes Instrument für die Schaffung der völlig neuen Produktionsverhältnisse und für deren Weiterentwicklung dient. In diesem Prozeß der planmäßigen und bewußten Gestaltung der sozialistischen Gesellschaftsformation haben der Überbau, insbesondere seine wesentlichen Elemente, die marxistisch-leninistische Partei, der sozialistische Staat, die sozialistische Ideologie und Kultur usw. überragende Bedeutung. Wenn auch die Basis in letzter Instanz den bestimmenden Faktor in der Wechselwirkung von B. u. Ü. darstellt, so ist es doch für die Entwicklung des gesellschaftlichen Systems des Sozialismus von entscheidender Bedeutung, daß die Elemente des Überbaus an der richtigen Gestaltung dieser Wechselbeziehungen hinsichtlich ihrer Effektivität mitwirken. Die ständig in der Praxis der sozialistischen Gesellschaft sich entwickelnden neuen Prozesse erfordern die kontinuierliche Qualifizierung der Prognose-, Planungs- und Leitungstätigkeit sowie die Verbesserung der politisch-ideologischen und geistig-kulturellen Erziehungsarbeit. Die Entwicklung der Basis hängt von der richtigen, wissenschaftlich begründeten Politik des Überbaus ab, wobei der Inhalt dieser Politik stets durch den erreichten Entwicklungsstand der ökonomischen Basis, durch ihre Gesetzmäßigkeiten und Möglichkeiten bestimmt wird. In diesem Zusammenhang müssen auch die Beziehungen zwischen der Kultur und dem Verhältnis von B. u. Ü. gesehen werden. Die marxistisch-leninistische Auffassung von der → *Kultur* betont und beweist den Klassencharakter der Kultur. Die Kultur ist immanenter Bestandteil einer Gesellschaftsformation und trägt in ihren wesentlichen Elementen Überbaucharakter. Inhaltlich decken sich Überbau und Kultur einer Gesellschaftsformation in wesentlichen Bereichen, obwohl die Kultur als Ganzes nicht nur dem Überbau angehört. Kulturelle Erscheinungen, wie z. B. künstlerisch-ästhetische, philosophische, ethisch-moralische Ideen und die entsprechenden Institutionen sowie die Institutionen des Bildungs- und Erziehungswesens, sind Erscheinungen des Überbaus. Außerhalb des ideologischen und politischen Überbaus verbleiben wesentliche Teile der objektiven Kultur, z. B. die Technik als ein Teil der in der gesellschaftlichen Produktion geschaffenen materiellen Güter oder naturwissenschaftlich-technische Erkenntnisse, die als indifferent gegenüber den Klassen zu bezeichnen sind, wenngleich die Klassen sich gegenüber diesen Erkenntnissen nicht indifferent verhalten. Diese finden wir als Elemente der Produktivkräfte. Da das gesellschaftliche Sein nicht nur durch B. u. Ü. erfaßt wird, müssen Elemente der Kultur (z. B. die natürliche, vom Menschen durch seine Tätigkeit gestaltete Umwelt, die Landschaft als Kulturlandschaft) als außerhalb dieser beiden Kategorien existierend betrachtet werden. Die Kultur der Gesellschaftsformation existiert sowohl in den Produktivkräften und der ökonomischen Basis als auch im politisch-ideologischen Überbau. Sie verbindet das gesellschaftliche Sein mit dem gesellschaftlichen Bewußtsein und ist objektives, im gesellschaftlichen Sein verwirklichtes Bewußtsein. Als Seite der gesellschaftlichen Lebenstätigkeit durchdringt sie alle Bereiche des gesellschaftlichen Daseins und wird in ihrem Charakter durch das Verhältnis von B. u. Ü. bestimmt.

(Quelle: Kulturpolitisches Wörterbuch. Berlin (DDR) 1970 – S. 50–53)

Text 5 (zu Kapitel 3.3)

Abbildtheorie: materialistische Lehre von der Erkenntnis als einer Abbildung oder Widerspiegelung der objektiven Realität im menschlichen Bewußtsein. In ihrer dialektisch-materialistischen Ausprägung ist die A. das Kernstück der marxistisch-leninistischen Erkenntnistheorie. Sie geht davon aus, daß der Gegenstand der Erkenntnis, die objektive Realität, unabhängig und außerhalb vom erkennenden Subjekt, dem gesellschaftlichen Menschen, existiert und von diesem in einem komplizierten Erkenntnisprozeß auf der Grundlage der → *Praxis* bewußtseinsmäßig erfaßt und in ideellen Abbildern, wie Empfindungen, Wahrnehmungen, Begriffen, Urteilen, Theorien usw., widergespiegelt wird, d. h., das Materielle wird im Menschenkopf in Ideelles umgesetzt und übersetzt (K. Marx). Die materialistische Beantwortung der Grundfrage der Philosophie impliziert in erkenntnistheoretischer Hinsicht in dieser oder jener Form eine A. Dergestalt sind in der Geschichte der Philosophie die verschiedenen Ausgestaltungen der A. meist von materialistischen Philosophen entwickelt worden. Die A. des dialektischen Materialismus, die von K. Marx und F. Engels geschaffen und von W. I. Lenin weiterentwickelt wurde, bedeutet eine qualitativ neue Stufe in der Entwicklung der materialistischen Erkenntnistheorie: Sie erfaßt im Unterschied zu allen anderen Erkenntnistheorien den sozialen Charakter und die soziale Determiniertheit des Abbildungsprozesses (→ *Abbild*). Die gesellschaftliche Praxis in ihren vielfältigen Formen ist die Grundlage, auf welcher der Abbildungsprozeß im menschlichen Bewußtsein erfolgt. Die Praxis ist auch das letzte und entscheidende Kriterium, das es gestattet, zu prüfen, inwieweit die Abbilder mit dem Abgebildeten übereinstimmen, um sie fortlaufend zu korrigieren und zu präzisieren. Das menschliche Erkenntnisvermögen, der Apparat, mit dessen Hilfe die Abbildung der objektiven Realität erfolgt, ist nicht nur ein Ergebnis der biologischen Evolution und Anpassung, sondern vor allem der gesellschaftlichen Entwicklung. »Die Bildung der fünf Sinne ist eine Arbeit der ganzen bisherigen Weltgeschichte.« (K. Marx) Ebenso erhält auch der Gegenstand der Erkenntnis, infolge der Veränderung der Natur durch die Gesellschaft, in wachsendem Maße sozialen Charakter. Da die dialektisch-materialistische A. den historischen Materialismus zu ihrer philosophischen Grundlage hat, kann sie den Abbildungsprozeß in seiner gesellschaftlichen Bedingtheit richtig erfassen, während die früheren A. ihn schon von ihrer philosophischen Grundlage her nur in seiner individuellen, vereinzelten und darum abstrakten Gestalt nehmen konnten. Die marxistisch-leninistische A. hat, im Unterschied zu der ihrem Wesen nach undialektischen Auffassung der früheren Materialisten, den dialektischen Charakter des Abbildungsprozesses klar herausgearbeitet. Das Erkennen ist kein mechanischer Vorgang, sondern ein komplizierter Prozeß, der voller dialektischer Widersprüche ist. Er umschließt die widersprüchliche Einheit von Objektivem und Subjektivem, von Unmittelbarkeit und Vermittlung, von Sinnlichem und Rationalem, von Allgemeinem und Einzelnem, von Abstraktem und Konkretem, von Empirischem und Theoretischem. Dementsprechend sind auch die im Erkenntnisprozeß entstehenden Abbilder der objektiven Realität keine mechanischen Kopien, sondern komplizierte Übersetzungen gemäß den spezifischen Gesetzen der menschlichen Erkenntnistätigkeit. Aber es besteht eine eindeutige Beziehung zwischen den Abbildern und dem Abgebildeten, eine Isomorphie, die in den verschiedenen Abbildformen unterschiedliche Gestalt annimmt. Auch für die → *Ästhetik* gilt die Zuordnung von Materialismus und A. Für die materialistische Ästhetik ist die Kunst ein Abbild der Wirklichkeit. Im griechischen Altertum hat bereits Demokrit seine materialistische A. auf die Kunst bezogen. Die Poetik des Aristoteles hat mit ihrer Bestimmung der Kunst als Nachahmung (→ *Mimesis*) das ästhetische Denken der folgenden Jahrhunderte nachhaltig beeinflußt. Nach dem vom Idealismus beherrschten Mittelalter brachte die Epoche der bürgerlichen Revolution, beginnend mit der italienischen Renaissance, die materialistische A. auch in der Ästhetik wieder zur Geltung. Sowohl die Kunsttheoretiker der Renaissance als auch die Ästhetiker der Aufklärung stützten sich im wesentlichen auf eine materialistische A., die für sie ein Bestandteil des ideologischen Kampfes gegen den religiösen Idealismus der mittelalterlichen Feudalepoche war. Die bis in die deutsche Klassik hineinwirkende Bestimmung der Kunst als Nachahmung der Natur brachte auch die Auseinandersetzung mit der Naturfeindlichkeit des Mittelalters und die mit dem Aufschwung der neuen Produktivkräfte gewonnene neue Sicht der Natur zum Ausdruck. Der Naturbegriff beinhaltet zugleich die Polemik gegen die erstarrten gesellschaftlichen Herrschaftsverhältnisse des Feudalzeitalters, die der Entfaltung des bürgerlichen Individuums im Wege standen. Die Ästhetik der Aufklärungsepoche vermochte es aber noch nicht, eine A. zu entwickeln, die der Spezifik des künstlerischen Abbildes gerecht wurde. Ansätze dazu finden sich erst in der Spätphase der Aufklärung, die mit der Klassik eng verbunden ist. G. E. Lessing und J. G. Herder entwickelten schon wesentliche Bestimmungen, die einer spezifisch auf die Kunst bezogenen A. den Weg bahnten. Zur Herausbildung einer spezifisch ästhetischen A. haben die Klassiker der deutschen Literatur und Philosophie wesentlich beigetragen. Die klassischen deutschen Philosophen I. Kant, J. G. Fichte, F. W. Schelling und G. W. F. Hegel konnten allerdings innerhalb ihrer idealistischen Systeme keine materialistische A. entwickeln. Während die vormarxistische A. in der Ästhetik durch ihren undialektischen, auf dem mechanischen Determinismus beruhenden Charakter gekennzeichnet ist, entwickelten K. Marx und F. Engels erstmals auch die Grundzüge einer ästhetischen dialektisch-materialistischen A. Damit war zugleich der Weg zu einer auf die Spezifik des künstlerischen Abbildes gerichteten A. eröffnet. Die A. der marxistisch-leninistischen Ästhetik faßt die Kunst nicht mehr als eine niedere, bildhafte Form der Wahrheitsvermittlung auf, sondern als relativ selbständige Form des gesellschaftlichen Bewußtseins, das die Wirklichkeit unter dem wertenden Aspekt der Betätigung und Bestätigung des Individuums als Gemeinschaftswesen widerspiegelt. Sie ist dadurch in der Lage, die spezifische Dialektik des Subjektiven und des Objektiven in der Kunst voll zu begreifen. Die Entwicklung der A. in der Ästhetik ist eng mit der Entwicklung der Theorie und Praxis des → *Realismus* verbunden. Die A. der marxistischen Ästhetik ist Gegenstand heftiger Angriffe seitens der modernen bürgerlichen Ästhetik und der Ästhetik des Revisionismus. Ein Hauptzug dieser Angriffe ist es, die Widerspiegelungsfunktion (→ *Widerspiegelung*) der Kunst zu leugnen und ihr das künstlerische Schöpfertum entgegenzustellen, das angeblich eigenen Gesetzen und nicht denen der Wirklichkeit folgt. Die Kunst wird somit zu einem autonomen Bereich erklärt, in dem eine neue, eigene Welt geschaffen wird, die an der Wirklichkeit nicht gemessen werden kann. Damit wird die materialistische A. prinzipiell preisgegeben und die Wahrheit (→ *Wahrheit, künstlerische*) aus der Kunst ausgeschlossen. Die Grundsätze der dialektisch-materialistischen A. in der marxistischen Ästhetik werden durch Erkenntnisse moderner Wissenschaften, wie Kybernetik, Informationstheorie und Semiotik, bestätigt und präzisiert.

(Quelle: Kulturpolitisches Wörterbuch, a.a.O., S. 9–11)

Text 6 (zu Kapitel 4.1)

Rede W. Ulbrichts auf der 1. Bitterfelder Konferenz (Auszüge)

»[...] Wir sind der Meinung, daß es gerade die Gegenwartsaufgabe des Schriftstellers ist, das Neue in der gegenwärtigen sozialistischen Umgestaltung, in der Entwicklung des gesamten wirtschaftlichen und kulturellen Lebens, der neuen Beziehungen der Menschen, des neuen gesellschaftlichen

Lebens zu gestalten. Aber was heißt das? Das heißt, daß Schriftsteller und Künstler selbst am sozialistischen Aufbau teilnehmen; denn das Neue erkennen, begreifen, aufspüren und schöpferisch darstellen, das kann der Schriftsteller am besten, der selbst an den Brennpunkten der Entwicklung des neuen Lebens wirkt und tätig ist.

In dem der Schriftsteller das Neue in der Entwicklung der sozialistischen Gesellschaft künstlerisch gestaltet, begeistert er die Menschen für die Erfüllung hoher Aufgaben. Er bringt ihnen das Neue zum Bewußtsein und trägt zu größeren Leistungen und gleichzeitig zur Beschleunigung der Entwicklung bei. [...]

Wir haben mit vielen Schriftstellern darüber gesprochen, wie sie das Neue gestalten können. Ich bin zu demselben Resultat gekommen, wie es Genossin Hastedt darstellte. Es ist notwendig, daß der Schriftsteller, der das Neue in der Entwicklung der Menschen gestaltet, in Verbindung mit der Lösung der großen Produktionsaufgaben, in Zusammenarbeit mit einer Gruppe von Arbeitern oder auch Angehörigen der technischen Intelligenz – je nachdem, wie das Thema ist – diese ganzen Probleme studiert und ausarbeitet.

Die Genossin Hastedt hat die Arbeit sehr gründlich gemacht. Sie hat dem Aktivisten Sepp Zach, der aus der kapitalistischen Zeit keine hohe Bildung mitbrachte, geholfen, sich eine höhere kulturelle Bildung anzueignen, und er selbst sagt, wie er sich gewandelt hat, wie er selbst auch zu einem neuen Menschen geworden ist. Er war ein typischer Aktivist, aber ein Aktivist, der noch nicht das Gesicht der herrschenden Klasse, der Arbeiterklasse in der DDR verkörperte, weil zur herrschenden Klasse eine noch höhere Bildung gehört – das gilt für den Bergarbeiter, und das gilt für den Chemiearbeiter. [...]

Das heißt, wir alle zusammen – vom Arbeiter bis zum Minister – müssen hinzulernen – und sehr viel. Diese ideologische Umwandlung, diese Vorwärtsentwicklung wird schneller gehen, wenn uns die Schriftsteller, die Künstler dabei helfen, und sie wird langsamer gehen, wenn sie uns nicht helfen.

Ich will ganz offen sagen: Es geht zu langsam! Die Aktivisten, die Mitglieder der Brigaden der sozialistischen Arbeit haben ein schnelleres Tempo als ein Teil unserer Schriftsteller und unserer Künstler. Aber es kann doch niemand sagen, daß die Arbeiter eine höhere Bildung als die Schriftsteller und Künstler haben, daß es diesen an den notwendigen Kenntnissen fehlte.

Ich möchte also unterstreichen, daß wir die Aufgaben der Schriftsteller in den Rahmen der sozialistischen Umwälzung, in den Rahmen der Lösung der ökonomischen Hauptaufgabe stellen, die das Ziel hat, das Übergewicht gegenüber Westdeutschland in bezug auf den Pro-Kopf-Verbrauch der Bevölkerung und im Kampf um das wissenschaftlich-technische Weltniveau zu erreichen. Selbstverständlich brauchen wir dieses Tempo der ideologisch-kulturellen Entwicklung der Deutschen Demokratischen Republik nicht etwa nur, um das Leben der Werktätigen schöner zu gestalten, und deshalb, weil der Sozialismus nicht anders zum Sieg geführt werden kann, sondern auch, weil wir auf allen Gebieten der Kultur die absolute Überlegenheit gegenüber Westdeutschland in den nächsten Jahren unter Beweis stellen müssen. Das gilt für alle Zweige der Kunst. [...]

Die Grundlage für die neue sozialistische Nationalliteratur besteht in den neuen Produktionsverhältnissen in Industrie und Landwirtschaft und in der Existenz der Arbeiter-und-Bauern-Macht. Auf dieser Grundlage sind für die Entwicklung neuer menschlicher Beziehungen und wahrer Menschlichkeit Bedingungen geschaffen worden, die unsere Schriftsteller und Künstler zu großen Leistungen befähigen.

Das von kapitalistischer Ausbeutung und Unterdrückung befreite Volk gestaltet eine höhere, eine sozialistische Kultur, die zugleich eine systematische Weiterentwicklung der besten humanistischen Ideen und Traditionen unseres Volkes enthält. Unser Siebenjahrplan ist nicht nur ein Plan der Entwicklung der Produktion und des Verbrauches von Konsumgütern. Er ist gleichzeitig der Plan der Entwicklung des neuen sozialistischen Lebens. Und künstlerische Leistung ist nicht nur ein Mittel, um bei der Erfüllung der Aufgaben zu helfen, sondern ein integrierender Bestandteil des ganzen Planes, der zum Sieg des Sozialismus führt. [...]

Die Anregungen, die durch künstlerisch-literarische Werke sozialistischen Inhalts den breiten Massen des Volkes gegeben werden, gehen in zwei Richtungen:

1. Der Leser wird von den Helden der Romane und künstlerischen Werke oder von der Schönheit der Lyrik zur Nacheiferung angeregt.
2. Der schreibende Arbeiter und Leser wird dadurch ermutigt, selbst zu versuchen, die Fragen, die ihn bewegen, mit künstlerischen Mitteln darzustellen.

Die Kulturkonferenz unserer Partei leitete eine ideologische Auseinandersetzung über literarische Probleme ein. Die bisherigen Erlebnisse dieser Entwicklung bestehen darin, daß der Revisionismus auf literarischem und ästhetischem Gebiet zurückgedrängt wurde.

Es gab einige Konferenzen im vorigen Jahr, die schon positive Ergebnisse hatten. Sie zeigten aber gleichzeitig Schwächen, die unter den Schriftstellern und Künstlern bis heute noch nicht voll überwunden sind. Es ist so, daß manche Schriftsteller und Künstler die wichtigste Frage, die Frage der ideologischen Klarheit, noch immer als Nebensache betrachten, das Beschäftigen damit eher als Hindernis für ihr künstlerisches Schaffen ansehen.

Aber die mangelhafte Kenntnis der marxistisch-leninistischen Theorie spiegelt sich in den künstlerischen Werken wider, sie erzeugt Oberflächlichkeit und Gedankenarmut, wenn nicht sogar falsche und revisionistische Tendenzen.

Ein Schriftsteller kann nur Bedeutendes leisten, wenn er die Gesetze der gesellschaftlichen Entwicklung kennt und erfüllt ist von der tiefen wissenschaftlichen Überzeugung, von der Gerechtigkeit und der Siegesgewißheit der Sache des Sozialismus und Kommunismus. [...]

Der Schriftsteller und das Kollektiv

[...] Glaubt einer der Genossen Schriftsteller, daß es möglich ist, große Kunstwerke zu schaffen ohne jede Kollektivität der Arbeit? Das ist nicht möglich. Der junge Schriftsteller, der im Betrieb das neue Leben studiert, mit den Arbeitern spricht, sich mit ihnen berät und – wie hier in der Diskussion geschildert wurde – sozusagen dieses literarische Werk mit ausarbeitet, hat einen großen Kreis von Mitarbeitern, von Kritikern. Diese haben ihm geholfen.

(Quelle: »Neues Deutschland«, Ost-Berlin v. 15. 5. 1959)

Text 7 (zu Kapitel 4.1)

Eine neue Etappe unserer Kulturrevolution
Rede Alfred Kurellas auf der 1. Bitterfelder Konferenz (Auszüge)

Wir können es uns heute leisten, auf lange Zeiten voraus zu planen: Der Weg unserer Entwicklung liegt klar vor uns. Klar ist die Richtung, in der er verläuft, und klar ist der gesellschaftliche Inhalt dieser Entwicklung. Es ist eine sozialistische Zukunft, auf die wir uns orientieren, es ist ein sozialistisches Deutschland, um dessen Kultur wir uns bemühen. Daß es sich dabei um eine friedliche Zukunft und ein friedliches Deutschland handelt, brauche ich kaum zu sagen, denn die untrennbare Verbundenheit von Sozialismus und Frieden ist für uns ein unerschütterlicher Grundsatz.

Um die Lösung der »ökonomischen Hauptaufgabe« wird heute überall in der DDR gerungen. Zehntausende von Bestarbeitern sind beschäftigt, um durch die Hebung des technisch-wissenschaftlichen Niveaus der Produktion, durch die Rekonstruktion der Betriebe, durch Einsparung von Material, durch Beseitigung von Verlustzeiten, durch Verbesserung der Technologie, durch zahlreiche speziellere Neuerermethoden in einen großen Wettbewerb der einzelnen, der Brigaden und Betriebe zu einer schnelleren Erfüllung der Pläne auf hohem qualitativen Niveau einzugreifen. Für eine ständig wachsende Zahl von Menschen werden Überlegungen und Bemühungen dieser Art, wird eine neue, die sozialistische Einstellung zur eigenen und zur Gemeinschaftsarbeit zum Lebenselement.

Die persönliche Sorge um die Steigerung der Produktivität der eigenen Arbeit, das Entstehen eines tieferen Verständnisses für die Beziehung zwischen persönlicher Arbeitsleistung, gemeinschaftlichem Nutzen und persönlichem Nutzen als Erscheinung im Alltagsleben unserer Werktätigen – das ist etwas wirklich Neues.

[...]

In der Kulturpolitik unserer Partei spielten diese Überlegungen eine besondere Rolle. In seinem Referat auf dem V. Parteitag unserer Partei erklärte Genosse Walter Ulbricht: »Die weitere sozialistische Erziehung der Kulturschaffenden einerseits und der kulturbedürftigen Massen andererseits kann nur in der Praxis eines vielgestaltigen, reichen Kulturlebens erfolgen.«

Und im Beschluß des Parteitages zu diesem Referat, der unter anderem von der Entstehung eines »neuen von hoher Kultur und Kunst getragenen Lebensstils der sozialistischen Gesellschaft« spricht, wird zur Überwindung der »noch vorhandenen Trennung von Kunst und Leben, der Entfremdung zwischen Künstler und Volk« zweierlei gefordert: »einerseits, daß die kulturellen Bedürfnisse der Massen auf einem höheren Niveau Befriedigung finden, so daß Unterhaltung und Kultur wieder vereinigt und in den Dienst der sozialistischen Bewußtseinsbildung gestellt werden [...] andererseits, daß die Kultur- und Kunstschaffenden sich entschieden der künstlerischen Lösung der Aufgaben widmen, die die sozialistische Kulturrevolution ihnen stellt«.

Der Entwicklung und Förderung eines solchen Kulturlebens galt und gilt seitdem unser besonderes Bemühen. Eingedenk der Leninschen Mahnung, daß die Arbeiterklasse und ihre Partei nach der Machtübernahme zur »führenden Kraft im Staat, das heißt für das ganze Volk« wird, wurde dabei das Ziel verfolgt, einerseits wirklich eine Volkskultur zu fördern, die sich an die breitesten Schichten der Bevölkerung wendet, andererseits aber die Interessen, die Gedanken und Gefühle der klassenbewußten Arbeiterschaft mehr und mehr zum bestimmenden Faktor eines solchen Kulturlebens zu machen. Es ging dabei zum Teil um die Lösung elementarer, scheinbar primitiver Aufgaben. Aber es ist von großer Bedeutung für unsere ganze Kulturentwicklung, daß es uns zum Beispiel gelungen ist, die Losung vom »lesenden Arbeiter« immer mehr durchzusetzen.

[...]

Die Forderung, dem Gegenwartsthema, dem heutigen Leben, den entscheidenden Teilen unseres Volkes größere Aufmerksamkeit zu widmen, ist nicht neu. Sie wurde zum letztenmal auf dem IV. Kongreß des Deutschen Schriftstellerverbandes sehr deutlich erhoben und auf der ein Jahr später stattgefundenen Konferenz ausdrücklich wiederholt. Es ist kein Geheimnis, daß diese Forderung von einem großen Teil unserer Schriftsteller immer noch als unverbindlich, als »äußerlich«, ja manchmal sogar als kunstfremd betrachtet wird. Wird die Empfehlung aber befolgt, so bleibt es häufig bei einer rein subjektiven, äußerlichen Behandlung des Themas.

[...]

Wir stehen nicht an zuzugeben, daß wir noch keine Kunst besitzen, die die Gedanken und Gefühle der Arbeiterklasse mit der Vollendung und der Schönheit zum Ausdruck gebracht hat, wie es in der Renaissance bei der Bourgeoisie der Fall war. Für jemanden, der nicht in historischen Analogien denkt, sondern die geschichtliche Entwicklung in ihrer Konkretheit betrachtet, ist das auch nicht verwunderlich. Die Bourgeoisie konnte sich, wie schon gesagt, im Laufe einiger Jahrhunderte im Schoß der Feudalgesellschaft wirtschaftlich und als soziale Gruppe entwickeln; sie produzierte dabei eine eigene Ideologie und konnte eine ausgebildete Kultur aufweisen, als sie zur politischen Macht kam.

[...]

Was konnte man dagegen von der Arbeiterklasse, vom Proletariat erwarten, das unter den unmenschlichsten Bedingungen in die Geschichte eintrat, von der Kultur ausgeschlossen blieb, systematisch nicht nur in Unwissenheit gehalten, sondern auch moralisch gedemütigt und korrumpiert und in einem Gefühl der Minderwertigkeit erzogen wurde? Man muß sich mal klarmachen, was es bedeutete, daß die industrielle Arbeiterschaft unter diesen Umständen schon so bald nach ihrem Entstehen imstande war, zu politischem Klassenbewußtsein zu kommen, das ihr erlaubte, in historisch kürzester Frist mit dem Sturm auf die politische Macht zu beginnen und nach nur wenigen Niederlagen im Weltmaßstab zu siegen.

Wir können stolz auf den Beitrag sein, den Deutschland zu der Mobilisierung revolutionärer Kulturkräfte für den Kampf des Proletariats zur Eroberung und den Ausbau der politischen Macht beigesteuert hat. Es gibt kaum ein Land der Erde, wo, im Stadium des Kampfes um die Macht, einerseits eine so große Anzahl von Künstlern bürgerlicher Herkunft für die Sache der sozialistischen Revolution gewonnen wurde und wo andererseits schon in diesem Stadium aus den Reihen der Klasse selbst Künstler auftraten, denen es vergönnt war, auf diese Weise ein ganz neues Element in die Weltkunst einzuführen. In wohl keinem Lande war auch die Zahl der Künstler, vor allem Schriftsteller so groß, die zur Zeit der Hitlerherrschaft in die Emigration gingen, die an den Fronten in Spanien, im Maquis und in der Bewegung »Freies Deutschland« in der Sowjetunion für den Sieg über Hitler kämpften.

Das war unser großes Plus in der kulturellen Entwicklung nach 1945. Aus den Erfahrungen des vergangenen Vierteljahrhunderts bezog die kulturelle Aufbauarbeit in den ersten Jahren ihren Schwung, und aus ihnen schöpften die Künstler die Ideen und Stoffe für die Werke, die in den ersten Jahren erschienen.

Wie kommt es dann, muß man sich fragen, daß später – und gerade in dem Maße wie unsere junge Republik erstarkte, wie die Arbeiterklasse unter Führung von Regierung und Partei das volksdemokratische Regime ausbaute und schließlich klaren Kurs auf den Sozialismus nahm – immer deutlicher Erscheinungen hervortraten, die mit Recht wiederholt als Zurückbleiben der Literatur hinter den großen Aufgaben der allgemeinen sozialistischen Entwicklung bezeichnet werden konnten?

[...]

Wer nicht über den Standpunkt hinausgekommen ist, von dem aus man wohl den Kampf um die politische Macht führen und gewinnen kann, dem fällt es schwer, sich zum tieferen Verständnis der Gesetzmäßigkeit der Strategie und Taktik des sozialistischen Aufbaus heraufzuarbeiten. Und wer dann noch in den Bann jener Theorie gerät, die Georg Lukács in seiner Akademie-Rede 1956 entwickelt hat, der läuft Gefahr, neben dem großen Strom des schnellen sozialistischen Fortschritts stehenzubleiben, verliert jedenfalls die Möglichkeit, diesen großen historischen Vorgang von innen heraus, so unmittelbar, wie es für die Künstler notwendig ist, zu erfassen.

Unsere Partei hat die Gefahr, daß manche unserer besten Künstler mit der historischen Entwicklung nicht Schritt halten könnten, nicht nur rechtzeitig erkannt, sondern immer wieder versucht, den Künstlern Mittel und Wege zur Überwindung eines solchen Zurückbleibens zu zeigen. Es ist uns oft von seiten der Künstler und gerade der Schriftsteller vorgeworfen worden, wir hätten sie theoretisch überfordert. Wir hätten ihnen mit unserer Losung vom Sozialistischen Realismus, als der grundlegenden, einzig wirksamen Methode der modernen sozialistischen Literatur, ein Rezept mitgegeben und Literatur und Kunst bevormundet.

Wir haben oft darauf hingewiesen, daß der Begriff des Sozialistischen Realismus kein dogmatischer Begriff ist, sondern aus der jahrzehntealten Praxis der Arbeiterbewegung abgeleitet ist. Sie hat aus ihrer Mitte diese neue Art von Literatur entstehen lassen, die sich allein als fähig erwiesen hat, den Beitrag zur gesamten Geschichtsentwicklung, zur sozialistischen Bewußtseinsbildung zu leisten, den wir in dieser Periode von den Künstlern erwarten können. Wenn wir also in diesem Zusammenhang vom Sozialistischen Realismus gesprochen haben, war nicht von einem Rezept die Rede, sondern von einigen Grundhaltungen des Künstlers zur Wirklichkeit, die allerdings mit der historischen Entwicklung der Literatur überhaupt und mit der speziellen Entwicklung der Literatur, die die Arbeiterbewegung begleitet, untrennbar verbunden sind. Wenn wir »Rezepte« gegeben haben – und wir haben sie gegeben –, so waren sie nicht-literarischer Art. Das eine lautet:

Haltet Euch auf der Höhe der revolutionären Theorie Eurer Zeit! Arbeitet unermüdlich daran, als denkende Menschen (die Ihr ja doch auch seid), Euer Denken in Einklang mit dem fortgeschrittensten revolutionären Denken zu bringen. Das wird Euch helfen, auch als Künstler, bei der bildhaften Erfassung der Wirklichkeit tiefer in die Dinge einzudringen und den ganzen Reichtum unserer Wirklichkeit für Euer Schaffen fruchtbar zu machen.

Das andere »Rezept« lautet:

Geht dorthin, wo das neue Leben seinen stärksten Pulsschlag hat. Lebt das Leben der Menschen, die heute täglich entscheidend am sozialistischen Aufbau mithelfen. Am besten: Versucht die Lebensform abzulegen, die die bürgerliche Gesellschaft ihren Künstlern aufgezwungen oder aufgeschwatzt hat, paßt Euer eignes Leben dem Leben des Volkes an.

Diese Ratschläge sind heute noch so richtig, wie sie immer waren. Sie zu befolgen verlangt Opfer. Aber in unserer Zeit wird viel verlangt.

[...]

Wir haben auf dem V. Parteitag die Arbeiterklasse aufgefordert, nach dem Staat und der Wirtschaft auch die Höhen der Kultur zu stürmen und von ihnen Besitz zu ergreifen. Wir wissen alle, daß diese Aufforderung die Aufgabe in sich schließt, viele Höhen der Kultur erst selbst zu errichten. Und so ist der schon zitierte Satz zu verstehen: »Die weitere sozialistische Erziehung der Kulturschaffenden einerseits und der kulturbedürftigen Massen andererseits kann nur in der Praxis eines vielgestaltigen reichen Kulturlebens erfolgen.«

Mit der Organisierung eines solchen Kulturlebens haben wir begonnen. Wir können heute schon sagen, daß das keine Sache von morgen und übermorgen ist. Aber die Anfänge sind gemacht, und die Richtung ist deutlich. In der Praxis des Kulturlebens unserer mit wachsenden Ansprüchen auftretenden Werktätigen in Stadt und Land haben wir das »Laboratorium« vor uns, dessen Versuche sowohl dem Schaffen der Künstler als auch dem geistigen und Gefühlsleben der Massen wahrhaft neue Impulse geben wird. Hier liegen die Quellen des eigentlich Neuen für die Zukunft, hier ist das Feld für echte, vorwärtsführende Experimente. Nicht durch die dogmatische Weiterbildung neuer und neuester Errungenschaften der aus bürgerlichen Lebensverhältnissen genährten Künste; nicht durch theoretisches Spintisieren über das »moderne technische Zeitalter«, für das adäquate Formen gefunden werden sollen, die der Kybernetik und der Raumschiffahrt würdig sind; aber auch nicht durch billiges äußerliches Anpassen an allgemeine sozialistische Losungen wird neue sozialistische Kunst sich weiterbilden, sondern eben durch eine solche Begegnung der Künstler mit dem Publikum in einem ständigen, auf lange Sicht angelegten Austausch des Gebens und Nehmens.

Wir rufen alle Künstler, und in unserem Falle hier alle Schriftsteller, auf, sich in diese »Bedienung« des Kulturlebens in Stadt und Land einzureihen. Es gibt dabei ebenso viele große wie kleine Aufgaben. Niemand sollte sich an eine besondere Form der Teilnahme gebunden fühlen, das heißt, niemand sollte sich zu schade sei, an der Kleinarbeit der Kulturtätigkeit eines Wohnbereiches teilzunehmen, aber auch niemand sich für zu schwach halten, große schöpferische Aufgaben zu übernehmen, nach denen die Kultur verlangt.

Wir werden unseren staatlichen Organen empfehlen, allen diesen Formen des Kulturlebens und der Teilnahme der qualifizierten Künstler an ihnen eine ebenso große Aufmerksamkeit zu schenken wie den traditionellen Kunstinstituten und Kulturveranstaltungen. Wir werden mit den verfügbaren Mitteln in erster Linie alles fördern, was diesen Zwecken dient, und werden bei dem Erteilen von Aufträgen und bei der Bezahlung von Vorschüssen, auch beim Aufkauf oder der Auszeichnung von fertigen Werken alles das bevorzugen, was die Entwicklung unserer Kunst in dieser Richtung unterstützt.

Wir sind überzeugt, daß dieser unser Aufruf bei allen Künstlern Gehör finden wird, auch bei denen, die es schwer haben, ihren Platz als Künstler in der wachsenden sozialistischen Wirklichkeit zu finden.

[...]

Mit dem Wachsen des sozialistischen Selbstbewußtseins bei unseren Aktivisten und Neuerern, in den Jugendbrigaden und in der Gemeinschaftsarbeit unserer großen Betriebe entsteht jener Geist, der auch dem jungen Arbeiter und Bauern mit elementarer künstlerischer Begabung Mut machen wird, sich mit Feder und Pinsel, mit Meißel oder Fiedelbogen zu versuchen. Viele Beispiele der jüngsten Zeit zeigen uns, daß schon jetzt viel mehr Talente nicht nur vorhanden, sondern auch am Werke sind. Es ist höchste Zeit, daß wir unsere Anstrengungen vervielfachen, um sie aufzuspüren, zu fördern, anzuleiten und vielfache Formen künstlerischer Betätigung auf jener untersten Ebene unseres neuen Kulturlebens zu schaffen, wo die erste Bewährung und die erste Auslese erfolgen kann. Auch hier werden wir unseren Staatsorganen empfehlen, sich aktiv einzuschalten. Gelingt es dabei, in nicht allzulanger Frist, das organisatorisch zu erfassen und zu lenken, was schon vorhanden ist, so werden wir unser ganzes System der Kunstausbildung ändern können. In Zukunft werden dann, wie es schon bei uns im Institut für Literatur der Fall ist, nur solche jungen Künstler zu einer systmatischen höheren Ausbildung zugelassen werden, die sich bereits in der Praxis unseres Kulturlebens bewährt haben. Dabei wird natürlich den Besonderheiten der reproduktiven Kunstbetätigung Rechnung getragen werden, bei denen eine Spezialausbildung vom frühen Kindesalter an erwünscht oder gar notwendig ist.

Was die Literatur betrifft, so haben wir ja grundsätzlich diesen Weg bereits beschritten. Aber was wir bisher zuwenig getan haben, ist die Anregung schriftstellerischer, ja dichterischer Tätigkeit im breitesten Maße, ist die Wiederweckung und Pflege jener natürlichen Fähigkeit zum schriftlichen Ausdruck auch in gebundener Rede, die in jedem gebildeten Menschen unserer Zivilisationsstufe angelegt ist – und es wird ja nicht mehr lange dauern, daß unsere Gesellschaft nur noch aus solchen »Gebildeten« besteht. In diesem Zusammenhang ist hier auf unserer Tagung das Wort vom »schreibenden Arbeiter« zum Wort vom »lesenden Arbeiter« hinzugekommen. Wir haben ein weites Feld der Praxis vor uns, wo wir den schreibenden Arbeiter bereits am Werke beobachten können, angefangen von den Volkskorrespondenten, von den jungen und älteren Kollegen, die für kleine Laien- und Agitpropgruppen schreiben. Wir haben die Mitarbeit an Betriebszeitungen, an der Kreispresse unserer Partei und der Massenorganisationen. Wir haben verschiedene Formen des improvisierten literarischen Schaffens, wie es jetzt in unserer Jugendbewegung oder in den Klubveranstaltungen zur Geltung kommt.

(Quelle: Neue Deutsche Literatur (NDL) 6/1959, S. 7–19)

Text 8 (zu Kapitel 4.1.)

An die Basis – gegen die Selbstzufriedenheit

[Diskussionsbeitrag Erwin Strittmatters auf der Bitterfelder Konferenz, 24. April 1959, Auszug]

Hans Marchwitza sagt oft von sich: »Ich sollte mehr am Schreibtisch sitzen, aber ich bin zu neugierig auf alles, was in der Republik geschieht.« Eine solche Liebe zum Heutigen und Künftigen möchte ich manchem unserer jungen Schriftsteller wünschen. Wir sind nicht neugierig genug. Ich meine nicht die altweiberliche Neugier, daran fehlt es manchmal bei uns nicht. Ich meine jetzt Neugier, die dem Forscher und Erkunder eigen ist. In unserer Republik wandeln sich die Menschen unaufhörlich, und sie wiederum verwandeln ihre Umgebung, und zwar nach vorwärts. Täglich werden im Gedröhne der Fabrik, im Staub der Bauplätze und auf den Felderweiten der landwirtschaftlichen Produktionsgenossenschaften Heldentaten vollbracht. Und die Helden sind, wie es bei Eduard Claudius heißt, Menschen an unserer Seite. Sehen wir sie? Haben wir den poetischen Begriff »Held der Arbeit« geprägt? Nein, den haben unsere Genossen Politiker geprägt, und sie waren vielfach poetischer als wir.

Weshalb sind Sitzungen langweilig?

Wir klagen, unsere Sitzungen im Schriftstellerverband seien nicht interessant genug, sie langweilen. Weshalb langweilen sie? Weil wir nicht voll von Erlebnissen sind, die wir auf Fahrten und Erkundigungen hatten. Es ist besonders im Berliner Verband schon viel experimentiert worden. Man ließ sich sozusagen Stoffe kommen. Man lud Leute ein, die draußen in der Praxis gut Bescheid wußten, und ließ sich von ihnen erzählen, wie es draußen in der Welt zuging. Da erfuhren wir zuweilen unerhörte Begebenheiten, die nach künstlerischer Gestaltung verlangten. Wir hörten uns diese Begebenheiten an, schnalzten mit der Zunge und sagten: Riesig interessant, aber man hat leider seine Arbeit und weiß nicht, was zuerst machen. Wir benahmen uns also wie die Bürokraten und ließen uns von der Arbeit gefangennehmen, die gerade auf unserem Schreibtisch lag, ohne zu erkennen, was zu gestalten wichtig sei. Wir übersahen die großen Zusammenhänge. Das kann niemals der richtige Weg sein, auf dem wir zu einer verbesserten und volksnahen Literatur kommen können.

Vor einigen Wochen probierten wir etwas Neues. Es kamen 7 oder 8 Schriftsteller zusammen, die Brigaden der sozialistischen Arbeit betreuen und dort mitarbeiten. Auf einmal zeigte sich, daß eine Sitzung durchaus nicht langweilig zu sein braucht. Noch am Schlusse der Versammlung blieben einige beieinander und tauschten ihre Entdeckungen und Erfahrungen aus. Ich habe es schon oft gesagt und sage es hier nochmals: Wer Kontakt mit unserer Wirklichkeit, mit unseren Menschen, kurzum mit unseren heutigen und künftigen Lesern hat, der brauchte nicht krampfhaft nach Themen und Entwürfen für ein neues Werk zu suchen.

Die »harte Schreibweise«

Aber es gibt noch andere Gründe, die die wirklich schöpferische und vorwärtsweisende Diskussion im Verband hemmen. Wir sind soeben dabei, eine Diskussion über die sogenannte »harte Schreibweise« vorzubereiten. Einige unserer jungen und einige unserer nicht mehr ganz jungen Autoren haben sich diese Schreibweise von nicht sehr fortschrittlichen amerikanischen oder westdeutschen Schriftstellern abgeguckt. Sie sagen etwa so: Was faselt ihr davon, daß die Helden unseres Werktages poetische und liebenswerte Menschen sind? Die Realität ist hart. Das Kombinat »Schwarze Pumpe« wird nicht von weißen Lämmern aufgebaut. Na, das gewiß nicht! Es wird aber nicht nur von Radaubrüdern, Säufern, Glücksrittern und von solchen Arbeitern aufgebaut, die ihre Kräfte um der dicken Lohntüte willen verdoppeln und verdreifachen. Vorige Woche sagte ein Kollege in der Mitgliederversammlung des Berliner Verbandes etwa folgendes: Man kann von zwei Enden in einen Betrieb gehen; das eine Mal mit der Absicht, die Menschen in den Produktionsstätten zu verstehen, sie lieben lernen, das andere Mal, als ob man in den Zoologischen Garten geht und naturwissenschaftliche Feststellungen macht. Er sagte das noch etwas krasser. Sogleich aber erhob sich unter den Mitgliedern ein Proteststurm: Ja, wer geht denn so zu den Arbeitern! Man wollte die zweite Art nicht für wahr haben. Und doch gibt es bei uns ein solch literarisches liebloses Herangehen an die Arbeit unserer Werktätigen: Alles Poetisieren der Arbeiter und der Arbeit ist streng verpönt; nackt und kalt wird über Vorgänge und Menschen geschrieben, als seien die Arbeiter Maschinenteile, die zufällig auch denken können.

So etwas Ähnliches drückt sich meines Erachtens auch in der sogenannten »harten« Schreibweise aus.

Kurz und gut: Wir bereiten eine Diskussion über jene Schreibart des »harten Schreibens« vor. Aber schon bei den Vorbereitungen zu dieser Diskussion stellen wir fest, daß darüber bei unseren Kollegen im Vorstand, die von unseren Kollegen als Vorbilder betrachtet werden, keine Klarheit herrscht. Das ist nicht so schlimm, heißt es, wozu über diese Art zu schreiben extra eine Diskussion? Das ist ganz einfach ein künstlerisches Mittel unter anderen. Ich glaube, das Problem ist ernster.

Seitdem ich im Verband sitze und mir langsam einen Überblick verschaffen kann, sehe ich, daß sich unsere jungen Autoren dieser Schreibweise zuwenden und befleißigen. Das Problem ist deshalb ernst, weil unsere Werktätigen instinktiv, aber zuweilen auch schon sehr bewußt merken, daß man auf diese Weise schlecht von ihnen spricht, schlecht von ihnen schreibt. All ihr Denken und Fühlen wird unterschlagen. Man manipuliert ihr Herz in die Lohntüte hinein. Sie fühlen sich unverstanden und sagen: So sind wir nicht. Selbst dann, wenn man ihnen einzureden versucht, es sei echte Kunst, mit der sie es da zu tun hätten, sie müßten das kennen und sich darauf einstellen und sich daran gewöhnen. Was für eine Blasiertheit!

Wie wollen wir jetzt eine solche Diskussion mit den jüngeren Schriftstellern, die es betrifft, machen, wenn die älteren und erfahreneren sich nicht über das Antihumanistische dieser Schreibweise einig sind, wenn sie das Problem für gar nicht so ernst halten. Da stiften wir doch Verwirrung. Das darf es nicht geben. Die ungeklärten Probleme schwelen weiter. Die alten Genossen werden auf diese, die jungen Genossen auf jene Art von Resignation ergriffen, und das ganze Verbandsleben wird lahmgelegt.

Was wurde zum Beispiel gemacht, als das neue Sekretariat den Plan für die künftige Verbandsarbeit vorlegte? Zunächst diskutierte man über formale Unzulänglichkeiten dieses Planes. Die Sprache sei nicht schön genug, sie hätte zuviel Funktionärjargon usw. usw. Dabei war dieser Arbeitsplan gar nicht zur Veröffentlichung vorgesehen. Waren es aber wirklich nur formale Gründe, die die Diskussion endlos ausdehnten? Es zeigten sich sogar Bestrebungen, die Verabschiedung des Arbeitsplanes erst ein Vierteljahr später auf der nächsten Vorstandssitzung vorzunehmen. Weshalb das? Mann kommt der Sache näher, wenn man den Blick auf den folgenden Punkt richtet.

Gegen die Unentschlossenheit

Es wurde unter anderem gesagt, der Begriff »Revisionismus« gehöre nicht in den Arbeitsplan einer Massenorganisation, wie der Schriftstellerverband eine sei. Oder: Man müsse den Begriff genau klären und analysieren, denn man könnte nicht verlangen, daß auch parteilose Schriftsteller wüßten, was Revisionismus ist.

Sind die Schriftsteller bei uns so hinterwäldlerisch? Lesen sie die Auseinandersetzungen in unserer Tagespresse nicht? Leben sie nicht in unserer Welt? Dann können sie auch nicht für unsere Welt schreiben.

Vielleicht gefallen einigen unserer älteren Genossen Schriftsteller solche Passagen in unserem Arbeitsplan nicht, in denen eindringlich darauf hingewiesen wird, daß die Schriftsteller unbedingt Beziehungen zu den Werktätigen und ihren Betrieben aufzunehmen haben, ja dort von Zeit zu Zeit auch mitarbeiten sollen. Ein solches Unbehagen wäre verständlich. Sie haben viel erlebt und verfügen sicher noch über große Erfahrungen, etwa von den Stoffen aus der Geschichte der Arbeiterbewegung, die die Jugend dringend braucht. Man sollte also nichts Unbilliges von ihnen verlangen. Man sollte sie in Ruhe schreiben lassen. Aber eines darf man von ihnen, glaube ich, doch verlangen: Gerade sie sollten uns dabei helfen, die jüngeren Schriftsteller zu beflügeln; sie sollten den jungen Schriftstellern sagen, daß sie ihre Stoffe für eine volksverbundene Literatur nur finden können, wenn sie eine gute Beziehung zum Werktag unserer Republik haben.

Ich habe mir eine Übersicht darüber verschafft, welche Werke die Schriftsteller in Angriff genommen haben, und diese Übersicht zeigt folgendes: Von 109 von diesen belletristischen Arbeiten der Schriftsteller in der Republik behandeln 69 gegenwärtige Themen, 16 historische Stoffe, zehn den zweiten Weltkrieg, sieben die Geschichte der Arbeiterbewegung und sieben das Problem Westdeutschland.

Bei den Berliner Schriftstellern sehen die Arbeitsvorhaben so aus: von 70 Arbeitsvorhaben sind 39 gegenwärtige Themen, sechs historische Stoffe, sieben Themen über den zweiten Weltkrieg, 13 aus der Geschichte der Arbeiterbewegung, und sechs sind den Westdeutschlandproblemen gewidmet. Ich höre schon dazu: »Er erzählt uns vom Administrieren, und jetzt ist er auf einem ähnlichen Wege.« Damit ihr recht behaltet, sage ich noch die Prozentzahlen dazu:

In der Republik beträgt die Behandlung von Gegenwartsproblemen 62,7 Prozent, in Berlin 55,5; 1958 hingegen betrug der Anteil der Gegenwartsliteratur 42 Prozent. Beruhigt euch, bitte! Ich weiß genau, daß man mit Prozentzahlen der Arbeitsvorhaben und Arbeitsplanung unserer Schriftsteller nicht viel anfangen kann. Diese Pläne müssen erst einmal erfüllt werden. Aber auch dann ist fraglich, ob jede Arbeit den Anforderungen, insbesondere den Anforderungen an Qualität, genügt. Deshalb sind die genannten Zahlen nur unvollkommene Anhaltspunkte.

Unter den Schriftstellern der Republik, die sich mit Gegenwartsproblemen befassen, sind folgende Namen zu finden: Max Zimmering, Armin Müller, Hasso Grabner, Benno Voelkner, Herbert Jobst, Herbert A. W. Kasten, Regina Hastedt, Martha Nawrath, Martin Viertel usw.

In Berlin: Willi Bredel, Elfriede Brüning, Walter Gorrish, Egel-Wiens, Heinz Kahlau, Jo Schulz, Ludwig Turek, Otto Gotsche, Gustav von Wangenheim, Alex Wedding, Hedda Zinner, Erwin Strittmatter usw. usw.

Zum 10. Jahrestag unserer Republik

Viele Schriftsteller fertigen Sonderarbeiten an, in denen sie ihre Verbundenheit mit der Republik zum Ausdruck bringen. Der Schriftstellerverband wird außerdem zum gleichen Anlaß zwei Anthologien herausbringen. Eine trägt den Arbeitstitel: »Wir wuchsen mit ihr«. Darin wird besonders davon die Rede sein, wie sich Schriftsteller in unserer Republik entwickeln. Bisher sind zwanzig Schriftsteller an Bauplätze der Republik übergesiedelt, davon sind allerdings nur sechs Berliner Schriftsteller.

Beim Schriftstellerverband selbst aber darf man in den letzten Wochen etwas optimistischer sagen: »Es tut sich etwas!« Vor allem in der letzten Mitgliederversammlung wurde besonders über die Mitarbeit bei den Brigaden der sozialistischen Arbeit gesprochen. Es kam schon so etwas wie ein Erfahrungsaustausch zustande. Inzwischen aber sind weitere Schriftsteller zu diesen Brigaden gegangen oder haben sich verpflichtet, die Arbeit dort aufzunehmen, wie Alex Wedding, Klein, Jakobs, Rackwitz, Pijet, Victor und andere. Das ist aber unter der Vielzahl der Schriftsteller, die in Berlin wohnen, noch wenig. Im ganzen haben bisher 30 Schriftsteller Beziehungen zu den Brigaden der sozialistischen Arbeit aufgenommen. Ich wünsche mir sehr, es käme dahin, daß man das als eine Bildungslücke empfindet und der Auffassung ist, daß man nicht mitdiskutieren kann, wenn man nicht irgendwo in einem Werk oder auf einem volkseigenen Gut oder in einer LPG seine zweite Heimat hat. Ein bescheidener Anfang ist ja damit gemacht, er darf aber kein Anlaß zur Selbstzufriedenheit sein.

(Quelle: »Neues Deutschland«, Nr. 116, 28. 4. 1959.)

Text 9 (zu Kapitel 4.1)

Entwicklung einer volksverbundenen sozialistischen Nationalkultur
Rede Walter Ulbrichts auf der 2. Bitterfelder Konferenz 1964 (Auszüge)

Die Fortschritte, die wir seit der ersten Bitterfelder Konferenz auf allen Gebieten der Kunst und Kultur erreicht haben, sind offenkundig. Die Aussprachen in den Verbänden der Schriftsteller und Künstler, die öffentliche Diskussion zur Vorbereitung der Konferenz, zahlreiche Grundsatzartikel von Schriftstellern und Kunstwissenschaftlern in unserer Presse, das Rathausforum in Berlin, die Bezirkstheaterkonferenz in Halle, die Aussprache im Plenum der Deutschen Akademie der Künste, alles das zeigt die Entwicklung eines interessanten geistigen Lebens in unserer Republik.

[...]

Natürlich gibt es in einer solchen, das ganze Volk umfassenden Bewegung auch Mängel. Wenn jemand auf die Mängel und Hindernisse hinweist, so möchte ich von vornherein antworten: Der Bitterfelder Weg, das ist die Entwicklung der deutschen sozialistischen Nationalkultur über einen längeren Zeitraum. Die erste Bitterfelder Konferenz fand nach dem V. Parteitag der SED statt, auf dem die Probleme des weiteren sozialistischen Aufbaus beantwortet wurden. Wir erklärten auf dieser Konferenz, daß es darum gehe, unserer Literatur, der bildenden Kunst, den schönen Künsten überhaupt, einen neuen, sozialistischen Inhalt zu geben und sie dem ganzen Volk zugänglich zu machen. Wir stellten die Forderung an die Schriftsteller und Künstler, sie möchten aktiv am sozialistischen Aufbau teilnehmen, das Neue erkennen und begreifen, aufspüren und schöpferisch darstellen und selbst mithelfen, das Leben zu verändern, dem Neuen zum Siege zu verhelfen. Gleichzeitig wurden die Arbeiter und Bauern aufgefordert, die Höhen der Kultur zu erstürmen. Wir gingen davon aus, daß der Arbeiter, dem bisher die Schätze der Weltliteratur vorenthalten wurden, unter den Bedingungen des Sozialismus neue kulturelle Bedürfnisse entwickelt, an Kultur und Kunst höhere Ansprüche stellt und schöpferisch an unserem gesamten kulturellen Leben Anteil nimmt. Wir wollen mit Hilfe der Schriftsteller und Künstler und aller Talente aus dem Volk die Kultur des neuen Deutschland gestalten, eine Kultur, die ihrer Form nach national und ihrem Inhalt nach sozialistisch ist. Und in Bitterfeld wurde erklärt, daß ein Schriftsteller, ein Künstler nur Bedeutsames leisten kann, wenn er die Gesetze der gesellschaftlichen Entwicklung kennt und erfüllt ist von der tiefen wissenschaftlich begründeten Überzeugung, von der Gerechtigkeit und der Siegeszuversicht der Sache des Sozialismus und des Kommunismus.

Die große historische Bedeutung der ersten Bitterfelder Konferenz für die sozialistische Kulturrevolution in der Deutschen Demokratischen Republik läßt sich an den tiefen Wandlungsprozessen ablesen, die sich bei unseren Künstlern und Schriftstellern, in der Arbeiterklasse und bei allen Werktätigen unserer Republik vollzogen haben. In diesen fünf Jahren hat sich ein enges Bündnis zwischen der Arbeiterklasse und den Kulturschaffenden entwikkelt. Arbeiter, Bauern und andere Werktätige haben durch ihre aktive Teilnahme am Kunstschaffen Zugang zu allen Kunstbereichen gefunden, und die überwältigende Mehrheit unserer Künstler hat sich der realistischen Gestaltung bedeutender Lebensprozesse innerhalb der sozialistischen Gesellschaft von sozialistischen Positionen aus zugewandt. Dadurch ist in unserem Staat die Kluft zwischen Kunst und Volk überwunden worden. Es hat sich ein neues Verhältnis der Freundschaft und der Zusammenarbeit zwischen der Macht der Arbeiter und Bauern und dem sozialistischen Künstler herausgebildet, und die Arbeiterklasse ist zur bestimmenden Kraft auch im kulturellen Bereich geworden.

[...]

Heute wird bei uns nicht nur die Zahl der Kunstschaffenden immer größer, auch das Kunstverständnis der Werktätigen ist gewachsen. Die Schriftsteller und Künstler suchen die öffentliche Diskussion ihrer Werke, weil sie wissen, daß die Kenntnis von der Wirkung ihrer Kunst von unschätzbarem Wert für sie und ihr künstlerisches Schaffen ist. *Ich möchte alle jene Schriftsteller und Künstler, die von den Bitterfelder Beratungen inspiriert wurden und sich fest mit dem Leben des Volkes verbanden, ermutigen, diesen Weg der Veränderung ihres eigenen Lebens und Schaffens konsequent fortzusetzen und selbst aktiv die gesamte fortschrittliche Entwicklung unserer Gesellschaft mit zu bewirken.*

Die sich ständig vermehrende Zahl der künstlerisch tätigen Menschen – das ist das unerschöpfliche Reservoir, aus dem unsere große sozialistische Kunst erwächst, die heute schon vom kulturellen Aufstieg im ersten deutschen Staat der Arbeiter und Bauern kündet. In der Tat: Unsere besten Orchester und Ensembles haben Weltruf. Hervorragende Inszenierungen in Schauspiel und Oper, musikalische und tänzerische Interpretationen bezeugen das hohe kulturelle Niveau unserer Republik. Es ist unbestreitbar, daß sich eine ganze Anzahl unserer Theater nicht nur durch ihr Ringen um die Meisterung der Gegenwartsthematik auszeichnet, sondern auch durch die Tiefe und Vielseitigkeit der künstlerischen Gestaltung. Jedes der Berliner Theater hat doch seinen eigenen Charakter. Das zeigt, wie vielfältig die realistische Kunst ist. Künsterpersönlichkeiten wie Arnold Zweig, Anna Seghers, Helene Weigel, Walter Felsenstein sind in der ganzen Welt bekannt.

[...]

Der Bitterfelder Weg hat seine Fruchtbarkeit gerade auch dadurch bewiesen, daß er den neuen Typ einer sozialistischen Künstlerpersönlichkeit geprägt hat – eine Künstlerpersönlichkeit, die in sich wissenschaftliche Weltanschauung mit reicher Lebenserfahrung vereint und der die Position des abwartenden Betrachters fremd ist. Die enge Verbindung zum Leben, zu den Menschen des sozialistischen Alltags, zu ihren Erfolgen und Konflikten, die Eigenschaft, auch als Künstler, gewissermaßen in seinem »zweiten Beruf«, dorthin zu gehen, wo Neues durchgesetzt werden muß und *an der Auseinan-*

dersetzung mit den Widersprüchen unserer sozialistischen Entwicklung teilzunehmen, sind Charakterzüge, die den neuen sozialistischen Künstler ebenso wie den neuen Typ des Wirtschaftsleiters oder des politischen Funktionärs auszeichnen.

[...]

Ein Künstler, der die Wahrheit und das Ganze im Auge hat, kann nicht vom Blickpunkt eines empirischen Beobachters all dieser Erscheinungen schaffen, auch nicht vom Blickpunkt eines einfachen Mitarbeiters. Er braucht unbedingt auch den Blickwinkel des Planers und Leiters. Das fordern wir von ihm. Was muß dazu getan werden?

Erstens ist es natürlich notwendig, möglichst viele dieser Mängel und Unzulänglichkeiten – unter Mithilfe der Kunstschaffenden – aus dem Wege zu räumen.

Zweitens ist zu sichern, daß das Schaffen der Künstler auf vielfältige Weise mit der Arbeit der Leitungen von unten bis oben verbunden wird, um diesen Blick auf das Ganze und dieses Gefühl für das Ganze zu erleichtern und den Erlebnisbereich vieler Künstler und Schriftsteller auszuweiten. Dazu sollen die Künstlerverbände und die staatlichen Leitungen konkrete Vorschläge unterbreiten.

Drittens ist es notwendig, Schriftsteller und Künstler stärker als bisher verantwortlich in die Ausarbeitung und Durchführung der Kulturpolitik einzubeziehen. Es ist doch ein Anachronismus, wenn Künstler, die auf dem »Bitterfelder Weg« in den vorderen Reihen gehen, sich als »Objekt« und nicht als Subjekt der sozialistischen Kulturpolitik fühlen.

Eine besonders komplizierte Seite des tiefen künstlerischen Erfassens unserer Wirklichkeit ist die realistische Gestaltung der neuen Konflikte – der menschlichen Siege und Mißerfolge. Ohne tiefe Konflikte und bedeutende Lösungen wird es keine großen Werke der Literatur und Kunst geben; sie würde sonst steril werden. *Große Konflikte in der Literatur und Kunst können nicht nur privater Art sein, ihnen liegen echte gesellschaftliche Widersprüche zugrunde.* Ich rede dabei nicht nur von den Widersprüchen, die sich aus der Existenz zweier deutscher Staaten mit unterschiedlicher Gesellschaftsordnung ergeben, oder von den Rudimenten kapitalistischer Denkweise, die in Widerstreit zu den neuen Bedingungen unseres gesellschaftlichen Lebens geraten, sondern vor allem von den dialektischen Widersprüchen unserer eigenen Entwicklung.

[...]

Man kann wohl mit Recht sagen: Die bedeutenden Leistungen unserer Berufskunst verbinden sich mit der an Umfang und Qualität wachsenden Bewegung der Laienkunst, die ebenfalls seit der Bitterfelder Konferenz zu beachtlichen künstlerischen Ergebnissen geführt hat. In Berichten, Reportagen, Gedichten und Theaterstücken – wie zum Beispiel »Der Millionenschmidt« von dem schreibenden Arbeiter Horst Kleineidam, das zum erstenmal von einem Berufstheater in Leipzig uraufgeführt wurde – aber besonders in den Zirkeln für bildkünstlerisches Schaffen wird deutlich, daß unser sozialistisches Laienschaffen kein »Dilettantismus«, kein Nichtkönnertum ist. In der Farbenfabrik Wolfen zum Beispiel besteht seit über zehn Jahren ein Zirkel malender Arbeiter, den der Kunstmaler Bernhard Franke leitet. Sowohl der Künstler als auch die Arbeiter haben in gemeinsamer schöpferischer Tätigkeit über viele Jahre hinweg – und das ist das Wichtigste, denn solche Erfolge erreicht man nur im ausdauernden, systematischen, gemeinsamen Voranschreiten – echte künstlerische Qualitäten im realistischen Gestalten errungen und große Resonanz weit über ihren Betrieb hinaus erreicht.

Die Leistungen der besten schreibenden und malenden Arbeiter, der Arbeiter- und Bauerntheater, der Amateurfilmstudios, der Arbeiter- und Laiensinfonieorchester, der Chöre, der Arbeiterballette usw. lassen den Prozeß der Eroberung aller Kunstbereiche, die in der Menschheitskultur ausgebildet wurden, deutlich werden. Die Aneignung des kulturellen Erbes und die künstlerische Bewältigung unserer Gegenwart bestätigen, daß es prinzipiell keine Grenzen für das künstlerische Schaffen der Werktätigen gibt. Davon zeugen so hervorragende Leistungen wie die des Arbeitertheaters des Halbleiterwerkes Teltow, des Dorftheaters Wartenberg, das gemeinsam mit dem VEB Sternradio und dem Maxim-Gorki-Theater arbeitet, der Dorftheater Triebel und Ebersdorf, die Aufführungen der Werke Schillers durch die Laienspieler des kleinen Dorfes Bauerbach und viele andere. So ist es auch Tradition geworden, daß die besten Kräfte des künstlerischen Volksschaffens sich jährlich zu einer großen Leistungsschau auf den Arbeiterfestspielen vereinen.

[...]

Wir können am besten gegen Formalismus, Abstraktionismus, Oberflächlichkeit und Routine in der Kunst kämpfen, wenn wir Bürokratismus, Oberflächlichkeit und Routine in den staatlichen Leitungen und Verbänden für Kultur und Kunst überwinden. Klare Konturen in der Kunst verlangen klare Konturen in der Leitung.

Neben guten, erfolgreichen Maßnahmen gibt es noch zuviel Leerlauf, Improvisation, Ressortgeist. Um eine höhere Qualität der staatlichen Leitungsmethoden zu erreichen, muß oben eine straffe einheitliche Leitung mit einer unbürokratischen Koordinierung mit den Künstlerverbänden, dem FDGB, der FDJ, der Deutschen Akademie der Künste, den Kunstinstitutionen verbunden werden.

Das Ministerium für Kultur müßte sich auf allen Gebieten seiner Arbeit von den besten und ideologisch klarsten Fachleuten beraten lassen. Solche Gremien, Beiräte etwa, könnten auch zum Hebel der Durchsetzung der neuen Methoden der Leitung werden, insbesondere auch in den Bezirken und Kreisen.

[...]

Einige Künstler und Wissenschaftler können jedoch diese dialektischen Be-

ziehungen zwischen Freiheit und Verantwortung noch nicht verstehen. Sie haben eine naive, um nicht zu sagen anarchistische Vorstellung vom Sozialismus als einer Gesellschaft, in der jeder machen kann, was ihm beliebt. Sie begreifen nicht, was es bedeutet, wenn wir im Programm unserer Partei *von der entscheidenden Triebkraft in unserer sozialistischen Gesellschaft sprechen,* nämlich der Übereinstimmung der Interessen, der Wünsche, der materiellen und ideellen Bestrebungen des einzelnen, der sozialistischen Kollektive mit denen unserer ganzen Gesellschaft. Wenn heute, wo sich unsere Partei in ihrem Programm diese menschlichste aller Aufgaben, den umfassenden Aufbau des Sozialismus, stellt, wo wir vor schwierigsten ökonomischen, politischen und kulturell-erzieherischen Problemen stehen, Künstler eine absolut *»freie Kunst«* fordern, in der es *»keinen Rahmen für den Sozialismus«* gibt, wenn sie nach einer *»Rückbesinnung auf die allererste Periode des Freiwerdens aller, auch der kulturellen und künstlerischen Kräfte«* rufen, wie sie – nach ihrer Meinung – durch die Große Sozialistische Oktoberrevolution bedingt wurde, wenn sie *die Wiederherstellung Leninscher Normen auf dem Kunstgebiet in der DDR fordern,* so möchte ich ihnen antworten, daß sie offenkundig einige Zeit verschlafen haben. Gerade seit dem XX. Parteitag der KPdSU haben wir die politischen, ökonomischen und kulturellen Probleme der DDR entsprechend den Leninschen Grundsätzen schöpferisch weiterentwickelt und dogmatische Entstellungen überwunden. Wer die Beschlüsse der 3. Parteikonferenz, des V. Parteitages und des VI. Parteitages sorgfältig liest und den Bericht über die Beratung des Politbüros mit den Schriftstellern und Künstlern vom März 1963 studiert, dem müßte ein Licht aufgehen über die große Entwicklung, die sich in der DDR vollzogen hat. Allerdings, wenn einige wenige die Beschlüsse des XX. Parteitages im Sinne der »absoluten Freiheit«, im Sinne einer Isolierung der Kunst von der Politik und Ökonomie aufgefaßt haben, dann haben sie die Beschlüsse gründlich mißverstanden. *Es ist sehr interessant, zu beobachten, wie gewisse antikommunistische Politiker in Westdeutschland unter der Maske des Kampfes gegen den Dogmatismus sich bemühen, den Marxismus zu fälschen und zu bekämpfen.*

[…]

Es ist kein Zufall, daß wir nicht von Bitterfelder Beschlüssen, sondern vom Bitterfelder Weg sprechen. Der Bitterfelder Weg, das ist die Marschroute, die wir nach demokratischer Aussprache mit Künstlern und Werktätigen gewählt haben. Um die Entwicklung der sozialistischen Nationalkultur zu beschleunigen, um die Schaffung bedeutender Kunstwerke aus dem Leben des Volkes zu erreichen, die unsere Menschen bereichern und anregen, die Anforderungen, die die technische Revolution und der umfassende Aufbau des Sozialismus an sie stellen, zu erfüllen, und nicht zuletzt, um die Entwicklung der künstlerischen Selbstbetätigung der Werktätigen zu gewährleisten, haben wir diesen Weg beschritten.

(Quelle: Zweite Bitterfelder Konferenz 1964 – Protokoll – Berlin (Ost) 1964, Seiten 71–149)

Text 10 (zu Kapitel 4.2)

Die Rolle der Kultur in der entwickelten sozialistischen Gesellschaft
Rede des SED-Politbüromitgliedes Kurt Hager 1972 (Auszüge)

Liebe Genossen!

Wenn wir von Kultur und kulturellen Aufgaben in der entwickelten sozialistischen Gesellschaft sprechen, so meinen wir nicht irgendein eng begrenztes Gebiet. Es geht uns um die Gesamtheit der Lebensbedingungen, der materiellen und geistigen Werte, Ideen und Kenntnisse, durch deren Aneignung die Menschen in Gemeinschaft mit anderen zu fähigen, gebildeten und überzeugten Erbauern des Sozialismus, zu wahrhaft sozialistischen Persönlichkeiten reifen.

Persönlichkeit und Gemeinschaft

Lenin wies auf die gesellschaftliche Notwendigkeit »zur Sicherung der höchsten Wohlfahrt und der freien allseitigen Entwicklung aller Mitglieder der Gesellschaft« hin [1]. Auf dieses Ziel richtet sich alle propagandistische und ideologische, alle kulturerzieherische Tätigkeit in unserer Gesellschaft. Die allseitig entwickelte sozialistische Persönlichkeit ist für uns kein fernes Zukunftsideal, ihre Züge bilden sich vielmehr hier und heute, im täglichen Kampf der Arbeiterklasse und der anderen Werktätigen um die Erfüllung der vielseitigen Aufgaben bei der Gestaltung der entwickelten sozialistischen Gesellschaft aus. Wir wissen jedoch, daß wir noch viel zu tun haben und Gewünschtes nicht vorschnell als erreicht ansehen dürfen. Lenin sagte: »Dahin steuert der Kommunismus, dahin muß und *wird* er gelangen, aber erst nach einer langen Reihe von Jahren.« Er warnte sogar ausdrücklich davor, »heute dieses künftige Ergebnis des vollkommen entwickelten, vollkommen gefestigten und herausgebildeten, vollkommen entfalteten und reifen Kommunismus praktisch vorwegzunehmen« [2].

Die Entwicklung allseitig entwickelter sozialistischer Persönlichkeiten ist nur möglich in und durch die Gesellschaft, in der Gemeinschaft, im Kollektiv. Im Bericht des Zentralkomitees an den VIII. Parteitag der SED sagte Genosse Erich Honecker: »Sozialistische Persönlichkeiten entwickeln sich in ihren Arbeitskollektiven, im Ringen um höchste Ergebnisse im sozialistischen Wettbewerb, beim Lernen, im Sport und bei der Aneignung der Schätze der Kultur, bei der Teilnahme an der Leitung und Planung unserer Gesellschaft auf allen Gebieten. Nachhaltigen Einfluß übt die ideologische Arbeit auf die Entwicklung der Menschen aus.« [3] Die entscheidende Sphäre für die Herausbildung sozialistischer Persönlichkeiten ist und bleibt der Arbeitsprozeß und das Arbeitskollektiv.

Im Sozialismus sind die Interessen des einzelnen und die Interessen der

Gesellschaft grundsätzlich in Übereinstimmung, aber vielfältige Probleme müssen gelöst werden, um diesen Einklang ständig herzustellen. Es gibt Widersprüche zwischen den rasch wachsenden Bedürfnissen der Werktätigen und unseren materiellen Möglichkeiten, zwischen gesellschaftlichen Erfordernissen und individuellen Wünschen des einzelnen, zwischen dem vorwärtsdrängenden Neuerertum in Ökonomie, Wissenschaft und Technik und der Zählebigkeit von Routine und Konservatismus, zwischen bisher erworbenen Kenntnissen, Fähigkeiten und Erfahrungen und den ständig steigenden und sich verändernden Anforderungen, zwischen noch verbreiteten individualistischen und egoistischen Anschauungen und Einstellungen und den neuen Maßstäben sozialistischer Gemeinschaftsbeziehungen im Arbeitskollektiv und der Familie, in den gesellschaftlichen Organisationen und im persönlichen Umgang.

Die Lösung solcher und anderer Probleme, die sich aus dem historischen Reifegrad und der Vorwärtsbewegung unseres gesellschaftlichen Lebens ergeben, stellt hohe Anforderungen an die sachkundige und überzeugende politisch-ideologische Tätigkeit der Partei der Arbeiterklasse und des sozialistischen Staates, an die sozialistische Leitungstätigkeit auf allen Gebieten. Dabei muß stets beachtet werden, daß die neuen geistigen und moralischen Werte im Kampf gegen »die ungeheure Macht der Gewohnheit und Trägheit« [4], gegen die zählebigen Überreste der alten, kapitalistischen Gesellschaft wie auch gegen die ideologische Einwirkung des imperialistischen Klassengegners durchgesetzt werden müssen.

Der reale sozialistische Humanismus und die massenhafte Herausbildung freier sozialistischer Persönlichkeiten haben eine immer stärkere Ausstrahlungskraft auf den Kampf der Völker gegen den Imperialismus. Die Auseinandersetzung um die Zukunft und den Platz des Menschen in der heutigen Welt tritt immer mehr in den Mittelpunkt des ideologischen Klassenkampfes. Bürgerliche Ideologen wie die des Sozialdemokratismus versuchen die Illusion zu erwecken, man könne unter den überlebten, antihumanen Verhältnissen des Imperialismus einen neuen Menschen hervorbringen. Zu diesem Zweck wird viel vom »mündigen Bürger«, von der »menschlichen Selbstverwirklichung«, von der »Gleichheit der Chancen« gesprochen. Angesichts des sich ständig und offensichtlich verschärfenden Widerspruchs zwischen Kapital und Arbeit, angesichts der Auspressung der Werktätigen bis zur Grenze ihrer physischen und geistigen Leistungsfähigkeit durch ein immer raffinierter werdendes System der Ausbeutung, angesichts der wachsenden sozialen Unsicherheit und Existenzangst können die bürgerlichen und rechtssozialdemokratischen Vorstellungen vom Menschen, von der »Würde des Menschen« und der »Gleichheit der Chancen« nur den Sinn haben, die Werktätigen irrezuführen und das imperialistische Herrschaftssystem mit einem Nebelschleier zu umgeben.

Die Wirklichkeit in den imperialistischen Ländern entspricht weniger denn je der Würde des Menschen. Man könnte dafür unzählige Beweise anführen, vor allem den verbrecherischen Krieg des USA-Imperialismus gegen das vietnamesische Volk und die anderen Völker Indochinas. In den USA – dem »Land der unbegrenzten Möglichkeiten« – geschieht alle 39 Minuten ein Überfall, alle 41 Sekunden ein Autodiebstahl, alle 25 Sekunden ein gewöhnlicher Diebstahl, alle 17 Sekunden ein Einbruch. In der BRD werden jährlich 100000 Fälle von Kindesmißhandlungen angezeigt. Schon vor Jahren hat die Zahl der bekannt gewordenen Verbrechen die 2-Millionen-Grenze überschritten.

Wir haben es hier mit einer verfaulenden, zum Untergang verurteilten Gesellschaft zu tun, in der der Mensch des Menschen Feind ist. Es ist daher kein Zufall, daß der Sozialismus, der die Beziehungen zwischen den Menschen von Grund auf humanistisch gestaltet, immer mehr Anziehungskraft in der Welt gewinnt. Nur die sozialistische Gesellschaft vermag die allseitige Entfaltung und den sittlichen Wert der Persönlichkeit zu gewährleisten.

Der kulturelle Fortschritt ist ein gesetzmäßiges, notwendiges Element der Entwicklung des Sozialismus. Er kommt zum Ausdruck in der allseitigen Herausbildung sozialistischer Persönlichkeiten, in der umfassenden Ausprägung der sozialistischen Lebensweise gemäß den Eigenschaften und Idealen der Arbeiterklasse, in dem steigenden Wohlstand und dem Glück des Volkes. Das ist ein einheitlicher Wachstumsprozeß.

Auf allen Gebieten müssen wir *unsere* sozialistische Position, *unsere* Wertmaßstäbe, *unser* Lebensgefühl, *unsere* soziale Psychologie herausarbeiten und durchsetzen. Die sozialistische Kultur schließt das gesamte intellektuelle, sittliche, ästhetische und emotionale Entwicklungsniveau des Menschen ein, die Gesamtheit seines Wissens, seiner Fähigkeiten, Talente, Verhaltensweisen, Einstellungen und Überzeugungen, seiner sozialen Gewohnheiten und seiner Genüsse. Alle diese Momente werden in kulturellen Bedürfnissen zum Ausdruck gebracht.

Wir gehen davon aus, daß die Bedürfnisse gerade auf kulturellem Gebiet außerordentlich differenziert und vielgestaltig sind. »Eines schickt sich nicht für alle«, wußte schon Goethe. Die Bedürfnisse sind abhängig von den materiellen und kulturellen Lebensbedingungen, von Bildungsstand, Kulturgewohnheiten, Traditionen und dem Stand der sozialistischen Beziehungen zwischen den Menschen. Zum anderen bestehen noch Unterschiede in den objektiven und subjektiven Voraussetzungen für die Entwicklung und Befriedigung sozialistischer Kulturbedürfnisse. Die Lage in Großbetrieben – den Zentren der Arbeiterklasse – ist günstiger als in vielen mittleren und kleinen Betrieben. Die Unterschiede in der Kulturentwicklung zwischen Stadt und Land, aber auch die Differenzierung im Kulturniveau innerhalb der Arbeiterklasse, der Klasse der Genossenschaftsbauern und anderer sozialer Schichten sind nicht zu übersehen.

Es geht in unserer Kulturpolitik somit um die Befriedigung sehr differenzierter kultureller und künstlerischer Bedürfnisse. So brauchen wir zum Beispiel im Theater die Klassikerinszenierungen von »Hamlet« bis »Faust«, die

Werke der großen sozialistischen Dramatiker von Gorki bis Brecht, das sozialistische Gegenwartsstück und gleichzeitig den Schwank, die Posse und das Volksstück. Das trifft sinngemäß auf alle Künste zu.

Unsere Aufmerksamkeit gilt dabei stets den vorwärtsweisenden Tendenzen, die sich aus der wissenschaftlichen Weltanschauung des Marxismus-Leninismus und den Zielen des Sozialismus ergeben. Es ist selbstverständlich, daß wir Einflüsse der verfaulenden imperialistischen Massenkultur entschieden bekämpfen und auch keine Zugeständnisse an Mittelmäßigkeit und ideologische Rückständigkeit machen werden. Erscheinungen geistiger Anspruchslosigkeit sind unserem Kulturleben ebenso fremd wie spießbürgerliche Prüderie. Unsere Kulturarbeit richtet sich ganz bewußt an alle wertvollen geistigen Fähigkeiten und Eigenschaften der Menschen der sozialistischen Gesellschaft: an die politischen Überzeugungen und ethischen Wertvorstellungen, an den Intellekt und das Gefühl, das sachliche Urteilsvermögen und die Phantasie, die Genußfähigkeit und das Schönheitsempfinden. »Unser Ziel ist und bleibt die Erziehung gebildeter und überzeugter Erbauer des Sozialismus, die vom Geiste des proletarischen Internationalismus erfüllt sind« [5], heißt es im Rechenschaftsbericht des ZK an den VIII. Parteitag.

Wir wollen die sozialistische Kultur in allen Lebensbereichen entwickeln, wir brauchen sie in der entwickelten sozialistischen Gesellschaft in ihrer ganzen Breite und Tiefe. Wenn wir die Kultur in diesem weiten Sinne verstehen und organisieren, sind tatsächich alle Werktätigen an der Entwicklung und Verbreitung unserer Kultur beteiligt: als Produzenten und Konsumenten der von ihnen geschaffenen materiellen Güter, als Gestalter der von den Idealen der Arbeiterklasse geprägten sozialistischen Lebensweise.

[...]

Kultur der Arbeit

[...]

Wissenschaftliche Untersuchungen und praktische Erfahrungen zeigen gleichermaßen, daß die schöpferische Initiative in der Arbeit und im gesellschaftlichen Leben, das produktive Leistungsvermögen der Werktätigen nicht nur von ihren fachlichen Kenntnissen und beruflichen Erfahrungen abhängig sind, sondern in hohem Maße auch von ihrer politischen Haltung, von ihrer weltanschaulichen Interessiertheit, ihren ideologisch-ethischen Wertvorstellungen und ihren kulturellen Bedürfnissen.

Die kulturellen Bedürfnisse der Werktätigen richten sich stärker als bisher auf die Kombination von körperlicher und geistiger Tätigkeit, auf die gute Organisation der Arbeit, auf die politisch-moralische Qualität der Beziehungen im Arbeitskollektiv. Sie umfassen aber auch die Gestaltung der Maschinen und Anlagen, die Qualität der Erzeugnisse, das Niveau der Arbeitsgestaltung, der Einrichtungen für Versorgung, die hygienische und gesundheitliche Betreuung, die Möglichkeiten für kulturelle Betätigung und Erholung.

Die Arbeitsbedingungen selbst sind untrennbarer Bestandteil der sozialistischen Kultur. Nach dem VIII. Parteitag ist die Erkenntnis vom Zusammenhang der sozialistischen Rationalisierung, der Intensivierung der Produktion und der durchgreifenden Verbesserung der *Arbeitskultur* gewachsen.

Jeder hat das Bedürfnis nach zweckmäßigen, ansprechenden und angenehmen Arbeitsbedingungen. Viele Kollektive begannen mit der besseren und schönen Gestaltung ihrer Arbeitsumwelt. *Ordnung und Sauberkeit am Arbeitsplatz, auf dem Betriebsgelände, auf der Baustelle, in den Produktionsanlagen der Genossenschaften sind elementare Bedingungen der Kultur – wo sie nicht angestrebt werden, kann von sozialistischer Kultur keine Rede sein.* Es ist eine Frage der Arbeiterehre, an einem ordentlichen Arbeitsplatz, in hoher Qualität, termingerecht zu produzieren.

[...]

Die Maßnahmen zur kulturellen Gestaltung der Arbeitswelt müssen überall zum Bestandteil der sozialistischen Rationalisierungskonzeptionen werden. Am besten geht es dort voran, wo die Kollektive frühzeitig und gründlich über die Rationalisierungsmaßnahmen und die Möglichkeiten unterrichtet werden und aktiv bei der Gestaltung der Arbeitsbedingungen mitwirken.

Zur Kultur der Arbeit gehört auch ein aufmerksames Verhalten gegenüber jedem einzelnen und seinen Leistungen, Achtung gegenüber den Vorschlägen und Meinungen der Werktätigen. Die Atmosphäre im Kollektiv, kulturvolle Umgangsformen, Wertschätzung des einzelnen und seiner Leistungen, das Verhältnis zwischen Leitern und Kollektiven sind wichtige Faktoren, die die schöpferische Initiative und das Wohlbefinden im Kollektiv und die Freude an der Arbeit fördern. Aus all diesen Gründen muß den Aufgaben der Arbeitskultur größte Aufmerksamkeit geschenkt werden.

Die vom VIII. Parteitag gestellte Hauptaufgabe zu erfüllen schließt einen großen Aufschwung der sozialistischen Arbeitskultur in allen ihren vielfältigen Aspekten ein. Das ist eine Schlüsselfrage für die sozialistische Kultur, für das Wirken und die Befriedigung wachsender Kulturbedürfnisse.

[...]

Kulturelle Umwälzung auf dem Lande

Eines der wichtigsten Anliegen unserer Partei bei der weiteren Durchführung der Beschlüsse des VIII. Parteitages ist es, mit dem schrittweisen Übergang zu industriemäßigen Produktionsmethoden in der Landwirtschaft und der Weiterentwicklung der Kooperationsbeziehungen die Arbeits- und Lebensbedingungen sowie das kulturelle Leben auf dem Dorfe weiter zu verbessern und dem der Stadt noch mehr anzunähern. Der große kulturelle Wachstumsprozeß der Klasse der Genossenschaftsbauern wird damit kontinuierlich weitergeführt. Wir haben eine gute Bilanz aufzuweisen. In zwei Jahrzehnten hat sich in unseren Dörfern mehr verändert als in Jahrhunderten zuvor. Zum Leben vieler Werktätiger auf dem Lande gehören heute der Theaterbesuch und das Kino, die Literatur, der Sport, Fernsehen und Rundfunk.

Sinnvolle Gestaltung der Freizeit

Die steigenden Anforderungen im Produktionsprozeß, aber auch notwendiger Zeitaufwand für Qualifizierung und ehrenamtliche gesellschaftliche Tätigkeit, wecken natürlich auch unterschiedliche Bedürfnisse: das Bedürfnis nach kulturellen Gemeinschaftserlebnissen ebenso wie das nach individueller Tätigkeit und Erholung. Der Wunsch, kulturelle Bedürfnisse zu Hause zu befriedigen, ist zweifellos stärker geworden. Immerhin sind rund 80 Prozent aller Haushalte inzwischen mit einem Fernsehgerät ausgestattet. Im Durchschnitt verbringt jeder Bürger pro Woche etwa 15 Stunden seiner Freizeit vor dem Bildschirm. Das Fernsehen wie das Rundfunkhören ist heute eine der täglichen Lebensgewohnheiten und ist zu einem elementaren Lebensbedürfnis für Millionen Menschen unseres Staates geworden.

[...]

Ein kulturvolles Freizeitverhalten ist also sowohl eine Frage der materiellen Bedingungen und des kulturellen Angebots als auch der Erziehung und Bildung der Werktätigen, besonders der Jugend.

[...]

Kultur der menschlichen Beziehungen

[...]

Doch bleibt uns noch manches zu tun, um dieses sozialistische Bewußtsein durch die Kultur der menschlichen Beziehungen, die Kultur der Umgangsformen und der Sitten zu vertiefen. Wir wissen, daß gerade in der Sphäre der menschlichen Beziehungen noch nicht alles so kulturvoll verläuft, wie es unseren sozialistischen ethischen und Wertvorstellungen entspricht. Es gibt noch viele Fälle der Gleichgültigkeit, des unhöflichen Verhaltens gegenüber den Mitbürgern. *Die sozialistische Gesellschaft hat keinen Platz für Erscheinungen der Mißachtung des Menschen, für sorgloses, egoistisches Verhalten gegenüber dem einzelnen und der Gemeinschaft.*

Literatur und Kunst bereichern unser Leben

Ohne Künste und ästhetische Ansprüche ist das Leben ärmer. Denn der Mensch braucht auch die Ausbildung seiner Sinne, seiner ethischen und ästhetischen Anlagen, seiner Genußfähigkeit. Wenn die Kunst auch nicht allein die Entwicklung dieser Anlagen bestimmt, so hat sie doch entscheidenden Anteil daran.

Prinzipien des sozialistisch-realistischen Kunstschaffens

In dieser Orientierung wird sich unsere Kunst weiter festigen und entwickeln. *Unsere Kulturpolitik zielt auf die Förderung einer lebendigen, reichen und vielgestaltigen Kunst.* Nicht einen Klang, nicht eine Farbe, nicht einen Lebensbereich wollen wir dabei außer acht lassen. Die sozialistisch-realistische Kunst ist berufen, alles auszudrücken, alles künstlerisch zu erschließen, was sozialistische Persönlichkeiten zu ihrer Entfaltung brauchen.

[...]

Wenn wir uns entschieden für die Weite und Vielfalt aller Möglichkeiten des sozialistischen Realismus, für einen großen Spielraum des schöpferischen Suchens in dieser Richtung aussprechen, so schließt das jede Konzession an bürgerliche Ideologien und imperialistische Kunstauffassungen aus.

Erkundung der Lebenswahrheit

Die Beschlüsse und Dokumente der Partei geben den Künstlern eine zuverlässige Orientierung. Sie helfen ihnen, sich in der Wirklichkeit zurechtzufinden, die großen gesellschaftlichen Zusammenhänge zu überblicken und die wesentlichen sozialen Entwicklungen zu erkennen. Die jahrzehntelange Geschichte unserer Kunst spricht von zahllosen schöpferischen Impulsen, die sozialistische Künstler aus einem richtigen Verhältnis zu den Dokumenten der Partei, das heißt zur Anwendung des Marxismus-Leninismus auf die soziale Analyse der gesellschaftlichen Entwicklung, gewinnen: Sie sind ein sicherer Kompaß zur tieferen Erkundung der Lebenswahrheit.

Von den Beschlüssen ausgehen bedeutet im künstlerischen Schaffen nicht, sie zu illustrieren. *Wo sonst, wenn nicht im Sozialismus, sollte gelten: Künstler sein heißt Entdecker neuer Wirklichkeiten sein, heißt Vordringen zu neuen Stoffen, Lebenstatsachen und Lebensbereichen.*

Die Arbeiterklasse in der Kunst

Unser Begriff von Gegenwartsbezogenheit des Kunstschaffens ist sehr weit gespannt; er umfaßt das immer tiefere Ausdeuten des »Sinnes der Geschichte«, das gestaltete Erlebnis der Zusammengehörigkeit und Brüderlichkeit mit der UdSSR und den anderen Völkern unserer sozialistischen Gemeinschaft sowie die internationale Solidarität, die organische Fortsetzung der antifaschistischen Traditionen unserer Kunst und die künstlerische Auseinandersetzung mit der Welt des Imperialismus und ihrer zerstörerischen Wirkung auf den Menschen: Das sind Hauptrichtungen, in denen sich die Klassenpositionen und der sozialistische Ideengehalt unserer Kunst vertiefen. Im Verfolgen dieser Richtungen gewinnen die Künste als Ganzes den großen und weltgeschichtlichen Horizont, der die Meisterwerke stets ausgezeichnet hat.

Im Mittelpunkt vieler schöpferischer Überlegungen steht mit Recht die künstlerische Darstellung der aktiven Erbauer des Sozialismus, vor allem der Angehörigen der Arbeiterklasse. Gestaltungen von Arbeitern haben eine große, in unserer Kunst fest verwurzelte Tradition; die Ausbildung des sozialistischen Charakters unserer Literatur und Kunst wurde gerade von hier aus entscheidend beeinflußt. *Das Ringen um die Gestaltung von Arbeitern ist und bleibt ein geistiges und ästhetisches Kernstück des weiteren künstlerischen Fortschritts.* Ist es doch die Arbeiterklasse als führende Klasse unserer Gesellschaft, die durch die Entwicklung aller ihrer Verhältnisse, ihrer praktischen und geistigen Lebenstätigkeit den Gegenstand der Kunst wesentlich prägt.

[...]

Am Aufbau des Sozialismus in der DDR sind alle Klassen und Schichten unserer Gesellschaft beteiligt. Es ist gerade das historische Verdienst der revolutionären Arbeiterklasse und ihrer Partei, daß sie das ganze Gesellschaftsgefüge in progressiver Richtung beeinflußt, daß sich in produktiver Beziehung zur Arbeiterklasse alle heute noch bestehenden Klassen und Schichten entwickeln, verändern, sozialistische Züge annehmen, daß ihre eigenen Interessen, ihre Erwartungen, Lebensformen und wechselseitigen Beziehungen durch ihr Verhältnis zur Arbeiterklasse als der führenden Klasse weitgehend bestimmt werden. Dieses großartige, vom Klassenbündnis zwischen Arbeiterklasse, Genossenschaftsbauern, sozialistischer Intelligenz und anderen werktätigen Schichten unseres Landes geprägte Gesellschaftsganze in seinem Beziehungsreichtum, in den Verästelungen und Auswirkungen auf das scheinbar privateste Schicksal hat noch zuwenig gültigen künstlerischen Ausdruck gefunden.

Es sind nicht nur große Zeitgemälde, die das Interesse der Künstler verdienen, sondern auch sogenannte kleine Gegenstände, das Entdecken und Gestalten des Sozialistischen im Alltag, in den Bewährungen und Wandlungen der Menschen. *Kein Bereich des Lebens, kein Gebiet des Zusammenlebens der Menschen unserer Gesellschaft, keine Lebensregung kann der Kunst »unwichtig« sein.*

Zur Gestaltung von Konflikten

Zu den Schaffensfragen, um deren Klärung heftig gerungen wird, gehört die Frage nach der Art und Weise der Gestaltung von Konflikten im Kunstwerk.

Auf dem VIII. Parteitag und auf weiteren Beratungen gab der Erste Sekretär des ZK der SED, Genosse Erich Honecker, auf die Frage nach den Voraussetzungen künstlerischer Konfliktgestaltung und ihrer Beziehung zu gesellschaftlichen Widersprüchen bereits eine grundsätzliche Antwort. Als Marxisten-Leninisten wissen wir, daß Widersprüche kein »Makel« der gesellschaftlichen Entwicklung sind, sie sind ein Motor jeder gesellschaftlichen

Vorwärtsbewegung. Das gilt auch im Sozialismus. Hier tragen sie einen nichtantagonistischen Charakter und werden im Vorwärtsschreiten durch gemeinsame Anstrengungen gelöst. Im konfliktreichen Ringen um ihre Lösung entfalten sich sozialistische Persönlichkeiten. Die Partei beurteilt die Dinge nüchtern, mit politischem Realismus; sie geht kühn und entschlossen daran, auftretende Widersprüche zu überwinden. Die Menschen unserer Gesellschaft wachsen nicht unter einer Glasglocke, sondern in immer neuen Bewährungen und Entscheidungen, sie haben viele Konflikte auf ihrem persönlichen Weg auszufechten. Der Sozialismus schafft erstmals die prinzipielle Grundlage, daß persönliche Interessen und Ziele der einzelnen Menschen mit den Interessen und Zielen der ganzen Gesellschaft übereinstimmen. Gerade unser Weg nach dem VIII. Parteitag zeigt, wie wir diese Möglichkeit besser und effektiver verwirklichen. Niemals aber ergibt sich diese Übereinstimmung automatisch, sozusagen von allein. Sie muß im Handeln, Denken und Fühlen der Menschen und durch den Weg der ganzen Gesellschaft immer neu erkämpft und verwirklicht werden. Man kann die Größe des Sozialismus so wenig wie die Größe und Schönheit der Menschen, die ihn aufbauen, sichtbar machen, wenn alles glatt verläuft. *Konfliktlosigkeit steht der sozialistischen Kunst nicht zu Gesicht, sie ist ein Verstoß gegen die Lebenswahrheit in unserer Kunst, es gibt sie weder im gesellschaftlichen noch im persönlichen Leben.*

Fester sozialistischer Standpunkt, hohes politisch-moralisches Urteilsvermögen, unbeirrbare Leninsche Parteilichkeit sind die unerläßliche künstlerische Bedingung realistischer Darstellung von gesellschaftlichen und persönlichen Widersprüchen und Konflikten, in denen Menschen in unserer Gesellschaft wachsen und reifen, sich immer neu bewähren und entscheiden.

[...]

Vom Standpunkt bewußter Mitgestalter unserer sozialistischen Gesellschaft kann es Künstlern nicht um die Kritik an der Gesellschaft schlechthin gehen. Das »kritische Element« erweist sich nur produktiv in seinem dialektischen Verhältnis zur konstruktiven Funktion der Kunst in der sozialistischen Gesellschaft. *Eine künstlerisch-kritische Behandlung von Erscheinungen des Lebens kann nur als Teilmoment der mitgestaltenden Rolle der Kunst in unserer Gesellschaft verstanden werden.*

Das Heitere in der Kunst

Liebe Genossinnen und Genossen!

Es besteht bekanntlich ein großes Bedürfnis nach Lachen, Spaß und Heiterkeit, nach Humor und Komik. In manchen Theaterstücken, Filmen und Fernsehspielen, vor allem in kleineren literarischen Formen und in den besten Leistungen von Laien- und Berufskabaretts, wird es schon gut befriedigt. Doch noch zu selten verbindet sich Humor mit tiefer Lebensklugheit und treffendem Volkswitz. Zu spärlich wächst das Komische in unserer Kunst aus dem Leben, wie es wirklich ist. Allzuoft wird es in Randgebiete des Lebens verbannt, oder es werden Klischees aus einer Kleinbürgerwelt »sozialistisch« angestrichen. Lächerlichkeit kann töten: Warum sollten gestrige Verhaltensweisen, Spießbürgerei, Trunksucht, Individualismus, Egoismus, Überheblichkeit usw. nicht der Lächerlichkeit preisgegeben werden! Denken wir beispielsweise daran, wie zustimmend es Lenin begrüßte, als Majakowski »Die auf Sitzungen Versessenen« verlachte. Manche Künstler befürchten – teilweise nicht ganz unbegründet –, daß »übelgenommen« wird, wenn sie gewisse Seiten und Züge in unserem Leben dem Lachen preisgeben oder wenn sie Ernstes humorvoll behandeln. »Wer sich nicht selbst zum besten haben kann, der ist gewiß nicht von den Besten.« Dieses weise Wort Goethes behält auch in unserer sozialistischen Moralauffassung seinen Wert. Durch Lachen, Humor, Heiterkeit sollten die Künstler stärker sozialistisches Selbstbewußtsein, Überlegenheitsgefühl fördern helfen. Manchmal bedarf es nicht nur gutmütigen Humors, sondern auch spitzer Ironie und bissiger Satire, die vor allem den Gegner entlarvt, seine Hohlheit und Aufgeblasenheit, die sich aber auch gegen alles richten kann, was sich bei uns an unsozialistischen Verhaltensweisen breitmacht und nicht gutmütig geduldet werden kann. Wie wir niemandem erlauben, unsere sozialistischen Gesellschafstgrundlagen anzutasten, werden wir auch zu wachen wissen, daß niemand unsere Bereitschaft zur Selbstkritik für das schmutzige Geschäft unserer Feinde ausnutzen kann. [...]

Unsere weitere Kunstentwicklung braucht in größerem Umfang, aber auch weitaus qualitätvoller, sachkundigen, kameradschaftlich-kritischen Meinungsstreit über Kunstwerke und künstlerische Entwicklungsprobleme und -tendenzen.

Die Pflege der kulturellen Tradition

Unser VIII. Parteitag erhärtete ein weiteres Mal, daß unsere sozialistische Kultur in der DDR die großen fortschrittlichen Kulturleistungen der Vergangenheit lebendig bewahrt und im Geiste des Sozialismus weiterführt. *Die sozialistische Gesellschaft ist die einzig rechtmäßige Erbin aller fortschrittlichen geschichtlichen Leistungen und Tradition, allen Strebens nach einem menschenwürdigen Dasein.* [...]

Aber die kulturellen und künstlerischen Traditionen des Humanismus, besonders der revolutionären Arbeiterbewegung, des Kampfes gegen Imperialismus und Faschismus und um die Gestaltung einer neuen, sozialistischen Gesellschaft bis heran zur jüngsten Vergangenheit sind *unsere* ureigenste Sache. Diese nun schon reiche Tradition ist unmittelbar Geist von unserem Geist, Blut von unserem Blut. Das verpflichtet uns, dieses Erbe noch stärker zum lebendigen Besitz des Volkes zu machen, seine sozialistische Ausstrahlungskraft noch zu verstärken.

[...]

Es geht um lebendige Vermittlung. *Es ist unsere Pflicht, die Ideen der großen Denker der Vergangenheit, das literarische und künstlerische Erbe in seiner ganzen Vielfalt noch besser und nachhaltiger zu nutzen.*

Die Klassiker des Marxismus-Leninismus weisen hin auf die kritische Aneignung des Erbes. Das bedeutet keinesfalls eine Einengung in der Auswahl und im Zugang zum Erbe. Kritische Aneignung bedeutet vor allem, die großen Kunstleistungen früherer Gesellschaftsepochen aus ihren sozialen Bedingungen und damit auch in ihrer teilweisen Widersprüchlichkeit zu begreifen. Erst ein solcher Blick erschließt die ursprüngliche Lebendigkeit und Frische dieser Leistungen, das Vorwärtsweisende ihres Menschenbildes. Er bewahrt uns davor, im Erbe nur einen Gegenstand von Feierlichkeit und Andacht zu sehen.

Das internationale Gewicht der sozialistischen Kultur

Auch bei der Entwicklung der sozialistischen Kultur gehen wir, wie auf allen Gebieten des gesellschaftlichen Lebens, von der Stärkung der DDR und des sozialistischen Weltsystems, von den Interessen der internationalen Arbeiterklasse und der arbeitenden Menschen aller Nationen aus.

[...]

Kultur und Kunst werden immer bedeutsamer, um das Bewußtsein der Zusammengehörigkeit, Freundschaft und Brüderlichkeit bei unseren Bürgern zu verstarken, um ihr Denken und Fühlen im Maßstab der ganzen sozialistischen Gemeinschaft und ein entsprechendes Verhalten zu fördern und zu festigen. Vor allem die Begegnung mit der Geschiche und Gegenwart der sowjetischen Kultur und Kunst – mit dem Reichtum ihrer Literatur, Filmkunst, Musik, Malerei, ihrer großen Theaterkunst – war und ist eine Quelle der geistigen und sittlichen Kraft, eines hohen Genusses, die sozialistische Grundüberzeugung bilden und stählen hilft.

[...]

Der Kampf zwischen Sozialismus und Imperialismus auf dem Gebiet der Kultur

Wie in anderen Gebieten der Ideologie geht auch in der Kultur eine Schlacht um den Einfluß auf das Bewußtsein der Menschen vor sich. Immer stärker wird die Anziehungskraft des Sozialismus. Das führt zur Verschärfung aller Widersprüche des Imperialismus. Er kann den Menschen keine Perspektive eröffnen. Seine allgemeine Krise verschärft sich gegenwärtig nicht nur politisch und wirtschaftlich. Sie ist zugleich eine Krise aller Seiten des Lebens, der Moral und der Kultur.

Die Tatsache, daß der Imperialismus faulender, sterbender Kapitalismus ist, wird besonders anschaulich in der imperialistischen Massenkultur. Der menschenfeindliche Charakter der Massenkultur des Imperialismus steht in engem Zusammenhang mit der antihumanistischen Lebensweise, die den kapitalistischen Ausbeutungsverhältnissen entspringt. Er ergibt sich aus den herrschenden politischen Bildungs- und Kulturkonzeptionen des Imperialismus und der weitgehenden Unterordnung der kulturellen Produktion in den Massenmedien unter die volksfeindlichen Klasseninteressen der Monopolbourgeoisie. Hier sind die eigentlichen sozialen Ursachen für jene kulturfeindliche Wesenszüge, für den Verfall des Menschenbildes zu suchen, die uns in den gegenwärtigen Grundtendenzen der imperialistischen Massenkultur entgegentreten. Die Verherrlichung von Brutalität und Verbrechen als »normale«, »alltägliche«, »zum Leben gehörende« Erscheinungen ist der Hauptinhalt dieser sogenannten Massenkultur. In ihrer Gesamtheit ist sie durch eine tiefe Verachtung des Volkes und durch Fortschrittsfeindlichkeit geprägt. Darum werden wir stets einen entschiedenen, konsequenten Kampf gegen die imperialistische Massenkultur zu führen haben.

[...]

Die herrschenden Kreise in der BRD verfolgen gegenüber der DDR die nationalistische Linie des »Fortbestandes der Einheit der deutschen Nation«. Eine wesentliche Rolle spielt dabei die bürgerliche These von der einheitlichen »Kulturnation«. Da die Existenz zweier Staaten mit gegensätzlicher Gesellschaftsordnung von niemandem mehr zu leugnen ist, wird die längst widerlegte Behauptung von einer angeblich geschichtlich begründeten und weiter fortbestehenden »Einheit der deutschen Kultur« aufrechterhalten.

Wie die Geschichte zeigt, hat es eine außerhalb der Bestrebungen der Klassen stehende einheitliche deutsche Kultur nie gegeben. Im 19. Jahrhundert hat die deutsche Bourgeoisie gegenüber dem preußischen Junkertum die großen Ziele einer bürgerlich-demokratischen Revolution und mit ihnen auch Geist und Ideen der bürgerlich-demokratischen Kultur verraten. Seitdem erwies sich zunehmend die revolutionäre Arbeiterklasse als die einzige Führungskraft, die alle demokratischen und sozialistischen Kulturleistungen und Kulturbestrebungen der deutschen Geschichte gegen die imperialistische Kulturpolitik verteidigte. Eine deutsche Kulturgeschichte seit der reaktionären Bismarckschen Reichsgründung von oben könnte nur als eine Geschichte des harten Klassenkampfes zwischen der herrschenden Kultur des imperialistischen Regimes und der demokratischen und sozialistischen Kultur der antiimperialistischen und revolutionären Bewegung unter Führung der Arbeiterklasse geschrieben werden. Von der »Kultur« im reaktionären »Großdeutschen« Reich Hitlers braucht man erst gar nicht zu reden. Sie brachte den Rückfall in die finsterste Zeit des Mittelalters, der Inquisition.

Die Klassenauseinandersetzung in der Kultur verschärfte sich nach 1945 unter den Bedingungen der Besatzungszonen. Wir gingen mit Hilfe der Sowjetunion sofort daran, eine antifaschistisch-demokratische Kultur aufzubauen. Auch in den Westzonen wirkten demokratische Kräfte in diesem Sinne. Unter der demagogischen Losung »Freiheit und Demokratie« haben jedoch alle neugegründeten Parteien des wiedererstehenden deutschen Imperialismus mit aktivster Unterstützung und Teilnahme der rechten Führung der SPD in den Westzonen und danach in der BRD eine in dieser Form beispiellose Hetze und Verfolgung gegen alle demokratischen und sozialistischen Kulturbestrebungen betrieben. Die grossen weltliterarischen Leistungen von Johannes R. Becher, Bertholt Brecht, Lion Feuchtwanger und Arnold Zweig, von Heinrich und Thomas Mann und vielen anderen konnten in der BRD nicht Quell kulturellen Schaffens werden. Mit dem Entstehen zweier Staaten und ihren entgegengesetzten gesellschaftlichen Systemen hat sich auch der grundsätzliche Charakter der Kultur der DDR und der BRD voll herausgebildet. *Die sozialistische Kultur in der DDR entfaltet sich als die Kultur der Arbeiterklasse und der mit ihr verbündeten Klassen und Schichten des Volkes. Demgegenüber herrscht in der BRD die imperialistische volksfeindliche Verfallskultur. Somit stehen sich heute zwei Kulturen gegenüber, die ihrem Inhalt und Klassencharakter nach unvereinbar sind.*

Dabei übersehen wir nicht das progressive humanistische Schaffen bedeutender Künstler in den kapitalistischen Ländern einschließlich der BRD. Zu allen Zeiten, in der Französischen Revolution, der Revolution von 1848/49, im Kampf gegen den Faschismus, vollbrachten Schriftsteller und Künstler Großes an der Seite der fortschrittlichen und revolutionären Volkskräfte.

Die erhöhte Verantwortung der Leitungen für die Entwicklung der sozialistischen Kultur und Kunst

Liebe Genossinnen und Genossen!

Unsere Partei betrachtet die kulturelle Entwicklung stets als »Teil der allgemeinen proletarischen Sache«[6] und ist ständig bemüht, Ökonomie, Politik, Ideologie und Kultur zu einem einheitlichen Prozeß des gesellschaftlichen Fortschritts zu vereinigen. Die Erfahrungen, die unsere Bruderparteien – vor allem die KPdSU – und die wir selbst bei der Verwirklichung der sozialistischen Revolution auf dem Gebiete der Ideologie und Kultur gewonnen haben, besagen, daß auch auf kulturellem Gebiet kein grundlegendes Problem ohne die Erhöhung der führenden Rolle der Arbeiterklasse und ihrer marxistisch-leninistischen Partei gelöst werden kann.

Das zielgerichtete Wirken unserer Partei gewährleistet die harmonische Entwicklung aller Lebensbereiche unserer sozialistischen Gesellschaft. Das erklärt zugleich die hohen Ansprüche an den Arbeitsstil, die wir in verstärktem Maße zu erfüllen haben. *Der Arbeitsstil aller leitenden Organe der Partei, des Staates und der gesellschaftlichen Organisationen muß durch Sachlichkeit und Sachkenntnis, durch das verständnisvolle Verhalten zu den Künstlern und Künsten, durch das umsichtige Fördern aller Talente geprägt sein. In ihm ver-*

binden sich Prinzipienfestigkeit mit Feinfühligkeit für die vielschichtigen und komplizierten kulturell-künstlerischen Prozesse, die das für das weitere Erblühen der Kunst und Kultur gedeihliche Klima gewährleisten.

[...]

Wir begrüßen, daß viele Mitglieder unserer Partei anregende Kunsterlebnisse suchen. Wir sollten prüfen, wie im Parteilehrjahr und an den Parteischulen Kenntnisse über Kultur und Kunst systematisch und umfangreicher vermittelt werden können. Unsere theoretische Zeitschrift »Einheit« und der »Neue Weg« sollten gute Erfahrungen und Beispiele der kulturellen Wirksamkeit von Parteiorganisation propagieren.

Die Verbesserung der kulturellen Lebensbedingungen der Werktätigen ist Anliegen aller Organe des Ministerrates, aller Ministerien und Institutionen. *Jeder Leiter, dem von unserem sozialistischen Staat Verantwortung übertragen wurde, hat auch für immer bessere Möglichkeiten des geistig-kulturellen Lebens der Werktätigen zu sorgen.*

Das Ministerium für Kultur trägt als Organ des Ministerrates die größte Verantwortung für die Entwicklung unserer Kultur. Es muß seine Arbeit entschieden verbessern. Es ist notwendig, in stärkerem Maße zur langfristigen Planung, zur Erarbeitung von Konzeptionen für längere Zeiträume überzugehen. Eine solch weitsichtige Arbeit ist erforderlich, um den Künstlern und Kulturschaffenden neue Impulse für ihr Schaffen zu vermitteln, die weitere Entwicklung der materiell-technischen Voraussetzungen zu sichern und das künftige Netz kultureller Einrichtungen zu bestimmen. Für diese langfristige Planung und Leitung sind in höherem Maße wissenschaftliche Grundlagen notwendig.

Eine der wichtigsten Möglichkeiten liegt in der weiteren Konzentration der Kräfte. Gemeinsam mit der Nationalen Front, dem FDGB, der FDJ, der DSF, dem Kulturbund, der URANIA und anderen gesellschaftlichen Organisationen sollten jährlich konzeptionelle Vorgaben erarbeitet und im Rat für Kultur beim Ministerium für Kultur, ohne die Eigenverantwortung der Träger des Kulturlebens aufzuheben, beraten und vereinbart werden.

[...]

Es geht aber nicht nur um die Genossen, die unmittelbar Kulturfunktionen ausüben. Die Tatsache, daß Kulturaufgaben heute in wachsendem Maße in allen Bereichen zu lösen sind, wirft die Frage auf, wie wir dafür allen Leitern ein notwendiges Minimum an Kenntnissen und Erfahrungen vermitteln können. Wir müssen deshalb prüfen, wie die Ausbildung in kulturellen Grundfragen fester Bestandteil der Lehrpläne und Qualifizierungsmaßnahmen der verschiedenen Ausbildungsstätten, der Hoch- und Fachschulen und der Weiterbildungseinrichtungen aller gesellschaftlichen Bereiche werden kann.

Viele Werktätige haben ein großes Bedürfnis, sich in Abendkursen systematisch kulturelle und künstlerische Kenntnisse anzueignen. In vielen Betrieben, Städten und Dörfern werden qualifizierte Leiter für Zirkel des künstlerischen Volksschaffens dringend benötigt. Eine effektive Lösung wäre zu erreichen, wenn mehrere Bezirke gemeinsam an einer Schule solche Leiter für die Volkskunst ausbilden würden.

[...]

Mit all unseren Bemühungen um die weitere Entwicklung des kulturellen Lebens und des künstlerischen Schaffens wollen wir dem Wohl der Menschen, den Interessen der Arbeiterklasse und des ganzen werktätigen Volkes dienen. Unser kulturpolitisches Wirken strebt das Ziel an, das Leben der Menschen geistig zu bereichern, das tägliche Dasein immer schöner zu gestalten und allen Bürgern ein sinnerfülltes Leben zu ermöglichen. Wenn wir in diesem Sinne handeln, dann ist die Kultur tatsächlich, wie Hans Marchwitza sagte, der »zweite Herzschlag unseres Lebens.«

Anmerkungen:

1. W. J. Lenin: Bemerkungen zum zweiten Programmentwurf Plechanows. In: Werke, Bd. 6, S. 40.
2. W. J. Lenin: Der »linke Radikalismus«, die Kinderkrankheit im Kommunismus. In: Werke, Bd. 31, S. 35.
3. Bericht des Zentralkommitees an den VIII. Parteitag der Sozialistischen Einheitspartei Deutschlands. In: Protokoll der Verhandlungen des VIII. Parteitages der sozialistischen Einheitspartei Deutschlands, Bd. 1, Berlin 1971, S. 90.
4. W. J. Lenin: Die große Alternative. In: Werke, Bd. 29, S. 411.
5. Protokoll der Verhandlungen des VIII. Parteitages der Sozialistischen Einheitspartei Deutschlands, Bd. 1, S. 94.
6. W. J. Lenin: Parteiorganisation und Parteiliteratur. In: Werke, Bd. 10, S. 30.

(Quelle: Kurt Hager: Zu Fragen der Kulturpolitik der SED. Berlin (Ost) 1972, S. 10ff.)

Text 11 (zu Kapitel 4.2)

Ziele und Aufgaben der Auswärtigen Kulturpolitik

Rede des Bundesministers des Auswärtigen Walter Scheel vor dem Kulturpolitischen Beirat des Auswärtigen Amtes am 22. 1. 1971 (Auszug)

Die Auswärtige Kulturpolitik ist nicht das Stiefkind unserer Außenpolitik. Lassen wir uns nicht von falscher Optik täuschen: Wo es in der Außenpolitik zu kräftigen Kontroversen kommen kann, geht die Kulturpolitik auf leisen Sohlen. Ihr Stärke ist die Stille, im Ausland oft mehr gehört als im Inland. Sie ringt nicht um materielle Interessen, sondern um Verständigung, Vertrauen. Sie strahlt unmittelbar ein auf das jeweilige Land. Wo hart am politischen Raum sich die Meinungen stoßen, spricht sie den Menschen, die Gesellschaft an.

Kulturpolitik soll Regierungen zusammenführen, um der Freiheit des Kreativen neue Gassen zu schlagen. Diese Freiheit wird aber nur dann Bestand haben, wenn wir als Industriegesellschaft aus ihr die Verpflichtung ableiten, aus unserem Wohlstand allen eine Chance zu schaffen, an dieser Freiheit teilzunehmen.

Es lag mir schon lange am Herzen, mit Ihnen, meine Herren, darüber zu sprechen. »Gut Ding braucht sein Weil« – und ich glaube, die »Weil« hat sich gelohnt. Ich mußte Sie etwas warten lassen, um nicht mit leeren Händen dazustehen. Nun liegen die Leitsätze für die Auswärtige Kulturpolitik vor uns, nach denen wir künftig arbeiten wollen. Helfen Sie bitte mit, die Leitsätze mit Leben zu erfüllen. Sie sollen als »Partitur des Friedens« zur besseren Verständigung in diesem immer noch unfriedlichen Konzert der Völker beitragen. Ich danke Ihnen für Ihr Erscheinen und bin sicher, daß unser Dialog heute und in Zukunft unsere gemeinsame Kulturpolitik und damit die Außenpolitik selbst befruchten wird.

Ehe wir ins Detail gehen, lassen Sie mich bitte noch ein paar Grundgedanken formulieren:

1.

Auswärtige Kulturpolitik ist Teil der Außenpolitik. Sie ist die vergeistigte, ja vermenschlichte Spitze einer großen Pyramide, in der ein Stein den anderen trägt. Auswärtige Kulturpolitik ist souverän und komplementär zugleich. Kurz: sie gehört zum Kern unserer Außenpolitik, ist nicht mehr und nicht weniger. Auswärtige Kulturpolitik kann also nur im Zusammenhang mit unserer Außenpolitik gesehen werden. Beide haben ein Gesicht, gehen auf ein Konzept zurück: dem Frieden, der Freiheit und dem Fortschritt zu dienen.

Ein konkretes Beispiel: Voraussetzung einer erfolgreichen Ostpolitik ist unser unerschütterlicher Zusammenhalt mit dem Westen. Angesichts der Bedeutung, die die Bundesregierung ihrer Westeuropa-Politik übrigens nicht erst seit der Konferenz von Den Haag beimißt, gehört hierzu insbesondere die Betonung der Rolle der Kulturpolitik bei der Herausbildung eines europäischen Gemeinschaftsgefühls, das auf dem »Kerneuropa« der Europäischen Gemeinschaften aufbaut.

2.

Wir sprechen mit *einer* Zunge nach Westen und nach Osten. Wir meinen es ernst mit der Verständigung im Osten, nachdem sie uns im Westen gelungen ist. Die westliche hat uns erst den Versuch um die östliche ermöglicht. Wir lassen uns durch keine Widrigkeiten von diesen Bemühungen mit dem Osten abbringen. Hier kommt dem kulturellen Austausch besondere Wirkung zu. *Unser* Ziel ist der friedliche Wettbewerb mit dem Osten.

3.

Meine Herren, der Geist weht, wohin er will, auch über Mauern und künstliche Grenzen. Gott sei Dank. Als offene pluralistische Gesellschaft sind wir mit jedem zu einem Dialog bereit, um – jenseits von der Tagespolitik – geistige und kulturelle Gemeinsamkeiten im Dienste der Verständigung und des Friedens zu finden. Was läge nun näher, das Gemeinsame vor allem dort zu suchen, wo es noch immer besteht: im anderen Teil Deutschlands, in der DDR. Es gibt nur eine deutsche Nation, nur eine deutsche Sprache und nur eine deutsche Kultur. Was in vielen Jahrhunderten zusammengewachsen ist, kann nicht in wenigen Jahren auseinandermanipuliert werden. Warum sollte z. B. die Förderung der deutschen Sprache, der sich Marx und Mann bedienten, nicht ein gemeinsames Anliegen sein können? Hier wächst unserer Kulturarbeit eine große bewahrende Aufgabe zu, ohne deren Erfüllung wir unsere Politik, ja uns selbst in Frage stellen würden.

Unsere Bereitschaft zur Zusammenarbeit mit der DDR hat nur eine Schwäche: sie setzt auch Bereitschaft in Ostberlin voraus. Dort aber igelt man sich ein. »Neues Deutschland« brachte am 29. Dezember 1970 einen Grundsatzartikel unter der Überschrift »Abgrenzung der Kultur«, in dem es heißt, daß sich zwischen der sozialistischen DDR und der imperialistischen Bundesrepublik ein objektiver Prozeß der Abgrenzung und nicht der Annäherung vollziehe. Die sozialistische Kultur habe mit imperialistischer Unkultur nichts Gemeinsames. Es dürfe keine Annäherung geben, denn die Abgrenzung gegenüber dem Imperialismus gehöre vielmehr zum inneren Wesen jedes sozialistischen Fortschritts und somit auch des Kulturfortschritts.

Und was sagt die UNESCO dazu, um deren Mitgliedschaft sich die DDR laufend bemüht? Lassen Sie mich nur Artikel V der »Erklärung der Grundsätze internationaler kultureller Zusammenarbeit« zitieren, die am 4. November 1966 einstimmig, auch von den osteuropäischen Mitgliedern, darunter der Sowjetunion, verabschiedet worden ist.

Artikel V lautet:

> »Kulturelle Zusammenarbeit ist das Recht und die *Pflicht* aller Völker und Nationen, die miteinander ihr Wissen und Können austauschen sollen.«

Hier widersprechen sich Anspruch auf Aufnahme in die UNESCO und Verpflichtung, so zu handeln, wie die UNESCO es im Dienste des Friedens fordert.

(Quelle: Bulletin des Presse- und Informationsamtes der Bundesregierung Nr. 10 vom 27. 1. 1971, S. 84f.)

Text 12 (zu Kapitel 4.3)

Grußadresse an den VIII. Parteitag der SED

Berlin, am 15. Juni 1971

Liebe Genossen!

Wir, die Mitglieder des Deutschen Schriftstellerverbandes, senden den Delegierten des VIII. Parteitages der Sozialistischen Einheitspartei Deutschlands unsere solidarischen Grüße.

Durch unser Leben und durch unsere Arbeit, durch unser Denken und Handeln sind wir fest verbunden mit der Partei der Arbeiterklasse, der führenden Kraft in allen Bereichen unserer sozialistischen Gesellschaft.

Wir danken der Partei für alles, was unter ihrer Führung entstanden ist und entsteht. Wir danken ihr für die ständige Unterstützung, die sie unserem Schaffen zuteil werden läßt.

Treu den Prinzipien des Marxismus-Leninismus und des sozialistischen Internationalismus, gestützt auf das Bündnis mit dem ganzen werktätigen Volk, hat uns die Partei, allen Anfeindungen reaktionärer Fronden zum Trotz, von Etappe zu Etappe, von Sieg zu Sieg geführt.

Durch die Kraft der Partei entstand unser sozialistisches Vaterland. Es fühlt sich eins mit den Völkern der Sowjetunion, mit den Völkern der sozialistischen Bruderländer, mit allen Menschen, die mit ihrem Geist und mit ihren Waffen für Frieden und Sozialismus, gegen Imperialismus und Antikommunismus kämpfen. An diesem großen geschichtlichen Kampfe nehmen wir Schriftsteller mit unserer Arbeit teil.

Der Wahrheit der Dinge auf den Grund gehen, volksverbunden sein in unserer literarischen Arbeit, ihre Tiefe und Breite ständig prüfen, das Neue aufspüren, indem wir uns dem tagtäglichen Leben stellen, das Erbe im Neuen bewahren, unsere Sache als Teil der Menschheitssache darstellen – darin liegt unsere Gemeinsamkeit mit der Partei der Arbeiterklasse, der Sozialistischen Einheitspartei Deutschlands.

Mit sozialistischem Gruß

Anna Seghers
Präsidentin

Gerhard Henniger
1. Sekretär

(Quelle: Neue Deutsche Literatur [NDL] Berlin [Ost], Heft 8/1971)

Text 13 (zu Kapitel 4.3)

Stefans Heyms Rede auf dem Schriftstellerkongreß 1956 in Ost-Berlin (Auszug)

Es sind allerdings ganz andere Motive, die den Schriftsteller bei uns, wo der Kapitalismus entmachtet ist und man seiner Berufung frei folgen kann, veranlassen, sich sehr scharf zu überlegen, was und wie er schreibt.

Aus Bonn wird behauptet, bei uns gäbe es eine Zensur. Ich wünschte manchmal, wir hätten eine; wir könnten uns viel kostbares Papier ersparen, das für blühenden Unsinn verdruckt wird. Aber die Behauptung aus Bonn findet Gläubige. Anläßlich eines Artikels, den ich kürzlich in einer großen Tageszeitung veröffentlichte, erhielt ich einen Brief von einer Leserin aus Rostock. In diesem Brief teilte sie mir mit, ihre Bekannten hätten sich darüber gewundert, daß ein »von der Regierung genehmigter« Schriftsteller so etwas Kühnes schreiben konnte.

Es scheint, daß in den Köpfen der Bekannten meiner Rostocker Leserin noch Begriffe aus der Nazizeit herumspuken, wo es eine Reichsschrifttumkammer und tatsächlich von der Regierung genehmigte Schriftsteller gab. Aber damit ist seit 1945 gründlich aufgeräumt worden, wenigstens in dem östlichen, demokratischen Teil Deutschlands. Und was mich betrifft, so war dies einer der Gründe, die mich veranlaßten, aus den USA hierhier überzusiedeln. Ich konnte und wollte nicht in einem Lande arbeiten, in dem den Schriftstellern ein Maulkorb umgehängt wird.

Nein, es gibt keinen Maulkorb und keine Zensur bei uns. Aber es gibt bei uns eine Verantwortlichkeit des Schriftstellers, der Sache gegenüber, der Sache des Friedens und der Demokratie und des Sozialismus. Der Zensor, von dem immer gesprochen wird, sitzt im Herzen des Schriftstellers. Und bei jedem Satz fragt dieser Zensor: Ist das, was du schreibst, auch im tiefsten Sinne wahr? Regt es zum Denken an, zum Denken in der richtigen Richtung? Hilft es unserer Sache? Bringt es die Menschen weiter?

Natürlich gibt es da Dinge, über die man schreiben, Sätze, die man aussprechen könnte, die aber der Sache schaden würden, der großen Sache, für die so viele herrliche Menschen ihr Blut und ihr Leben gegeben haben. Und hier schreitet der Zensor in unserem Herzen ein. Denn wir stehen nicht mehr in Opposition zu der herrschenden Klasse, wie jeder ehrliche, klardenkende Schriftsteller im Westen stehen muß, und können nicht mehr so einfach darauflosschlagen, ohne genauestens zu berechnen, wo der Schlag landen wird. Wir haben eine neue, ganz andere herrschende Klasse und sind ein Teil von ihr und sind ihr verantwortlich. Wir sind mit an der Macht und mitverantwortlich dafür, daß wir an der Macht bleiben und daß uns die Macht nicht entrissen wird von den Faschisten und jenen, die einen neuen schrecklichen Krieg wollen. Wir sind verantwortlich gegenüber den Müttern und den Kindern, gegenüber den Bauern, die das Brot schaffen, gegenüber den Arbeitern, die eine neue, bessere Welt bauen. Wir sind verantwortlich den Toten gegenüber und den Lebenden, und jedes unserer Worte zählt.

Aber der Schaffensprozeß des Schriftstellers ist eine einsame Angelegenheit. Und bei dem Zwiegespräch zwischen der Leidenschaft und dem Zensor, das dauernd in unserem Herzen stattfindet, ist es nicht immer leicht zu entscheiden, wer recht hat.

Wer von uns ist denn so sicher in seinen Lebens- und Kampferfahrungen, in dem, was er gelernt und gesehen hat, daß er stets genau weiß: Ja, dies kann ich und muß ich sagen, und jenes bleibt besser ungesagt?

Die ungeheure Last der Verantwortung auf unseren Schultern macht den Unsicheren oft noch unsicherer, und auch für den Sicheren gibt es Momente des Zweifels. Kein Wunder also, daß der eine oder andere sich sagt: Warum soll ich mir den Kopf zerbrechen? Warum nicht von Zeitläufen und Ländern schreiben, über die keine Unklarheiten mehr bestehen? Oder warum nicht so schreiben, wie ein Dutzend andere schon vor mir geschrieben haben? Wer bin ich denn, daß ausgerechnet ich Gefahr laufen soll, Wochen, Monate, Jahre meiner Arbeit umsonst anzuwenden?

Man hat von Mangel an Mut bei Schriftstellern gesprochen. Ich halte das – verzeihen Sie mir – für oberflächlich. Ich glaube, die Mehrzahl von uns sind keine Feiglinge, wir haben keine Angst vor Kritik und vor dem erhobenen Zeigefinger und den erhobenen Augenbrauen großer und kleiner Päpste.

Aber für manchen von uns gibt es manchmal Augenblicke, da wir zaudern angesichts der Tatsache, daß die neue Zeit noch gar so neu und ungewohnt ist und daß der verschlungene Weg vor uns sich gar zu oft gabelt und kreuzt und überschneidet. Und in solchen Augenblicken mag die Verantwortung, die auf uns liegt, zu schwer erscheinen, und die Versuchung, nichts zu sagen und nichtssagend zu werden, tritt an uns heran. Aber wir dürfen dieser Versuchung nicht nachgeben. Ihr nachzugeben hieße unsere Berufung zu verraten und damit gleichzeitig die große Sache.

Im Lichte dieser Entscheidungen, die wir bei unserem Schaffen tagtäglich und stündlich treffen müssen, sollte man auch jene Diskussion betrachten, in der es angeblich um den Enthusiasmus der Arbeiterklasse ging.

In Wirklichkeit ging es dabei um etwas noch viel Tieferes, nämlich *um diese Entscheidungen.* Wir können in dem, was wir sagen wollen und zu sagen verpflichtet sind, nur richtig entscheiden, wenn wir die Menschen richtig einschätzen, über die und für die wir schreiben. So ging es denn damals und geht es heute und wird es auch morgen noch um die Frage gehen: Wie stellen wir den Menschen unserer Gegenwart und unseres Landes dar? Diesen Menschen, der sich ständig wandelt, der tausenderlei verschiedenen Einflüssen ausgesetzt ist, dessen Vergangenheit im Schlamm und Schmutz des Kapitalismus liegt und dessen Zukunft zu noch unausdenkbar großartigen Gipfeln menschlicher Größe führen wird.

Zweierlei müssen wir kennen: Den Menschen, wie er *ist* und wie er sich *entwickelt.*

Und dieses Zweierlei müssen wir *illusionslos, aber stets mit dem großen Ziel im Auge* zu erkennen suchen – aus zwei Gründen: Erstens, weil dieser Mensch unser Thema, und zweitens, weil er unser Leser ist.

Hier, bei der Betrachtung und Beurteilung der Menschen werden sich Unterschiede ergeben, denn jeder Betrachter ist anders und jeder Betrachtete. Ich denke, daß auch jene Kollegen, die in den rosigsten Tönen von unseren Menschen hier sprachen, ehrlich an ihre Anschauungsweise glauben; ebenso ehrlich waren die, deren Ton mehr ins Graue ging. Das kommt gerade von den Widersprüchen in unserem Leben und zeigt diese Widersprüchlichkeit. Das ist unerhört dramatisch. Noch nie gab es zu *einer Zeit* in Deutschland solche Verschiedenheiten, noch nie war die Palette so reich an Farben, und nur an uns liegt es, uns ihrer zu bedienen.

Aber wir werden nicht umhin können, unsere Menschen, die Menschen unserer Zeit und unserer Republik, realistisch zu betrachten – als Leser wie auch als Thema. Tun wir das nicht, so versündigen wir uns am Thema und verlieren sie als Leser; denn der Mensch als Leser glaubt uns einen unechten Menschen als Thema nicht.

(Quelle: IV. Deutscher Schriftstellerkongreß/Januar 1956 – Protokoll 2. Teil, S. 15–18. Reihe: Beiträge zur Gegenwartsliteratur, herausgg. vom Deutschen Schriftstellerverband, Berlin [Ost] 1956.)

Text 14 (zu Kapitel 4.3)

Paul Wiens auf dem V. Schriftstellerkongreß 1961 in Ost-Berlin (Auszug)

[...] Wenn ich auf diesem Boden der Deutschen Demokratischen Republik als Schriftsteller auf den Grund gehe und plötzlich feststelle, daß das Leben meinen Vorstellungen von Sozialismus und Marxismus nicht entspricht, befinde ich mich scheinbar in einer Sackgasse. Denn selbstverständlich bin ich fest davon überzeugt (wobei ich wie Günter Grass keinen als Richter über mir anerkenne!), daß ich weiß, was Sozialismus ist und daß ich ein Marxist bin... Das ist doch scheinbar eine kritische, realistische Haltung. Was soll ich also tun, wenn ich sehe, daß das, was ich gedacht habe, gar nicht ist, wenn mir zum Beispiel ein Minister nicht paßt oder wenn in einem Betrieb Unfug getrieben wird? Wie muß ich das schreiben? Kann ich dann schreiben, was ich will?

Ich glaubte zuerst, daß ich Sozialist sei, und dann habe ich versucht, den Dingen auf den Grund zu gehen. Und wenn ich nun sehe, daß die Realität im Widerspruch zu meinen Vorstellungen steht, kann ich dann realistisch schreiben oder kann ich nicht? Das ist die schöpferische Frage: Das Land, nach dem ich suche, ist nicht so, wie ich es mir wünsche. Plötzlich erkenne ich: es ist ganz anders! Was tun?

Antwort und Lösung dürfen wir uns nicht leicht machen. Jetzt hängt alles davon ab, in welcher Beziehung ich zu diesem Lande stehe.

Drei Möglichkeiten: Erstens kann ich diesen Widerspruch resignierend zur Kenntnis nehmen und traurig feststellen: Die Wirklichkeit ist gemein. Zweitens kann ich von Haßgefühlen erfaßt werden. Jawohl, das kann passieren! Ich kann aber auch in einer kritisch-liebenden, in einer fordernden und aktiven Beziehung zur Realität stehen. Dann erst beginnt die komplizierte künstlerische Auseinandersetzung, die – nicht immer! – zum sozialistischen Realismus, oder wie wir diesen unseren Standpunkt immer nennen wollen, führt.

(Quelle: »Für und wider die Parteilichkeit«, in SBZ-Archiv [Köln] 18/1961, S. 283)

Text 15 (zu Kapitel 4.3)

Robert Havemann zur geistigen Freiheit

Es ist oft sehr nützlich, wenn man weiß, was man nicht gesagt hat. Im Herbst 1963 – ich war damals noch nicht aus der Partei ausgeschlossen, das geschah erst 1964 im Anschluß an meine Vorlesungen – veranstaltete die Partei in der sogenannten Professoren-Mensa der Humboldt-Universität ein Kulturgespräch mit den Dozenten und Professoren. Die Leitung hatte Wilhelm Girnus, der lange Zeit, aber letzten Endes erfolglos, Staatssekretär für das Hochschulwesen gewesen war. Zu seiner Unterstützung saßen mit ihm an einer Art Präsidiums-Tisch ein Funktionär des Kulturministeriums, der Schriftsteller Paul Wiens und ich. Girnus hielt eine seiner salbadrigen Reden, lauter aneinandergereihte Plattheiten und Undeutlichkeiten, bei denen sich jeder jedes denken konnte, sehr auf professorale Würde bedacht, durch und durch unecht. Als er endlich fertig war, kam natürlich zunächst trotz wiederholter Aufforderung keine Diskussion zustande. Ich meldete mich und sagte:

»Vielleicht kommt eine Diskussion leichter zustande, wenn wir unserer Beratung ein Motto geben, das ich ganz allgemein für Kulturgespräche empfehlen möchte. Es ist ein Spruch des chinesischen Weisen Lao Tse, der lautet:

›Herrscht ein ganz Großer, so weiß das Volks nur eben, daß er da ist.
Mindere werden geliebt und gelobt.
Noch Mindere werden gefürchtet.
Noch Mindere werden verachtet.
Schenkst du kein Vertrauen, so findest du kein Vertrauen.
Wie weise waren doch die Alten im Wägen

ihrer Worte. Ihre Werke wurden vollbracht,
die Arbeit wurde getan.
Und die Leute im Volk wußten:
Wir sind selbständig.‹«

Das schlug ein. Die anwesenden Genossen Gesellschaftswissenschaftler fühlten sich aufgerufen, die Kulturpolitik zu verteidigen, gegen Lao Tse. Aber ihre Reden blieben matt. Die Worte Lao Tses trafen die Situation. Im weiteren Verlauf der Diskussion meldete ich mich noch einmal und goß noch mehr Öl ins Feuer. Zuerst lobte ich die neue ökonomische Politik der Partei, verlangte dann aber auch eine neue Kulturpolitik. »Hätten wir die bisherige ökonomische Politik fortgesetzt, so hätte das für unsere Wirtschaft das Chaos bedeutet. Wenn wir unsere bisherige Kulturpolitik fortsetzen, so bedeutet das die Zerstörung unserer Kultur!« rief ich mit Emphase aus.

Von Chaos und Zerstörung in Verbindung mit der geheiligten Politik unserer Partei zu sprechen, war gewiß stark. Die Reaktion konnte nicht ausbleiben. Die anwesenden parteilosen Dozenten und Professoren erlebten gleichwohl voller Staunen, wie die Meute über mich herfiel. Paul Wiens versuchte eine schwache Verteidigung für mich, indem er meinte, ich habe es gar nicht so gemeint. Ich hatte es aber so gemeint. Den schärfsten Angriff führte Peter Alfons Steiniger, Professor für Völkerrecht, ein wortgewandter Advokatentyp alter Schule. Er spielt sich gern als alter Kommunist auf. Während der Nazizeit hatte er aber versucht, sich bei der NS-Kulturkammer anzubiedern, mit einem schleimigen Brief, der zu seinem Ärger 1946 im Westberliner *Tagesspiegel* veröffentlicht worden war. Dadurch war seine Karriere vorübergehend gestoppt worden. Aber das war nun schon lange her. Er hatte sich inzwischen mit Erfolg wieder hochgedient. Steininger redete überlaut, seine Stimme überschlug sich.

»Und solche Worte müssen wir ausgerechnet aus dem Munde des Genossen Robert Havemann hören. Chaos und Zerstörung, unserer Partei gesagt, ich wiederhole es, das hast du gesagt, Robert«, bei der Nennung meines Vornamens als Anrede legte der den Klang verzweifelter Besorgnis eines guten Freundes in seine Stimme, »Robert, was hast du dir dabei gedacht, unsere Partei ist die Partei der Ordnung und des Aufbaus. Chaos und Zerstörung ist das Wesen des Imperialismus, nicht unser Wesen. Wohin bist du geraten ...«

Und so weiter.

Als er fertig war, meldete ich mich. Girnus wollte mir zuerst das Wort nicht erteilen. »Nur einen Satz, bitte!« sagte ich. Er reagierte nicht. Ich stand aber einfach auf und sagte: »Meine Damen und Herren, ich verstehe Ihre Aufregung nicht. Was ich hier gesagt habe, ist doch der Gipfel der Harmlosigkeit – verglichen mit dem, was ich denke.« Und setzte mich wieder.

Wie gesagt, es ist gut, wenn man weiß, was man nicht gesagt hat. Denn die Sache hatte natürlich ein Nachspiel. Ich wurde in die Bezirksleitung zitiert.

Den Spruch von Lao Tse kannten inzwischen alle auswendig. Die ganze Veranstaltung war ja auf Band aufgenommen. Am meisten empört war man aber über meinen letzten Satz.

»Ich verstehe euch nicht«, begann ich, »das ist doch immer so, was ein Mensch sagt, ist doch immer viel harmloser als das, was er denkt. Zum Beispiel, was ein Mann zu einer hübschen jungen Frau sagt, meint Ihr nicht auch?«

Die Genossen wußten nicht, ob sie lachen oder empört sein sollten.

»Aber Scherz beiseite«, fuhr ich schnell fort, »stellt euch bloß vor, was ich alles hätte sagen können über die chaotischen Verhältnisse in unserer Wirtschaft vor dem neuen ökonomischen System, über die riesigen Fehlinvestitionen in der Flugzeugindustrie, im Rostocker Hafen. Darüber, daß eine Kommission der staatlichen Plankommission zu dem Ergebnis gekommen ist, daß man wegen der vielfältig verschachtelten Subventionspolitik nicht in der Lage ist, auf Grund der geltenden Preise festzustellen, ob die Fabrikation und der Export von Schiffen für die Wirtschaft der DDR ein Gewinn- oder ein Verlustgeschäft ist. Über die riesigen Lagerbestände an Ladenhütern in unserer Elektroindustrie, über das Geld, das wir für das Farbfernsehen zum Fenster hinausgeschmissen haben. Wollt Ihr noch mehr hören?« Nein, sie wollten nicht. Sie waren mir zu dankbar für alles das, was ich nicht gesagt hatte.

Gegenwärtig gibt es eine einigermaßen lebendige wissenschaftliche Diskussion auf marxistischer Grundlage nur außerhalb des sogenannten sozialistischen Blocks. In den sozialistischen Staaten werden auch die Antworten auf theoretische Fragen weitgehend von der Behörde dekretiert, jedenfalls immer dann, wenn sie für die Politik der Partei praktische Relevanz haben. Die freie Entfaltung der wissenschaftlichen Auseinandersetzung kann aber auch in den sozialistischen Staaten erzwungen werden. Dazu ist es erforderlich, daß sich alle Parteien, die die Notwendigkeit der freien und öffentlichen politisch-wissenschaftlichen Diskussion fordern und für sich anerkennen, wie beispielsweise die italienische und die französische Kommunistische Partei, nicht nur in ihrer Presse und auf internationalen Konferenzen ganz allgemein mit dieser Forderung auftreten, sondern daß sie sich noch mehr als bisher mit den wenigen kritischen Marxisten solidarisieren, die noch oder schon ihre Stimme innerhalb der sozialistischen Länder erheben.

Für die Zukunft der revolutionären sozialistischen Bewegung in der Welt hängt alles davon ab, daß die theoretische Stagnation, diese Sklerose des Marxismus, wie Sartre sie genannt hat, überwunden wird. Das Vorhandensein von theoretischen Meinungsverschiedenheiten ist ja nicht das Übel. Im Gegenteil, es ist gut, daß es sie gibt. Schlecht ist aber, daß diese Meinungsverschiedenheiten nicht gründlich und öffentlich zur Sprache gebracht und ausdiskutiert werden, sondern gegenseitige Diffamierung und Verleumdung die einzige Praxis des Auseinandersetzens ist.

Die Offenheit der Auseinandersetzung würde allerdings bedeuten, daß jede Partei es sich gefallen lassen muß, daß ihre Politik und ihre theoretischen Ansichten von anderen Parteien und überhaupt von jedem innerhalb und außerhalb des Landes kritisiert werden können. In den meisten sozialistischen Staaten ist eine derartige Kritik bisher praktisch ausgeschlossen. Kritische Meinungen werden nicht publiziert, wer sie in Reden und Vorträgen, selbst in der bescheidensten Form von Öffentlichkeit äußert, wird sehr schnell auch von diesen Möglichkeiten abgeschnitten und hat sogar mit strafrechtlichen Verfolgungen zu rechnen. Demokratische Freiheiten innerhalb der sozialistischen Staaten sind also auch unabdingbare Voraussetzung für Erneuerung und Wiederbelebung der marxistischen theoretischen Arbeit.

(Quelle: Robert Havemann: Fragen – Antworten – Fragen / Aus der Biographie eines deutschen Marxisten. München 1970, S. 102–106 und S. 214–216)

Text 16 (zu Kapitel 4.4)

Alexander Solschenizyns geplante und nicht gehaltene Nobelpreis-Rede [1970]

In den verschiedenen Teilen der Welt legen die Menschen ihre mühsam erworbenen Wertvorstellungen an die Ereignisse an und urteilen eigensinnig und zuversichtlich nur nach ihren Wertmaßstäben, niemals nach anderen... Aber wer soll diese Wertungen koordinieren, und wie? Wer wird für die Menschheit ein Deutungssystem schaffen, das gültig ist für gute und böse Taten, für das Unerträgliche und das Erträgliche, wie es heute unterschieden wird? Wer wird der Menschheit klarmachen, was wirklich schwer und unerträglich ist und was nur örtlich die Haut ritzt? Wer wird den Zorn darauf richten, was das Furchtbarste, und nicht nur das, was am nächsten ist? Wem kann es gelingen, ein solches Verständnis über die Schranken seiner eigenen menschlichen Erfahrung zu verbreiten? Wem mag es gelingen, einem voreingenommenen, starrsinnigen Menschenwesen die räumlich fernen Freuden und Schmerzen anderer zu verdeutlichen, ihm ein Verständnis von Dimensionen und Täuschungen zu vermitteln, das er selbst nie erfahren hat? Propaganda, Zwang, wissenschaftlicher Beweis – alle sind nutzlos. Aber glücklicherweise gibt es ein Mittel in unserer Welt! Dieses Mittel ist die Kunst. Dieses Mittel ist die Literatur.

Diese kann ein Wunder vollbringen: sie kann die schädliche Besonderheit des Menschen überwinden, nur aus persönlicher Erfahrung zu lernen, so daß ihn die Erfahrung anderer Menschen unberührt läßt. Von Mensch zu Mensch in der kurzen Spanne ihres Erdenwallens überträgt die Kunst die ganze Wucht einer unbekannten lebenslangen Erfahrung mit allen ihren Bürden, ihren Farben, ihrem Lebenssaft; sie erweckt im Fleisch ein unbekanntes Erlebnis und erlaubt uns, es als eigenes zu besitzen.

Und mehr noch, viel mehr als das: Sowohl Länder als auch ganze Erdteile wiederholen die Fehler des anderen, mit Zeitzwischenräumen, die sich auf Jahrhunderte belaufen können. Dann, sollte man denken, müßte es doch augenfällig sein! Aber nein: Was manche Nationen schon erfahren, bedacht und verworfen haben, wird plötzlich von anderen als die letzte Wahrheit entdeckt. Und abermals ist hier der einzige Ersatz für eine Erfahrung, die wir nie durchlebt haben, die Kunst, die Literatur. Sie haben eine wundersame Fähigkeit: über Unterschiede der Sprache, Sitten, Gesellschaftsstrukturen hinweg können sie von Nation zu Nation Lebenserfahrungen einer ganzen Nation auf eine andere übermitteln. Einer unerfahrenen Nation können sie eine harte nationale Prüfung schildern, die Jahrzehnte gedauert hat, und dadurch im Idealfall einer ganzen Nation einen überflüssigen, verfehlten, ja sogar unheilvollen Kurs ersparen und gleichzeitig den gewundenen Lauf der menschlichen Geschichte begradigen.

Es ist diese große und vornehme Eigenschaft der Kunst, die ich heute von der Nobel-Tribüne dringend heraufbeschwören möchte.

Und noch nach einer anderen Richtung von unschätzbarem Wert vermittelt die Literatur unwiderlegliche, geballte Erfahrung: nämlich von Generation zu Generation. So wird sie zur lebendigen Erinnerung der Nation. So bewahrt und entfacht sie in sich die Flamme ihrer vergangenen Geschichte, in einer Form, die vor Verzerrung und Verleumdung gesichert ist. Auf diese Weise schützt die Literatur, zusammen mit der Sprache, die Seele der Nation...

Aber wehe der Nation, deren Literatur durch das Eingreifen der Macht gestört wird. Denn das ist nicht lediglich ein Verstoß gegen die »Freiheit des gedruckten Wortes«, es verschließt das Herz der Nation, zerfleischt ihr Gedächtnis. Die Nation hört auf, sich auf sich selbst zu besinnen, ist der geistigen Einheit beraubt, und trotz einer angeblich gemeinsamen Sprache hören die Mitbürger plötzlich auf, einander zu verstehen. Stumme Generationen altern und sterben, ohne je über sich selbst gesprochen zu haben, sei es untereinander oder zu ihren Nachkommen. Wenn Menschen wie Frau Achmatowa und Samjatin – die zeit ihres Lebens lebendig begraben waren – dazu verdammt sind, bis zu ihrem Tode stumm zu schaffen, nie den Widerhall ihrer geschriebenen Worte zu hören, dann ist das nicht nur ihre persönliche Tragödie, sondern ein Leid für die ganze Nation, eine Gefahr für die ganze Nation.

In manchen Fällen – wenn infolge eines solchen Verstummens die Geschichte in ihrer Gesamtheit nicht mehr verstanden werden kann – ist es zusätzlich eine Gefahr für die ganze Menschheit.

Zu verschiedenen Zeiten und in verschiedenen Ländern hat es erhitzte, zornige und scharfsinnige Debatten gegeben, ob die Kunst und der Künstler die Freiheit haben sollten, ein abgeschiedenes Leben führen, oder ob sie sich immer ihrer Pflicht gegenüber der Gesellschaft bewußt sein und ihr, wenn auch unvoreingenommen, dienen sollten. Für mich gibt es da kein Dilemma, aber ich werde nicht noch einmal die Gründe für und wider anführen. Einer der geistreichsten Vorträge zu diesem Thema war Albert Camus Nobelpreis-Rede, und ich möchte mich freudig seinen Argumenten anschließen. Tatsächlich ist es seit einigen Jahrzehnten die Tendenz der russischen Literatur, sich nicht zu sehr in die Selbstschau zu verlieren und nicht allzu frivol umherzuflattern. Ich schäme mich nicht, diese Tradition nach besten Kräften weiterzuführen. Die russische Literatur ist seit langem mit dem Gedanken vertraut, daß der Schriftsteller in seiner Gesellschaft viel bewirken kann und daß er dazu verpflichtet ist.

Wir wollen dem *Recht* des Künstlers, ausschließlich seine eigenen Erlebnisse und Einsichten auszudrücken und alles außer acht zu lassen, was sich in der übrigen Welt begibt, nicht zu nahe treten. Wir wollen nicht vom Künstler *verlangen,* doch – ihn tadeln, ihn bitten, drängen, locken – das dürfen wir. Schließlich entwickelt er das eigene Talent nur teilweise: der größere Teil wird ihm bei der Geburt als fertiges Erzeugnis eingeblasen, und das Geschenk seiner Veranlagung legt seinem freien Willen Verantwortung auf. Nehmen wir an, daß der Künstler niemandem etwas *schuldet*: trotzdem ist es schmerzlich, wenn er sich in seine selbstgefertigten Welten oder Räume seiner subjektiven Launen zurückzieht und dadurch die wahre Welt in die Hände derer *liefern kann,* die käuflich sind, wenn nicht gar wertlos oder toll.

Unser zwanzigstes Jahrhundert hat sich als grausamer erwiesen denn vorausgegangene Jahrhunderte, und die ersten fünfzig Jahre haben nicht alle seine Schrecken ausgelöscht. Unsere Welt ist von denselben alten steinzeitlichen Emotionen wie Habgier, Neid, Unbeherrschtheit, gegenseitiger Feindschaft zerrissen, die im Lauf der Zeit ehrbare Pseudonyme angenommen haben wie Klassenkampf, Rassenkampf, Massenkampf, Gewerkschaftszank. Die urtümliche Weigerung, sich auf einen Kompromiß einzulassen, hat sich in ein theoretisches Prinzip verwandelt und gilt als die Tugend der Orthodoxie. Sie verlangt Millionen Opfer in unaufhörlichen Bürgerkriegen, sie hämmert unseren Köpfen ein, daß es so etwas wie unveränderliche, universale Ideen vom Guten und der Gerechtigkeit nicht gibt, daß sie alle im Fluß und unbeständig sind. Daher die Regel: Tue immer, was deiner Partei am meisten nützt. Sobald eine Berufsgruppe eine bequeme Gelegenheit erspäht, sich *ein Stück abzubrechen,* selbst wenn es unverdient, selbst wenn es überflüssig ist, bricht sie's an Ort und Stelle ab, ohne Rücksicht, ob die gesamte Gesellschaft dabei zusammenbricht. Von draußen gesehen, gehen die Wogen der westlichen Gesellschaft so hoch, daß sie sich dem Punkt nähert, an dem das System umkippt und fallen muß.

[...]

Der Geist von München gehört keineswegs der Vergangenheit an, er war nicht nur eine kurze Episode. Ich möchte sogar sagen, daß der Geist von München im zwanzigsten Jahrhundert vorherrscht. Die ängstliche zivilisierte Welt hat nichts gefunden, womit sie einer jähen Wiederbelebung der nackten

Barbarei begegnen könnte, außer Zugeständnissen und Lächeln. Der Geist von München ist eine Willenserkrankung der Erfolgreichen, er ist der tägliche Zustand derer, die ihren Durst nach Reichtum um jeden Preis befriedigen wollen und die das materielle Wohlsein als das Hauptziel der irdischen Existenz betrachten. Solche Menschen – und es gibt deren viele in der heutigen Welt – wählen sich die Passivität und das zurückgezogene Leben, um nur heute nicht über die Schwelle der Mühsal zu treten – und morgen, ihr werdet's sehen, ist wieder alles in Ordnung. (Aber es wird nie in Ordnung sein! Der Preis der Feigheit ist nur das Böse; wir ernten Mut und Sieg nur, wenn wir Opfer wagen.)

[...]

Was ist dann der Platz und die Rolle des Schriftstellers in dieser grausamen dynamischen, gespaltenen Welt, die am Rande der Vernichtung steht? Schließlich haben wir nichts mit dem Abschießen von Raketen zu tun, wir schieben nicht einmal den mickerigsten Handwagen, wir werden weidlich von denen verachtet, die nur die materielle Macht respektieren. Ist es nicht unsere Natur, zurückzuweichen, den Glauben an die Beständigkeit des Guten und an die Unteilbarkeit der Wahrheit zu verlieren und der Welt lediglich unsere bitteren, abgeklärten Beobachtungen mitzuteilen: daß die Menschheit hoffnungslos korrupt geworden ist, daß die Menschen entartet sind, und wie schwierig es für die wenigen schönen und verfeinerten Seelen ist, unter ihnen zu leben?

Aber uns ist nicht einmal dieser Fluchtweg offen. Wer einmal das *Wort* genommen hat, kann ihm nicht mehr entgehen; ein Schriftsteller ist kein unbeteiligter Richter seiner Landsleute und Zeitgenossen, er ist ein Komplice in allem Bösen, das in seinem Heimatland von seinen Landsleuten verübt wird. Und wenn die Panzer seines Vaterlandes den Asphalt einer fremden Hauptstadt mit Blut überflutet haben, dann ist der Schriftsteller auf ewig im Gesicht von diesen braunen Flecken besudelt. Und wenn sie eines Nachts seinen schlafenden nichts ahnenden Freund erwürgt haben, dann trägt der Schriftsteller die Male von diesem Seil. Und wenn seine jungen Mitbürger großspurig erklären, daß die Sittenlosigkeit besser ist als ehrliche Arbeit, wenn sie sich dem Rauschgift hingeben oder Geiseln nehmen, dann vermischt sich ihr Gestank mit dem Atem des Schriftstellers.

Sollen wir so unbesonnen sein und erklären, daß wir für die Schwären unserer heutigen Welt nicht verantwortlich sind?

[...]

Die einzige Rettung der Menschheit liegt darin, daß sich jeder einer jeden Sache annimmt; daß die Völker des Ostens sich lebhaft interessieren, was man im Westen denkt, und die Völker des Westens sich lebhaft interessieren, was im Osten vor sich geht. Und die Literatur als eins der feinfühligsten, empfindlichsten Instrumente, die die Menschheit besitzt, ist unter den ersten gewesen, dies Gefühl der wachsenden Einheit unter den Menschen zu vertreten, sich zu eigen zu machen und zu erfassen. Daher wende ich mich vertrauensvoll an die Weltliteratur von heute – an Hunderte von Freunden, die ich im Fleische nie gesehen habe und vielleicht auch nie sehen werde.

Freunde! Laßt *uns* versuchen zu helfen, wenn wir überhaupt zu etwas taugen! Wer hat seit undenklichen Zeiten die einigende und nicht die trennende Kraft in euren Ländern gebildet, die von widerstreitenden Parteien, Bewegungen, Kasten und Gruppen zerrissen waren? Das ist, ihrem Wesen nach, die Position der Autoren: Künder der eigenen angestammten Sprache – die hauptsächliche Bindekraft der Nation, der Erde, die ihre Menschen bewohnen, und im besten Falle des nationalen Geistes.

Ich glaube, daß es in der Macht der Weltliteratur steht, in diesen turbulenten Zeiten der Menschheit zu helfen, sich so zu sehen, wie sie wirklich ist, ungeachtet der Propaganda voreingenommener Menschen und Parteien...

Und wer, wenn nicht die Schriftsteller, soll das Urteil sprechen – nicht nur über ihre unseligen Regierungen (in manchen Staaten ist das die leichteste Methode, sein Brot zu verdienen, die Beschäftigung eines jeden Mannes, der nicht faul ist), sondern auch über das Volk selbst in seiner feigen Unterwürfigkeit und seiner selbstgefälligen Schwachheit? Wer soll das Urteil fällen über die leichtsinnigen Sprüche der Jugend und über die jungen Piraten, die die Messer schwingen?

Man wird einwenden: Was kann die Literatur überhaupt gegen den rücksichtslosen Gebrauch offener Gewalt ausrichten? Aber vergessen wir doch nicht, daß die Gewalt nicht allein lebt und nicht allein leben kann: sie ist notwendigerweise mit der Lüge verstrickt. Zwischen ihnen besteht das innigste, das tiefste natürliche Band. Die Gewalt findet ihre einzige Zuflucht in der Lüge, die Lüge ihre einzige Stütze in der Gewalt. Jeder Mensch, der einmal der Gewalt als seiner *Methode* gehuldigt hat, muß unausweichlich die Lüge als seinen *Grundsatz* wählen. Bei ihrer Geburt handelt die Gewalt offen und sogar mit Stolz. Aber kaum daß sie sich gestärkt und fest eingenistet hat, spürt sie ringsum die dünne Luft und kann nicht mehr existieren, ohne sich in einen Nebel von Lügen zu begeben, die sie mit schönen Reden verbrämt. Sie schnürt nicht immer, nicht zwangsweise, nicht offen die Kehle zu, häufiger verlangt sie von ihren Untertanen nur einen Treueeid auf die Lüge, nur die Mittäterschaft im Lügen.

Und der einfache Schritt eines einfachen tapferen Mannes besteht darin, bei der Lüge nicht mitzumachen, keine falschen Handlungen zu unterstützen! Mag *das* in die Welt treten, mag es sogar die Welt regieren – aber nicht mit meiner Hilfe. Schriftsteller und Künstler können jedoch mehr erreichen: sie können die *Lüge besiegen*! Im Kampf mit der Lüge hat die Kunst immer obsiegt und wird immer siegen! Offen, unverkennbar für jeden! Die Lüge kann sich gegen vieles in der Welt behaupten, aber nicht gegen die Kunst.

Und sobald die Lüge vernichtet ist, wird sich die Nacktheit der Gewalt in ihrer ganzen Häßlichkeit zeigen – und die Gewalt, in ihrer Schwäche, wird fallen.

Deshalb, meine Freunde, glaube ich, daß wir imstande sein werden, der

Welt in der Stunde ihrer Weißglut zu helfen. Nicht mit Entschuldigungen, daß wir keine Waffen haben, und nicht indem wir uns einem frivolen Leben hingeben – sondern indem wir in den Krieg ziehen!

Sprichwörter über die Wahrheit sind in Rußland beliebt. Sie verleihen der recht harten nationalen Erfahrung einen bleibenden und zuweilen verblüffenden Ausdruck:

Ein Wort der Wahrheit wird die ganze Welt aufwiegen.

Und hierauf, auf eine bildhafte Phantasie, gegen das Prinzip der Erhaltung von Masse und Energie, gründe ich sowohl meine eigenen Handlungen als auch meinen Appell an die Schriftsteller der ganzen Welt.

(Quelle: Die Zeit [Hamburg] Nr. 35 vom 1. 9. 1972, S. 23)

Text 17 (zu Kapitel 5)

Hermann Kant / Die Aula
von Franz Schonauer

Dieser Roman hat aus mehreren Gründen Anspruch auf unser Interesse. Es interessiert der Inhalt, das Autobiographische und Zeitgeschichtliche an ihm, zum anderen die Methode des Erzählens. Selbst jemand, der in der Literatur der DDR sich nur wenig auskennt, begreift bald: Der Autor will beweisen, daß eine politisch opportune Geschichte sich ansprechend ›modern‹ erzählen läßt. So mutet Kants Roman ›Die Aula‹ innerhalb der ostdeutschen Literatur extravagant an. Trotzdem überstand er die Beschlüsse des 11. Plenums und bekam von der Kritik ›drüben‹ einmütig gute Noten.

Hermann Kant wurde 1926 in Hamburg geboren, erlernte nach dem Besuch der Volksschule das Elektrikerhandwerk, war ein paar Monate Soldat und vier Jahre in polnischer Kriegsgefangenschaft. Dort brachte er es bis zum Lehrer an der »Antifa-Zentral-Schule«. Nach der Entlassung durfte Kant, seiner proletarischen Herkunft wegen und zumal er als Antifaschist sich bewährt hatte, studieren. Zuerst an der ›Arbeiter- und Bauern-Fakultät‹ Greifswald – eine Art Vorstudieranstalt, auf welcher politisch vertrauenswürdige junge Leute mit ›richtiger‹ Klassenzugehörigkeit zum Abitur geführt wurden (›zweiter Bildungsweg‹) –, später an der Humboldt-Universität Berlin. Danach arbeitete Kant als Journalist und Redakteur (›Neues Deutschland‹). Seit 1962 ist er freier Schriftsteller.

Kant erzählt in dem Roman ›Die Aula‹ seine Geschichte und die seiner Kommilitonen von der ABF (›Arbeiter- und Bauern-Fakultät‹). Und da über einen Zeitraum von dreizehn Jahren, von 1949 bis 1962 Bericht erstattet wird, spiegelt das Buch gleichzeitig Etappen der politischen und staatlichen Entwicklung Ostdeutschlands wider, die Entwicklung von der sowjetischen Besatzungszone zur Deutschen Demokratischen Republik. Angestrebt ist die Darstellung eines Prozesses der Veränderung, einer individuellen und gesellschaftlichen Veränderung. Diese Absicht kommt durch das Heine-Zitat zum Ausdruck, das dem Roman vorangestellt ist: ›Der heutige Tag ist / ein Resultat des gestrigen. / Was dieser gewollt hat, / müssen wir erforschen, / wenn wir zu wissen wünschen, / was jener will.‹ Kant begann mit Erzählungen (›Ein bißchen Südsee‹ 1962), mit zumeist einfachen, aber recht ›flott‹ geschriebenen Geschichten, denen man ihre vorliterarische Herkunft anmerkt. Der Verfasser benutzt diesen vorliterarischen Status bewußt, er imitiert ihn sozusagen. Die Schnurre, die komische Anekdote, der Witz, die Episode – eben das, was Handwerker und Arbeiter sich erzählen – haben bei ›Ein bißchen Südsee‹ Modell gestanden. Zu den typologischen Merkmalen dieser mündlichen Form des Erzählens gehören vor allem die Variation und die Pointe, d. h. Mittel, die eine direkte, schon beim Zuhören sich einstellende Wirkung bezwecken. (Auch in dem Roman ›Die Aula‹ – legt man strenge Maßstäbe an – eher eine Sammlung assoziativ aneinandergereihter Geschichten und Episoden denn ein geschlossener Roman.) – Kant ist bei seinem Landsmann Willi Bredel in die Schule gegangen. Was Kants Nachruf auf Bredel, ›Der Bericht von der Trauerfeier‹, in ›Sinn und Form‹, Sonderheft Willi Bredel 1965, zu erkennen gibt, der eine typische Bredel-Geschichte, einschließlich ihrer nicht minder typischen Variationen kolportiert. Der ehemalige Dreher Bredel war kein allzu glänzender Schriftsteller, aber ein Stegreiferzähler von beachtlichem Niveau. In der literarischen Auswertung dieses ›epischen‹ Naturtalents hat freilich Kant seinen Lehrer dann weit übertroffen. Im übrigen hospitierte Kant nicht nur bei Bredel, sondern kaum weniger erfolgreich auch bei anderen Schriftstellern.

Der Journalist Robert Iswall, die Hauptfigur des Romans ›Die Aula‹, ehemals Elektriker, Kriegsgefangener, dann Absolvent der Arbeiter- und Bauern-Fakultät, ist mit dem Verfasser Hermann Kant nahezu identisch.

Anfang des Jahres 1962 bekommt Iswall ein Telegramm aus Greifswald, das ihn auffordert, eine Rede zu halten, einen Nekrolog auf die ›Arbeiter- und Bauern-Fakultät‹, deren endgültige Schließung für den Herbst vorgesehen ist. Obwohl ihm bis dahin reichlich Zeit zur Vorbereitung bleibt, versetzt die Nachricht ihn in Unruhe, stört sie ihn auf aus der Routine des journalistischen Alltags. Iswall beginnt Material zu sammeln für sein Referat. Mehr und mehr okkupiert ihn der Auftrag, beschäftigt ihn die Erinnerung an die Vergangenheit. Er fährt nach Greifswald, sieht dort Personalakten ein, forscht nach, was aus den Kommilitonen von damals geworden ist. Zutage kommt ein überwältigendes Resultat, ein grandioser, die neue Gesellschaft ganz und gar bestätigender Erfolg. ›Beim heiligen Lenin‹, ruft der Chronist aus, ›wie haben wir es doch weit gebracht! Alle, alle sind etwas geworden! Der eine ein berühmter Arzt und der andere ein berühmter Chemiker, der auch im Westen anerkannt ist, der dritte Oberst im Staatssicherheitsdienst und der vierte Abteilungsleiter im Ministerium für Land- und Forstwirtschaft! O, wie herrlich hat sich doch alles gefügt! Wie herrlich ist unsere Deutsche Demokratische Republik!‹ Gewiß, Iswall und mit ihm sein Autor Hermann Kant sind davon überzeugt, es herrlich weit gebracht zu haben. Das hinreißende berufliche Avancement der alten Studiengenossen, der Proleten von gestern, steht pars pro toto für die DDR selbst, für den hier geleisteten Aufbau. (Es mutet unsereinen befremdlich an, wenn ein Intellektueller mit dem Staat sich solidarisch erklärt, ihn gar ›seinen‹ Staat nennt. Gleichviel muß man es zur Kenntnis nehmen. Auch im Falle Hermann Kants, der keinen Hehl daraus macht, daß er nicht nur nominell ein Bürger der DDR ist.) Gäbe der Roman aber lediglich dem naiven Stolz Ausdruck, wäre er bloß eine Art Lobgesang auf das sozialistische Gesellschafts- und Wirtschatswunder DDR, dann brauchte über ihn kein Wort verloren zu werden. Davon jedoch kann, wie schon das Zitat vermuten läßt, nicht die Rede sein. Iswall-Kants-Bewunderung gibt sich reflektiert, sie steckt zwischen den Zeilen. Bei aller Begeisterung sorgt ein intellektueller Vorbehalt für Distanz. Zumindest wird der Anschein erweckt. Diese Ungeniertheit dem Gegenstand gegenüber ist neu in der erzählenden Literatur der DDR, das hat es vordem nicht gegeben. Dafür sind in erster Linie außerliterarische Gründe verantwortlich oder anders formuliert: eine Sache, die existiert, die nicht mehr rückgängig zu machen ist, verträgt es, genauer betrachtet zu werden. Das tut Kant. Und er stellt auch die Frage – nicht sehr laut, aber immerhin er stellt sie –, womit denn wohl der Erfolg, das Glück der Gesellschaft bezahlt worden sei.

In dem kürzlich erschienenen Buch von Adam Schaff ›Marxismus und das menschliche Individuum‹ heißt es an einer Stelle: ›Es zeigte sich, daß man auch im Sozialismus unglücklich sein konnte, jedenfalls aber, daß der Sozialismus niemandem persönliches Glück garantieren kann, selbst wenn er imstande wäre, die Ursachen des Unglücks der Massen endgültig zu überwinden. Es zeigte sich, daß auch im Sozialismus Menschen sterben, und daß dies das größte Problem ist, das auch die Philosophie nicht zu lösen vermag. Daß die Frage nach dem Sinn des Lebens auch im Sozialismus ihren Sinn hat. Daß auch im Sozialismus das Problem der Freiheit die Menschen bewegt und sogar auch der Sozialismus hier manchmal einem Kummer bereiten kann, der sich auch mit den schönsten Worten nicht ›wegreden‹ läßt. Daß auch im Sozialismus die Menschen über das persönliche Glück nachdenken.‹ Nicht, daß Kant die radikalen Einsichten des polnischen Marxisten sich zu eigen gemacht und in seinem Roman zu verifizieren versucht hätte. Die ideologische Kluft zwischen Volkspolen und der Deutschen Demokratischen Republik schiebt solchem Revisionismus den Riegel vor. Doch wie immer auch. Bei Kant spielt die Frage nach dem Leben des Einzelnen in der Gesellschaft, nach seinem möglichen Glück oder Unglück eine Rolle. So fördert die Befragung der Vergangenheit Dinge zutage, die ins Konzept sozialistischer Mustergültigkeit nicht passen. Da gab es beispielsweise unter den ABF-Studenten des berühmten Jahrgangs 1949 drei Fälle von Republikflucht. Der erste, ein Homosexueller, bereitet dem Erzähler keinerlei Kopfzerbrechen. Der zweite aber ging, weil ein politisch bornierter Lehrer ihm klassenfeindliches Denken zur Last legte und keiner der Kameraden ihn gegen diesen Vorwurf in Schutz nahm. Und schließlich der dritte, Iswalls Freund, Karl Heinz Riek, ›Quasi‹ genannt, verließ die DDR aus unbekannten Gründen. ›Quasi‹, der patente FDJ-Kumpel, das Organisations- und Mathematik-Genie der Schule, lebt jetzt als Kneipenwirt in Hamburg. Iswall, der ihn dort in seiner Wirtschaft ›Zum toten Rennen‹ aufsucht, erfährt nichts über die Motive der Flucht. Riek fertigt ihn mit ein paar Redensarten ab. Und wenn der Festredner ganz ehrlich sein will, dann darf er in dem Nekrolog auf die ABF nicht verschweigen, unter welchen Umständen seine Freundschaft mit Gerd Trullesand in die Brüche ging, dann muß er sagen, daß er, Iswall, sogar des Parteiapparates sich bediente, um den vermeintlichen Nebenbuhler Trullesand aus dem Felde zu schlagen. Der Frage, ob von sinnloser Republikflucht und mieser Intrige bei einer feierlichen Aularede zu sprechen schicklich ist, dieser Frage wird Iswall enthoben durch ein zweites Schreiben aus Greifswald, das die Mitteilung enthält, man habe sich entschlossen, das vorgesehene Programm seines retrospektiven Charakters wegen fallen zu lassen zugunsten einer Veranstaltung, die auf das Neue, die auf die zukünftigen Aufgaben des Schul- und Bildungswesens Bezug nehme. Es kommt also zu keiner Rede, zu keiner öffentlichen Darlegung dessen, was die Vergangenheit an Aktiva und Passiva enthält. Vorläufig – so meinen Autor und Held. Denn die Versicherung am Schluß des Buches lautet: ›und hier wird schon noch geredet werden‹.

Diese wenigen, den Inhalt betreffenden Angaben zeigen, daß in Kants Roman einige bemerkenswerte kritische Ansätze stecken. ›Die Aula‹ ist der erste Versuch eines DDR-Schriftstellers über die Verhältnisse ›drüben‹ so zu schreiben, daß den Leser nicht vor lauter Aktivisten, Arbeiterhelden und Klassenkämpfern das Gähnen ankommt. Im Gegenteil! Gußeiserne Linientreue, Parteijargon und leeres Parolengeplapper kommen bei Kant schlecht weg. Andererseits: Kant mag – was sein gute Recht ist – die Bundesrepublik nicht, aber einen westdeutschen Zöllner porträtiert er ganz menschlich; und vor Hamburg kapituliert selbst seine Spottlust, und er wird ein bißchen sentimental. Will sagen: Kant ist weder ein sturer Ideologe noch ein strammer Dummkopf. Keiner, der meint, es genüge, strahlendes Weiß gegen finsteres Schwarz zu setzen. Er hat Verstand und schriftstellerischen Witz; und er benutzt beides.

Der Roman ist – verglichen mit Erik Neutschs ›Die Spur der Steine‹, Dieter Nolls ›Die Abenteuer des Werner Holt‹ oder Max Walter Schulz ›Wir sind nicht Staub im Wind‹ – brillant, sozusagen ›modern‹ erzählt. Die Handlung – oder was dafür steht – verteilt sich auf zwei Zeitebenen, Gegenwart und Vergangenheit, zwischen denen der Erzähler geschickt wechselt. Überhaupt verblüfft die Wendigkeit, mit der der Autor sein Material arrangiert, es präsentabel macht, Rückblende an Rückblende koppelt, Geschichten erfindet, Assoziation auf Assoziation folgen läßt, Gespräche wiedergibt, Redensarten und Jargon benutzt. Hier ist Kant in seinem Element, hier demonstriert er ›Weite und Vielfalt der realistischen Schreibweise‹. Nur, er tut des Guten, d.

h. des Amüsanten zuviel. Seine Kunstfertigkeit, mit der er sich produziert, als sei Prosaschreiben eine Art Taschenspielerei, bei der es darauf ankomme, Kaninchen aus dem Zylinderhut zu zaubern, weckt Mißtrauen. Einer der Haupteinwände gegen den Roman, der ja einen bedeutenden Stoff anpackt, könnte lauten:

Der Verfasser gibt sein Kapital in kleiner, gefälliger Münze aus, er verkleckert es mit Schnurren, Anekdoten und Geschichten. Auch geht es, meiner Meinung nach, in dem Buch allzu lustig zu, zu unkompliziert und zu glatt. Zwar wird dem Leser oft versichert, es sei nicht nur eine fröhliche Zeit gewesen damals in Greifswald, aber bei dieser Versicherung bleibt es. Denn was Kant erzählt, offeriert im Grunde kerngesunden Optimismus, stellt eine proletarische Unverwüstlichkeit zur Schau, der weder Personenkult noch Republikflucht etwas am Zeuge zu flicken vermögen. So kommt die kumpelhafte Wurschtigkeit seiner Geschichte von der Arbeiter- und Bauern-Fakultät uns zu breitschultrig, zu unbekümmert und sicher daher, als daß sie völlig ernst zu nehmen wäre. Ein interessantes Buch und gewiß auch ein intelligentes, aber keines, das auf die Fragen, die es anrührt, offen Antwort gibt. Kant ist den ›Schwierigkeiten, die Wahrheit zu schreiben‹, aus dem Wege gegangen, er hat am Thema, das sich aus der Inanspruchnahme des Individuums durch die totale sozialistische Gesellschaft ergibt, bewußt und sehr virtuos vorbeierzählt.

(Quelle: Neue Rundschau, Berlin und Frankfurt a. M., 77, 1966, S. 308–312)

Text 18 (zu Kapitel 5)

Hermann Kant in einem Interview über die »Aula« (Auszüge)

Streit und Spaß

[...]

(1) Ich glaube, es gehört zu den Dingen, die unseren Staat auszeichnen, daß Bildung immer mehr zu einer Tugend wird und sich herumspricht als Tugend; Bildung als Fähigkeit, auf intellektuelle Weise mit dem Leben fertig zu werden. Daher ist die Spannung oder gar Kluft zwischen einem intellektuellen Helden im Buch und einem Publikum, das keineswegs nur aus Intellektuellen besteht, nicht so groß, wie oft befürchtet wird. Der Pegel von Verständnis und Zuneigung zu einer solchen Erzählerhaltung und zu solchen Figuren ist gestiegen.

[...]

(2) Wenn ich auch nicht der Meinung bin, Literatur müsse und könne in jedem Fall Lebenshilfe für konkrete Situationen geben, so sehe ich darin

doch eine berechtigte Forderung: Man möchte eine Literatur haben, die hilft, die Dinge besser zu sehen. Mir scheint, es ist viel, wenn man von der Literatur sagen kann, sie hat es einem oder mehreren Menschen ermöglicht, künftig die Welt genauer zu sehen und zu fühlen, sie hat ihn ausgestattet mit einer größeren Fähigkeit, zwischen Farben zu unterscheiden – Farben des Charakters, Farben der Politik, Farben der Ideologie.

[...]

(3) In der Tat ist es meine Absicht, dem zurückgelegten Weg, dem sogenannten Schicksal nachzugehen. Wir haben, glaube ich, ein »Schicksal neuen Typus« – um mit meinem Maibaum zu reden –, behelfen uns schulterzuckend mit dem Hinweis, daß die Dinge nun einmal so gelaufen sind. Das ist eine bequeme Ausflucht. Ich wollte zeigen, wie sehr der einzelne ein Teil des Schicksals war, im Guten und Bösen. Wir leiden mitunter an einem falschen Begriff von Kollektivität, ich möchte deshalb, daß wir uns gegenseitig daraufhin mustern, den Anteil des einzelnen prüfen. Nun zur Frage, ob sich am Ende alles wieder zum Guten füge. Das mag so aussehen, vielleicht. Ich hätte ja die Möglichkeit gehabt, eine Katastrophe an den Schluß zu setzen. Aber ich habe eine vielleicht eigenartige Ansicht. Der Schreck des Reiters nach seinem Ritt über den Bodensee ist bekannt – erst die Möglichkeit, daß ihm dabei hätte etwas geschehen können, wirft ihn um. Solche *Möglichkeiten* sollten in der Literatur eine Rolle spielen, die Beruhigung tritt weniger schnell ein, wenn sich dem Leser die Vorstellung aufdrängt, das hätte aber auch schlimm ausgehen können. Zeige ich, daß aus dem Verhalten meines Helden böse Folgen hätten entstehen können, rege ich etwas mehr zum Nachdenken an.

[...]

(4) Wichtig scheint mir, daß der Leser in die Lage versetzt wird, das Funktionieren der Gesellschaft zu begreifen; daß er das Verhalten der Menschen, den Lauf der Ideen begreift. Wenn nach der Funktion des Schriftstellers gefragt wird: hier sehe ich einen Teil dieser Funktion. Er kann, möglicherweise, Unkenntnis aufheben, Vorurteile abbauen; er kann Urteile ermöglichen, Mißverständnisse verringern, er kann Löcher im Bild der Welt ausfüllen.

(Quelle: »Streit und Spaß – Gespräch zwischen Hermann Kant und den Literaturwissenschaftlern Silvia und Dieter Schlenstedt, in: »Neues Deutschland« [SED-Zentralorgan, Ost-Berlin] 7. Oktober 1965)

Text 19 (zu Kapitel 5)

Ironie: im täglichen Umgang, vor allem aber in Kunst und Literatur artikulierte Methode, das tatsächlich Gemeinte nicht direkt auszusprechen, sondern hauptsächlich auf dem Wege der Verkehrung oder Umkehrung, wodurch der Partner oder der Rezipierende veranlaßt ist, eine intensive eigene Anstrengung zur Aufdeckung und Verdeutlichung des realen Sinngehalts zu leisten. Die sinnvolle Anwendung von I. setzt damit die souveräne geistige Beherrschung des Gegenstandes voraus, andernfalls wird sie zur Plattheit und büßt jeden emotionalen ästhetischen Reiz ein. Als provokantes Mittel zur »Anstrengung des Begriffs« setzt die I. intellektuelles Vermögen sowohl bei ihrem Hervorbringer als auch bei dem die I. Aufnehmenden voraus. Sie ist damit eine besondere Weise der geistigen Aktivierung zum Zwecke tieferer Erkenntnis. Für W. I. Lenin ist I. »geistreiche Schreibart«, welche »die Beziehungen, Bedingungen und Einschränkungen, unter welchen allein ein Satz gültig ist und gedacht wird, den Leser sich selbst sagen läßt«. Als Methode des geistigen Kampfes erlangte die I. politische Bedeutung und hohe inhaltlich-formelle Ausbildung in der gegen Feudalabsolutismus und Klerikalismus gerichteten bürgerlichen französischen Literatur und Philosophie (Ch. Montesquieu, Voltaire, D. Diderot u. a.). Unter dem weiteren Gesichtspunkt der äsopischen oder »Sklavensprache« entwickelte die ironische Methode ein differenziertes Register von Ausdrucksmöglichkeiten, die in bezug auf den Bedeutungsinhalt des Wortes bis in die Semantik reichen. In der Ästhetik und Philosophie der deutschen Romantik wurde die I. zum eigentlichen Prinzip und Zweck der Kunst erhoben; in ihr sollte sich die ironische Erhebung des Künstlers über die reale Welt, dessen spielerisch-abgelöstes Verhältnis zu ihr, äußern (L. Tieck, Novalis). Damit büßte die I. mehr und mehr ihre Funktion als künstlerische Methode der Objektivierung ein. Im kritischen deutschen Realismus (Th. Fontane, W. Raabe, später bei Th. und H. Mann) gewann sie in dem Maße wieder an realem Gehalt, wie sie zur Aufdeckung sozialer Widersprüche beitrug. Zu einer echten revolutionären Neubelebung gelangte die I. als → *Satire* der kämpfenden Arbeiterklasse, besonders in den Feuilletons und Gedichten von Slang und E. Weinert. In der Gegenwart steht die ironische Methode bei sozialistischen Schriftstellern und Künstlern vor allem im Dienste der antiimperialistischen Satire. Weitere Entfaltungsmöglichkeiten besitzt die I. als heitere Kritik an noch vorhandenen Mängeln innerhalb der sozialistischen Gesellschaft. Konkreter Zielpunkt und Anwendungsform der I. werden von der eindeutigen sozialistischen Klassenposition her bestimmt. Besonders die sozialistische Gegenwartsliteratur (z. B. H. Kants Roman »Die Aula«) weist auf die parteiliche Anwendung der I. sowie auf die weitere Entwicklung ihrer gestalterischen Mittel hin. Im Unterschied zur spätbürgerlichen Literatur und zu den verschiedenen Erscheinungen der literarischen Opposition in den bürgerlichen Ländern, darunter in Westdeutschland, ist sie nicht eine I. der Distanz oder der Standpunktlosigkeit, sondern ein parteinehmendes, legitimes Mittel innerhalb des methodisch-gestalterischen Reichtums des sozialistischen Realismus (→ *Realismus, sozialistischer*) in Kunst und Literatur.

(Quelle: Kulturpolitisches Wörterbuch Berlin [Ost] 1970)

Ironie (griech. *eironeia* = Verstellung), die komische Vernichtung eines berechtigt oder unberechtigt Anerkennung Fordernden, Erhabenen durch Spott, Enthüllung der Hinfälligkeit, Lächerlichmachung unter dem Schein der Ernsthaftigkeit, der Billigung oder gar des Lobes, die in Wirklichkeit das Gegenteil des Gesagten meint (→ Litotes) und sich zum Spott der gegnerischen Wertmaßstäbe bedient, doch dem intelligenten Hörer oder Leser als solche erkenntlich ist; z. B. Antonius' stehende Wendung »Und Brutus ist ein ehrenwerter Mann« in Shakespeares »Jul. Caesar«, oder in der Alltagssprache »Du bist mir e. schöner Freund« – im Ggs. zum → Humor weniger versöhnlich als kritisch, je nach Grad vom Heiteren bis zur Bitterkeit (→ Sarkasmus). – Objektive I. (»I. des Schicksals«) treibt den Betroffenen unabsichtlich durch scheinbare Begünstigung und Erfolge in → Hybris und damit Vernichtung; sie trägt als tragische I. im Drama zur Steigerung der tragischen Wirkung bei, indem der Zuschauer bereits das Verhängnis um den noch in völliger Sicherheit sich wiegenden, ahnungslosen Helden schweben sieht (Sophokles »Oidipus«, Schillers »Wallenstein«: »Ich denke einen langen Schlaf zu tun«). – Subjektive I. erscheint als komische Selbstvernichtung, Selbstverkleinerung; so dient die sog. sokratische I. dem pädagog. Zweck, im Anschein eigner Unwissenheit e. eingebildeten Weisen ebenfalls seines Nichtwissens zu überführen, zu beschämen und zu echtem Wissen zu leiten (Hamann). Ihr verwandt ist die epische I., die unvoreingenommene Erzählung von Handlungen und Personen scheinbar ohne Wissen um den weiteren Fortgang. Stärkste Ausprägung der subjektiven I. ist die sog. romantische I. als Erhebung über die eigenen Schwächen und Unfähigkeiten, entstanden aus der Erkenntnis des unüberbrückbaren Zwiespaltes von Ideal und Wirklichkeit, von F. Schlegel und F. Solger im Anschluß an Fichtes Philosophie vom Ich und Nicht-Ich als Lebenshaltung und lit. Prinzip gefordert, das dem Schöpfergeist die Freiheit zugesteht, sich souverän über seine Schöpfung, sein Ideal zu erheben, diese teils wieder aufzuheben, durch I. zu durchbrechen. In dieser Form erscheint die I. in den Dichtungen von Tieck (»Gestiefelter Kater«), Brentano, E. T. A. Hoffmann, als satirische Zerstörung der Empfindungen bei Heine und als bewußter Effekt der Illusionsstörung bei den Epigonen und z. T. Fontane, ähnlich in allen Gattungen der Narrenliteratur (Till Eulenspiegel, Schildbürger) bei Chr. Morgenstern, Wilh. Busch, Ringelnatz und E. Kästner wie allen → Epigrammendichtern. – In neuer Form dagegen verwende sie Th. Mann als Selbsterhaltung durch Distanzierung des Geistes von der Daseinstragik. → Dry Mock.

(Quelle: Wilpert: Sachwörterbuch der Literatur. Alfred Kröner Verlag Stuttgart 1964)

Text 20 (zu Kapitel 5)

Satire: ursprünglich Bezeichnung für Gedichte teils ernsten, teils heiteren Inhalts. Später wird unter S. ein ausgeprägt spöttisch-attackierendes Anliegen verstanden. In der antagonistischen Gesellschaft sind ihre Merkmale das Auffinden und Darstellen der komischen Züge in der persönlichen oder gesellschaftlichen Erscheinung, ein kämpferisches Pathos in der Verneinung des Gegenstandes, die Fähigkeit, vordringenden, gelegentlich jedoch auch regressiv-konservativen Absichten in wirksamer Synthese von Emotionalem und Rationalem sinnlich-konkret Ausdruck zu geben. In dieser Eigenschaft bedient sich die literarische S. aller Gattungen und Genres, vom Epigramm bis zum Bühnenstück und zum umfassenden Gesellschaftsroman. Mit ihrem kritischen, eindringenden Vermögen ist die S. dabei vielfältig mit der geschichtlichen Herausarbeitung des Realismus, besonders in der Literatur, verbunden. Der Ausgangspunkt eines wissenschaftlich begründeten theoretischen und praktischen Verständnisses für die S. liegt in K. Marx' Vorwort zu seiner Schrift »Zur Kritik der politischen Ökonomie« (1859). Marx nennt die ideologischen Formen, »... worin sich die Menschen dieses Konflikts (mit den Produktionsverhältnissen) bewußt werden und ihn ausfechten«. In der Literatur und abgewandelt in anderen Gattungen der Kunst tritt dabei die S. als eine charakteristische und vielfältige Form dieses »Ausfechtens«, und zwar mit den Ausdrucksmitteln des schärfsten Spotts, hervor. Die S. ist demzufolge geistiger, polemischer Austrag von gesellschaftlichen Widersprüchen, die sich in ihrer ästhetischen Wertung als komisch erweisen. Der Begründer des wissenschaftlichen Sozialismus präsentiert sich in seinen tiefschürfenden historischen Analysen z. T. selbst als Schöpfer eines neuen S.typs: der Geschichts-S. als Synthese von wissenschaftlicher Exaktheit, kühner Prognostik und satirisch-enthüllender Polemik (K. Marx: »Die Klassenkämpfe in Frankreich«, »Der Achtzehnte Brumaire des Louis Bonaparte«). Das satirische Verfahren, das in der Klassengesellschaft auf Verneinung, Entlarvung und Negierung des Objekts zielt, beruht auf der Aufdeckung des in der Erscheinung wirkenden Widerspruchs zwischen Sein und Schein, Erfordernis und Entsprechung, Anspruch und Vermögen, Zweck und Mittel, Aufwand und Resultat, Theorem und Praxis usw. in der unendlichen Reihe der potentiell mit Komik erfüllten Gegensatzpaare und Widersprüche in Individuum und Gesellschaft. Damit wird die satirische Gestaltung neben dem → *Humor,* der im Unterschied zur satirischen Position seinen Gegenstand allerdings nicht substantiell verneint, zu einer der beiden grundsätzlichen Entfaltungsformen für das → *Komische,* dessen Grundlage in den konkret-historischen Widersprüchen der Gesellschaft zu suchen ist. Der Satiriker als die ästhetische Subjektivität komprimiert diese Widersprüche auf sinnlich-konkrete Weise und bildet in diesem Prozeß die adäquate künstlerische Struktur aus (z. B. die Entwicklung des satirischen Romans durch M. Cervantes). Das Kriterium für den geschichtlich bleibenden Wert einer satirischen Leistung ist, wie der betreffende Satiriker zumindest eine reale Tendenz der geschichtlichen Entwicklung zu erfassen, zu »erahnen« und künstlerisch originell zu gestalten vermochte. Dabei kann die S. nicht ausschließlich als eine (sich geschichtlich immer verändernde) künstlerisch-ästhetische Negation des sozial Überlebten aufgefaßt werden, es ist vielmehr die Totalität der bedeutenden gesellschaftlichen Widersprüche, worin die S. sich bewegt und woraus sie ihre Gegenstände und Motive entnimmt; d. h. einschießlich jene, die sich bereits innerhalb des gesellschaftlich Neuen, tendenziell Progressiven der S. zu stellen beginnen (F. Rabelais: »Gargantua und Pantagruel«, M. J. Saltykow-Schtschedrin: »Geschichte einer Stadt«, K. Marx/F. Engels: »Die großen Männer des Exils«). In der klassischen deutschen bürgerlichen Ästhetik von G. E. Lessing bis G. F. W. Hegel entwickelte sich zur Frage der S. eine umfassende Diskussion, wobei die jeweiligen differenzierten Positionen von G. E. Lessing, J. W. Goethe, F. Schiller und G. W. F. Hegel deutlich auf den Zwiespalt ihres Verhältnisses zur gesellschaftichen Realität weisen, in deren Widersprüchen die S. ihren Gegenstand findet. Hegel schließt die S. praktisch aus der schönen Kunst aus und versteht sie im Widerspruch zum Komischen. Für Schiller entsteht die S. im subjektiven »Gemüt«, und deren »materielles Interesse« stößt ihn ab. Der Marxismus dagegen bewertet das satirische Anliegen als den positiven ästhetischen Ausdruck materieller Interessen, die sich in der sozialen Realität gesetzmäßig entwickelt haben und auch nur in ihr realisiert werden können. Hieraus folgt die hohe Wertschätzung der S. durch die Klassiker, wobei Marx in seinen »Bemerkungen zur neuesten preußischen Zensurinstruktion« (1842) selbst zu bedeutenden ästhetischen Feststellungen in bezug auf die Dialektik zwischen »lachendem Gegenstand« und den ihm adäquaten Gestaltungsmitteln gelangt. Die neuen Erkenntnisse der wissenschaftlichen Weltanschauung von Marx und Engels aufnehmend, entwickelte sich G. Weerth zum ersten ausgeprägt satirischen Dichter des deutschen Proletariats. Diese kämpferische Tradition wurde später im Kampf gegen Imperialismus, Faschismus und Krieg von hervorragenden Meistern der S., von B. Brecht, Slang, E. Weinert, fortgesetzt. An P. B. Shelleys »Maskenzug der Anarchie« (»Mask of Anarchy«) anknüpfend, hat Brecht mit »Der Anachronistische Zug oder Freiheit und Democracy« bereits 1947 die Wandlung im Detail und im Gesamtbild des westdeutschen Imperialismus und Militarismus sichtbar gemacht und mit seiner Thematik ein ganzes Programm für die progressive deutsche S. nach 1945 entwickelt. Das im Vergleich zur Ballade Shelleys weitaus schärfer und zupackender realisierte satirische Element bei Brecht deutet darauf hin, wie der satirische Dichter, versehen mit einer wissenschaftlichen Einsicht in die gesellschaftlichen Zusammenhänge, auch seine ästhetischen Ausdrucksmittel anreichert, Strukturen nach neuen objektiven Gegebenheiten umformt und zu qualitativ neuen Lösungen kommt, in denen als wichtigste inhaltliche Errungenschaft die reale Eingreifbarkeit des Menschen in S. provozierende Vorgänge sichtbar wird. Zu dem aktuellen Anliegen der sozialistischen S.,

Anachronismus und Menschenfeindlichkeit des Imperialismus mit dem künstlerischen Wort zu treffen und zu entlarven, tritt mit dem Aufbau der sozialistischen Gesellschaft zunehmend ein neuer satirischer Auftrag: Entwicklungswidersprüche der Individuen und der sozialistischen Gesellschaft signalisieren und lösen zu helfen. Mit dem damit ausgedrückten historischen Drehpunkt von der antagonistischen Klassengesellschaft zu einer sich entwickelnden sozialistischen Menschengemeinschaft ist die S. vor neue Konzeptions- und Gestaltungsfragen gestellt. Der sozialistische Arbeiter-und-Bauern-Staat, der die machtgewordene Grundlage der Aufhebung aller satirischen, ahumanen Zustände ist, kann nicht mehr Gegenstand der S. sein, sondern vielmehr die ästhetisch fruchtbaren Fälle subjektiver Divergenz mit dem neuen staatlichen Wesen und Anliegen. Ebenso fordert die Überwindung der sozialen Katastrophen durch die nun gesellschaftlich beherrschte Entwicklung von der S., jetzt als ein besonderes ästhetisches »Signalsystem« in Erscheinung zu treten, um die sozialistische Öffentlichkeit auf solche Entwicklungsprobleme und Entwicklungswidersprüche hinlenken zu helfen, für deren Lösung die gesellschaftlichen Kräfte bereits vorhanden sind. Hierbei befindet sich die sozialistische S. bewußt auf dem Boden der Gesamtbemühungen der Gesellschaft um ihre ununterbrochene Vervollkommnung, wodurch sowohl an den Satiriker als auch an die S.-Rezeption qualitativ neue Anforderungen gestellt werden. Die Operativität wird zu einem kennzeichnenden Zug dieser Art S. Vor dem Hintergrund der Lösbarkeit von Konflikten zwischen Individuum und Gesellschaft ist das entlarvende, negierende Moment der S. nicht mehr das bestimmende; in den Vordergrund rückt die erzieherische Absicht. Die S. ergreift damit die weite Thematik der Herausbildung des Menschen der sozialistischen Gesellschaft in der Besonderheit seiner auch komisch-satirischen Konflikte.

(Quelle: Kulturpolitisches Wörterbuch Berlin [DDR] 1970)

Satire (lat. *satura, sc. lanx,* = 1. mit verschiedenen Früchten gefüllte Opferschale. 2. Füllsel, von satur = satt, voll, oder von etrusk. satir = reden; die Verbindung mit griech. satyros ist unwahrscheinlich, die Schreibung »Satyre« daher falsch.), Spott- und Strafgedicht, lit. Verspottung von Mißständen, Unsitten Anschauungen, Ereignissen, Personen (→ Pasquill), Literaturwerken (→ Literatursatire) usw., je nach den Zeitumständen, allg. mißbilligende Darstellung und Entlarvung des Kleinlichen, Schlechten. Ungesunden im Menschenleben und dessen Preisgabe an Verachtung, Entrüstung und Lächerlichkeit, in allen lit. Gattungen vom Gedicht, Epigramm (ältere Poetiken hielten die S. für e. »langes Epigramm«), Spruch, Dialog, Brief, Fabel, Schwank, Komödie, Fastnachtsspiel, Drama, Epos, Erzählung bis zum → satirischen Roman, meist mit didaktischem Einschlag, und in allen Schärfegraden und Tonlagen je nach der Haltung des Verfassers: bissig, zornig, ernst, pathetisch, ironisch, komisch, heiter, liebenswürdig. Stets ruft die

S. durch Anprangerung der Laster die Leser zu Richtern auf, mißt nach e. bewußten Maßstab das menschliche Treiben und hofft, durch Aufdeckung der Schäden e. Besserung zu bewirken. Schiller, der in seiner Abhandlung »Über naive und sentimentalische Dichtung« die S. der Elegie gegenüberstellt, leitet sie aus dem Erlebnis der Diskrepanz zwischen Wesen und Erscheinung, Ideal und Wirklichkeit, ab und unterscheidet strafende oder pathetische und scherzhafte S.: »Die strafende erlangt poetische Freiheit, indem sie ins Erhabene übergeht; die lachende erhält poetischen Gehalt, indem sie ihren Gegenstand mit Schönheit behandelt.«

Quintilians vielzitierter Satz »satura tota nostra est« (X, 1, 93, = die S. ist ganz unser; jedoch auch: in der S. sind wir allem überlegen) scheint die S. als speziell röm. Erfindung zu beanspruchen, allein es finden sich durchaus griech. Vorstufen: in der altgriech. → Jambendichtung, den Diatriben kynischer und stoischer Wanderprediger (Krates, Bion u. a.) über ethische Themen mit eingestreuten satirischen Epigrammen, Fabeln, Scherzen, Parodien und fingierten Dialogen, in der älteren att. Komödie (Eupolis, Kratinos, Aristophanes) mit zeitkritischen Einlagen in der → Parabase, in der philosophischen S. des Menippos (250 v. Chr.; → Menippea), die später bei Lukian (2 Jh. n. Chr.) und Julian (4. Jh.) Nachfolge fand, und in den → Sillen des Timon (3. Jh.) sowie bei Sotades. – In röm. Dichtung geht der Name S. auf Ennius zurück, der um 200 v. Chr. e. Slg. vermischter Gedichte zur Erheiterung und Belehrung ohne satirischen Charakter wegen des verschiedenen Inhalts und der verschiedenen Metren den Titel S.n gab. Der eigtl. Begründer der S. im heutigen Sinne war Lucilius, dessen S.n (um 130 v. Chr.) das Zeitgeschehen mit persönlichem, temperamentvoll sprühendem Geist verfolgen und die 4 zukunftweisenden Charakteristika der S. entwickeln: Belehrung, Kritik, persönliche Note und unlit. Umgangssprache meist in lockerer Hexameterform. Während Varro die → Menippea als Mischung von Vers und Prosa aufnimmt und in der »Apocolocyntosis« des Seneca wie den S.n des Petronius Nachfolge findet, setzt Horaz in seinen »Sermones« die Hexameter-S. gegen allg. menschliche Schwächen und Torheiten in kunstvoller, heiter und selbstironisch plaudernder Weise fort; erst bei Persius (1. Jh. n. Chr.), der in dunklem, manieriertem Stil Zeitlaster im stoischen Sinne angreift und in Juvenals bitteren energiegeladenen Sittenbildern bricht der ernste sittenrichterliche Ton durch. Martial füllt das Epigramm zuerst mit satirischem Gehalt. – Im dt. MA. erscheint die S. bes. oft in der Tierdichtung von der »Ecbasis captivi« (um 930) bis zum »Reinke des Vos« (1498); der Gegensatz von Kaiser und Papst spiegelt sich in der nationalen Spruchdichtung (Walther), der zwischen Bauern, Bürgern, Rittern und Geistlichkeit als Stände-S. bei Heinrich von Melk, Neidhart (→ Dörperliche Dichtung) und bes. im → Fastnachtsspiel, Verspottung sowohl des Bauern als auch des gesellschaftlichen Ritterethos durch e. selbstbewußtes Bürgertum. E. reiche Fülle von S.n bringen Humanismus und → Reformationslit. in → Flugschriften, Fabeln, → Dialogen (Hutten), fingierten Briefen (»Epistulae obscurorum virorum«), → Fastnachtsspielen (N. Manuel, P. Gengenbach) oder → satirischen Romanen (Fischarts »Geschichtsklitterung«) als Gestaltung des Gegensatzes zwischen Humanisten und Scholastikern, Gelehrten und Laien, Katholiken und Protestanten. Dabei erscheinen die Mißstände der Zeit entweder als Ausdruck menschlicher Dummheit, die sich in der → Narrenlit. durch Selbstlob ad absurdum führt (Brant, Murner) oder als Auswirkungen des Teufels in der → Teufellit. (Musculus). Die → Grobianische Dichtung dagegen nimmt allg. die Sittenverrohung zur Zielscheibe ihres Spottes (Dedekind). Im Barock verspottet die S. als → Alamode-Lit. die Fremdsucht und die höfisch anmaßende Prunkliebe des Bürgertums in Gedichten und Epigrammen (Logau, Lauremberg, Kanitz, Schupp), Predigten und Traktaten (Abraham a Santa Clara), satirischen Romanen (Chr. Reuter) und Traumgesichten (Moscherosch »Gesichte Philanders von Sittewald« nach span. Vorbild von Quevedos »Los sueños«). Die Aufklärung karikiert allgemein-menschliche Torheiten durch Witz, Spott und Ironie, doch ohne ätzende Schärfe, teils in ernst-moralisierender Lehrdichtung, bes. jedoch im Epigramm und stets getragen vom Glauben an e. Besserung (Löwen, Hagedorn, Rabener, Lessing, bes. geistvoll Lichtenberg, bitterer Liscow); Stolberg, Wieland (»Abderiten«) und Falk pflegen die → Literatursatire. Der Sturm und Drang benutzt bes. das Drama als Form seiner politischen S., ebenso Goethe in seinen Literatursatiren (»Götter, Helden und Wieland« »Pater Brey« u. a.) oder mit Schiller zusammen in den → Xenien, ferner in der sog. Universitäts-S. (Schülerszene im »Faust«). Die S. der Romantik (Schlegel, Tieck, Brentano) ist fast ausschließlich → Literatur-S.; Meister der humoristischen S. im Roman wird Jean Paul. Das Junge Dtl. pflegt die politisch-soziale S. in Form des Reisebildes, bes. zynisch bei Heine »Dtl. – e. Wintermärchen«. Um die Jh.-mitte gelangt im Anschluß an Tieck und Platen die dramatische S. zu erneuter Blüte bei Grabbe, Protz, Hamerling, Bauernfeld, bes. aber Nestroy; auch der Naturalismus (G. Hauptmann) und Expressionismus (Wedekind Sternheim) bevorzugen die Komödie für satirische Darstellung; daneben entwickelt sich die S. in Gedichtform bes. seit Busch, Morgenstern, Kraus, Kästner und Roth, und als Sonderformen der Darbietung entstehen politisch-satirische Witzblätter (»Kladderadatsch«, 1848 ff., »Simplizissimus« 1896 ff. u. a.) und → Kabaretts. In der Gegenwart erscheint die S. in zweierlei Form: teils als begründeter Angriff auf herrschende Mißstände nach dem Maßstab e. hohen Menschheitsideals, teils als nihilistische Verspottung und Verachtung alles menschlichen Strebens im Guten wie im Bösen, vor deren radikaler Skepsis kein Wert besteht.

Als Verzerrung des politischen, geistigen und Volkslebens bleibt die S. stärker national gebunden als andere Dichtarten und reicht nur in den höchsten Ausformungen in die Weltlit. hinein, so in Italien mit Ariost, Alemanni, Salvator Rosa, Gozzi und Alfieri, in Spanien mit Cervantes (»Don Quichote«) u. Quevedo, in Frankreich mit Rabelais, Boileau, Regnier, Voltaire, Chénier, Courier und Béranger, in England als religiöse S. mit S. Butler,

Dryden und Defoe, als lit. S. mit Pope und als soziale S. mit Swift (»Gulliver's Travels«), Gay (»Beggar's Opera«) und neuerdings bes. B. Shaw, in Polen Krasicki, in Rußland Gribojedow und Saltykow.

(Quelle: Wilpert: Sachwörterbuch der Literatur. Alfred Kröner Verlag Stuttgart 1964)

Text 21 (zu Kapitel 5)

Humor: heitere, optimistisch betonte geistig-emotionale Verfassung, die sich künstlerisch in den verschiedensten Gattungen und Formen ausspricht und dabei in starkem Maße die unverwechselbare Individualität und Physiognomie des Hervorbringenden ausdrückt. Gleichzeitig bezeichnet H. im Sprachgebrauch den aufgeschlossenen Aufnahmesinn für alles Heitere, die Fähigkeit zur geistvollen Kombination und zur Meisterung der wechselnden Lebenssituationen. Im Unterschied zur → *Satire,* die ihren Gegenstand attackiert und ihn unter antagonistischen Bedingungen negiert, bejaht der H. das Substantielle seines Objekts. Auf der produktiven Wahrnehmung des objektiv Komischen beruhend, ist der H. zusammen mit dem Sairischen die hauptsächliche Entfaltungsform des → *Komischen.* Der Gegenstand des H. reicht von den einfachsten, dem Komischen zuneigenden Begebenheiten des täglichen Lebens bis hin zu bewegenden gesellschaftlichen Fragen, soweit sie im Spiegel heiterer Reflexion erscheinen können. In der Wahl des humoristischen Motivs und in der Zielrichtung und Absicht der humoristischen Äußerung liegen die Kriterien für den realen Sinngehalt des H., auf dessen mögliche Tendenz zum Subjektivismus und damit zur »Nichtigkeit« G. W. F. Hegel treffend hingewiesen hat. In der nachklassischen bürgerlichen Ästhetik wird der H. häufig der Satire als die »freiere, sittlichere« Haltung gegenübergestellt; er erscheint als »innerliches Resultat« (Jean Paul) jenseits des politischen Kampfes, den vorzugsweise die attackierende Satire führt. Als Beweggrund für die theoretische und praktisch-künstlerische Bevorzugung des H. gilt die im Vergleich zur Satire mindere Schärfe, mithin das versöhnende Element in ihm. Auf dieser Grundlage entfalteten sich ganze kleinbürgerliche humoristische Richtungen, die zum Teil durch ihre Pseudokunst gekennzeichnet sind und schließlich in den literarisch-publizistischen und kabarettistischen Amüsierbetrieb hinüberwuchsen. Der offen proklamierte Sinn dieses flachen H., der sich meist auf den »Witz« reduziert, ist die Ablenkung vom Alltag und den Kämpfen der Zeit; sein Resultat ist oft die Bestätigung kleinbürgerlicher Verhaltensweisen und dementsprechend moralischer Normen. Gegenwärtig vollzieht sich über den Pseudo-H. bürgerlicher und kleinbürgerlicher Provenienz ein beachtlicher Teil an reaktionärer Meinungsmanipulation im staatsmonopolistischen System. Die Belebung echten H. ist entscheidend an die Erneuerung aller zwischenmenschlichen Beziehungen geknüpft, wie sie sich im solidarischen Kampf der Arbeiterklasse und beim Aufbau des Sozialismus entwickeln. Dabei ist der H. infolge seiner Operativität und Variabilität fähig, selbst ein aktiver Stimulator dieser Beziehungen zu sein, und zwar in dem Maße, wie er aus der Fülle des Lebens die heiteren Aspekte des Menschlich-Gelösten und Befreiten zum Gegenstand nimmt. Hierbei bewährt sich der H. nicht zuletzt auch als Form der freundschaftlichen Kritik in der werdenden sozialistischen Menschengemeinschaft. In der sozialistischen Kunst und Literatur der Gegenwart nimmt der H. seinen Platz als Reflektor des Heiteren in diesen sich herausbildenden neuen Beziehungen ein, wobei das Humoristische bereits einen beachtlichen Reichtum an Ausdrucksmöglichkeiten zeigt. Die Herausbildung eines neuen H. ist unmittelbar mit der noch zu lösenden Aufgabe verbunden, eine qualitätsvolle Kunst der sozialistischen heiteren Muse (→ *Unterhaltungskunst*) zu entwickeln.

(Quelle: Kulturpolitisches Wörterbuch Berlin [DDR] 1970)

Humor (lat. = Feuchtigkeit: nach der antiken Säftetheorie ist die Stimmung abhängig vom Mischungsverhältnis der Körperelemente), Gemütsstimmung, die sich über die Unzulänglichkeiten des Menschenlebens wohlwollend doch distanziert lächelnd erhebt und über das Niedrig-Komische, Unnatürliche hinweg zu e. gesunden und natürlichen Weltauffassung durchdringt, Mittel d. Selbstkritik und der Selbstbehauptung im unsinnigen Dasein zugleich, durch milde, humane Nachsicht und erhabene Gelassenheit der direkten Betrachtung vom scharfen Spott der → Satire wie der uneigentlichen Redeweise der → Ironie und der derben → Komik geschieden und entweder aus dem Grunde schlichter Kindereinfalt oder der Freiheit des Geistes und dem wiedererlangten seelischen Gleichgewicht nach schwersten Erschütterungen hervorgegangen, stets mit philosophischer Lebensanschauung verbunden und durch seine Erhabenheit der Tragik verwandt. Seine häufigste Erscheinungsform in der Dichtung ist die Epik; seine weltanschaulichen Voraussetzungen (Diesseitsbezogenheit u. a.) finden sich im Ggs. zur Komik nur vereinzelt in Antike und ma. Blütezeit (Wolfram, Walther), in vollem Maße erst nach Vorgang von Shakespeare und Cervantes, in engl. Lit. des 18. Jh., sentimental gefärbt (Sterne, Fielding, Swift), in Frankreich ohnehin selten und in Dtl. seit Lessings »Minna von Barnhelm« und Wieland; selten bei den Klassikern, am wenigsten bei Schiller. Die 1. Blüte des dt. H. bringt Jean Paul, in seinem Gefolge die Romantik: Tieck, E. T. A. Hoffmann, Arnim, Eichendorff, Brentano, Mörike. Die unpathetische Sachnähe des Realismus ist der Entwickung günstig: in Abhängigkeit von Dickens stehen F. Reuter, O. Ludwig, G. Freytag, einzeln Anzengruber, Raimund, Nestroy, Storm, W. Raabe und G. Keller, pessimistischer Vischer (»Auch Einer«) und W. Busch, relativierend abgeschwächt bei Fontane und Rosegger – in Amerika bei Mark Twain. Während die neueren Strömungen (Naturalismus,

Neuromantik, Expressionismus) mit Ausnahme der Heimatkunst meist keinen H. zeigen, ragt in der Gegenwart neben Th. Mann, E. Strauß und E. Penzold bes. K. Kluges »Der Herr Kortüm« (1938) als Meisterwerk echt dt. Hs. hervor. → Komik, → Witz, → Humoreske.

(Quelle: Wilpert: Sachwörterbuch der Literatur. Alfred Kröner Verlag Stuttgart 1964)

Text 22 (zu Kapitel 6)

Gespräch mit Werner Heiduczek über »Mark Aurel oder ein Semester Zärtlichkeit«

Heinz *Plavius*: Es gibt den Titel »Gewöhnliche Leute«. Ist Dein Tolja (in diesem Sinne) gewöhnlich? Ist er nicht als nicht-gewöhnlich, als aus dem Gewöhnlichen fallend, als Außenseiter konzipiert, als untypischer Charakter (ein Wort von Strittmatter)?

Werner *Heiduczek*: Soweit ich Bräunig verstanden habe, hat er seinerzeit diesen Titel ein wenig als Kontrapunkt gesetzt. Wir liefen Gefahr, die »Königsebene« als das Ausschließliche zu sehen. Der Begriff »gewöhnlich« provoziert allerdings Mißverständnisse. Er schillert viel zu sehr. Er ist mit Emotionen beladen, die ihn meiner Meinung nach für ein klärendes Gespräch unbrauchbar machen. Zumindest müßte man ihn zuvor definieren oder sich auf eine Deutung einigen. Klassenunterscheidend kann er ja bei uns nicht mehr verstanden werden, aber aus dieser Ecke kommt er her.

Ist Büchners »Woyzeck« »gewöhnlich« oder »nicht-gewöhnlich«? Und Gubanow, ist er ein gewöhnlicher Zeitgenosse oder ein nicht-gewöhnlicher? Wir sollten in unserer Literaturkritik und Literaturtheorie mit derart verschwommenen Begriffen vorsichtiger umgehen. Mir hat bis heute noch niemand glaubhaft definieren können, was denn nun eigentlich »typisch« ist. Ist »Ole Bienkopp« typisch oder nicht-typisch? Ich würde meinen, beides. Das gerade macht ihn für mich zu einer einprägsamen Gestalt. Oft sehen wir einen Menschen nur als »Außenseiter« an, weil er nicht an das gewohnte – man könnte auch sagen »gewöhnliche« – Bild unserer Vorstellung paßt. Das »Gewöhnliche« ist in diesem Falle weniger typisch als das »Nicht-gewöhnliche«. In diesem Sinne sehe ich auch Tolja als »gewöhnlich« und »nicht-gewöhnlich« zugleich. Er reißt für Yana eine neue Ecke der Welt auf. Dadurch fasziniert er sie. Sie bezeichnet sich einmal als »langweilig normal«. Sie tut sich selbst unrecht damit. Aber nehmen wir es einmal so. Es verführt sie, Tolja als den »Außergewöhnlichen« zu sehen, und eine neue Sehnsucht wird in ihr groß. Ich würde mich gegen die Behauptung wehren, Tolja sei als Außenseiter konzipiert. Er gehört zu unserer Gesellschaft und in unsere Gesellschaft wie jede andere Gestalt aus dem Buch – nur ist er anders. Seine Begabung wird zu seiner eigenen Gefahr. Er kann einmal ein ganz Großer werden, er kann aber auch kaputtgehen. Eigenwillige Charaktere stempeln wir zu schnell und gedankenlos als Außenseiter ab. Wir disqualifizieren sie und geben ihnen den Teil der Schuld, den wir doch lieber auf uns nehmen sollten. »Manche brauchen viel Zeit«, sagt Yana, »die müssen sich erst durchfressen, durch sich und das ganze Leben und überhaupt.«

H. P.: Bevor ich zur zweiten Frage komme, möchte ich doch eine Lanze für die Literaturtheorie brechen, was nach meinem Empfinden zugleich eine Lanze auch für die Literatur ist. Theoretisch gesprochen, das heißt mit Blick auf den Begriff wird die Klarheit nicht größer, wenn wir Ole als typisch und nicht-typisch zugleich ansehen, obwohl ich dem völlig zustimme; denn eine solche Fassung betont das dialektische Wesen gegen frühere vereinfachende Vorstellungen. Typisch-untypisches Verhalten ist wohl zu messen an den real-gesellschaftlichen Schritten, die den Freiheitsraum von Persönlichkeit und Gesellschaft erweitern. Und im übrigen meine ich, sind diese Begriffe für Produzenten wie für Konsumenten von Literatur Hilfsmittel, um dem Wesen der Sache per Diskussion näherzukommen.

Doch nun zur zweiten Frage. Zentrales gesellschaftliches moralisches Motiv ist das Verhältnis von Individuum und Gesellschaft. Welche Bedeutung kommt diesem Motiv real und gesellschaftlich für die weitere literarische Produktion insgesamt und in deiner Erzählung zu?

W. H.: Die Gesellschaftlichkeit ist eine Existenzbedingung des Menschen. Selbst in denjenigen, die sich wild gegen sie gebärden, steckt eine sentimentale Sehnsucht nach Integration. Dieser Prozeß der Harmonisierung steckt voller Konflikte. Und ich glaube, es gibt in diesem Prozeß keine letzte Vollendung. Das Ringen umeinander bringt beide weiter: Gesellschaft und Individuum. Ich muß sie als das nehmen, was sie sind: in Vollendung begriffen. Dann werde ich weder das eine noch das andere zu einem Abgott machen. Breschnew nannte auf dem XXIV. Parteitag der KPdSU die heutige Welt des Sozialismus mit all ihren Problemen einen noch jungen, wachsenden gesellschaftlichen Organismus, in dem sich noch nicht alles stabilisiert hat. »Die Welt des Sozialismus ist immer in Bewegung, sie vervollkommnet sich unaufhörlich.« Ich glaube, daß die Darstellung der Wechselbeziehung Individuum–Gesellschaft das eigentliche Feld der Literatur ist. Nur spielen sich diese Wechselbeziehungen viel komplizierter ab, als wir es für gewöhnlich wahrhaben wollen. Wir simplifizieren noch zu häufig. Die Reife des Lesers und Zuschauers ist oft größer, als wir sie ihm zugestehen wollen. Als ich noch an meiner neuen Arbeit schrieb, prallten zwei extreme Meinungen aufeinander: Unsere Jugend ist nicht so – Unsere Jugend ist so. Und die ersteren sagten: »Du greifst Randprobleme auf. Es fehlt das große Thema.« Die anderen sagten: »Es ist haargenau das, was wir brauchen.« Es ist als Schriftsteller oft schwer, sich im Wald der Meinungen zu behaupten. Auch die, die besten Sinnes das »große Thema« wollen, können einen manchmal vom rechten Wege abbringen. Was dem einen oder anderen Unbehagen bereitet, weil es seinen Denkgewohnheiten zuwiderläuft, tun sie oft ab mit der Feststellung: »Das sind Probleme am Rande unseres Weges.« Der Assoziationsfächer der Literatur ist unendlich. Was für den einen ein »Randproblem« ist, ist für den anderen ein »großes Thema«. Ich muß mich zur Subjektivität des Kunst-Machens und Kunst-Rezipierens bekennen. Es schließt die Forderung nach der Wahrhaftigkeit der Aussage nicht aus. Ein echtes Kunstwerk ist ohne eine solche Wahrhaftigkeit nicht denkbar.

Ein politisches Axiom unserer Gesellschaft ist die Forderung: Jeden mitnehmen – keinen zurücklassen. Nun ist ein Axiom ein Axiom, ein konkreter Fall aber ein konkreter Fall. Es gibt auch wieder nur Annäherungswerte zwischen konkreter Erscheinung und Axiom. Läßt man sich von Illusionen hinreißen, kommt man schnell ins Stolpern. In meiner Erzählung beschäftigte mich unter anderem das Problem: Wie weit reicht die Verantwortung einer Gemeinschaft gegenüber einem Individuum? Wann hat sie das Recht zu sagen: Jetzt ist Schluß! Oder anders gefragt: Inwieweit habe ich als junger Mensch das Recht, Forderungen an die Gesellschaft zu richten, sie als Gebende anzusehen, ohne in genügendem Maße selbst zu geben? Im Falle Tolja wird bei manchem Leser sicher Unzufriedenheit aufkommen, daß ich diesen doch in vielen Zügen sympathischen Jungen ohne eindeutige Perspektive aus dem Buch gehen lasse. Das in diesem konkreten Falle zu tun, wäre eine Simplifizierung des Problems: Individuum-Gesellschaft. Ein Übermaß an Deutlichkeit ist nicht selten ein Weniger an Wahrhaftigkeit.

H. P.: Zur Figurenführung: Ist Tolja nicht insofern eine Konstruktion, als das Maß seiner Intelligenz, seiner Interessiertheit, seiner Offenheit für Probleme im Widerspruch steht zu dem, wie er sich gegen die Meinung, Erfahrung der Gesellschaft stellt?

W. H.: Ehrlich gesagt, mir scheint diese Frage viel mehr eine Konstruktion als der Charakter Toljas. Ich nehme sie als Provokation. Wer so fragt, begreift nichts von der Widersprüchlichkeit im Menschen und von der in einem jungen Menschen schon ganz und gar nicht. Ich habe bei meinen bisherigen Lesungen eine interessante Beobachtung gemacht. Erzählt wird ja in dem Buch eigentlich die Geschichte eines zwanzigjährigen Mädchens. Der schwierige Prozeß ihres Sich-selbst-Findens. Dazu gehört die Trennung von Tolja. Und fast zerbricht sie daran. Die Diskussionen aber entzünden sich vorwiegend an dem Charakter Toljas. Ich habe fast den Eindruck, daß sich hier ein Nachholbedarf bemerkbar macht. Das Verlangen nach der Darstellung des so ganz und gar Widersprüchlichen im Leben eines Menschen. Denn jeder weiß um dieses Widersprüchliche in sich und um sich. Die Gestalt des Tolja ist von mir aus gesehen auch eine Provokation an den Leser. Sicher werden einige nicht fertig mit ihm. Aber wir sollten endlich aufhören, unsere Welt vorwiegend als Wunsch zu sehen und nicht als Realität. Das Nichtwahrhaben-Wollen von Tatsachen hat nichts zu tun mit einer sozialistischen Denkweise. Was mich aufregt, ist der Zug zur Selbstgefälligkeit, der sich hier und da bei uns andeutet. Nichts ist schlimmer, als wenn diese Selbstgefälligkeit dann noch versucht, sich als Parteilichkeit darzustellen. In der Kulturarbeit haben wir im Vergleich zum Produktionsprozeß in den Betrieben noch ein gewaltiges Stück aufzuholen. Was dort schon zur Selbstverständlichkeit geworden ist: die Sachlichkeit und Härte der Diskussion, die Absage an jegliche Art von Dilettantismus – das eben zeigt sich in unserem Bereich erst zaghaft an.

H. P.: Was veranlaßt den Verfasser eines erfolgreichen Romans, zur kurzen epischen Form zu greifen? Ist das nicht ein Rückzug? Die Zurückhaltung gegenüber der Aufdeckung größerer Zusammenhänge? Gibt es Zusammenhänge zwischen der Diskussion um »Abschied von den Engeln« und dieser nächsten Arbeit? Und wird die öffentliche Diskussion um den Roman, um unsere Literatur – wenn unter Öffentlichkeit hier nicht das gedruckte Wort, sondern das Gespräch zwischen Autor und seinen Lesern verstanden wird – in ausreichendem Maße fruchtbar für den gesamten literarischen Prozeß?

W. H.: Es ist bei uns zur Zeit modern geworden, die Bedeutung der kurzen epischen Form gegenüber ihrer bisherigen Vernachlässigung hervorzuheben. Literaturpropaganda und Literaturkritik nahmen sie als Mauerblümchen am Rande des Bitterfelder Weges. Aus dieser Ecke her verstehe ich deine Frage. Du willst mich für den Feldzug zum Ruhme der kleinen Form gewinnen. Das ist nicht nötig. Parallel zum Roman »Abschied von den Engeln« schrieb ich die Novelle »Die Brüder« und das Märchen »Jana und der kleine Stern«. Wenn sich mir eine Geschichte aufdrängt, bemühe ich mich, ihr die Form und die Sprache zu geben, die ihr zukommen. Tolstois »Kreutzersonate«, Camus' »Der Fremde«, Scholochows »Ein Menschenschicksal« haben mir viel mehr Zusammenhänge aufgedeckt als mancher Gesellschaftsroman. Man soll der Literatur geben, was ihr zukommt: Den Reichtum der Gattungen. Uns fehlt oft noch die Souveränität der Einschätzung dessen, was ein Roman oder eine Novelle oder eine Erzählung zu leisten vermögen. Wir bewegen uns ein wenig hektisch in dem weiten Bereich von Unterschätzung und Überschätzung. Sachlichkeit täte auch hier not.

Ja, es gibt Zusammenhänge zwischen der Diskussion um »Abschied von den Engeln« und dem »Mark Aurel«. Mir geht es in der vorliegenden Arbeit ebenso um die Ausleuchtung von Menschen, um ihr geistiges, weltanschauliches Ringen. Bei den bisherigen Lesungen wurde das schnell erkannt. Ich bekenne mich auch diesmal dazu, daß ich als Autor ebenso ein Suchender bin wie der Leser. Ich entdecke beim Schreiben immer wieder ein Stück Welt neu, aber ich gehe daher auch mit mehr Fragen als mit Antworten aus jedem neuen Buch heraus.

(Quelle: Gespräch mit Werner Heiduczek in: Neue Deutsche Literatur [Ost-Berlin], Heft 8/1971)

Text 23 (zu Kapitel 6)

Ein Buch, das zur Diskussion anregt

Werner Heiduczek: Mark Aurel oder ein Semester Zärtlichkeit. Erzählung. Ill. von Wolfgang Würfel. Verlag Neues Leben, Berlin 1971. 147 S., Leinen, 5,20 Mark.

Vor drei Jahren hatte Werner Heiduczek mit seinem Roman »Abschied von den Engeln« ein großes Publikum erreicht. Dieser Roman spielt noch heute in der Literaturdiskussion eine Rolle. Heiduczek hatte ihn als einen streitbaren Weltanschauungsroman angelegt, in dem die Auseinandersetzung mit bürgerlichen Ideologien einen Drehpunkt der Handlung bildet. An diesen Typ von Literatur knüpft er auch mit seiner neuen Erzählung an. Sicher wird auch sie wieder viele, vor allem wohl jugendliche Leser zur Diskussion herausfordern.

Mir erscheint allerdings sehr fraglich, ob Heiduczek die Tiefe und Breite der Wirkungen, die von seinem Roman »Abschied von den Engeln« ausgingen, auch mit seiner neuen Erzählung erreichen wird. Der Autor arbeitet aus dem Alltäglichen das gesellschaftlich Bedeutsame und Neue zu wenig heraus.

Eine Liebesgeschichte gibt den Rahmen für die weltanschauliche Auseinandersetzung. Die Chemiestudentin Yana erzählt die Geschichte ihrer gescheiterten Liebe. Das Erzählen bedeutet zugleich die Überwindung des Leids, Genesung vom physischen Zusammenbruch und Rückkehr – reifer und erfahrener – ins alltägliche Leben. Während sich Yana von Tolja trennt, findet sie zu sich selbst. Dieser Tolja weiß mit sich und seinem Talent nichts anzufangen; er verbummelt sein Leben. Das bemäntelt er mit einigen Aussprüchen des römischen Philosophen Mark Aurel von der Sinnlosigkeit und Nichtigkeit des menschlichen Daseins. Die Kritik solcher sich außergewöhnlich dünkenden Kleinbürgerlichkeit, die ihre eigene Erbärmlichkeit zum Weltschmerz aufbläht, bald dem Anarchismus, bald dem Zweifel als Weltanschauung anhängt, ist offensichtlich das Hauptanliegen von Heiduczek. Die kritische Gestaltung solcher Erscheinungen hat durchaus ihre Berechtigung, denn mit dem Sozialismus verschwindet kleinbürgerliches Verhalten nicht automatisch. Es speist sich noch aus verschiedenen Quellen und drängt sich hin und wieder lautstark nach vorn. Allerdings bleibt dieser Tolja auch in seiner Kleinbürgerlichkeit klein und unbedeutend.

Yana ist als Gegenspielerin zu Tolja nicht stark genug. Der Leser weiß eigentlich gleich, daß sie nicht die Kraft hat, für zwei zu leben und Tolja umzuerziehen. Auch ihr Leben ist nur dürftig mit den wirklichen Auseinandersetzungen in der sozialistischen Gesellschaft verbunden. Das Durchphilosophieren der Welt von einem alten Ziegenfell aus mit einem Glas weißem Cinzano in der Hand kann die praktische Lebensverbundenheit nicht ersetzen. Heiduczek hätte auch Yana kritischer darstellen müssen; denn ihre Liebe scheitert nicht zuletzt an ihrer eigenen kleinbürgerlichen Genügsamkeit. Durch eine schärfere kritische Sicht der Figuren, durch eine tiefere soziale Motivierung wäre der Konflikt bestimmter und erregender hervorgetreten.

Es geht in der Erzählung recht literarisch zu, auf mancherlei Bücher wird Bezug genommen, und darin unterscheidet sich diese Erzählung wohltuend von vielen Werken unserer Gegenwartsliteratur. Bestimmte Motive, die angeschlagen werden, sind jedoch nicht konsequent durchgeführt. Auch die innere Logik der Figuren entfaltet Heiduczek nicht immer folgerichtig. Aber gerade die literarische Feinarbeit ist nicht äußere ästhetische Zier, sondern ein Wirkungsfaktor; auch sie entscheidet mit darüber, in welchem Maße das gute Anliegen des Autors seine Leser ergreift. *Dr. Klaus Jarmatz*

(Quelle: »Neues Deutschland« [SED-Zentralorgan, Ost-Berlin], Beilage »ND-Literatur« vom 8. 9. 1971)

Text 24 (zu Kapitel 6)

»Gegenfrage: Was für ein Buch hätte ich schreiben sollen?«

JW-Fortsetzungsgeschichte »Mark Aurel« im Meinungsstreit – Werkstattgespräch mit dem Schriftsteller Werner Heiduczek

Ein Tisch aus Leichtmetall, darauf Kaffeetassen und Kuchen (»Käsekuchen, vom Bäcker, wollen Sie? Uns schmeckt er sehr gut...«). Werner Heiduczek bescheiden auf einem Hocker, abwartend, lächelnd. Im Hintergrund sichtbar ein Theaterplakat zu »Abschied von den Engeln«. Auf einer Veranstaltung des Verlags Neues Leben hatten wir uns verabredet. Er ohne Zaudern: »Kommen Sie einfach her. Ein Telegramm vorher genügt.«

JW: Ihr Buch »Mark Aurel oder ein Semester Zärtlichkeit« ist in der Diskussion.

W. H.: Ich glaube schon. Die Kritiker streiten sich.

JW: Wünscht ein Schriftsteller sich das?

W. H.: Sicher. Nichts ist schlimmer, als mit einer Arbeit nicht wahrgenommen zu werden. Ich erhalte sehr viele Einladungen von Betrieben, Universitäten und Bibliotheken. Trotz aller Belastung macht es mich froh. Ich spüre, daß meine Arbeit nicht umsonst war.

JW: Was sagen Sie zum Vorwurf der Kleinbürgerlichkeit, der Yana und ihrem Elternhaus gemacht wird?

Yana ist nicht statisch, sondern im Prozeß

W. H. *(Schulterzucken): – – –*

Ich würde der Objektivität wegen die Rezension von Klaus Jarmatz von der von Siegfried Mendel absetzen. Was Klaus Jarmatz schreibt, scheint mir einfach nicht qualifiziert. Er wirft etwas sehr mit pauschalen Formulierungen um sich. Man kann da schwer etwas sagen. Es fehlt die Substanz. Siegfried Mendel schockiert mit seiner Forum-Rezension, was die Sicht auf Tolja betrifft. Das alles finde ich hoch interessant. Siegfried Mendel begreift die Tolja-Figur und die Absicht des Autors. Er versucht nicht, mir eine andere Geschichte einzureden. Über seine Interpretation der Yana würde ich mit ihm streiten. Sie mit dem Begriff der Kleinbürgerlichkeit abzustempeln, halte ich für wenig glücklich. Ich habe immer Angst vor derartigen Begriffen, die keiner so recht definieren kann. Siegfried Mendel begeht meiner Meinung nach den gleichen Fehler wie mancher andere Kritiker. Er nimmt Yana statisch, nicht als im Prozeß begriffen. Yana vor dem Zusammenbruch und vor der Trennung ist nicht mehr die Yana, die reflektiert. Wenn ein Mensch so ehrlich und rückhaltlos bemüht ist, hinter die Dinge zu kommen, sich und die Welt zu begreifen – hier die konkrete sozialistische Welt – Irrtümern und Fehlverhalten nachzuspüren, den sollte ich differenzierter sehen.

JW: Ein 45jähriger schreibt über ein zwanzigjähriges Mädchen.

W. H.: Ich habe drei Töchter, die schleppen mir genug Probleme ins Haus. Außerdem habe ich einmal viele Abiturklassen unterrichtet.

JW: »Mark Aurel oder ein Semester Zärtlichkeit« lebt gerade auch davon, daß in dem Buch wirkliche Probleme junger Leute behandelt werden. So ist dic Pillen-Geschichte köstlich.

W. H. *(lacht):* Manche sind empört.

JW: Wie das?

W. H.: Die Sexualität wird in unserer Literatur noch etwas sehr katholisch gesehen. Hinter Prüderie liegt zumeist Heuchelei. Beides ist dem Sozialismus fremd. Probleme der Liebe zwischen Mädchen und Jungen gehören zu unserem Leben wie die Probleme der Arbeit und des Lernens. Anders kann ich die Geschichte eines Mädchens nicht glaubhaft erzählen. Manche Erwachsenen betrachten oft noch als Tabu, was für die Jugend Selbstverständlichkeit geworden ist.

JW: Die Geschichte wird in der Ich-Form erzählt.

W. H.: Nur so war sie zu halten. Ich habe auch die Er-Form versucht, aber es ging nicht. Sicher, eine Ich-Erzählung hat gewisse Einschränkungen zur Folge. Aber die Nachteile nehme ich in diesem Falle auf mich.

JW: Also ist die Heldenwahl für einen Schriftsteller nicht gleichgültig.

W. H.: Sie ist entscheidend. Yana ist die Hauptfigur meiner Erzählung. Aber die Geschichte Yanas ist ohne Tolja nicht möglich. An ihm reibt sie sich, in Auseinandersetzung mit ihm findet sie zu sich selbst. Ihr menschlicher Fehler ist, sie streitet mit Tolja, nachdem die Liebe zerbrochen ist. Die Liebe ist nicht mehr reparabel durch die Schuld beider. Tolja, der ist so ein bißchen Dostojewski-Figur, etwas Verrücktheit, etwas Genialität. Vielleicht auch nur Ausdruck einer kritischen Phase seiner Entwicklung. Es muß sich zeigen.

Der Käsekuchen schmeckte wirklich gut. Hausmacherart. »Was trinken

Sie?« Bedauernd: »Brause, wegen des Autos...« – »Und Sie?« – »Kognak.« Ein Griff zum Serviertischchen, der neben Frau Heiduczek steht. Übrigens eine kluge Anwältin ihres Mannes und eine gnadenlose Kritikerin seiner Arbeiten. »Zum Wohl!«

JW: Aber hat Tolja nicht zu wenig Hinterland? Wird nicht zu wenig deutlich gemacht, warum er so handelt, welche sozialen Wurzeln sein Denken, sein Handeln determinieren?

W. H.: Es stimmt, das bißchen Elternhaus reicht nicht aus zur Motivierung. Im Bühnenstück, das ich für das Hallesche Landestheater schreibe, versuche ich, tiefer in das Tolja-Problem einzudringen.

JW: Das fordert das Theater. Aber hätte Yana ihren Tolja nicht für den Sozialismus gewinnen müssen, wie ihre Kritiker sagen? Sie trennt sich von ihm!

Dieses Modell hat doch seinen Dienst getan

W. H.:Gegenfrage: Was für ein Buch hätte ich schreiben sollen? Und bei der gewünschten Konstellation und Fabelführung, hätte es überhaupt dieses Interesse gefunden? Wir müssen uns endlich von derartigen Denkschemata frei machen. Ich habe es früher schon einmal gesagt und stehe auch heute noch dazu: Eine Figur im Buch kann scheitern, wenn die Gesamtaussage des Buches den Leser provoziert, nicht die gleichen Fehler zu begehen wie der literarische »Held«. Das Modell von dem wilden jungen Mann, den ein Mädchen aufopferungsvoll und energievoll zum Sozialismus erzieht, und am Ende stehen beide vor dem Standesbeamten, hat seinen Dienst redlich getan. Man sollte ihm eine Ehrenrente geben und sich etwas Neues einfallen lassen. Der Leser wird uns dankbar sein. Unsere Gesellschaft ist interessanter, produktiver...

JW: Aber gerade das wollen einige: Yana soll Tolja nicht laufen lassen, sie hätte weiter um ihn kämpfen müssen (unter völliger Aufgabe ihres Selbst!) – weil sie das nicht tut, ist sie kleinbürgerlich.

Die Erzählung hat auch ein wenig Warncharakter

W. H.: Bedingungslose Aufgabe Yanas zum Wohle Toljas fordert kein Kritiker. Da muß ich auch die Gegner des Buches in Schutz nehmen. Sie stellen sich nur nicht die Frage, ob die Yana dieses Buches bei einer derartigen Forderung nicht zwangsläufig hätte zur Selbstaufgabe kommen müssen. Man kann mir vorwerfen, daß ich dann eben hätte eine andere Yana nehmen müssen. Nur glaube ich, der Tolja hätte diese andere Yana nicht geliebt. Also hätte ich dann einen anderen Tolja nehmen müssen, aber das wäre dann vielleicht wieder ein Hans-Peter gewesen. Das mag ein anderer schreiben. Ich habe es nicht gewollt. Noch eins: Der »Mark Aurel« hat auch ein wenig Warncharakter. Das ist für den sozialistischen Realismus legitim.

JW: Tolja scheitert ja nicht in dem Sinne, daß er verlorengeht. Er hat am Ende doch eine Chance, die ihm die Gesellschaft gibt.

W. H.: Der Grundgedanke Abschied von den Engeln – die Trennung von Illusionen – beschäftigt mich auch im »Mark Aurel«. Leid, Schmerz, Enttäuschung, das bleibt doch dem einzelnen Menschen auch im Sozialismus nicht erspart. Sie gehören zum Leben wie das Glücksempfinden, die Produktivität, die Zuversicht. Was aber Bestandteil unseres Lebens ist, gehört ungeschminkt in unsere Literatur. Ich erreiche nur dann Glaubwürdigkeit beim Leser, wenn ich um Wahrhaftigkeit ringe. Vortäuschung ist der sichere Tod jeglichen künstlerischen Schaffens.

JW: Warum haben Sie Ihre Geschichte im Chemie-Milieu angesiedelt? Haben Sie eine Vorliebe für Chemie?

W. H.: Chemie erschien mir repräsentativer als z. B. Germanistik. Und viele Frauen haben bei uns naturwissenschaftliche Berufe. Das muß die Literatur beachten.

JW: Also haben Sie Chemie-Bücher gewälzt?

W. H.: Was ich brauchte, habe ich mir von Chemikern sagen lassen, Blau- und Gelbton usw. Das hat mich wenig Zeit gekostet. Die Fakten kann ich mir holen – alles andere nicht. Dieses andere ist die menschliche Substanz, die ein Schriftsteller braucht. Die muß er sich im Leben schwer erarbeiten.

JW: Sind damit Wünsche verbunden?

W. H.: Von Zeit zu Zeit überfällt mich Fernweh. Ich würde gern mal zwei Jahre mit einem Schiff fahren, aber nicht als Urlauber, sondern um da zu arbeiten. Als Tourist bekommt man vom Leben meist nur ein Scheinsein mit. Das ist mir während der drei Jahre, da ich in Bulgarien gearbeitet habe, aufgegangen. Jeder hat seinen Lebensstil. Ich muß mitten in einer Sache drin stecken, muß mit fluchen oder mich freuen können, dann lädt sich in mir irgend etwas auf. Während dieser Zeit schreibe ich nicht.

Wie der Buchtitel entstanden ist.

JW: Woran arbeiten Sie jetzt außer am Theaterstück?

W. H.: Schönemann, mein Regisseur, und Stolper, mein Dramaturg, lassen mir keinen Spielraum für etwas anderes. Das Stück wird eine harte Nuß. Wenn es uns gelingt, in jeder Hinsicht. Sicher gehen mir bereits andere Projekte durch den Kopf. Aber das ist alles noch sehr vage. Ich möchte mich nicht festlegen.

JW: Welche Schriftsteller lieben Sie?

W. H.: Aitmatow, Büchner, Borchert, Heine.

JW: Und Marc Aurel...

W. H.: Ein bißchen Zuneigung, ein bißchen Zweifel, und wenn hin und wieder meine Nerven aufgepeitscht sind, ein bißchen Sedativum (Beruhigungsmittel, JW). Erst nachträglich habe ich gehört, daß die Philosophie des Marc Aurel im Westen neu entdeckt wird. So kommt ein zusätzliches Moment der Klassenauseinandersetzung in die Erzählung.

JW: Warum der Titel ihrer Geschichte?

W. H.: Muß das sein?

JW: Geht das so in die Tiefenpsychologie?

W. H.: Nein, ins Kommerzielle. *(Schweigen)*

Frau Heiduczek: Da spricht er nicht gern drüber. Die Absatzleiter der Verlage wollen immer zugkräftige Titel. Der Arbeitstitel für dieses Buch hieß zuerst: »Geständnisse einer 18jährigen«, später »Der dritte Name«. Das war alles nichts. Der Verlag kam dann mit dem Vorschlag: »Ein Semester Zärtlichkeit«. Als mein Mann das hörte, ging er in die Knie. »Mit dem Titel traue ich mich nicht auf die Straße«, sagte er. Die Sentimentalität war nur durch einen Schuß Intellektualität aufzuheben. Und so kamen wir dann auf »Mark Aurel oder ein Semester Zärtlichkeit«.

Der Tisch ist inzwischen wieder auf- und abgedeckt worden. Gesprochen wird nicht nur über »Mark Aurel«. Schriftsteller sind neugierig und anekdotensüchtig. Zum Schluß ein »Dankeschön!«. Immer wieder schieben wir die Abfahrt nach Berlin auf, weil immer wieder noch was zu erzählen ist. (»Da bin ich doch letztens mit angezogener Handbremse gefahren...«)

Rulo Melchert, Margot Schröder

(Quelle: »Junge Welt« [FDJ-Zeitung, Ost-Berlin] vom 2. 11. 1971)

Text 25 (zu Kapitel 7.1)

Friedrich Gottlieb Klopstock, 1790: Sie und nicht wir

Hätt' ich hundert Stimmen, ich feierte Galliens Freiheit
nicht mit erreichendem Ton, sänge die Göttliche schwach.
Was vollbringet sie nicht! Sogar das gräßlichste aller
Ungeheuer, der Krieg, wird an die Kette gelegt.
Cerberus hat drei Rachen, der Krieg hat tausend, und dennoch
heulen sie alle durch dich, Göttin, am Fesselgeklirr.
Ach, mein Vaterland! – – – Viel sind der Schmerzen; doch lindert
sie die heilende Zeit, und sie bluten nicht mehr.
Aber es ist *ein* Schmerz, den sie nie mir lindert, und, kehrte
mir das Leben zurück, dennoch blutet' er fort!
Ach, du warest es nicht, mein Vaterland, das der Freiheit
Gipfel erstieg, Beispiel strahlte den Völkern umher;
Frankreich war's! Du labtest dich nicht an der frohesten der Ehren,
brachest den heiligen Zweig dieser Unsterblichkeit nicht!
O, ich weiß es, du fühlest, was dir nicht wurde; die Palme,
aber, die du nicht trägst, grünet so schön, wie sie ist,
deinem kennenden Blick, denn ihr gleicht, ihr gleichet die Palme,
welche du dir brachst, als du die Religion
reinigtest, sie, die entweiht Despoten hatten, von neuem
weihtest, Despoten voll Sucht, Seelen zu fesseln, voll Blut,

welches sie strömen ließen, sobald der Beherrschte nicht glaubte,
was ihr taumelnder Wahn ihm zu glauben gebot.
Wenn durch dich, mein Vaterland, der beschornen Despoten
Joch nicht zerbrach, so zerbrach das der gekrönten izt nicht.
Könnt' ein Trost mich trösten, er wäre: daß du voranging st
auf der erhabenen Bahn; aber er tröstet mich nicht.
Denn du warest es nicht, das auch von dem Staube des Bürgers
Freiheit erhob, Beispiel strahlte den Völkern umher; denen
nicht nur, die Europa gebar. An Amerika's Strömen
flammt schon eigenes Licht, leuchtet den Völkern umher.
Hier auch winkte mir Trost, er war: In Amerika leuchten
Deutsche zugleich umher; aber er tröstete nicht.

(Quelle: Klopstock's sämmtliche Werke, Bd. 4, Leipzig, Göschen Verlag 1856, S. 320f.)

Text 26 (zu Kapitel 7.1)

Volker Braun, 1970: Wir und nicht sie

Eins könnte mich trösten: wir haben das halbe
Land frei für den Frieden. Vor den verbrannten
Ufern der Länder, wo das Gras wächst
Liegt es, das seine Zeitungen loben und die Sprecher
Des Volks, mein Land, nicht mehr gefürchtet
Von seinen Bewohnern. Nach dem Jahrhundert
Des Granatenrechts, das wir brachen
Als die Städte brachen, müßt ich, da Freiheit
Bis heut von fern gefeiert war, ihr Lob stärker
Singen als jeder! aber sie tröstet mich nicht.
Denn wer alles auch sagt, uns kümmere nur
Dies eine, das wir schützen können, ich kenne
Nicht mein und dein vor diesen verletzlichen Ländern
Die kleineren Kriege, die beschreiblichen
Waren. Mich schert
Diese lockere Erde jeglicher Landschaft, die mein Gebein
Befliegen kann schichtweis. Und seis nur eine
Quadratmeile See unterm Raketenschiff:
Oder der Batzen Rhön, fern neben meiner Schulter
Das ist mein Land, das seh ich: und keine Welt
Tröstet mich. Ich versuche es ja, ich halte
Dies Ländchen im Auge, in meinen Händen
Als wenns mir gefiele, und was ihr macht, ich
Mach es, den Beton und den Pudding, ich fahr vom Kap

Zu den Kuppen, ich faste auf Festen, die mit Worten
Den Ruhm des Friedens mästen: es ist da um mich
Klein und lebendig, ich bin dort wie ihr
Mein bebautes Land, zufrieden, nicht schön
Das ein Trost ist, das verletzbare, friedliche
Frei vor den Ufern der Länder! aber es tröstet mich nicht.

(Quelle: Wir und nicht sie, Gedichte. Frankfurt a. M. 1970 [edition suhrkamp 397], S. 25f.)

Text 27 (zu Kapitel 7.1)

Volker Braun: Bleibendes

Wir gehn in die flachen Hallen, früh, wir schalten
Die kalten Maschinen ein, die Bänder flurren, der Plastefluß
Die Äcker fassen Fuß auf der Erde, breit, in Kolonnen
Auf den Knien liegen die Ämter vor unsrer Herrlichkeit
Wir arbeiten uns hinüber in die freie Gesellschaft.
Das ist ihr Ufer: wir betreten den Horizont
Klein klebt die Landschaft unter den Füßen fest
Kleinlich wird der Wurf, eh die Saat den Boden trifft
Bis das Land, das allen gehört, auch auf alle hört
Die Hand verharrt wie der Blick vorm verblaßten Fantom.

Wir sagen: die Zeit ist da! wir sagen: sie beginnt erst.
Wir versprechen uns nicht goldne Berge. Wir versprechen uns goldne Berge.
Wir richten uns häuslich ein, auf dem Sprungbrett, das federnd bebt
Und kauern im Startloch, *jubelnd wie hinter dem Ziel*
Wir sagen: so bleibe es. Wir sagen: nichts bleibt
Nichts, außer einem. So leuchtend die Frühe kam
Am Mittag verschwimmen die Grenzen und sprengen roh den Raum
Wir sammeln die Kräfte wieder zum neuen Sprung
In den Hallen früh, auf dem breiteren Feld, uns bleibt
Immer der Kampf: und es bleibt die Zeit des Volks.

Volker Braun: Der Bauplatz

Wo war es? Dunst schleifte fahl
Über der Ebne, der steigt senkrecht fort
In den Essen, am Fuß grau schwammen die Stege
Die deckt Beton, den decken über uns
Bandstraßen, hier warn wir im Schlamm zuhaus

In Brettern und Bruch, das liegt noch im Staub
Stapel: damit begann es und endets
Das war der Bauplatz: das ist die Fabrik
Oder die Zeit war vertan, schneller als unser Schritt
In die tote Taiga fällt Kohle zuhauf
Zu Splitt, in den Mühlen, schneller
Als unsre Hand ausraufte den Wald
Gehn die Gedanken vor, als unsre Sommer
Schneller, brennt
Das Eisen weg in den Öfen, sein Fluß
Belebt die Ebene grell:
Kommt uns mit Fertigem, sag ich
Der schon anders sprach, die Fabrik
Wird eine Präzisionsmaschine: die Enkel
Sprechen von anderem, *das war die Fabrik*
Rauch überm Land wie ein alter Hut.

(Quelle: Wir und nicht sie, Gedichte. Frankfurt a. M. 1970 [edition suhrkamp 397], S. 8 und 21)

Text 28 (zu Kapitel 7.1)

Volker Braun: Kommt uns nicht mit Fertigem

Kommt uns nicht mit Fertigem! Wir brauchen Halbfabrikate!
Weg mit dem faden Braten – her mit dem Wald und dem Messer!
Hier herrscht das Experiment und keine steife Routine.
Hier schreit eure Wünsche aus: Empfang beim Leben.
Zwischen die Kontinente, zu allen Ufern
Spannt seine Muskeln das Meer unserer Erwartungen,
An alle Ufer trommeln seiner Finger die Brandung,
Über die Uferklinge läßt es die Wogen springen und aufschlagen,
Immer erneut hält es die Flut hoch und gibt es sie auf:
Hier wird täglich das alte Leben abgeblasen.

Für uns sind die Rezepte nicht ausgeschrieben, mein Herr.
Das Leben ist kein Bilderbuch mehr, Mister, und keine peinliche Partitur, Fräulein,
Nix zum Herunterdudeln! Hier wird ab sofort Denken verlangt.
Raus aus den Sesseln, Jungs! Feldbett – meinetwegen.
Nicht so feierlich, Genossen, das Denken will heitere Stirnen!
Wer sehnt sich hier nach wilhelminischem Schulterputz?
Unsere Schultern tragen einen Himmel voll Sterne.

Alles Alte prüft: her, Kontrollposten Jugend!
Hier wird Neuland gegraben und Neuhimmel angeschnitten –
Hier ist der Staat für Anfänger, Halbfabrikat auf Lebenszeit.
Hier schreit eure Wünsche aus: an alle Ufer
Trommelt die Flut eurer Erwartungen!
Was da an deine Waden knallt, Mensch, die tosende Brandung:
Das sind unsere kleinen Finger, die schießen nur
Bißchen Zukunft vor, Spielerei.

(Quelle: Provokation für mich, Gedichte. Mitteldeutscher Verlag Halle/S. 1965, S. 10)

Text 29 (zu Kapitel 7.1)

Vor der Premiere
Entscheidung für den Dritten

»BZ« sprach mit Regisseur Egon Günther über seinen neuen Spielfilm »Der Dritte«

Ein neuer Spielfielm der DEFA erlebt am 16. März in Berlin seine Premiere. Es ist ein Gegenwartsfilm. »Der Dritte« entstand nach einem Szenarium von Günther Rücker. Wir hatten Gelegenheit zu einem Gespräch mit Egon Günther, Regisseur des neuen Films.
BZ: Ihr neuer Film hat den Titel »Der Dritte«. Was ist das für ein Stoff? Wer ist »Der Dritte«?
E. Günther: »Der Dritte« ist der dritte Mann einer jungen Frau. Ungefähr siebzehn Jahre aus ihrem Leben behandelt die Geschichte, die hier und heute spielt.
BZ: Der Film entstand nach Motiven einer Erzählung von Eberhard Panitz. Das Szenarium schrieb Günther Rücker. Das Drehbuch schrieben Sie selbst. Wurden an dieser Vorlage während des Drehprozesses noch Veränderungen vorgenommen?
E. Günther: Ja, denn ich glaube, daß ein Stoff immer verändert werden muß, wenn man ihn gewissermaßen weiterschreibt. Außerdem hat mich Günther Rücker, der ein großartiger Mitarbeiter ist, eigens dazu befugt, soviel zu verändern, wie mir notwendig scheint. Mehr als einmal sagte er zu mir: Sei streng, gehe mit meinen Texten frei um, verändere oder verwirf sie, was dir neu einfällt, schreibe es auf und drehe es. Die Substanz aber ist und bleibt von Günther Rücker.
BZ: Bereits in Ihren Filmen »Lots Weib« und »Junge Frau von 1914« standen Frauen im Mittelpunkt der Handlung. Darf man daraus schließen, daß Sie sich zu dieser Problematik besonders hingezogen fühlen?

E. Günther: Es ist ein naheliegender Schluß. Doch ich glaube, er ist ein bißchen früh gezogen. Jedenfalls habe ich nicht bewußt in dieser Richtung gesucht. Andere Stofe hätte ich genauso gern gemacht.
BZ: Würden Sie das Schicksal der Frau, das der Film erzählt, als typisch bezeichnen?
E. Günther: Im Brechtschen Sinne: ja, typisch als historisch bedeutsam. Denn was diese junge Frau von 1971 tut, ist bedeutsam für alle Frauen, die unter sozialistischen Bedingungen leben.
BZ: Sie haben vor einiger Zeit einen neuen Roman veröffentlicht: »Rückkehr aus großer Entfernung«. Sehen Sie in bezug auf künstlerische Gestaltungsmittel enge Zusammenhänge zwischen Literatur und Film?
E. Günther: Meinen Büchern merkt man an – ich versuche das gar nicht zu verbergen –, daß der Autor Filme macht; und in meine Filme versuche ich Stilmittel zu übernehmen, die der Roman hervorgebracht hat. Sie sehen, zwischen Literatur und Film besteht für mich eine enge Korrelation. Sie ist, glaube ich, Ausdruck einer allgemeinen Tendenz: Die Künste rücken immer mehr zusammen und tauschen ihre Mittel aus.
BZ: Noch einmal zurück zu Ihrem neuen Film. Was ist das zentrale Thema?
E. Günther: Im Mittelpunkt der Geschichte steht eine junge Frau, eine Bürgerin unserer Republik mit deutlichem Staatsbewußtsein und einem leidenschaftlichen Verhältnis zu ihrer Arbeit. Doch das ist nur der Hintergrund der Geschichte. Primär geht es um das Privatleben der jungen Frau, um die Frage: Was geschieht, wenn ihre Arbeitszeit beendet und sie zu Hause ist. Margit ist nicht verheiratet. Sie hat zwei Kinder, jedes von einem anderen Mann, und sie sehnt sich nach einem neuen Lebensgefährten. In ihrem Betrieb ist ihr ein Mann begegnet. Könnte er der Gesuchte sein? Das Problem für Margit ist: Wie nähere ich mich auf eine unseren gesellschaftlichen Bedingungen angemessene Weise einem Mann, der mir gefällt und den ich liebe, ohne die alten, unwürdigen Tricks unserer Großmütter. Margit beobachtet ihn, forscht und prüft: denn von sich selbst sagt sie einmal in der Rückschau: Zweimal ist es schon schiefgegangen. Der Dritte soll bleiben. Der Film aber schließt nun nicht mit der Feststellung: Nun bin ich glücklich. Endlich habe ich den Richtigen gefunden. Vielmehr heißt es am Ende: Nun müssen wir einmal sehen. Jetzt gilt es, das Erreichte zu bewahren und zum Guten zu führen.
BZ: Sie bereiten Ihre Filme sehr sorgfältig vor, heißt das, daß Sie auf die Improvisation weitgehend verzichten?
E. Günther: Wenn man diesen Begriff im strengen Sinn versteht, ohne negativen Beiklang, dann improvisiere ich sogar viel. Das heißt, ich versuche, alle die Dinge, die einem im täglichen Leben und in der Wirklichkeit gewissermaßen in die Quere kommen, in den Film mit einzubringen. Es gibt zahllose Details, die man täglich beim Drehen erlebt und die man am Schreibtisch einfach nicht erfinden kann. So verwerfe ich oft ganze Szenen, obwohl sie im Buch stehen, andererseits werden Szenen ganz neu erfunden und auspro-

biert, die ursprünglich nicht vorgeshen waren.
BZ: Wenn Sie am Drehbuch eines Films arbeiten, haben Sie da bereits bestimmte Schauspieler vor Augen? Ich denke hier z. B. an Jutta Hoffmann, mit der Sie schon wiederholt zusammengearbeitet haben.
E. Günther: Mit Jutta Hoffmann würde ich gern noch ein paar Filme machen. In diesem Falle wußte ich wirklich schon beim Schreiben – wie auch Günther Rücker –, wer die Rolle spielt. Möglicherweise hat die Figur dadurch gewonnen; denn man schreibt natürlich anders, wenn die Besetzung bereits vorher feststeht. Ich bin jedoch nicht der Ansicht, daß man daraus eine Regel ableiten soll. Gute Schauspieler und Schauspielerinnen können eigentlich alles spielen.

(Das Gespräch führte W. N. Berger)

(Quelle: »Berliner Zeitung« [Ost-Berlin], vom 5. 3. 1972)

Text 30 (zu Kapitel 7.1)

Auf Suche nach dem Richtigen

DEFA-Premiere am 16. März: »Der Dritte« – die Geschichte einer Frau

Junge-Welt-Gespräch mit Regisseur Egon Günther

Nach Motiven der Erzählung »Unter den Bäumen regnet es zweimal« von Eberhard Panitz (Szenarium: Günther Rücker) entstand der DEFA-Farbfilm »Der Dritte«. Es ist die Geschichte einer Frau unserer Tage – Mitte Dreißig, Mathematikerin, geschieden, zwei Kinder –, die sich mit überholten Denk- und Verhaltensweisen auseinandersetzt und bei der Suche nach dem richtigen Partner nichts dem Zufall, die Initiative nicht allein dem Mann überlassen will.

»Der Dritte« ist der fünfte Film von Egon Günther. Kurz vor der Premiere am 16. März 1972 im Berliner Filmtheater »International« sprachen wir mit dem Regisseur.

JW: Was führt eigentlich einen recht produktiven und erfolgreichen Schriftsteller, der auch verschiedene Filmszenarien geschrieben hat, dazu, die Sparte zu wechseln und selbst zu inszenieren?

Egon Günther: Die Frage ist gar nicht so leicht zu beantworten wie es scheint. Vor allem macht es mir großen Spaß, das, was ich zu sagen habe, auf zweierlei Art zu artikulieren. Schließlich beeinflussen beide Arten einander, regen sich gegenseitig an. Ich finde auch, daß zwischen dem Roman und dem Film viel engere Beziehungen bestehen, als man gemeinhin annimmt, viel engere Beziehungen als zum Beispiel zwischen Theater und Film. Ja, und bei mir persönlich kam damals hinzu, daß ich in der Dramaturgie der DEFA arbeitete und der Chefdramaturg mir den Vorschlag machte, einmal selbst einen Film zu drehen. Bestärkt wurde ich, diesen Versuch zu wagen, vielleicht auch noch durch allzu große Widersprüche, die manchmal zwischen Autor und Regisseur bei Filmen bestanden, deren Szenarium ich geschrieben hatte. Doch auch in Zukunft möchte ich weiter beide Dinge tun: Bücher schreiben und Filme drehen.

JW: Nach »Lots Weib« und den beiden Fernsehfilmen »Junge Frau von 1914« und »Anlauf« hat auch »Der Dritte« wieder eine Frau als Hauptgestalt. Die Frage drängt sich auf, ob Sie glauben, über Geschichten von Frauen besser und genauer von der Gesellschaft erzählen zu können. Auch international gäbe es da ja nicht wenige Beispiele berühmter Regisseure, die sich dieses »Verfahrens« bedienen.

Egon Günther: Vielleicht glauben Sie es nicht oder es überzeugt Sie nicht: Es war wirklich reiner Zufall, daß die Helden dieser Filme Frauen waren. Ich habe mich für diese Geschichten jedenfalls nicht deshalb entschieden, weil sie von Frauen handeln. An so etwas wie einen »Frauenfilm« habe ich nie gedacht. Vielleicht kann man über Frauen plausiblere Geschichten erzählen...

JW: Mit der Heldin Ihres neuen Films haben Sie eines der schönsten Frauen-Porträts der DEFA geschaffen. Halten Sie diese Margit Fließer eigentlich für eine emanzipierte Frau?

Egon Günther: Auf alle Fälle ist sie mitten in dieser breiten Strömung, die man Emanzipation nennt. Vielleicht ist sie gar nicht mal das, was man unter einer emanzipierten Frau versteht. Aber ich glaube, sie hat die Probleme, die damit zusammenhängen, begriffen, auch die Widersprüche... Sie geht mit den höchsten Ansprüchen auf die Suche nach dem Mann, und dann plötzlich, in der Mitte des Films etwa, gibt sie sie wieder auf und geht dann ganz konventionell, wie zu Großmutters Zeiten, vor und läßt ihr »Taschentuch fallen«.

JW: Glauben Sie, daß man die Haltung der Margit – trotz der sehr persönlichen und außergewöhnlichen Geschichte – verallgemeinern kann?

Egon Günther: Ja, unbedingt. Margit ist absolut das, was man eine bewußte DDR-Bürgerin nennt. Ihr ist es zum Beispiel vollkommen bewußt und ganz selbstverständlich, in einem sozialistischen Kollektiv zu arbeiten. Sie ist alleinstehend, geschieden, hat zwei Kinder, noch dazu von zwei verschiedenen Männern. Sie weiß, daß eine solche Frau in der bürgerlichen Gesellschaft diskreditiert, mit scheelen Augen angesehen würde. Doch sie lebt hier. Deshalb fehlt in dem Film zum Beispiel auch das, was in einem Film über eine solche Frau in einem kapitalistischen Land unter Garantie drin wäre: die sogenannte »große Beichte«, wo man dem Mann vorher untertänig alles »beichtet«, hoffend, daß er trotz dieser »Verfehlungen« bei einem bleibt. Schließlich könnten ja auch dem Mann in so einer Gesellschaft aus einer Verbindung mit einer solchen »Frau« Nachteile, Diffamierungen erwachsen... Ich glaube, daß eine Frau, die so denkt und so handelt wie Margit, sehr verallgemeinerungswürdig ist. Das ist es, was ich vielleicht als DDR-Bewußtsein bezeichnen würde – immer auf das individuelle Schicksal der Frau bezogen. Diese innere Sicherheit, die sich bei ihr ausdrückt, ist nur ableitbar vom allgemeinen gesellschaftlichen Bewußtsein. Das ist, glaube ich, der Kern des Films.

JW: Wenn man Ihren Film sieht, glaubt man den Spaß zu spüren, den das Kollektiv bei der Arbeit hatte. Der Spaß überträgt sich auf den Zuschauer – trotz der doch gar nicht so lustigen Geschichte, die hier erzählt wird.

Egon Günther: Wir hatten Vergnügen an der ansonsten harten Arbeit. Es gab sehr viele Proben... Hoffen wir, daß der Zuschauer den Spaß auch hat.

JW: Also keine Improvisation? Man hat manchmal den Eindruck, daß zum Beispiel Jutta Hoffmann, die Darstellerin der Margit, improvisiert.

Egon Günther: Da ist kein Meter improvisiert. Der ganze Film ist das Resultat einer umfangreichen Probenarbeit. Ich bin ein erklärter Gegner der Improvisation und glaube nicht, daß man damit etwas erreicht hätte.

JW: Sie verlangen bei der Arbeit von sich selbst und den anderen das Maximale. Sie haben das ja selbst einmal sehr schön formuliert: In jedem Film zeigen Schauspieler, Regisseur, Kameramann, Autor ihren eigenen Zustand und den Zustand der Kunst in ihrem Land, in ihrer Zeit. Weiß ich das, bin ich angespornt, angeregt, aufgeregt, berufen, den sozialistischen Film besser zu machen als den kapitalistischen.

Egon Günther: Man erreicht bestimmt nie alles; man sollte aber von vornherein nie zu tief zielen, sondern vielmehr hoch zielen, man erreicht sowieso nur das Mögliche. Ich will versuchen, Filme zu machen, die auffallen. Die sollen ruhig Fehler haben, aber nicht unaufrichtig, lau oder mittelmäßig sein. Mir ist klar, daß zwischen Wollen und Ziel ein Riesenunterschied liegt. Ich will natürlich auch, daß zu meinen Filmen so viele Menschen gehen wie möglich, glaube aber, daß ein guter Film das Publikum auseinanderbrechen sollte, daß er auch Widersprüche provozieren müßte. Im anderen Fall ist mir das Geld zu schade. Filme kosten viel Geld. Ich bin von klein an zum Rechnen erzogen worden. Das habe ich bis heute noch nicht verlernt.

JW: Ihren Äußerungen ist immer wieder zu entnehmen, daß Sie an die Zukunft des Kinos glauben. Wie sehen Sie diese Zukunft des Kinos, es gibt da ja sehr konträre Auffassungen?

Egon Günther: An die Zukunft des Kinos glaube ich sehr. Noch nie hat ein neues Medium ein scheinbar ähnliches älteres verdrängt. Schon allein aus dieser Tatsache heraus kann man an die Zukunft des Kinos glauben. Eine Spezialisierung des Kinos halte ich für ebenso gewiß und auch notwendig. In der Zukunft werden neue Möglichkeiten für den Film erschlossen werden. Das ist alles noch in einer Entwicklung, wir stehen am Anfang. Obwohl ich ja sowohl Filme fürs Kino als auch fürs Fernsehen gemacht habe, würde es mir heute noch sehr schwer fallen, die Unterschiede beider Medien, die unterschiedlichen Gesetze zu formulieren. Ich glaube, daß man da heute noch nichts Endgültiges sagen kann, das ist alles noch im Fluß. Die Zeit der Koexistenz von Kino und Fernsehen ist noch zu kurz, als daß man da schon heute ihre Spezifika umreißen könnte.

JW: Nun haben wir ja im Moment das Problem, daß viele Zuschauer zu guten, anspruchsvollen Filmen keinen Zugang finden, daß die neuen Sehgewohnheiten, die diese Filme voraussetzen, noch zu ungenügend entwickelt sind. Wo, glauben Sie, müßte man anfangen, um dieses Problem zu lösen?

Egon Günther: Auch das fügt sich mit der Zeit, mit der Entwicklung, an deren Anfang wir erst stehen. Eins weiß ich jedenfalls, es wird auch in Zukunft so sein, daß ein genialer Filmemacher kommt und neue Sehgewohnheiten unter die Leute bringt. Der Filmemacher wird durch seine Filme immer nur das Echo auf vielfältige, von vielen anderen Faktoren beeinflußte Entwicklungen sein. Die Herausbildung von neuen Sehgewohnheiten ist keinesfalls nur eine Frage der Kunst allein. Daran arbeiten viele mit, die Wissenschaften, die anderen Künste, die neuen Romane, die Musik, die Zeitungen... sehr viele Faktoren. Der Künstler steht darin nicht viel anders da als jedes andere Mitglied der Gesellschaft. Er muß Tendenzen beobachten und kann sie dann durch seine Arbeit wiedergeben. Er kann mit seinen Filmen über diese neuen Tendenzen reflektieren.

JW: Wie sehen Ihre Pläne für die Zukunft aus?

Egon Günther: Im Frühjahr möchte ich mit den Dreharbeiten für einen neuen Gegenwartsfilm beginnen, dessen Szenarium vorliegt. Zur Zeit schreibe ich am Szenarium für einen Film nach Thomas Manns Roman »Lotte in Weimar«, den ich bis 1974 drehen will. Bis Ende 1972 soll noch ein neuer Roman fertig werden, den ich für den Aufbau-Verlag schreibe.

(Mit Egon Günther
sprach Michael Hanisch)

(Quelle: »Junge Welt« [FDJ-Zeitung Ost-Berlin] vom 14. 3. 1972)